政治の現象学

あるいはアジテーターの遍歴史

長崎浩

Nagasaki Hiroshi

政治の現象学あるいはアジテーターの遍歴史――目次

終章 回帰――政治と倫理

第一章　集団の成立

第一節　他者の発見

一　私は私と行動を共にする他者を発見し彼と二元的な関係を結ぶ

煌々と輝く街燈の光のなかで、革命のあらゆる衣裳をとりそろえて扮装したマドリードは、まるで巨大な夜の撮影所のようだった。(1)

大衆的反乱の端初においては、いつもこのような光景が展開される。多数の民衆は、それこそあらゆる衣裳で扮装して反乱の舞台に励起してくる。反乱にとって、これはありふれた光景である。
だが反乱する民衆の行動のカオスが、たとえば反撃してくる「敵」に直面してたちどころに散逸し、これがたんに大衆の暴動にすぎないことを証明するのも、実際にはしばしば起ることである。だからもしも反対に、民衆の反乱への熱狂がそのうちに大衆的集団の核を形成し、ここから集団の長い経験史を出立させるとしたら、行動のカオスの内部で何が起るのだろうか。あらゆる衣裳をつけて人びとが扮技する、この「巨大な夜の撮影所」に接近し、反乱舞台の任意の一場面を間近にとらえるところから、本書の記述をはじめることにしよう。たとえば――

疾クモ兇徒等潮ノ涌ガ如ク市中ヘ乱入シ、一整ニ鯨声ヲ揚ゲ、迅風ノ如ク市中ヲ通過シ、先駆ハ忽チ警察署ノ辺ヨリ猟銃ヲ以テ連発シ、裁判所警察署ニ狙撃乱入シ、両役所ノ書類ヲ引裂キ或ハ戸外ヘ投棄シ或ハ火ヲ焚キ之ニ投ジ、或ハ塀垣戸障子諸器物ノ嫌ヒナク手当リ次第ニ打砕キテ、書類ノ紙片ハ市中ニ散乱シテ時ナラザル雪ヲ降ラシタリ……(2)

法学部に居る私達の耳に、経済学部の方向から危機に瀕した学友の叫び声が聞えてきた。その声を聞くやいなや我々は走った。理由もわからず、警備の人数の半分は走った。そして見た、経済学部前でのあの悲惨な争いを！　我々の仲間を、経済学部校舎の二、三階から右翼が攻撃し、仲間が続々傷つき、担がれて行くのを！
私は咄嗟に、仲間（何学部の学友であったのか、今ではもう知るすべもないが）と結集し、又、個々に攻撃をかけている仲間も引き入れ、五十人ほどで、都電通り側の窓から右翼のたてこもる校舎の中へ突入していった。(3)

さていま、「潮の涌が如く」行動する民衆のうちの一人の私に注目しよう。私はいま「市中へ乱入」しようとしている。そして乱入しようとして私は、いままたかたわらで行動を共にしている一人の他者を見る。彼もまた私と同じように、「警察署に狙撃乱入し」、「役所の書類を引裂」いている。あるいは、私の呼びかけに応えて、彼もまた「敵」のたてこもる建物の中に突入しようとしている、等々。要するに、私はそこに、いま行動を共にしているというかぎりでの私の同等者として、一人の他者を発見するのである。

このような他者と私との間には、すでにプリミティブなレベルで、「活動を互いに交換する」(マルクス)ということがおこなわれている。行動する私の言葉や身ぶりによる呼びかけは、かたわらにいる彼によって瞬時に解読され、結果は彼の応答としての同行という形で私に帰ってくる。彼にとってもこれはまったく同様であって、彼の同意の応答は私によってすばやく感知され、こうして私たち二人の同一の行動が現に進行しているのである。

だから一般的にいえば、ここで私たち両者において交換されている「活動」とは、行動スタイル(扮装!)の意味である。反乱のあらゆる衣裳で扮装した人びとが飛び交うなかで、私たちの同一行動は、両者の活動スタイルの意味の等価性を表現しているのだ。このような活動の交換は、ある場合にはすでに言葉の交換という形をとるであろうが、言葉を媒介とした呼応の関係が、何を「互いに交換」しているかは、いうまでもなく明らかであろう。

だが、この行動スタイル、あるいは言葉の「意味の交換」ということについては、あらかじめ注意しておくべきことがある。つまりここでは、活動の交換にさいして、私と他者=彼とにまえもってそなわっていた共通の属性を前提にしてはならないということだ。なるほど、いままたま同一行動をとっている二人といえどもともに労働者とか学生とかであり、またすでに同一の集団に属する者であるというようなことは、現実の反乱の端初にもいくらでもあろう。それゆえ、いまここでの私と彼との同一性の確認も、たんにそれ以前の私たちの同等性を同一の行動において再認知(再発見)したものにすぎない場合も多い。けれども、いま、私の政治的経験史の出発点では、反乱した民衆相互の階級・身分あるいは所属組織などの同質性や均質性は、なんら記述の前提になってはいないのである。私のかたわらの彼の履歴や人格は、私には何も知られていない。他者たる彼は、私にとって文字どおり知らぬ人＝他人であってよい。

現実過程のこうした一種の抽象化の意味は、やがて明らかにされてくるであろうが、ともかくも本書の記述は、私と彼との行動の同一性を発見することから、さしあたって出発するのである。私と他者との社会的スタイルの等価性は、私が同一行動をとる他者をいま発見したかぎりで、たまたま実現されているにすぎないことだ。逆にいえば、私と他者との同等性は、大衆反乱のいま・ここでの行動の同一性としてしか確認しえない――そのようなレベルが、この記述の出発点に設定されているのである。

それゆえ、同行者としての一人の他者の行動にいま私が確認するものは、他者そのものなのではない。彼が誰なのかは私にはわかっていないからだ。だから他者にたいする私の関係のうちで、他者の行動に私が読みとるのは、実は、私自身の行動の意味なのだ。いわば、私は他者＝彼において私が行動するのを見るのである。しかしもちろん、私は何か呪文によって彼に乗り移ったわけではない。この関係には神秘的なところは何もない。それは、彼の行動スタイルに自分を見る、この「私」の構造を調べればすぐに明らかとなる。

私はといえば、この行動においても、反乱舞台に登る以前からの固有の履歴と身体をもつ「個体」であり「主体」であることに、もちろん変りはない。けれどもこうした「個体」は、もともと、それ自体で自足してきたものでもなければ自足することもありえない。この私の主体は、同時に他者の存在を本質的な契機として形成された「対他的存在」である。深層心理学が「自我」と名づけ、またマルクス流にいえば、「社会的諸関係の総体」としてのこの私の存在性格こそが、他者とのスタイルの交換にとっても本質的なのである。

それゆえ、行動するこの私の固有の身体的存在は、すでにして二重であり、私は同時に対他的社会関係である。この対他的関係としての私が、私の行動する身体において、まさに私の行動スタイル（言葉）として現象しているのである。まして、いま舞台でおこなわれているのは、私一人の身体的・動物的行動ではなく「活動の交換」である。

それゆえ、私がいま同行者としての他者のうちにみるものは、私が対他的関係としての私を他者に外化し、私のスタイルを他者の行動のうちに映して再発見しているものにほかならない。他者は私の行動の社会的意味を映す「鏡」であり、私の行動のゲシュタルトである。このような意味で私は他者の行動において私を知る。同一の行動を通じて発見された、私の同等者としての他者は、こうして、実は他者としての私自身なのだ。

さきほど私は、本書の記述の出発点であり、同時に政治的形成の母胎でもある反乱の舞台では、私と他者との関係にはとりあえず「行動を共にする」という以外になんの相互性も前提にされていない、と強調した。そして、以上のような私＝他者の発見的な構造こそは、まさにこのことの端的な表現なのである。反乱舞台で行動する私の対立的な内部二重性を、同行者＝他者へと外化しえて、はじめて私と他者との関係が最初の相互性を現実に生みだすのだ。

だから、行動に励起した民衆内部における、このような私の他有化の実現は、さしあたってはたんに偶然的に生起したにすぎない。多数者の行動のうちで、私が任意の一人の他人に、私のスタイルを表現しようとして失敗する事例は、実際にはありふれたことである。むしろ、こうした社会的スタイルの交換の実践を通して、私は、私のスタイルの意味を表現し発見しうる同等者を選びとろうとするのであり、このプロセスが具体的にはいま、私と他者＝彼との同一行動として実現しているのだ。これは、反乱の舞台のうちで群衆が一つの同一行動を形成していくプロセスの根幹である。

　さきに引いた事例をもう一度想起してみよう。そこでは、「私は咄嗟に仲間と結集し」た、と述べられていた。ここで私が「仲間」といっている他者たちは、どこの誰であるのか、まさに「今では知るすべもない」ような者たちである。「仲間」としての「結集」は、このように知らない者同士「咄嗟」の行動であった。それゆえ、この一瞬は、それ自体が新鮮な他者の発見であり、かつまた他者と本来的に関係している私の現実的再発見を意味するのだ。ありあわせの武器を把んで窓枠を乗り越えようとする私は、この一瞬に、さながら私の行動の鏡像のごとくに、私に同行する彼を認める。このとき私が彼に読みとるのは、「仲間」としての私の行動の意味である。いま・この瞬間に、私たちの相互性はあたかも新たなもののごとくに再生するのである。私は一人ではなかった！　と。

二　私の二元的関係の鍵を彼だけが握るため関係はたえず挫折する

　このようにして、私にとっていま・ここで、他者＝彼との二元的な同等者の関係——「われわれ」、「仲間」——が発見された。私は一つの行動をおこし、あるいは一つの言葉を発して一人の他者がこれに同調的に応じてくるのを発見した。だから、この発見的な構造は、他者＝彼の私にたいする関係においても、まったく同様に成り立っているといってよい。いまの段階では、私と彼を固定的に区別する理由は何もないのだから、関係はあくまで私＝彼の二元的相互性である。

　だが、くりかえすけれども、ここで「われわれ」とは、私と、他者としての私との関係にすぎなかった。それは、私を他者の行動する個体に外化しえたかぎりでの実現にすぎない。だから、他者の行動が私の行動を通じた呼びかけを裏切る可能性は、両者の行動舞台が同一だといってもなおつねに存在する。事実、彼は裏切る。私は、彼が私とは別の方向に走っていくのを見、「われわれ」の結集はなしえず、「われわれとしての私」はただちに挫折する。すなわち、このレベルでの相互性はなおまったく一方向的であり、交換（交歓！）の鍵はただ他者だけが握っている。この他者の優位性をまえにしては、他者としての私の実現はたんに偶然のことにすぎないのである。

しかし、にもかかわらず、私と他者の等価性が、両者の同一行動として実現される可能性を否定する絶対的理由は何もない（他者としての私の挫折もまた偶然である）。事実、共通の「敵」の行動を契機に、行動へと励起してくる民衆こそ、この可能性のたえざる母胎である。

反乱の舞台における同等者としての他者の発見が、このように危うい運動であることは、十分に強調されなければならない。そこでは、他者の発見はなんら静力学的な交渉と比較によるのではない。なるほど、常識的にいえば、私と他者の二元的関係の成立は自明にみえる。彼は私と同じように労働組合の一員だ（共通の社会的属性）、あるいは彼もまた私と同じようにバスを待っている（定められた同一の行動への参加）等々、というように。だが、この自明性は、すでに一定の社会的協働の様式を前提にし、その形態の内部で自他を比較している事実からくるにすぎない。そこではすでに共通の意味世界が前提されているのだ。それゆえ、ここには他者＝私の発見はない。見出されるのは、かえって固定された「われわれ」（何々会社労働組合員、等々）であり、他の様式から差別された（他の形態を差別する）共同存在でしかない。それゆえまた、私の社会的形態の外部には、もはや他人としての他者しか見出すことができない。常識が思いこむほどに、現代といえども社会的諸関係は均質でも透明でもないのだ。

これに反して、いま発見された単純な人間関係には、スタティークな相互性は何もない。かえってこれは相互性の弁証法的運動の始動を告げている。私は私の行動の意味を、その特殊な個別性については何も前提にされていない一人の他者の行動に確証することによって、私は彼が私の同等者であると語りはじめている。だが私と彼との相互関係の成立はあくまで「いま・ここ」でのものであり、私たちの行動はいわば過去と未来から断ち切られている。そしてこれは、私が一つの実践途上にあるものとして過程的であるばかりでなく、他者との関係もまた何ものかに成っていくべきものであることを示しているのである。

それでは、いま成立した私と他者との二元的な関係を転質させる、不安定の契機とは何か。発見された相互関係がそれ自体として構造的に固定せず、かえって相互性の弁証法的運動を始動させるのはなぜか。相互性のこの最初の段階で、こうした問題にあらかじめ注意を促しておくことが重要である。そのためには「他者としての私」ではなく、こんどは「私にとっての他者」の性格を、よりたちいって調べてみる必要がある。

二元的な私と他者の関係において、この私にとっての他者とは誰か。

他者はさしあたって私には、私の行動スタイルの意味を表現する存在として意義づけられたにすぎない。彼はあくまで私のゲシュタルトとしての他者であって、彼が本来誰であるかは私にはどうでもよいことだった。しかし、いうまでもなく、この他者にとってみれば、自分もまたあくまで一個の固有の自己（身体としての私）なのであって、このなま身の自己がそれ自体で他者の鏡としての役割をそなえているわけではない。鏡としての他者という意義づけは、たんに私にとっての意義であって、他者の身体にしてみれば、これは私によってしかけられた一つの社会的暴力である。

だから、私にとっての他者＝彼には、私と異った社会的「役割」がすでに負わされかけている。彼が私のスタイルを映し実現するのは、なにも彼が特別の個性（属性）をもつからではなく、たんに私に内在する二重性をスタイルの交換を通じて私が外化したもの、その意味では、彼とて私同様行動する一個人にすぎない。だが、私の実現が他者というなま身の個体によってしか可能とならないがゆえに、彼はなにか生れながらにこのような社会的属性を身におびているかに、私には思われてしまう。私の相互性実現の鍵を彼なる個体存在が握ることによって、彼の優位性は、彼に固有の役割であるかに錯覚される。こうした仮象がすでに生れかけている。これに反して私は、私の行動スタイルを同行者としての他者を通じてしか表現しえぬのだから、私自身の存在性格にはなんら特別の属性は存在しない。生得的属性ではなく、私に存在するのはただ一つの社会的関係だけである。

別のいい方をすれば、他者たる彼には、自身のなま身の行動が、それに対立する社会的スタイルの表現形態となるという、アンビバレントな性格がすでに見えている。彼はその行動において私的な存在であると同時に、自分以外の他者の行動の社会的意味を映す存在として、私によって意義づけられる。これに反して私は、私の存在に内在する対立を役割的に他者＝彼におしつけて、それ自体として自足しようとする。ここにすでに、大衆と大衆の鏡（鑑！）の関係の原型をみることができる。

それゆえ現実には、いま成立した私と他者の関係がその後ただちに、一定の社会的役割の関係に崩落する可能性はつねにある。早い話が、上下関係や親分子分関係が生みだされ、あるいは再発見されて固定されるということがおこる。私は彼に見ならって彼のするとおりに行動したのだ、というわけである。

けれども、いまの段階では、私たちはあくまで、行動に励起した個々の民衆のうちの任意の一人である。他者＝彼といえども、あらかじめ、なんらの特権的規格も与えられていない。だから、私と彼の相互性をなんらかの構造的関係に固定化しようとする傾向は不断に挫折する。どだい、他者の存在におしつけられた社会的役割は、もともと私自身に内在する矛盾の外化されたものであって、両者の間の役割的関係の結果なのではないのだ。だから、私たちの相互関係の矛盾は——もし瞬時の解体を避けえたならば、両者の役割の固定によってではなく、まさにその相互関係の運動によってしか解決されえないのだ。このような解決の形態こそ、以下でさまざまに「集団」と呼ばれることになるであろう。

第二節　アジテーターと大衆

一　私は二元的関係を他者たちにまで拡張して私の仲間を発見する

さて出発点に帰って、反乱に励起した多数の民衆のうちで、私が発見した他者は、私と同様完全に任意で匿名的な存在であったことを再度想起しよう。私にとって他者は、特定の誰か一人ではない。そこで、私は行動のなかで、さきの他者のそばに同行するもう一人の他者を発見し、これと前同様の関係を結びうる。そしてさらにこれは、論理的にはその他の多数にまで拡張しうることであり、こうして、私とその同行者としての他者多数との、まったく同様な関係が、個々に多元的に成立する。私はいまやこの舞台で行動に励起した民衆の内部に、私とその同行者たちとの部分集合を発見する。

一口にいってこの集合は、「さまざまな衣裳で扮装した民衆」のうちで、同一行動をとっている「仲間」である。「個々に攻撃をかけている仲間も引き入れ、五十人ほどで」、私たちはいま、一つの行動――「右翼のたてこもる校舎の中への突入」――に移っているのである。

このことは、民衆個々人の行動への励起が、反乱の集団を形成するプロセスにつきはじめたことを示している。しかし、それはなお集団と呼びうるものからは遠い。ひとたびこの共同行動の内部をみれば、この「集団」の欠陥は明らかなことだ。

すなわち共同行動する他者たちとの相互性といっても、私がたまたま、いま・ここで、他者たちをとらえたかぎりで存在しているにすぎない。私が自らのスタイルの意味を、他者の具体的行動のうちに発見的に読みとり、他者としての私を発見するという基礎的な構造は、関係が他者たちにまで拡張されても変りうるものではない。他者たちは個々ばらばらにその具体的行動において、私のスタイルを映している。この他者たち同士の関係は、なおなんら統一的に成立してはいない。私の集団は私の他者たちによる、私にとっての集団であるにすぎない。

もちろん、他者たち個々人にとっても、それぞれに発見された集団がある。けれどもその場合も、集団は、他者たち個々人にとってそれぞれに偶然的だ。

このように、この共同行動の内部で、私があれこれの他者たちを発見する仕方は、なお私的で偶然的なものにすぎない。自他は、いわばでくわしたという関係であり、共同の行動の内的関係は一つのアナーキーであり、カオスであるままにとどまっている。政治の初体験と呼ぶべきものはまだ何も起っていない。だから、実際、この共同行動は、瞬時に解体する可能性をつねにもっている。

しかし、一人の他者ではない他者たちの発見とともに、私たちの同一行動の内部は、いまや根本的な変化をとげようとしている。

大将トモ見ユル者二人、衆ヲ指揮シテ曰ク、

吾輩既ニ国ノ為ニ兵端ヲ開キ戸長役場又大宮警察署及裁判所ヲ破壊シ、其書類ヲ焼キ棄テタリ。官衙ヲ毀損スル既に政府に抗スルナリ。軍敗レバ必厳刑セラルベシ。衆此意ヲ得テヨク力ヲ尽シ必勝ヲ期セヨ

ト小旗ヲ揮テ令ヲ下シ、後レテハ卑怯ナルゾ、進メヤ進メ、「エイ〳〵ヲ、」。鯨波ヲツクリテ押出シト云。（4）

ここにみられるように、私たちはいまや反乱した民衆がその最初の行動を終え、次の行動へむけ再結集をはかっている一場面を想定することができる。このような場面で、「衆」にむかって演説する一人の私に注目しよう。この私には、いまや多数の他者たちの一致したまなざしが集中し、そのなかで私は身ぶりをし、言葉を発している。ここではもはやさきに述べたような、私が他者たちの同一行動を個々に発見しているという関係はない。私と他者たちとのさきの関係は、端的に、転倒されているのだ。

すなわち、さきには私の行動の意味の表現形態として意義づけされた、他者たちすべての位置に、いまや一人の私が立ち、他のすべての他者たちがかつての私の位置に立つという、逆の関係性が生じているのである。このとき、私以外の他者たちは、一人の私の個体存在が演じる行為のうちに、自分たちの行動スタイルの意味が映されているのを見ることになる。

関係がこのように逆転されると、私の位置はもはや、他者たちとの以前のような関係にはとどまりえなくなる。私一個の行動は、いまや他者たちによって――私たちの属する共同行動の共同事業によって――分立され、一つの特別の地位におかれるようになる。逆に他者たちは、もはや個々ばらばらに私と関係するのではない。私という一人のなま身の人間の行為に、自分たちの行動スタイルの意味を集中的に表現することによって、この私の行動を媒介として、他者たちは相互に同等者として交通することができる。さながら貨幣のごとくに私を介して、他者たちは「活動を互いに交換する」のである。

だから、彼らの共同行動の内部は、もはや自他が偶然にでくわすという二元性のカオスではない。他者たちによって他者たちから分立された一人の私――この私に媒介された相互性――が他者たちに成立することによってはじめて、彼らのアナーキーな内面は、一つの社会的関係によって結ばれた私の集団となる。

たとえば、私はいま手を振りあげて、「官衙を毀損するは既に政府に抗するなり」と演説する。すると、私の他者たちは、もはや私との同一行動によって確認された同等者につきるものではない。ひとしく「政府に抗する」者たちとして、内面的な意義づけが与えられる。だからこそ、私の呼びかけに応えて「えいえい、おお」とくりだす大衆は、その成員相互に「此意」をよく得た者たちの集団である。彼らは敗軍ののちの「厳刑」を、自分たちすべての否定と心得た内面的な統一を生みだしているのである。

二　他者たち大衆の相互の関係を媒介する私はアジテーターとなる

このような集団成員の行動スタイルを、わが身一身に表現する第三者＝私も、もはやたんに、他者たちの行動を個々に表現するのではない。私は他者たちを結ぶ一つの社会的関係であり、人びとの意識と行動の総合を表現するものとして意義づけられるようになる。私にとっても、共同行動は集団としての一つの内在的相互性をもつようになり、多数者の行動の統一は内面化される。いいかえれば、このプリミティブな次元で、私は私の集団の共同性を体現し主宰する者となるのだ。私は、いまや一つの共同行動＝集団と等価のものとなる。

こうして、反乱する民衆のうちで、この私の私的で個別的な実践が、同時に、協働する多数者の行動の意味を総合し体現するものとなる。私は集団である。いや、むしろこういうべきだ――私という個体は、この「体現」という形でしかもはや自己を表現しえない存在だ。私が自分をどのように表現しようと、それは不可避的に「われわれ」のスタイルだ！　この矛盾から私は逃れることはできない。反乱する民衆の行動が、彼らの内部的矛盾の外化＝解決として必然的に生みだしたものが私だからだ。私は、自分の意志や、あるいは生れながらに他人とちがう資格をもっていたために、かくなったのではない。ただ行動をともにする他者たちによって、私は社会的にかかる者に仕立てられたのだ。

けれども、私は次の反面の真実をも忘れることはできない。すなわち、私がかく仕立てられたのは、くりかえすが、この集団の成員たちが私をその体現者として役割的に分立したゆえなのであって、だから、私のこの位置から他者たちが排除されているかぎりにおいて生起したことなのだ。まさに、一方は「大将とも見ゆる者」であり、他者たちは大将ならざる「衆」となる。

そこで、社会的にかく仕立てられた「私」を、ここではアジテーターと呼ぶことにしよう。そして、自分たちの社会的共同事業として、このアジテーターを分立せしめた私の他者たちを、アジテーターにたいする大衆と定義しよう。

アジテーターと大衆という、この対の概念は、さきの「大将」と「衆」との区別をみるまでもなく、実際上の集団のありふれた構造に容易につなげられるであろう。早い話が、アジテーターを「衆」から区別するのは、指導者だとか知識人だとか、「よく口利ける者」だとかの、アジテーターの特別の属性によるのだと通常は考えられている。だがここでもふたたび、私がアジテーターの存在に仕立てられたのは、いかなる意味でもまえもって私にそなわっていた固有の特権的な資格のせいではないことに、注意しなければならない。アジテーターの形成史のこの段階では、誰がこの第三者の地位つくかは完全に任意である。それは集団のうちの私でもお前でもよい。アジテーターの匿名性は本来的なものだ。それゆえ本質的には、彼が何者であり誰であるかすら問題ではない。彼は社会的には、反乱民衆の多数者の行動スタイルが総合されている場面というにすぎないのだ。

反乱民衆のうちの「大将」と「衆」の実際上の区別も、アジテーターの出生におけるこの匿名性にこそ逆に根拠をもっている。匿名のアジテーターの成立根拠が、かえって逆に、アジテーターをある特別の者に固定していく傾向をも生みだすのだからである。すなわち、アジテーターは、集団の他の全員がその行動の意味の表現形態として分立したものであるが、これとてアジテーターや集団の成員が、個人の恣意にもとづいて勝手になしたものではない。それは一つの共同の事業であり、社会的過程の産物として生みだされたものだから、アジテーターの地位は、一定の誰かに固定していく社会的傾向をもつのである。しかしそれは実際に誰なのか。

ここで、アジテーターのもともとの位置の、錯覚的性格を思いおこさねばならない。かって、私と他者の単純な相互関係の分析のさいにすでに指摘しておいたように、自己の固有の身体に相手の社会的スタイルを映すという対立的矛盾が、アジテーターのうちにはいまや集中して表現されている。彼が他者たちにとって社会的共同行動の「意味の鏡」だといっても、彼のなま身の身柄こそがこの鏡を成り立たせていることに変りはないのである。だからここから、アジテーターはなにか生れながらの存在として、他者たちを体現しうる特別の属性をもった者であるかに他者たちには思われるのである。あたかも彼は、アジテーターとして生得的で前（没）関係的な存在であるかのような倒錯が完成する。知識人あるいは党員または政治的能力があるがゆえに彼はアジテーターなのだ、と。

アジテーターにたいする大衆の性格についても、これと同じようなことが生じる。前節の末尾でも指摘したように、大衆はその定義からして、アジテーターの行動スタイルに自己を映す形でしか社会的な自己を実現しえないものである。自らがアジテーターを分立することによって、かえってアジテーターの位置から自分を排除する者である。こうして、大衆には、自分たちが生れながらにして、いわゆる「大将」にたいする衆にすぎないかのような倒錯が生れる契機が存するのである。「ある人は、他の人が彼にたいして臣民たる態度をとるが故にのみ王である。ところが彼等は、彼が王であるが故に自分たちは臣民であると信ずる。」（マルクス）

こうして、集団の成員たちによるこの錯視は、ついにアジテーターの地位を、ある特定の一人の者に固定していくことになる。集団は内部に最初の差別を生みだし、彼は集団を「代表する」者のごとくになる。そして、このような結果から集団を考える者は、集団とはもともとこうした内部構造をもった指導者の（による）集団なのだと錯覚してしまう。

たしかに、いわゆる「指導と被指導」のヒエラルキーをもった集団は、現実にはまさに集団そのもののごとくである。この現実はまた、いま述べたようなアジテーターと大衆の分立と排除の関係に、確かな根拠をもっている。だがこの結果としての現実からしか出発しないのでは、集団の成立がかえってその解体の根拠ともなるような、内部の契機を見出すことはできない。のちにふれることがあるように、ここからは、怠惰な者たちのいわれなき「組織」ペシミズムか、あるいは「現実家」と称する者たちの政治のシニシズムしか生れてはこないのだ。

第三節　集団の成立

一　アジテーターの言葉は私の身柄から離れて私の集団を統合する

それでは、特定の個人による現実の集団を、かえって集団の頽落形態とみなすような最初の集団は、どのようにして成立するのか。アジテーターの本来的匿名性の段階で、なお成立しうる集団とは何か。アジテーターの成立まで私の遍歴をたどってきたいまとなっても、この問いへの解答はけっして自明のものではない。

なぜなら、前節のような私と他者たちとの関係性、および私を媒介とした他者たちの相互性の成立それ自体は、なんら集団なるものの成立を意味しないのである。次のような事情を考えればこの意味ははっきりする。

たとえば、私たちの相互関係の現段階で、いま私が全員にむかって、「後《おく》れては卑怯なるぞ、進めや進め」と叫ぶとする。たしかにこの瞬間、私の呼びかけは全員に解読されて実現され、私のスタイルには全員の行動の内面的総合が表現される。私はこのとき、一つの共同性に多数者を統合するといってよい。だが、この行動する集団にあっては、次の瞬間に、今度は別の一人＝彼が路傍の岩に登って、「えいえい、おお」

と鬨の声の音頭をとるということが起る。この瞬間には、多数者全員を統合するのは私ではなく、この彼だ。だからこのようにして、各人がアジテーターであるこの同一行動の内部では、匿名のアジテーターたちは各瞬間ごとに、ここ、そしてそこで、それぞれの集団を形成するのだといわねばならない。

それゆえ、この集団の内部は、各人＝アジテーターによる彼の集団の統合と、他者たちの大衆への排除との、果てしない競合・循環たることをまぬがれえない。たしかに、史上あらゆる大衆反乱の無数の場面で、無名のアジテーターたちの登場が記録されてきたように、いま・ここでの私による私の集団の内的統一は疑いのない事実だ。だが次の瞬間には、これは別のアジテーターである彼にとっても彼の真実であってみれば、この集団の統一は、各人による各統合の集合である限りにおいて、事実一つの集団存在であるにすぎない。だからその限りでは、集団への私たちの他有化、すなわち、各人を超出する一つの集団なるもの（集団としての集団）の析出は成り立ちえないのである。

それでは、このようなアジテーターたちの「諸統合の集合」が、実際に一つの集団の統一として実現されうるとしたら、それは反乱民衆内部のどのような契機によるのか。もちろんすでに述べたように、アジテーターの本来的匿名性が崩落するかぎりは、特定の指導者の集団（スターリンの党）として、たしかに一つの集団は対自的に措定されうる。けれどもくりかえすまでもなく、ここではなお、各人がアジテーターである段階が固執されているのである。だからここでは、各人＝私によるそのつどの総合として各人に遍在する私の集団を、たんに代数的に平均してみても、現実に内的統一をもった一つの集団存在の意味は了解しえないのだ。また、各人＝私による多数者の諸総合を一つに統合するのは、職場とか地域とかの容器や環境なのでもない。さらにまた、敵とか他の集団とかによって、外から一つに指定される場合もいまは問題にならない。「一つの集団の統一性とは集団自身の所産である」（サルトル）ことを了解することこそが問題なのだからだ。

実際、いま私は、私たちの同一行動を私たちの集団の形成へもたらすのか、それとも、この同一行動が「敵」から強制されたたんに受動的なものであり、したがって次の一瞬には散逸してしまうものなのかを証明すべき、現実の岐路に立っているのである。

では、各アジテーターによる諸総合の集合に、一つの名前を与えるのは何か。集団の存在はどこからくるか――まさに、アジテーターの存在の本質が、彼の個的存在にあるのではなく、その体現する社会的スタイルと言葉にあることから生ずるのである。

すでにアジテーターの析出過程が明らかにしているように、アジテーターに本質的に重要なのは、彼の個的な特定の「人格」ではなく、彼の身体に映されたかぎりでの集団成員の社会的関係であった。だから本来、個的ななま身の存在（身柄）すらアジテーターにとって本質ではない。集団成員の相互性にとってアジテーターの直接の意義は、そのうちで各自の活動を相互交換しうる、一つの社会的形態ということにすぎないのだ。だから各人＝アジテーターたちは、この一つの社会的形態、一定のスタイルや言葉に、本来的に置き代えることができる。アジテーターが一人の特定の人間であるというのは、集団の社会的錯覚の結果であったが、これに反して、アジテーターにとってはそのスタイルと言葉こそが本質的である。

だから、たとえば、スペイン革命の有名な指導者（ドゥルティ）についてすら、次のようにいわれることになるのだ。

かれがいったいどういう存在であり、何者であったかは、知らされることがない。核心を衝いたことは、どう見ても語られていず、ドゥルティという人間の特殊性は、個人的特色のかたちでは捉えようがない。こまごました逸話と見えるものの個人的な行為のはしばしに至るまで、浸透しているのは社会的身ぶりである。さまざまな描写や記述から定着されてくるのは、見紛いようのないプロレタリアのプロフィールだが、そこには人間の輪郭が見えていても、内面の心理は見えてこないのだ。ドウルティには感情移入は歯が立たない。まさにそのゆえに、大衆は自己をかれのなかに確認してきた。(5)

このように、アジテーターは自分の身柄からすら分立し、そのうちで大衆が「自己を確認する」一つの「社会的身ぶり」にすぎないものとなる。だから、いまや同一の行動内部でアジテーターたちのこうした身ぶりがとび交うことになる。そして行動の同一性が保持されるかぎりは、この身ぶりは多様のものではあっても互いに相反するものではなく、一定の意味作用をもつものとして各人に解読される。「後れては卑怯なるぞ、進めや進め」と叫ぶ私の身ぶりと、「えいえい、おお」という彼の言葉とは、私と彼の人格や属性になんらの共通性も関係もない場合でも、ある同一の意味作用をもつスタイルとして全員に交換され読みとられる。このことは現実には、全員の即座の進軍として実現されていることにほかならない。無名のアジテーターたちの登場は、大衆反乱の顕著な事実であるが、アジテーターたちのこうした匿名性は、同時に、反乱の集団形成にとって本質的なことなのである。

それゆえ、反乱の同一行動の持続とともに、ついにはアジテーターという一人の人間の存在すら、非本来的なものとして不必要となるということがおこる。「かれがどういう存在であり、何者で」あるか――「ドウルティという人間の特殊性」――は見えなくなる。彼は大衆にむかって語る。だがそれは彼が話しているのではなく、むしろ彼はその言葉（社会的身ぶり）そのものなのだといわねばならない。「指導者」のみかけに反し、アジテーターとは本来的に「無名」のものなのだ。

こうした事柄は、特定の指導者の集団という通常のみせかけと、はなはだしく相反する現象である。ここでは、究極的には彼は現われさえしない。サルトルのいうように、ただ「いくつかの合言葉が流通する。貨幣が手から手へと流通するように、語句が口から口へと流通する。」*

*サルトル『弁証法的理性批判』Ⅱ（平井啓之・森本和夫訳、人文書院）

二　集団内をとび交う言葉は私たちの共同観念の成立を告げている

さてこのようにして、同一の行動をとる成員相互を媒介し表現していたアジテーターたちは、自らの本性によって、自分の身柄からすら分立する一定の行動スタイル・言葉となる。実際、現実の政治組織は、外部からみてもこれを他の組織から区別しうる一定の行動スタイルと言葉をもつ。ブントの行動スタイルと言葉とが革共同のそれと異なるように――「沖縄解放」か「沖縄奪還」か――、そのスローガンがその集団であるということが起っている。

もちろんいまはなお、たんに行動の同一性という基準しかもたない人びとの集団だけが注目されている。だからここでは、アジテーターたちの身柄の不均一性を反映して、彼らの「社会的身ぶり」はまさに多様のままにとどまっており、およそ画一性ということからは遠い。だがここでも、各アジテーターたちのスタイルは――どのように多様なものであっても――、同一行動の持続を現実的根拠として、ある一定の意味を表現しようとしていることに変りはない。

それでは、アジテーターたちから分立した行動集団のスタイルと言葉は、それ自体何を意味しようとしているのか。いうまでもなく、いまや集団内の各人に遍在するようになった共同の観念を、である。たとえば——

兵士たちは、もはや猜疑逡巡する余裕をゆるされなかった。昨日、彼らは発砲をよぎなくされた。今日もまたそうであるだろう。労働者は降服もしないし、退却もしないであろう。やがて明けなんとする日にたいするたえがたいまでの恐怖と、彼らに死刑執行人の役割を強制しつつある連中にたいする息も詰まるほどの憎悪の、最も深刻な苦悶の瞬間、兵舎の一室に公然たる憤激の最初の声が響きわたる。そしてこの最初の声によって——声の主の名は永久に知るよしもないが——全軍隊は、安堵と歓喜の情をもって、自分自身を確認するのである。かくて、ロマノフ王朝の破滅の日は、ほのぼのと地上に明けそめたのである。(6)

古来、兵士の反乱はすべてこうした一瞬をもったであろうが、この証言は同時に、兵士大衆の新しい共同観念の形成を媒介する言葉の働きをも劇的に示すものとなっている。反乱への一致した決起を促す「最初の声」は、誰のものとも「永久に知るよしもない」闇の中の一声である。だが兵士たちは、この一声を介して「自分自身を確認する」。ロマノフ王朝の忠実な兵士たるそれまでの共通の自己確認は捨てられ、新しい自分たちへの変容が一瞬にして確認される。いまだこの瞬間には、相互に同一の行動を確かめあうことはできない。むしろ誰のものともわからぬこの「最初の声」には、同一の行動へと兵士たちを決起させる共通の自己確認——つまり共同の意識——が一斉に激しく噴出しているのである。「恐怖」や「憎悪」

あるいは「安堵と歓喜」の情として描写されているのがそれだ。

もちろん、兵士各人のこうした意識は調査しうるものでもなければ、各人の意識を代数和しても、なんらかの共同意識（観念）を証明できはしない。むしろ闇の中の最初の声が意味しようとしているものとして、いまや兵士たちに遍在し彼らを一つの感情のもとに統合している、ある一定の共同的（集団的）意識を読みとることができるのである。これに続く反乱兵士の集団的行動が、アジテーターの言葉と集団の観念との弁証法の現実的結果（確証）となる。

いうまでもなくこの段階では、共同の観念をなにか既成のものとして実体化してはならない。それは共同の行動において形成されるのだ。行動における集団のスタイル・言葉が形成されるものであったように。だから逆に、一定のスタイル・言葉ということをゆるい限定のもとに理解しなければならない。それは、他の集団の行動から区別しうるという程度のことにすぎない。それゆえ、言葉すら当初は必要としない。身ぶり言語まで含めた行動スタイルの差異性ということが重要だ。

記号としての言葉のレベルでみれば、行動途上の集団の言葉は、むしろ記号のアナーキーと混線状態を呈する。たとえば秩父事件で、農民たちはもちろん彼らの現実的要求である負債据置きを叫んでいる。だがこのほかに、たとえば一方では「圧制政府転覆」といわれるかと思えば、他方では「天朝様ニ敵対スル」と叫ばれている。だから、のちにややくわしくふれることだが、これら一つ一つの言語記号の既成の意味は、反乱した秩父農民の共同の観念をなんら十分に意味してはいない。彼らはこれらの既成語・抽象語のうちに、共同存在として激しく肥大化した自らの観念を押しこんで表現しようとしているにすぎない。それを解くコードは、これらの言葉によってではなく、むしろそれらの混線ぶりそのもの、彼らの行動全体のうちに見出す以外ないゆえんだ。

こうした記号の既成の意味作用に妨げられないかぎり、私たちは集団の行動スタイルが何を意味するかを読みとっていくことができる。そして逆にいえば、まさにここではじめて、私の集団は集団そのものとして成立するのである。集団内に流通する言葉とスタイルが一見どのように雑多でも、それらがすべて、私たちの一定の共同観念に促されたものとして内的な統一性をもつとき、私の共同行動は外部的にも確証される一つの集団となる。私たち各人の行動の統一性も、アジテーターとその言葉を媒介にして、私たちの共同観念との一定の関係——意味するものと意味されるものとの呼応の関係——を形成するとき、はじめて内面的に統一された一つの集団の行動となる。

さきには「アジテーターの集団」の集合（あるいは代数平均）が集団の解体を結果するのではなく、内的統一性をもった現実の集団の形成をもたらすのはどうしてか、という問題がたてられた。しかしこれは、アジテーターたちがそのつど統合する集団の現実的同等性をいくら強調しても解きうるものではない。これでは、行動の実践的統一性に問題を解消するにすぎない。ただ、アジテーターを析出するという契機が、一定の共同観念を意味する行動スタイルと言葉にまで表現されてはじめて、集団の成立は確証しうるのだ。実際、反乱する民衆の同一行動が、たんに一瞬の暴動として終るのか、それとも、大衆的集団の形成とその政治的経験史の出立につながっていくのかという現実の岐路は、内面的には以上の事柄を意味している。

かつてサルトルは、こうした段階にある集団を「溶融状態にある集団」と名づけた。そして、この集団の内面的統一性が個人的実践による統一であることを分析しつつ、くりかえして「(各人による) 諸総合は総合をなしうるか」と問うている。すなわち、「数個の震央をもち、しかもまさにそのことによっておのれの諸項を統一し得ない関係を、相互性の中において示してしまったのに、この多くの中心をもった現実を、一つの統一化と呼ぶことができるであろうか」と。しかし、各アジテーターによるこれらの数多の諸総合は、現実には各人においてみな同等なのだから、一見するとこの設問は部分と全体についてのスコラ的問題にみえる。現に集団は、「個人的総合の多数性が、多数性のまま、目標と行動の共同性を築き得ている」のではないか。＊

＊サルトル、前掲書の集団論を参照せよ。

しかし、この問題が決してスコラ的なものではなく、集団を集団たらしめる決定的契機にかかわる問題であることを、私は以上に詳述した。集団に値する集団は、すでにその最初の段階において、共同の観念を一定の行動スタイル・言葉として（各アジテーターの行為のうちに）表現することにおいて集団たりえている。むしろ逆にいうことが必要だ。既成の組織社会からみればゆるい限定においてではあれ（言語はなおまったく体系だっていない等々）、すでに一定の行動スタイルが集団内部で交換されているという事実には、これらのスタイルを集団のスタイルとして産出する共同存在の、観念の沸騰状態が表現されているのである。

それゆえ、この問題はもちろん、何か全体的なもの、全体意識なるものを外からもちこむことによっては解けない。しかしそれと同時に、サルトルのように、この集団内での個人的実践の総合性をいくら強調しても解決しうるものではない。それは、そのつどのものとしての個人的総合の、集団内の遍在を示しうるだけである。この全体化の複数性、個人的総合の多数性が、「それを構成する諸行為のおのおのの中において、みずからを否定する」ということが起りうる契機は、ついに示されることがない。こうしてサルトルは、果てしないどうどうめぐりをおこない、集団内の各アジテーターのごとく統合と排除の循環に陥り、結局、全体化は実践的行動の統一性であるというトートロジーに終っているようにおもわれる。これでは、厳密な意味で、集団を媒介にした相互性ということはいいえない。サルトルが、最初の集団内の相互関係として「媒介された相互性」を強調するとき、それはむしろ、私＝アジテーターを介した他者たち—大衆の相互性を指すべきであり、規制者的第三者—集団各人の相互媒介関係としてこれが成り立つためには、集団自身の成立がすでに規定されていなければならないはずである。

以上の問題は、サルトルの溶融集団論が、いわば尻に火がついて行動する集団を例として展開されていることにかかわっている。だから、そこでは集団のそれ自体のスタイルなどは、まだ問題となりえないといわれるかもしれない。しかし、この最初の集団が存続するために組織となっていく次の段階では、すでにサルトルの集団は対自的に措定された反省的なものとなっている。だから、私のいう集団を集団たらしめる前反省的な契機、すなわち、行動統一の解消か集団の形成かの決定的な分岐はついに明確にはあらわれず、そのままに、サルトルの集団論全体が展開されていくことになる。一般に、サルトルの集団論は制度論にすぎる。そこでは、実践や制度の共同性は把握しえても、ひとがなぜ共同存在にかくも憑かれてきたのか、かくも幻滅をくりかえしながら、なおしょうこりもなく集団へと自己投企してきたのか、その狂熱を解くことができない。したがって、集団としての共同存在の内的靭帯の強さ、そのデモンを解きえない。

ひとはあるいはここで疑念をいだくかもしれない。いま成立したばかりの私の集団では、各人がアジテーターであり、したがって表現記号は混線状態を呈するのだから、事態はふたたびたんなる行動の統一へ解消されるのではないか、と。だが私は、行動の統一が一瞬ののちに行動の散逸につながらないのはどうしてかと、ずっと問いつづけてきたのである。現実の行動の統一が、この私において内面化されることがなかったら、どうして成立したばかりの集団がこれからも生きつづけることがあろう。

　しかし、私がここでことさらに共同観念の形成をもちだしたのは、これだけの理由ではない。アジテーターたちのスタイルの混線にもかかわらず、遍在する共同観念の激しさが、逆に、集団としての集団をもかえってみえなくさせるということが、私の集団のこの段階でたしかに起るのだ。私たちの共同観念は現実の集団の範囲をはるかに超え、むしろ一つの観念世界にまで膨張するからである。このことが、私の最初の集団経験を、たんなる進化の歴史のスタートではなく、きわめて特異なものにしていく。——しかし、私はこの問題を次章にゆずらねばならない。ここでは、アジテーターのスタイルと集団の観念が交錯する場所に、もう一度もどることにしよう。

第四節　言　葉

一　言葉の生産現場ではアジテーターの言葉がすなわち集団である

古くは「よく口利ける者」などと呼ばれてきたアジテーターは、以上の用法では、まずなによりもカリスマや政治的指導者のように特定の能力をもつ個人を指す名称ではなかった。政治的行動に励起した個々の民衆のカオスが、その内に大衆的集団の核を形成するさいに、この形成の決定的契機がアジテーターと呼ばれたのであり、これは集団の行動および意識のスタイル、端的に「社会的身ぶり」なのである。だからこそ、アジテーターの定義に属する彼の「言葉」の重要性が、とりわけここに浮きぼりにされるのだ。

次はある有名なアジテーターによる記録だが、民衆の行動のカオスが集団的に統合されていくプロセスの一端をよく示している。私たちは、有名な指導者の事例としてではなく、前節までの私の経験の総ざらいとして、以下のやや長い引用を追っていくことができるであろう。

十月十八日は偉大なる躊躇の日であった。ペテルブルクの街々を大群集が途方にくれて動きまわっていた。憲法が与えられた。次は何か？　何ができ、何ができないか？　私は街に出た。最初に出会ったのは学生で、帽子を手にし、息を切らしていた。党の同志である。

彼は私に気づいた。

「夜中に軍隊が工業専門学校を砲撃しました。……明らかに挑発です。ザバルカンスキー大通りでは、たったいま、パトロールが抜剣して小さな集会を追い散らしました。演説していたタルレ教授はサーベルを受けて重傷です。死んだとも言われています……」

「そうか……。出だしはまあまあだな」

「どこもかしこも、人の群れが右往左往しています。弁士を待っているのです。私はいまから党のアジテーター会議に駆けつけるところですが、どう思いますか？　何をしゃべったらいいでしょうか？　現在の主要なテーマは大赦のことじゃないでしょうか？」

「大赦についてはわれわれが言わなくても、みんな言うだろう。軍隊をペテルブルクから遠ざけるよう要求したまえ。周囲二五ヴェルスタ以内に兵隊はひとりもいてはならないと」

学生は帽子を振り振り向うへ駆けて行った。歩道には群集がひしめいていた。

「大学へ行こう！」だれかが叫んだ。「演説があるはずだ」

私も一緒に歩き出した。人びとは黙って早足に歩いた。群集は刻々増えた。歓びはなく、むしろ動揺、不安があった……。パトロールはもう見えなかった。ばらばらの警官たちは、おどおどして、群集から身を隠した。街は三色旗〔ロシア国旗〕で飾られていた。われわれは橋を渡り、ヴァシリエフスキー島に入った。海岸通りは巨大な漏斗をなし、そこを通って後から後から果てしない大衆が流れ込んだ。弁士たちが演説することになっているバルコニーめがけて、みなが殺到した。大学〔ペテルブルク帝大〕のバルコニー、窓、尖塔は赤旗で飾られていた。やっとのことで私は建物の中に入った。私は三番目か四番目に話すことになった。バルコニーから見ると、そこには驚くべき光景が展開されていた。街路は人びとでぎっしり埋まっていた。青い学生帽と赤旗が鮮やかな斑点となって、何十万という群集のシーンに活気を与えていた。完全な静寂が一場を支配した。だれもかれも、弁士の話を聞きもらすまいとしているのだ。

「市民諸君！　われわれは支配者の悪党どもの胸もとめがけて攻撃した。そのあとになってやっと自由が約束された。選挙権、立法権が約束された。約束したのはだれか？　ニコライ二世だ。自発的な意志によってか？　本心から約束したのか？　だれもそうは言うまい。彼はヤロスラヴリの労働者たちを殺害した褒美として勇猛ファナゴリ連隊に恩賞を与えることによって、その治世を始めた。そして屍の山を築きつつ、一月九日の血の日曜日に到った。われわれはこの飽くことなき、王冠を着けた死刑執行人に自由の約束をさせたのだ。なんという偉大な勝利だろう！　だが、勝利を祝うのはまだ早い。勝利はまだ不完全なのだ。約束手形は純金と同じ重みがあるだろうか？　自由の約束は自由そのものと同じだろうか？　諸君の中にツァーリの約束を信頼する者がいたら、名乗り出てほしいものだ。そういう変わり者を見たらだれしも喜ぶだろう。まわりを見たまえ、市民諸君。はたして昨日から何か変わっただろうか？　はたして監獄の扉は開かれたか？　ペテロパウロ要塞は首都を支配しなくなったか？　諸君はあのいまわしい壁の向うから聞えた呻き声を、歯ぎしりを、聞かなくなっただろうか？　われわれの兄弟たちはシベリアの荒野から帰って来たか？」

「大赦《アムニスチヤ》だ！　大赦《アムニスチヤ》だ！　大赦《アムニスチヤ》だ！」下から人びとが叫んだ。

「……もし政府が誠意をこめて人民と和解しようと決めたのであれば、第一の事業として大赦を行なったはずだ。だが市民諸君、大赦がすべてだろうか？　政治活動をした何百人かの戦士が今日釈放されたとしても、明日は別の何千人かが逮捕されるだろう。自由の宣伝と並んで、実弾の命令が貼られているではないか。昨夜は工業専門学校が砲撃されたではないか。今日は静かに弁士の話を聞いていた人びとが斬られたではないか。死刑執行人トレーポフがペテルブルクにのさばっているではないか」

「トレーポフを倒せ!」下から人びとが叫んだ。

「……トレーポフを倒せ! だが、彼ひとりなのか! 官僚の貯えの中には、あの男に代る悪党がぞろぞろいるのではないか? トレーポフは軍隊の力でわれわれを支配しているのだ。一月九日の血にまみれた近衛兵こそ、彼の頼みの綱であり、力なのだ。トレーポフは彼らに命じて、諸君の胸と頭には実弾を惜しむなと言っているのだ。われわれは銃口のもとで暮らすべきではない。そんなことはできないし、したくもない。市民諸君! われわれの要求はこうだ。軍隊はペテルブルクから撤退せよ! 首都の周囲二五ヴェルスタ以内にひとりの兵隊も残すな。自由な市民自身が秩序を維持するのだ。勝手な振舞いや暴行はだれも我慢しないだろう。人民はあらゆる手段で自衛するのだ……」

「ペテルブルグから軍隊を追い出せ!」

「……市民諸君! われわれ自身の中にしか、われわれの力はないのだ。われわれは剣を手にして、自由を守り抜かねばならない。ツァーリの宣言は、見たまえ、ただの紙きれにすぎない。このとおり、諸君の眼の前にあるが、ほら、こうすれば手のひらの中でくちゃくちゃになってしまう。今日は与えられたが、明日は取り上げられ、引き裂かれてしまう。私がいま、この紙の上だけの自由を諸君の眼の前で引き裂いているように!……」[7]

この場面は、もちろん大衆的反乱の最初の日のことではない。だが運動の展開はその途中で、しばしばこの「偉大な躊躇の日」のような一日を不意に現出させるものだ。相手側の譲歩や運動目的の一部の実現などにより、それまで一定の目標追求のもとに統合されてきた大衆の運動が不意に失速し、その集団意志が溶解する。

ここに、あたかも、最初に反乱に励起した人びとのカオスが行動の方向を求める場面と、きわめて類似した状況が再現される。いや、人びとに「歓びはなく、むしろ不安、動揺があった」といわれているように、人びとの内的混乱は行動の最初の日以上のものがあるのだ。いずれの場合にも、人びとは新たな集団形成(再形成)による闘いの持続か否かの現実的岐路に、期せずして立たされることになるのである。この例が記録しているような大衆の「躊躇」や「右往左往」が、全体として示している事態こそがこれである。そしてアジテーターがその本性をもっとも尖鋭に開示するのもまたこのような場面なのだ。

くりかえすけれども、ここでいうアジテーターは、指導者と同義ではない。現にさきの引用ではこの「私」は党の有名な指導者にはちがいないが、学生の同志との会話が示しているように、「党のアジテーター会議」を通じて派遣された無数の無名アジテーターたちが、今日この混乱する街のそこここで、大なり小なり私と同じような場面を演じているはずだ。そしてついには、私をも含めた無数のこうしたアジテーターの働きによって、逆にまさに私たちの身柄からすらも離れた、一つの言葉が人びとの口から口へと流通していくようになる。「ペテルブルクから軍隊を追い出せ!」等々というスローガンが、いまや大衆の新しい集団的統合のシンボルとして流通するのだ。

だがいうまでもなく、いま言葉は文字どおりに、貨幣のごとくに「流通する」のではない。それは、党のように大衆の外にある超越的な集団によって大衆に与えられ、そうしたものとして大衆に交換されるものではない。むしろ逆にいわねばならない。「たとえそれが、〈遠くから到来する〉にせよ、集団の中においておのおの場所が、遠近にかかわらず同じ此処であるという意味で、ひとはそれを此処においてあらたなもののようにつくり出すのである。」*

*サルトル、前掲書

ひとがここで「あらたなもののようにつくりだす」のは、一般化していえば記号としての言葉ではない。言葉の意味作用、あるいは言葉で意味されるものとしての共同の観念である。いま私たちは、いわば記号の意味生産（再生産）の現場にたちあっているということができる。生産こそ、いつももっとも精彩ある経験だ。そこでは、行動する人びとの共有するスタイルと言葉が、その集団を現に集団たらしめている共同観念に、ほとんど過不足なく重なっている。人びとからの集団の超越や、いわゆる組織の疎外をあげつらうこともなしに、しかも、アジテーターとして人びとから分立したスタイル・言葉が集団なのだといいきることができる。誰かが「トレーポフを倒せ！」と叫ぶとき、いまこの瞬間にこの誰かを通じて、「われわれは……倒せ！」という共同性われわれが激しく噴きだしているのだ。

逆に、アジテーターの言葉が、その意味作用を「あらたなもののようにつくりだす」生産過程から切断された場合には、この言葉の政治的「効用」は問わぬにしても、およそアジテーターの言葉は集団を形成する契機たりえない。たとえば次のような例をさきの場合と比較するとき、アジテーターの言葉がどのような現場に根ざしているかは明らかなことだ。こうした差異は、けっしてアジテーター個人の能力や、言葉記号の精巧さの差などによって生ずるものではない。

次の演説は、第一級のアジテーターによる、第一級の技術をもったものなのである。

わたしはきみたちの熱狂に水をささねばならない。反革命はすでに進んでおり、行動に移っている。（ヤジ、どこでさ？）反革命はここに、われわれのあいだにはいりこんでいる！　先ほどきみたちに語りかけたのは、あれは革命の味方だったか？（違う！　という声と、味方だぞ！という活発な反対の声）多くの側から、革命に危険が迫っている。（ヤジ、おまえからだ！）危険は、これまで権力を握っていた者たちから迫るばかりではない。きょうは革命に便乗しているが、おとといはまだ革命の敵だった者たちからも、危険が迫ってくる。（統一と団結！という激しい妨害の声。これにたいし妨害に反対する声。ひっこめ！　という声）………(8)

二　私の言葉を通じて形成された集団は言葉を通じて私を超越する

たしかに、右にあげたアジテーターの空中分解の例が物語っているように、集団形成に本質的なものは記号としての言語や制度ではない。アジテーターの駆使する記号が、どれほどその意味生産の現場――つまり、私たちの共同観念の誕生――にたちあっているかが、いつも決定的となる。

だがひるがえってみれば、私たちがその共同の観念を、ただ一定の社会的スタイルや言葉――すなわち一つの集団――としてしか表出しえないこともまた、この共同観念のもつ本質である。なぜなら、言葉を離れて何か共同観念なるものが実体的に存在し、言葉は後者を「反映する」にすぎないなどということではないからだ。とりわけいまはなお、政治的言語体系の創出が、指導者や理論家の仕事として専属化しているのではない。観念とその表現形態との関係は、喫緊な大衆的行動のうちで前反省的に生起している事柄なのである。それゆえ、共同の存在が社会的に一定のスタイルに、さらには言葉へと外化していくことは、ここでは本来の意味で宿命である。この宿命こそ、前節までにアジテーター＝集団の形成史として経験されたことにほかならない。

逆に、集団形成にさいしてもつスタイルや言葉の意義は、そのシンボル機能が、もともとこうした働きに適した性格をもつものである事実によって決定的となる。たとえば、言語記号は、もともとそれが指示する具体的個物とは無縁であることはもちろん、記号を生みだした行為や観念とも必然的連関をもたない。少なくとも言語記号のもつこうした契機が、抽象的存在として言語を社会的に流通させる。

却説《ところで》追々操込ミノ行列ヲ述レバ、兇徒等ハ、抜刀鎗或ハ銃砲或ハ竹鎗等、兇器ヲ閃メカシ、白木綿ヲ襷鉢巻ト為シテ味方ヲ区別シ、或ハ白木綿ヲ以テ旗トシテ暴民等ノ村名ヲ書シタルヲ翻シ、暴徒等異口同音に進メ〳〵ノ掛声ヲナシ、或ハ戸ヲ閉メタル家ハ鉄砲ヲ打込ム故早々ニ開クベシ、或ハ我々ハ圧制政府ヲ転覆シテ世直シヲ為スノ企望ナレバ一家一名宛目印ヲナシ義勇兵トシテ早々人足ニ出スベシト揚言シ、号令旗ヲ打振り振り浮虚子《うんか》虫ノ如ク操込ミタリ。(9)

すでにこの場面でも、旗指物から「圧制政府転覆」という「自由党」の言葉にいたるまで、さまざまなレベルのシンボルが息づいているのが見られる。そして無名のアジテーターたちは、それぞれの体現するシンボルによって、自分たち反乱した農民の心的豊かさのすべてを表現しようとしている。

けれども、村名を記した白木綿の旗にしても、自由党風の言葉使いにしても、これらの記号の既成の意味が、彼らの共同存在の豊かさに等身大に重なることなどは不可能だ。だから、彼らはさまざまに饒舌となり、選ばれた記号は記号同士混線する。しかし、彼らは通常「圧制政府転覆」等の既成の言葉を使ってしか、自らの共同存在・共同観念を言語に表現することはできない。たしかに彼らにとってみれば、これらの既成の言葉の意味はいまここで新たに発見され、新たに生みだされたものなのだが、他方、「圧制政府転覆」という言語記号の側からみれば、これらの言葉には、すでに板垣自由党のきまり文句という社会的意味が付着している。だからこれらの言葉が反乱農民のうちで生みだされ、流通するとき、反乱は「自由党の反乱」となり、盆地外の言葉では「自由党員の暴挙」となる。

このように、言葉はそれ自身の性格によって、それをつくりだした表現主体と表現場から離れて流通する。反乱は言葉を通じて集団となり、また言葉を通じて外部の権力や世論によって辱しめられる。

ここには明らかに、言語はそれを産出する人びとの行為から自由であるという、言語記号の特性が働いている。その直接の結果は、大衆的共同性の現実の、言葉による「搾取」と「詐称」である。一方では、秩父農民の反乱を「自由党の反乱」とすることは、前者の切りつめを意味した。なぜなら、この反乱を、同時期のいくつかの「自由党員の決起」と同列視することは、この反乱を倭小化する以外のものではない。実際、板垣の『自由党史』が、秩父農民の振舞いを逸脱と批判したことはこの事実を逆照射している。これは、白木綿などの伝統的スタイルによって、この反乱をたんなる百姓一揆と同列視することと同じように、農民たちの共同存在の切りつめとなるのである。言葉がその社会的伝達機能（言葉による大衆の伝統性を捨てないかぎり、言語機能が大衆的共同性の内に沸騰する意味作用をなにがしか切りつめ、抽象化することは避けられない。

また、他方、たとえば秩父反乱の歴史的位置からいえば、「自由党」や「圧制政府転覆」という言葉は、明らかに農民たちの行動にとって身にあまる言葉だ。反乱者たちはいつも出来もしないことをいうものだ。あるいはこれに付け入って、指導者たちは、多様な意識段階にある大衆の一部を、言葉によって大衆全体に拡大しおしかぶせる。闘いの歴史的限界、あるいは貧しさは、言葉によって逆に肥大な観念を背負わされる。こうしたことは、集団のスローガンの機能をみれば明らかなことである。

共同的存在における言葉のこのような意義は、アジテーターの定義に属するその発言――とりわけ発言の「主語」われわれ――の性格を分析してみれば一層はっきりする。

アジテーターは「私」である。だから私の発言の主体「われわれ」がたんなる主語人称であるのなら、私の人称語が「われわれ」だというのは端的な矛盾である。しかし、すでに指摘したように、アジテーターとはその発生の根拠からして、私のスタイル（言語）をわれわれのスタイルとしてしか表現しえない一つの場面であった。この私においてわれわれが発言するのである。もし、アジテーターの私においてわれわれが発言することに失敗すれば、それはアジテーターそのものの挫折である。ここから何が発生するだろうか。

アジテーターの発言の主語、「われわれ」は、言語記号の定義からしてすでに集団の各人でもなければその代数和でもない。主語「われわれ」に対応する実体などどこにもない。だから、アジテーターが「われわれ」でもって意味しようとしているのは、集団の共同観念である。そして、匿名のアジテーターの集団という最初の経験においては、アジテーターの「われわれ」は、自己において激しく生起する共同存在われわれの表現として、大衆の意味生産の行為そのものを「意味する」ことができる。「われわれ」という言葉の一般性・非限定性は、この場合「われわれは――」という発言をほとんどアジテーターの叫び声のごとくにしている。一言でいえば、この場合「われわれ」は言語記号ですらない。それは集団の各人に遍在し、つねに新たなもののようにつくりだされる共同観念の咆哮というにひとしい。

しかしこの同じことが、今度は記号「われわれ」として各人を超越し流通する。すでに記号「われわれ」自体にはその出生の秘密はすけてみえない。それは、人間の具体的共同存在の裏づけを欠いた不換紙幣のごとく流通する。すると、私がいかに激しく記号「われわれ」を絶叫しようとも、われわれは私からすらも離れ、たんなる外的多数者への呼びかけ、記号のシンボル機能・比喩機能を駆使した共同存在の詐称となる。党員アジテーターの発する「われわれ」は、党によって観念されたわれわれとして、アジテーターの直面する大衆的現実の切りつめか肥大化を意味するようになる。そして、大衆は言葉のうえで依然として「われわれ」でありながら、そのじつ、この「われわれ」には、沸騰する共同の観念による結合はすでに失われかけている。

このように、アジテーター＝私の主格「われわれ」は、彼の集団が内部の形を変えていくのに相即して、その意味作用を変えていく。これは集団の組織化、制度化の進行に対応する。しかし、一般的記号「われわれ」は、その意味する存在や概念から自由なものとして、なお「われわれ」のままで流通している。この著しい組織社会における「公衆」や「社会人」の仮象は、このことをよく示している。それは同時に、「公衆」の裏にあるいわゆるアパシー現象に相即した、イデオロギーとしての「公益」なのである。

集団の形成の契機が、同時に、集団の超越の契機ともなることを、集団の言葉ほど端的に示すものはない。通常の集団ではありふれた事実だが、集団は一方では固定されたスタイル＝制度となり、他方で言語の体系・理論・文書となる。この過程は、共同のスタイルと言葉が、各人の共同的意識と共同的実践から析出されながら、逆に後者を前者にあわせて切りつめ、あるいは詐称していく過程ともなる。こうしたプロセスによって、集団は真にその成員を超越していくのである。

このような逆説的過程にはたすアジテーターの言葉の役割にくらべるならば、集団が特定のアジテーター個人の集団として詐称されることは、なお真の集団の超越ではない。もしも集団にとって指導者＝アジテーター個人が本質ならば、ひとは超越した集団の解体のためには彼＝アジテーターを打倒すればよい。これは、その集団形成過程を逆にたどることによって、各大衆にとって可能である。

実際、一人のカリスマとその群集との関係が形成され、また潰れていく過程は、このことをよく示している。アジテーターが特別の規格をもつ個人に固定していくという傾向の結果として、ひとは、この指導者がつくりあげた観念＝言語が、集団の統一性をもたらすのだと錯覚する。しかしじつは逆に、スタイルの体系のもとでは個人は消えるのだから、特権的権力者・指導者すらも必要とはしなくなるものだ。たとえばスターリン体制において、スターリンその人はもはや重要ではない、彼が死ねば代りを造ればいいということが起る。ひとが「孤独な権力者」のイメージを好むのもこのことに由来する。

もちろん、さきにもふれたように、アジテーターの身柄の重要性は人びとの社会的錯覚の結果であって、恣意的な作為にもとづくものではない。もともとアジテーターは、その本来的匿名性のもとにあるかぎり、そのつど他者の統合（アジテーターの定立）および自己からの他者の排除（大衆の定立）の矛盾的運動であった。だから、アジテーターという行為存在はいわば疲労にみちている。アジテーター＝大衆のこの内面の緊張を、私は別のところで「弁証法の疲労」と名づけて分析しているが、その結果アジテーターは、いま集団を集団たらしめている、この自己＝他者たちの死闘の相互性を逃れて自足したいと願う。そうして各人はそれぞれアジデーターなのだから、もしもこの集団が分解しないとしたら、各人は特定の一人に統合と排除の矛盾を「役割」としておしつける以外にはない。

しかし集団の特定者に固定されたこの矛盾は、すでに前段階とは形を変えはじめている。彼は「大衆にたいする指導者」となり、わが身一身に固定化してその他大衆の存在を体現する。それでもなおたしかに、統合・排除の矛盾は彼の内面の緊張にはちがいないし、これは史上大衆の真の指導者がもつ本質的特性である。しかし、彼を指導者たらしめた力は、彼以外の大衆による彼の分立という社会的事業なのだから、指導者＝アジテーターの分立は、同時に、他者たちが大衆となることと相即する過程である。後者こそ、大衆が各人＝アジテーターとの死闘から自ら脱落し、反抗以前の惰性的存在へと回帰する事実の意味である。内部エネルギーの励起状態は終息にむかい、しかも指導者に他有化された集団なるものが残る。

このように、超越した集団の秘密は、じつはこの集団の形成そのもののうちにある。だから、ひとは集団の超越を打破することを、なにか外的な対象の打倒のごとくに考えることはできない。逆に、超越した集団を解体するためには、ひとは自らの形成した共同の実践と共同の観念そのものを解体せねばならず、これは端的に各人におけるこの私の破壊を意味するのだ。だから、たとえば敵たる政府権力を打倒するためにも、ブレヒトは次のようにいわねばならなかった――「政府でなく人民を解任せよ！」、と。

いま成立した大衆の集団がもつこうした内的矛盾は、以下、集団の政治的経験史の全過程を通じて、さまざまな契機にさまざまな形をとって現われてくるであろう。

第五節　遍歴への出発

一　反乱のなかから私は私自身をたずねて政治の遍歴へと出発する

あらゆる真の革命の主要な標識の一つは、政治生活に、国家の建設に、積極的、自主的、活動的に参加してくる「俗衆」の数が、異常に急速に、急激に、はげしく増大するということである。ロシアでもそのとおりである。ロシアはいま沸きかえっている。一〇年間も政治的にねむり、ツァーリズムの恐ろしい圧制と地主や工場主のための苦役とによって政治的にうちひしがれていた幾百万、幾千万の人々が、目をさまして、政治に突入してきた。だがそういう幾百万、幾千万の人々とは、どんな人々であろうか？(10)

私は、大衆的な反乱の舞台へと励起してきた民衆、そのうちの任意の一人から本書の記述を開始した。この任意の一人は、文字どおり「政治に突入してきた」多数の「俗衆」の一人――この私――だと考えてよい。けれども私はさらに、集団形成の前提として、この一人の私の社会的な匿名性をくりかえし強調してきた。行動を共にする各人が、実際は誰なのかはあらかじめ少しも知られていない。むしろ逆に、私が他者とともに誰なのか――私たちとは「どんな人々であろうか」――をあらたに発見する過程として、まさに集団の形成が考えられたのだった。

一見するところでは、このような方法上の抽象は、私の日常的な存在様式と日常の集団の著しい性格とから、あまりにかけ離れた仮定のように思われるかもしれない。けれどもこの方法は、日常の政治的諸形態の秘密を暴露し、その形成の根拠が、同時にその廃絶の根拠ともなることを示すために、どうしてもとらねばならない方法である。

それというのも、現実の政治世界を前提とするかぎりは、私は、自分の発見(形成)を、同時に他者たち集団の発見(形成)として経験することがないからだ。私は通常は、ある物化された社会的形態を通じてしか他者と交通しえていない。いや、この交通において、ひとは物化された流通の形態そのものというしかない。ちょうど近代の商品交換に似て、人びとが政治的世界で「活動を互いに交換する」といっても、一定の社会的様式(交換価値)を前提にして、この私の社会的スタイルの交換がおこなわれているにすぎない。

このように、私の社会的な自己規定と一定の協働様式が前提とされるかぎりは、私は「他者」たちをあらためて発見する必要などは生じない。他者は、自分と同じ階級や組織のもとにいるのか、それとも他人なのかが弁別されるだけのことだ。だからまた、発見された他者を媒介にして、自分をあらたに発見するということも起りようもない。

たしかに近代社会は、たとえば労働力商品のごとく人間の社会的な均質化をもたらした。マルクスが労働者階級を発見しえたのも、もとよりこのためだった。だがこれは同時に、均質化された労働力の資本のもとへの編成、つまりブルジョア的な階級編成をも意味していた。こうした事実を根幹に、近代の社会は、人間の政治的・社会的編成(組織化)を全面的に発展させてきたのである。そして、人びととの共同性はこの組織社会の果てに、かえってその閉鎖性と排他性を顕著にするということが起っている。ブルジョア階級がもはや「国民的階級」たりえないことはいうまでもないが、同様なことは「労働者階級」についてもいえる。通常では、労働者は労働組合に組織されており、組合は彼らの「階級利害」を追及するものであって他の別のものなのではない。レーニン以降の革命が、この階級利害に抗してしかその緒につくことがなかった事実を、すこしでも想起しよう。

一言でいえば、通常人びとの社会的あり方は、別の共同性に属する人びとを差別し、またこれに差別される存在である。大衆社会状況のアパシーをみるまでもなく、人びとはただその非社会的感性においてのみ、各人の組織から漂い出て「大衆」として相互に交通するにすぎない。だから、人びとのこの差別的なあり方が、その社会的定在の根源で崩壊せぬかぎり、人びとの社会的スタイルの等価交換などは成り立つはずもない。だからまた、既成の政治的な諸形態はその形成の秘密を露呈することをまぬがれているのだ。

こうして私の記述は、行動する一人の私が、どの階級のどの組織の人間であるか――つまり、私は社会的に誰なのか――を特定しえない場面から出発した。いや、むしろこの私は、こうした既成の社会的自己規定性を清算してこそ、「政治に突入してきた」者なのだ。そしてこうした者たちこそが、逆に今度は、共同の行動のなかで他者の発見を通じて自らを再発見し、未完の何者かへと再生すべく政治の遍歴に出発するのである。

それゆえ、私の記述の出発点で仮定された、この私の社会的匿名性は、けっしてたんに方法上必要な抽象化ではない。実際、事実として、古来革命の問題を提起するような民衆の行動は、労働組合員とか党員とかの既成の社会形態の発展としてではなく、かならず各人の社会的履歴の清算を通じておこなわれている。やがてみるように、労働者階級といえども、自己をプロレタリアートとして再発見し、再内面化するということがおこらなければ、この階級は労働組合といった既成の形態のもとにとどまり、その限り、民衆の革命的蜂起の圏外に去る。

だから、私の記述の事実的前提は、むしろ、行動に励起した民衆の自己規定の社会的混乱という事実である。そしてこれこそ、私が他のところでくりかえし強調したように、近代における「大衆の反乱」ということであり、「プロレタリアート」の登場なのである。一言でいえば、石化した社会的諸形態の反乱による破壊、これが記述の事実上の出発点である。この場面ではじめて、自己の社会的履歴のいかんにかかわらず、共同の行動を通じて、他人たちが同等者として、社会的行動を相互に交換するということがはじまる。

もちろん現実には、反乱の行動において、自己の既成の形態が完全に清算されうるということはない。ひとは社会的形態というものを属性としてもつのではないから、その「完全な清算」は人間存在の清算というにひとしいことだ。清算は個人の決意性によるのではなく歴史的力によるのだから、自己の既成性は、形成途上の集団とその行動を歴史的に性格づけ限定していくであろう。

ありのままの大衆や労働者階級を、「革命的階級」に形成・組織しようとする立場、つまり「革命党」などにとっても、以上は実際的な問題である。「大衆の利益」や「労働者階級の利益」を擁護するなかから、その延長上に「革命」をもくろむ者たちは、いわゆる「改良主義」の足枷にがんじがらめになる歴史を、これまでもくりかえしてきた。だから、人びとの既成の社会的あり方の延長上に革命を考えないとすれば、ひとは革命の階級を形成する以外にない。形成しようとして、彼が現実に直面するのは、まさにさまざまな大衆の反乱である。そして反乱舞台では、既成の組織は清算されるのだから、彼がまず直面するのは既成の組織や集団ではない。――彼は、まさに本書の出発点にでくわすのだ。本書が、集団からではなく、集団そのものの形成から出発せざるをえなかったゆえんがここにもある。

このように、私の政治的遍歴史への出発点は、事実的にいえば大衆反乱であり、この反乱での社会的に匿名な私の行動を方法上の始点として、本書の記述が開始された。そしてくりかえすが、自己の社会的死を賭して、反乱の行動へと励起したこの私の性格こそが、私をしていまから長い政治の経験史へと出立させるのである。本章で、最初の集団が形成される場合がすでにそうであったように、これからも私は、共同の行動のなかで幾重にも、自分とは「どのような人々であろうか」と自問しつづけていくであろう。

もちろん、ひとはなぜ日常世界から自らの日常的履歴を清算して、反乱の「政治に突入する」のかと問うことはできる。だがこの問いは、むしろ政治の世界が十分に記述されたのちに、その帰結として接近するべき問題であろう。いまは、人びとがしょうこりもなくくりかえしてきた大衆反乱――その著しい事実から出発することにしよう。*

*近代の大衆反乱については、私の『叛乱論』（合同出版、一九六九年）と『結社と技術』（情況出版、一九七一年）が主なテーマとして扱っている。本書の前提となる反乱の問題については、これらの本にゆずることにしよう。

第二章　反乱世界

第一節　熱い集団

一　私たちの肉的親しさのうちで最初の集団——共同体が経験される

前章で私は、反乱内部の行動のカオスから私の集団を自ら形成した。そして、この集団の政治的遍歴にそって、私はいま何者かになっていこうとしている。けれども、私の集団の遍歴を追って先に進むまえに、成立したばかりのこの集団にいましばらくとどまって、その内部をもっと詳細に経験してみることが必要である。私はいわば息せききって、たったいま私の集団を生みおとしたばかりだから。

この場合、私の経験は、まだ私の集団の組織や制度にむけられるのではない。当然にも、私の集団を集団たらしめた私たちの共同観念のあり方こそ、もっぱら注目されねばならない。それというのも共通の行動で結ばれた私の集団の内部では、なおすべての私がアジテーターなのである。あるいは正確にいえば、すべての私たちの内の一人の私は、集団内のいま・ここにおいてアジテーターである。そして、他の成員は、この私を媒介にして、相互に同等者として他者を発見しえている。集団はむしろこうした内部の相互性の運動そのものだ。だから集団にはいまだ固有の名前はない。

それゆえ、この著しい組織社会のただなかにあって、人びとをいつもひきつけてやまないかの共同体の牧歌は、私の最初の集団に、いまも絶えることのない源泉を見出すのだといってよい。ここでは、この瞬間に、私は集団であり集団は私であるという、私と集団の恒等式が成り立っている。集団は、特定の個人スターリンに詐取されたりして、私を超越することもない。また私は、「組織の中の個人」を嫌ったりして、集団から逃散することもない。集団と私は、なお相互の「疎外」を知らない。

かつてあらゆる反乱の「よき時代」に演じられてきた、一つの光景に参加してみよう――

普通、サーカス小屋では、私は夕方演説したが、時には一晩中かかった。私の聴衆は、労働者たち、兵士たち、働く主婦たち、街からやってきた青年たち、首都のなかの虐げられた人々、下層民の人たちだった。針一本落す余地さえなく、人々はひしめきあった。小さな子供たちは、その父親の肩に乗っていた。赤ん坊は母親の乳房を吸っていた。誰も煙草を吸わなかった。上のさじき席は重荷に堪えかねて今にも落ちそうだった。演壇にたどりつくには、人間の身体で作られた狭いざんごうを通って行かねばならなかった。時には、私は人々の手から手へ運ばれた。人いきれと期待で重苦しい空気は、叫び声となって、現代サーカス劇場にふさわしいやり方の、あの熱狂的な歓声となって爆発した。私のまわりは、ぎっしりと肱や、胸や、頭で押しつけられていた。私は人間の身体で造られた熱い洞穴の底から演説するみたいだった。ちょっと私が大きな身振りをすると、いつも誰かに、私の身体はぶつかった。が、ぶつかられた聴手は、かまわないという素振りで、ちっとも私は気に病む必要はないこと、演説を途中でやめたりしてはいけないこと、そのまま続けなくてはならないことをわからせるのだった。この人間の集団の電圧の中では、どんな疲労も続きはしなかった。群集は彼らの進路を知り、理解し、見出すことを欲していた。時折、これらの流動する大衆を一つの存在としてしまう魅惑的な問いが、唇のあたりまでのぼって来るのを感じるのだった。すると、あらかじめ考えられていた論証も、用意された言葉も、共感の圧倒的な力のもとに屈して、引っこんでしまい、他の言葉、演説者にとっては思いがけぬ、だが、聴衆には必然的な、すっかり武装のできた他の論証が、影のなかから現われてくるのだった。そうして、このとき、演説者自身が、誰かがすぐ傍に立って演説しているのを聞くような、また、自分の想念を充分追って行くことができないような感じにかられるのだ。彼の唯一つ感じる不安は、その影の自分が、夢遊病者のように、彼の理窟っぽい声の響きで壇上から転げ落ちはしないかということだった。[1]

ここにはアジテーター＝私と、他者たち＝大衆との一体感が、きわめて魅力的に語られている。それはけっして、ある瞬間に指導者と大衆とが一体化したということにつきるものではない。たしかにここでは、アジテーターは大衆的人気の高い指導者でもあり、当然にも彼は、演壇から大衆に語る言葉をあらかじめ用意してきたであろうし、この言葉が大衆の「鳴りやまぬ長い拍手」によって迎えられる場合もおこるであろう。壇上の演説者とその聴衆の関係として、これはとりたててとりあげるほどのこともない、ありふれた光景だといってもよい。

だが、私＝アジテーターがここで経験しているのはこうした共感の関係につきるのではない。私のアジテーションの中途で、「あらかじめ考えられていた論証も、用意された言葉」も引っこんでしまう瞬間が訪れる。するとこのとき、当のアジテーター＝私自身が、まるで「誰かがすぐ傍に立って演説しているのを聞く」ように、用意されたのとは別のおもいがけない（すなわち、前反省的な）言葉と論理とが、「影のなかから現われてくる」のだ。このような「影の自分」の言葉は、明らかに私の肉声の響きをたてていながら、いまや私自身は、影からの言葉の一人歩きを不安にも追っていくものでしかないのである。

前章でアジテーターの身柄とその言葉（「社会的身ぶり」）との分立関係が記述されたことを想起してほしい。大衆のものでもなく、またこの私自身に属するものですらない「影のなかから来る言葉」、「影の自分」――これこそがいま集団としての私であり、かつ私としての集団を意味しているのである。

それゆえここでは、集団なるものが私の対象なのではない。私と私の集団はいかなる意味でも相互に外在的な関係ではなく、両者は対象的な実践の構造をもっていない。私が集団に合体するために近づくとき、私は「人間の身体で作られた狭いざんごう」を通っていく。私が集団の大衆に語りかけるときも、私は「人間の身体で造られた熱い洞穴の底から」言葉を発するのだ。集団は私の工作対象ではない。毎夕私がこの集団に外から近づいていくたびに、私はじつはすでにこれに属していることに気づくのだ。「影の自分」と影のなかから現われてくる言葉とは、ともにこのような関係を表現しているものにほかならない。

逆に、以上のような私はまた、「すべての私たちのうちの一人の私」にすぎないのだから、集団なるものへの私の他有化は生じない。毎夕ぎっしりと会場を埋める「労働者たち、兵士たち……」等々のうちの一人の私は、自らの手で「集団」を演壇にまで運び、「集団」の身ぶりはそのたびに私の身体にぶつかって反響する。このようにして反乱における私たち相互の肉的な親しさのうちで共同体としての最初の集団が経験される。それゆえ、いまこの瞬間に、私たちは次のように総括していいであろう――

「私は自分の実践によって発見された集団に全的に統合されてもいないが、また全的に〔それにたいして〕超越的でもない。私は対象的全体性の一部分ではなく、また、私にとって、超越的な対象的全体性というものもない。事実、集団は私の対象ではない。それは私の行為の共同的構造である」。また、「私の全体化によって発見され、しかも集団の対象性を否定する実践的統一性は、同時に集団に対する私の対象性をも否定する。なぜなら、この実践的統一性は（私の内にもまた集団の内にもなく、われわれの内にある）同等のものなのだから。」*

＊サルトル、前掲書

なるほどたしかに、私たちの現実からすれば、このような共同体の経験は、見果てぬ夢であり人類の牧歌にすぎないかもしれない。だがこの経験は、あらゆる大衆の反乱で確かに経験されてきたのであり、将来にわたってもそうであろう。こうした経験のめざましさこそが、逆に、「一人は万人のために、万人は一人のために」、「民主集中制と一枚岩の団結」等々の、果てしない政治神話やイデオロギー的スローガンを生みだし続けている、真の源泉なのである。アジテーターたちが、大衆にむかって次のように叫ぶこと自体は、なんら「奇跡」でもなんでもないであろう。

現代の奇跡、それは諸君が私を見出したことであり、私が諸君を見出したことである。(2)

それゆえ、共同体としての反乱集団の経験が、「現代の奇跡」であり「見果てぬ夢」と呼ばれるのも、この経験が稀有のものであるとか巧妙な人工的作品にすぎないとかいうことではない。そうではなく、この経験の構造そのものがスタティークなユートピアにとどまることを許さず、自ら別の何者かに成っていかざるをえない宿命を孕んでいるために、政治的遍歴の果てにひとはこれを夢のように回想しがちなのだ。

　この集団を集団たらしめている内的構造に、ふたたび注意をむけてみよう。私＝共同体という私の集団の統一性は、それぞれ私たち各人のものなのだから、各人の各人による、そのつどの統一が競合的に生起することによって、この集団は、じつは一つの矛盾的な運動の集合によって成り立っているといわねばならない。それはもはや相互性のカオスではないが、政治的見方からすれば、なお十分にアナーキーな構造である。牧歌的な共同体といういささか静的な集団ではなく、そこでは、私による統一の実現を目指す、各アジテーターの目に見えない死闘がくりひろげられている。なぜなら、私による私の集団の統合は、そのかぎり他者たちをこの位置から排除するものであり、そして別の私による集団の実現も同様である。だから、私（そして各人）によるこの統合と排除の闘いは、相互に果てしなく循環し、限度を知らない。

　これこそ、通常、革命のコミューンと名づけられる、この集団の内部の熱度を意味する。集団内部の相互性のこのような自己実現の死闘——かつて私が別のところで「アジテーターと大衆の死闘」として詳述したもの*——こそ、この集団を熱い集団たらしめている。そしてこの内部構造こそ、この集団をスタティークなユートピアにとどめずに、激しく何ものかに転成させていくであろう。

＊私の『叛乱論』参照

第二節　共同観念の爆発

一　暴力を通じて私の共同観念は現実の集団から世界へと逸脱する

反乱大衆の最初の集団は、内部からみるときこのように熱い集団である。たしかに現実には、この集団はそれに敵対する他の集団を否定的契機とし、これらとの敵対的相互作用を通じて形成された。しかしながら、敵対的集団が反乱民衆を集団に形成するのではなく、逆に民衆の共同行動を解体（解散）させるという逆の契機となりうることもまた、実際には真実である。それゆえ反乱大衆の集団形成は、他の集団との交換エネルギーによってではなく、自らの内部エネルギーの熱度によって、内面的統一性を生みだすものとしてしか了解しえない。しかも、集団の内部エネルギーはただちに（一義的に）制度としての組織を生みだすものではない。むしろ、人間の政治的共同性の原初の形にあっては、本質的なものは共同の人びとが思念するまったく心的な過程である。

それゆえに、生成途上の共同の観念の沸騰状態は、特定の行動スタイルに媒介されて、人びとの「組織実体」や「力量」をはるかに超えた、共同観念の肥大化・絶対化をもたらすのである。この共同観念の絶対的な思念こそは、集団の主宰者としてのアジテーター、あるいは組織としての集団そのものを逸脱し、またこうしたものの欠如を補完することにもなるのだ。すなわち、たとえば――

ハイハイ、私は有体に申し上ます。去る六月十七日、四五万人打揃ひ、処々の金満家を打破るとのことに面白半分、仲間に交り梁川を打毀はし、追々五十沢、大久保、半田、飯坂より福島等押し掛け詰めかけ打破りしは、其面白きこと譬へんやうなく、中にも伝之助宅を打破りし時は、種々様々の品々山の如くに取りし故、私も人と同じに白むく、浅黄むく、上には練縮緬の惣模様、唐繻子の丸帯を締め、辺りを見れば娘髪のあるを引冠り、三味線を引きながら彼家を出れば、後より十四五人同装束、笛・太鼓や鼓にて踊り舞ふて引続けり、其時、我心は天上界に生れし如く、一生涯にあるまじと思ふ楽しみをなしました。最早此世に望みなし、思ひ置くことござりません。早速首は差しあげます。頭取なりとも何なりと、あなたの善い様に御取扱ひ下されて少しも厭ひはいたしません。(3)

この証言は、百姓一揆の打ちこわしのかどで取調べを受けた、無名の農民のものである。農民による打ちこわしという行動は、それ自体では個別・具体的でかつ局部的で一時的なものにすぎない。彼らを四、五万人の集団とみても、たかがしれている。けれどもこの卑小な共同行動が、彼にとっては、一挙に「天上界」の出来事のごとくに肥大化されて意識されていることを、この証言ははっきりと示している。

いうまでもなく、この「天上界」における「一生涯にあるまじと思ふ」ほどの楽しみは、農民個人の意識が、意識自体によって開示した世界の味わいなのではない。一揆という民衆の共同行動が行動のうちで、（その限りでのみ）つくりあげた共同の意識である。そして民衆の共同観念は、どのような集団的行動のうちにでも、精粗さまざまに息づいているものなのだが、ここではとりわけ、「此世」の意識にくらべて一種絶対的な世界にまで肥大化されているのだ。大衆の集団行為が具体・卑小のものであればあるほど、それは彼らの集団的意識の絶対性と激しいコントラストを示す。

このような絶対化された意識のもとでは、農民たちにとっての集団の意義も、現に行動をしつつある「十四、五人」あるいは「四、五万人」の、現実集団の範囲に限定されえなくなる。集団は「此世」を超脱し「天上界」で行動する者たちの、此世とは別次元の世界（地平）として意識されるのだ。そこは世直しの場処である。共同意識におけるこのような集団の逸脱、現世超脱こそが、一人の農民をして「最早思ひ置くことござりません」といわせるほどに、一瞬人びとを強くとりこにした。それは「最早比世に望みなし」といわせるほどの味わいであった。

集団を別次元の世界とまで思念させるプロセスを媒介する、私たちの共同行動のスタイルについても、この事例は明瞭に語っている。一揆の農民たちは、たとえば「年貢軽減」のような具体的行動目標と行動スタイルのもとに、集団を形成していたであろう。だが、一揆が「打毀わし」という行動スタイルをとることによって——後述するように、これは一揆が「世直し一揆」の形をとるさいの一般的スタイルである——、農民集団の共同性を媒介する機構に根本的な変化が生ずる。世の現実をなんらかの形で破壊する共同の暴力として、この「打毀わし」という行為を一般化すれば、まさにこの大衆的暴力という行動様式をつくりだすことによって、彼らの共同観念は、彼らが現に破壊しつつある「此世」を超脱する。

いま「女装」という行動様式に注目してみよう。さきの例のように、一揆の農民たちが女装するのは、「おかげまいり」なども含めた世直し行為にしばしば見出される事実である。こうした女装は、「世直し」のごとき共同観念の飛翔過程にとって、どのような機能をはたしているだろうか。

一般に近世末期の世直し型一揆においては、激しい打ちこわしという闘争形態を通じて、「村落の共同体的規制からさえすでに離脱した、飢えた半プロレタリア階層が広汎に参加」するようになる。＊狭い伝統的な共同体にとらわれてきた農民たちは、一瞬、行動する無定形の民衆へと溶解し、一揆を準備した中核集団もこの広汎な大衆の蜂起のうちに没してしまう。アジテーター（「義民」）やその集団も第一次的には問題にならぬ。各人は、特定の村落や一集団の一員であるよりも、「窮民」として一つのものである。この事実は、すでに述べたように、反乱における自己の既成の社会的規定態の清算として、農民一揆に限らず一般的な事柄である。

＊安丸良夫「民衆運動の思想」（岩波日本思想体系 58『民衆運動の思想』）

だとすれば、一揆での女装という行動様式は、この清算が男女の性の上での社会的規定性にまでおよぼうとしている点で、まさにきわだっている。農民たちは、彼らの旧来の社会的諸形態の清算を、性の社会的形態である衣服の差別の清算にまで極端化するのである。

いうまでもなく、性の差別がこの世の秩序の根幹であってみれば、このタブーに触れる集団的女装という行動スタイルは、端的に社会的暴力の一形態に属するであろう。農民＝私は、「十四、五人」の同行者が女装するのを見る。むしろ、私は、同行者の女装において私が女装するのを見る。女装という共通の行動スタイルは、私が彼らと、いまや旧来の世界のタブーを決定的に破ったという、共同の意識で結ばれていることを確証する。つまり、女装はたんなる服装の問題ではなく、大衆の武装と同じように、すでに私と彼らとの共同性を意味するシンボルとして私たちを結び、かつ同時に私たちから分立して集団行動のスタイルとなっている。それは、言葉以上に雄弁に、社会の根本的タブーを破るという激しい解放感の象徴となるのだ。

　女装といい武装といい、こうした暴力という行動様式こそが、逆に、このスタイルをとる者たちの観念を、この世のタブーにむけて戦《おのの》かせつつ昂揚させていくのである。そして、かの農民が、かかるスタイルで結ばれた集団行動を、「此世」ならぬ「天上界」のもののごとく観念しているように、日常的な行動様式とは根本的に異なるスタイルを媒介とすることによって、私たちの共同の観念は「此世」を破壊し、これを超脱する。

　こうして、一揆という、時間的にも空間的にもきわめて局限された集団が、集団の意識において別次元の「世界」にまで、度はずれに一挙的に膨張をとげる。たしかに、「天上界」あるいは「みろく世」、「めでた世」という別世界の表象は、世界像といいうるにはなおまったく漠としたものにすぎない。だが、反乱民衆の自己表現が、明瞭な言語体系にまで表明されているかどうかは、反乱自体の記述にとって本質的なことではない。いまの段階で、彼らの世界像の貧しさや「展望の欠如」を指摘することは場ちがいのことだ。暴力や女装といった行動スタイルのうちにこそ、彼らの共同の観念の沸騰を読みとらねばならない。その意味では、「みろく世」といった伝統的かつあいまいな観念も、民衆の行動を相互に一つに結合する媒介としてそのつど新しい。こうした共同の観念の肥大化は、民衆の反乱を、たんに制度的・組織的集団とそのスローガンの位相でとらえることによっては、けっして解くことはできないのである。

二　世界思念によって私は私の集団にエネルギーと矛盾を充填する

百姓一揆を例として述べた以上の機構は、大衆の反乱が「世界」の思念を形成するさいに、一般的に見出しうる事柄である。手近かな例では、一大学の個別的な要求（「七項目要求」等々）を掲げてはじめられた学生の反乱が、「大衆武装」という行動様式を通じて、ただちに「反大学」や「反権力」の意識にまで度はずれな膨張をとげた事実を、ちょっとでも思いおこしてみればよい。ここでも「反大学」等々の観念が、どこか外から提供された「戦略的概念《スローガン》」のごとくにとらえることは誤っている。実際、学生反乱の集団は、こうしたスローガンを外から受け入れた（採用した）のではない。逆に、この集団――全共闘――の組織としてのルーズさ（きゅうくつな「組織」からの逸脱）を、「反大学」といった絶対的否定の観念と、これを通じた成員の強い心的結合こそが補完していたのであった。

それでは、このような「世界思念」としての共同観念の絶対化は、これまで記述してきたアジテーターと大衆の弁証法に、どのように関連しているだろうか。

前章で私は、アジテーター（たち）による集団への多数者の統一が、原初的段階では、本質的にいま・ここにおける総合であることを強調した。そして、アジテーター（アジテーター＝大衆）による、おのおののいま・ここにおける集団化が、たんに局部的でばらばらの統一の生起ではないとしたら、それはまさに、各いま・ここが一つの共通の観念とその表現としての一定の行動スタイルへと、「普遍化」されるかぎりにおいてのことなのであった。それゆえ、このような反乱集団の構造を根幹として、反乱における世界の生成を、いまあらためて次のように明文化することができる。アジテーターの行為がつくりだすいま・ここにおける共同性は、暴力という共通の行動様式を通じて絶対的に共同主観化され、絶対的ないまとここ、すなわち世界となる。

私が現に反乱しているいまとここが、同時に共同の観念のなかで絶対的ないまとここ（世界）にまで膨張をとげることは、反乱行為の局所性とその思念の気宇広大さとの、滑稽なまでの対比となって現象する。ひとは、集団の歴史というとき、何か単線的な進化のように考えがちだけれども、この歴史の冒頭で集団は一見まったく逆方向への逸脱を経験するのである。前章の集団形成が内部構造をもった組織に凝集しえなかったのもこのためだし、現に、反乱のアナーキーのなかで、ひとは新しい集団の形成などありようもないと考える。だが、反乱内部のスタイルの無秩序に目をうばわれて、そこに集団の成立をみないならば、反乱はしょせん反乱に終るしかないであろう。そうは終りえず、かえって集団の歴史の出発点を画するところに、何よりも心的なものであるこの世界内部の統一性が、まぎれもなくその存在を主張しているのである。そこに集団はあるのだ。それゆえ、この集団が心的に世界へと逸脱することは、さしあたっては集団の矛盾であるしかない。そしてやがてみるように、この矛盾こそ、私の最初の集団内部に、政治組織とは異なる独得の相互性の構造を生みだすのである。

集団の成立が同時に集団の逸脱ともなるような以上の経験は、私の集団が大衆の反乱から出発したからこそ生じたのである。私が自らの古い規定性を清算することからして、すでに反乱は定義上暴力的なものだ。そしてこの清算は、別に私の「主体的」決意性によるのではなく、私が女装や武装という暴力行動をとることと同じことだった。この極端さが、私の最初の集団における内部経験を、特異なものとするのだ。

反乱に投入された私たちの古い諸集団は、いわば自ら解体することによって、反乱にエネルギーを提供する。それゆえ、ここから再形成された私の集団は、その成立の冒頭で最大限に反乱のエネルギーを充填する――この私のちっぽけな集団に、である。どうして私たちの心が、集団の狭い範囲を逸脱しないわけがあろう。いわば私は、これからの長い政治の経験史を歩み切ることができるように、しかしそれとは知らずに、いま私の「熱い集団」を充電することに熱中しているのだ。

たしかに、私の経験史のもっとあとの段階からふり返ってみれば、こうした冒頭の経験は、政治的にはきわめて特殊のものといわねばならない。私はここで、エネルギーとともに政治的な矛盾と非合理をも、私の集団に充填したのだ。だがこれとても、集団の経験を先へ先へと駆動していく原動力として、集団の内部矛盾を満載したことなのだと、私はだんだんに気づいていくであろう。

それゆえ、私の集団の反乱世界への逸脱は、大衆の反乱集団が政治的組織へと展開していくために、ぜひとも経過せねばならない大きな事件なのだと、あらかじめ心にとめておこう。したがって、このような集団の絶対的主観化の運動を、ここでただちに度はずれの非合理として断罪することはできない。たんにこれが政治的経験の母胎における顕著な事実だからではない。政治がいまなお形成の途上にあり、流動の段階にあるということが、十分に強調されねばならない。アジテーターのいま・ここの共同性は、既成の共同性の発見（参加）でも、既成の全体的概念にもとづく演繹なのでもない。一言でいえば、それはなんら日常的な儀式なのではない。それは、大衆の既成の規定態の清算によって生じた、混乱と混沌からの形成であり、あたかも人びとはそれを、無から新たなもののごとく創建するのである。混沌からの世界創造の宗教的思念（創世神話）に似て、アジテーターによる世界創造には、非合理はあっても神秘化しなければならぬ過程はなにもない。世界は、アジテーターによる共同性創出の弁証法の過熱、その果てにおける共同観念の爆発としてあるのだ。

形成途上の行為の共同性は、このような意味で、排他的なコスモスにまで絶対的に主観化される。いいかえれば、私の共同性の生起するいま・ここは、歴史的に形成され意味付与された具体的ないまとここではない。それとは断絶した空間と時間が、共同の意識において生起している。これは、歴史的現実からの極端に共同主観的な超越である。

しかしひるがえってみれば、近代の支配階級がかって新興途上の階級であった時期には、彼らブルジョアジーにしても、自らの労働倫理を一つの世界像にまで超越せしめたのだった。もちろんそのためには、近代資本主義の世界市場制覇という「物質的基盤」が不可欠のことだったが、この歴史的根拠に裏打ちされて彼らの世界像は――「近代的世界像」、近代世界のイデオロギーとして――自らの共同性が文字どおり世界そのものであるという、排他的かつ独善的主張にまで高められたのだった。

だから、こうした既成の世界＝世界像（つまり「此世」）の内在的破壊としての近代の大衆反乱が、自らの共同性を「此世」ならぬ別の世界にまで肥大化させ思念することは、それ自体なんら非歴史的出来事ではない。ただこの思念が、たんに一瞬の文字どおりの思念に終るか否かが、いまからただちに歴史的検証を受けていくというにすぎない。

第三節　反乱世界

一　神話世界の聖別——私は空間の制約を忘れ絶対的なここに生きる

生きてる　生きてる　生きている
バリケードという腹の中で
生きている

つい昨日まで悪魔に支配され
栄養を奪われていたが
今日飲んだ「解放」というアンプルで
今はもう完全に生き変った
そして今バリケードの腹の中で
生きている

生きてる　生きてる　生きている
今や青春の中に生きている(4)

私の思念する「絶対的ないまとここ」、つまり私の世界の内部が、どのような論理と色彩で息づいているかを、この例はよく示している。「バリケードの腹の中」は、まさに、私にとってこのような世界であり、いうまでもなくたんなる物理的空間なのではない。この世界では、善悪のけじめのはっきりした秩序が支配している。それは、バリケード外の世界（「此世」）とも、「つい昨日まで」の「悪魔に支配され」ていた世界とも、まるで異なるものであり、これらとはっきり対立し、闘争する世界である。そして私はこの世界で、なによりも「生きている」のである。

バリケードは、まさに、この世の秩序を破壊的に超脱する暴力的手段である。それゆえ、この手段を通じて獲得された空間は、たんに集団の容器などではない。思いもかけず、それは或る独特の世界として私たちに感得されるようになる。そして容易に気づくように、この世界の構造と色彩とは、日常世界のどこにも見出しえないものであり、むしろかの「神話的世界」にきわめて類似したものとなっている。

たとえば、手近なところでカッシラーが次のように記述するのを、さきの引例と対比して読んでみよう。

「神話の世界は劇的な世界である――行為の世界であり相闘う努力の世界である。自然のあらゆる現象において、神話的世界は、これらの勢力の衝突に注目する。神話的知覚にはつねに、このような情動的性質が入り込んできている。見られたり、感じられたりするものは皆、特別な雰囲気――悲喜、苦悶、興奮、昂揚、沈鬱の雰囲気――によって、取りまかれている。ここでは『物』を死んだもの、または感情的無色(無記)のものとして語ることはできない。すべての物は、好意か悪意をもつものであり、友情か敵意を抱くものであり、親しみか気味悪さを示すものであり、誘惑的、魅惑的また反撥的、威嚇的なものである。我々は、この人間経験のエレメンタリーな形態を、容易に心に浮べることができる。なぜならば文明人の生活にさえ、それは決して、もとの力を失わず存続しているからである。激しい情動的興奮状態にあるならば、我々も亦、あらゆるものについて、劇的な概念をもつのである。それらの物は通常の姿を示さない。それらは突如、その相貌を変化する。」*

*カッシラー『人間』（宮城音弥訳、岩波書店）

現在までの「神話学」の分厚い知識の蓄積を使えば、私たちは、反乱の世界と神話的世界との類縁関係をいくらでも証明することができるだろう。だがそれにしても、日常的政治世界にくらべれば、およそ色彩の異なるこのような世界が、ほかならぬ私の政治的経験の舞台に登場してくるのはどうしてか。

しかし、私たちがいまちょっとでも、マルクス以来の革命運動の歴史的経験を思いだしてみれば、こうした事態の実際上の事情に思いあたることは容易であろう。たとえば、政治の場面で神話あるいはユートピアを論じたことで有名な、ジョルジュ・ソレルをみよう。

ソレルの『暴力論』（一九〇六年）は、いまになって読めばいささか退屈だが、この著作のもった影響が、ヨーロッパ一九二〇～三〇年代の状況に深く結びつくものであることだけは容易にわかる。

『暴力論』自体は、ベルンシュタインを代表格とするヨーロッパ社会主義の議会主義的変貌にたいする、フランス・サンディカリズムの実践――それは世紀の変り目前後に急速に燃え上り、燃え尽きた――を背景とした論戦だった。しかし、ロシアでのボリシェヴィムの勝利と、一九二〇～三〇年代のファシズム大衆運動の勃興のうちでこそ、この著書は、その実際上の問題性を全面的に明らかにしたのである。

なぜなら、サンディカリズムの運動が、とくにフランスにおける前世紀的労働者の存在を基盤として、ベルンシュタイン等の「近代的組織労働者」の運動にたいする反対潮流を形成したものであったのにたいして、第一次大戦後からファシズムへいたる時期の大衆運動は、はじめて、近代における政治、とりわけ革命運動のもつ根源的「非合理性」を、否定しがたい力をもって万人につきつけたのだということができる。「神話の理論は、議会主義的思想の相対的な合理主義が、自明性を失ったということを示す最も力強い表現である。」*だから、蜂起した大衆が、その共同性創出の最初の段階において、自らを世界にまで絶対的に共同主観化するという前述の構造が、一つの「非合理的」政治理論にはっきりした表現を見出すことは必然の勢いである。とりわけ、いまなお私たちが考慮するに値する三つの政治理論――ボリシェヴィズム、アナキズムおよびファシズム（あるいは民族主義）――は、いずれもまさにこの時期に、それぞれの根本的足場を、大衆のこの共同性の構造にもっていたのである。

＊カール・シミット『現代議会主義の精神的地位』（稲葉泰之訳、みすず書房）

それゆえ、「革命神話」の歴史的復権は、日常的な改良運動（組織）へ変質した、ヨーロッパの「労働者階級の一大組織」にたいする攻撃だったのであり、この点ではボリシェヴィズムをはじめとする三つの政治運動は、いずれもその根拠を共有していた。いいかえれば、どのような政治性格のものであれ、大衆的な革命はすべて自己の神話的世界を発見するのである。マルクス－エンゲルスの発見した近代的組織労働者たちが、たんにこれを一時忘却したというにすぎず、またその後も、しばしば忘れることがあるということにすぎない。

こうした歴史的背景からみれば、ソレルが、その政治神話の復権を、なによりも「ユートピアの理論」の攻撃を通じて主張したことが理解できる。すなわち、

大衆によってうけいれられる神話《ミート》がない限り、人々は反逆については無限に語ることができるが、しかし決していかなる革命運動をもひき起すことはできないであろう。現代の革命的神話は、決定的闘争に突入する準備を整えつつある人民大衆の活動・感情および思想を理解することを得させる。それは決して、〔死んだ〕事物の叙述ではなくて、〔生きた〕意志の表現である。空想《ユートピア》は、これに反して、ある知能的労働の所産である。それは、諸事実を観察し、論議した後に、現存諸社会の包含する善悪を測定するためにこの現存社会と比較し得べきある模型《モデル》を確定しようとする理論家たちの仕事である。
われわれの現在の諸神話《ミート》が人々を駆って、現存するものを破壊するための戦闘への準備を整えさせるのに、他方、空想《ユートピア》は、現制度を分析することによって実現し得べき改良という方向へ人々を向ける効果を、つねにもつ。(5)

ここで「ユートピア」というソレル独得の用語は、もちろん文字どおりの「空想」という意味ではない。これは、ドイツ労働者階級を指導する者たちの、いわゆる改良主義の理論とスタイルとしてこそ、はじめて意味の通る用語であろう。それゆえ、ソレルの「ユートピア」攻撃は、革命派から転落していった労働者階級の秩序派への破壊要求として、それ自体が神話的な文脈のうちにある。

「ユートピア」を破壊する革命神話として、かつてフランス・プロレタリアートをとらえたのが大革命の伝説であったが、今日では「総罷業の神話」が労働者運動を支配していると、ソレルはいっている。けれどもソレルが、蜂起する民衆の共同観念・世界の観念をほかならぬ神話と名づけたのも、もちろん、神話の「未開性」や過去の出来事を典拠とする性格にもとづいたものではない。呪術的・神話的思考を無際限に「合理化」することで成立してきた近代の思考と世界観にたいして、これを破壊する行為の共同性がいだく世界像が、むしろ決定的に「神話的世界」の構造をもつものであることを主張するのである。

してみれば、「事実としての大衆反乱」という私の記述の出発点が、ここでふたたび想起されるであろう。反乱はたんに、大衆がその敵対物を破壊するところに本質があるのではなく、なによりも、従来の自分自身——「彼は社会的に何者であったのか」——の解体・破壊を通じて生起するものであった。これは「マルクス主義に組織された労働者階級」の場合とて変らない。反乱が、いつも暴力という行動様式と分かちがたく結びついている根拠がここにある。だからそうだとすれば、歴史上の無数の大衆的反乱が、それぞれにこの行動様式を通じて、独自の世界の観念を思念してきたことは、きわめて自然のことだといわねばならない。史上名高い革命の諸事件といえども、このような無数の大衆反乱の経験を背景に屹立しているというにすぎないのだ。

ただ革命の時期は、反乱した大衆がその共同観念を、たんに一つの世界にまで膨張させるだけでなく、全宇宙を判然と二分する世界の一つとして形象する点で、きわだってくる。ただ二分するだけではない。他方の世界にたいして一方をはっきりと聖化するのだ。

「つい昨日まで悪魔に支配され」ていた大衆に対比して、「パリケードの腹の中」は「聖なるもの」と思念される。「悪魔」などにたいして自己を聖化するというこの証言は、宗教的経験における世界把握との類縁性をただちに思いおこさせずにはいないものである。エリアーデが例証するように、宗教的経験でも、ひとは俗なる（歴史的）時空の内部に、これと断絶した聖なる世界空間・世界時間を創建するものだからだ。*

そしてまた、小さな領域の生が聖なる世界として意識される事実を根拠に、この意識を彩る宗教的・政治的大言壮語がそれこそ大衆的に生産されるのも、両者に共通していることだ。地方的な農民一揆が、意識のうえでは「みろく世」を開示し、また「日本窮民為救」とまで自己主張される。ひとはガードに守られたバリケードの入口をひとたびくぐれば、日常的時間・空間とは別の「非日常性」の世界、「バリケードの腹の中の青春」に生きるものと思念される。

＊エリアーデ『聖と俗』（風間敏夫訳、法政大学出版局）参照

こうしていま、集団そのものを逸脱した私の世界思念は、たんに私の共同観念が勝手にでっちあげたものではない。はっきりと「もう一つの世界」「別の世界」に対立しつつ、これから自分の世界を聖別するのである。

そして、私はもとより宗教的経験の世界にいるのではなく、政治世界にいるのだから、この「別の世界」は、たんに俗なる世界にとどまってはいない。やがて次章で経験するように、それはまさに私の「敵の世界」として、私の面前に登場してくるであろう。次の証言は、こうした敵世界と宇宙を二分して、いま私の世界が息づいていることを暗示するものである。

大衆は、さながら革命の凱旋門に流れこむように、ソヴェトに集った。ソヴェトの外部に残っているものは、ことごとく革命から脱落していくように感じられ、なにかしら別世界に属するようにおもわれた。事実またそうであった。ソヴェトの境界外にのこっているのは、有産階級の世界であった。そこでは、いまやあらゆる色彩が混合して、ただ一つの灰色がかったピンクの保護色に化していた。(6)

もとよりことわるまでもなく、民衆の蜂起の日々に、その舞台が物理的には「此世」の中のごく一部を占めるにすぎないことは通常である。この舞台を世間のすべてが注目しているなどというのも錯覚である。パリ・コミューンの日々、ブルジョアたちの「酒池肉林の宴」が催されているその街裏で、まさにパリ民衆の殺戮が展開されたとマルクスは書いている。またジョン・リードは、ペトログラードの革命の日々、常に変らぬボリショイ劇場の貴顕紳士の列のことを報告している。すべてこうしたことはありふれた光景である。日常の世界があり、日常はその歩みを止めてはいない。反乱の舞台は、たかだかこの世界内部に併存する一領域というにすぎない。

物理的・客観的にはこれは事実だ。しかし、しかもなお、蜂起した私たちは、まったく排他的・独善的にこの舞台を世界と思念し、余の世界は目に入らない。目を閉じたからなのではない。逆に、私は目を開きすぎて遠近法を失っているのである。

反乱の共同性におけるこのような主観的な現実超越が、ただちに歴史的現実の病理的倒錯を意味するものではないことが、くりかえし注意されねばならない。こうした共同の観念の沸騰は、あらゆる本質的に新しい現実の創造のために不可避的な前提だからだ。この超現実の新たな現実化というプロセスによってのみ、「革命的秩序」も「新しい社会」もその建設の途につくことができる。

二　ユートピアの現前——私は時間の命令を忘れ絶対的ないまを生きる

汝等よく聞け。金銀のあるにまかせ多くの米を買しめ、貧乏人の難渋を顧みず、［米を］酒となして高値に売、金銭かすめ取る現罰逃るべからず。今日只今、世直し神々来て現罰を当て給ふ。観念せよ(7)

ここでいう「世直しの神々」の世界や「みろく世」のように、史上すべての反乱世界は、それぞれに一つのユートピア的世界像をもつといってよい。たんに断片的な言葉や行動スタイルから読みとりうるにすぎないものから、明文化された言語表現をもつものにいたるまで、内容的には精粗さまざまだとはいえ、この事実に変りはない。いまは、こうしたユートピア的世界像のさまざまな内容に、ちょっとでも立ち入ることはできないし、その必要もない。これまで「ユートピア」という言葉にまつわりついてきたさまざまな衣裳（ソレルによるユートピア論難など）を気にすることなく、ただ既成の世界秩序の破壊を通じて歴史的現実を超脱する共同意識の表現形態を、ここではユートピアと名づけておこう。だからこのかぎりでは、暴力という行動様式を通じて人びとの共同観念が自分たちの舞台を——集団ではなく——世界とまで思念することと、何か別のことが問題なのではない。ユートピアは反乱集団の世界意識につけられた名前である。

だがここではとりわけ、ユートピアのもつ時間意識の構造が、とくに問題とされねばならない。ユートピアは、その定義からして、歴史的現在を超越する時間意識を特徴としている。事実、すべてのユートピアは、内容からいえば確かに、実現すべき（典拠とすべき）過去や未来の秩序を表現している。「堯舜天照大神の時代に復る」と、大塩中斎の檄文もいう。現在にいたるまで、多くのナショナリズムの革命は、実現すべき秩序の範例を過去の世界に求めている。また、千年王国論から共産主義的共同体にいたる未来のユートピアについてはいうまでもない（万人にパンとバラを——マルクス）。

けれども、反乱集団の共同観念という観点からみるときには、典拠とすべき過去の秩序や獲得すべき未来の目標などは、ユートピアにとって、じつはまったく非本質的な事柄なのである。実際、さきの引例は、ある百姓一揆の打ちこわし現場でのアジテーションだが、ここでは「世直し神」は過去や未来のことではまったくなく、まさに「今日只今」現前するものといわれている。ユートピア的世界を、人びとは現に新たなもののようにつくりだすのであり、この世界を全き意味で現に生きるのである。これにくらべるならば、ユートピア的秩序の将来における実現などは、じつのところどうでもいいものとすら感じられている。ここでもまた、私の集団における、「いま・ここ」の絶対化ということがおこなわれている。私にとっての「いま」とは、過去から未来へ流れる非可逆の歴史的時間には属さない。これとは別次元の時間として、絶対的な「いま」が経験されているのだ。

カール・マンハイムもいうように、「千年王国的な体験の、本当の、おそらくはただ一つの直接的な特徴は、絶対的な現在の存在、絶対的な現在である。」*宗教的世界では、時間は過程ではなく、宇宙創造における時の永遠の再現であり、実際、多くの原住民では「コスモス」という言葉がまた「歳」の意味にも使われているという事実**と、ちょうど類縁の関係がここにもあらわれている。アジテーターたちの共同観念が自らの属する世界を創造することは、同時に、この世界の時を現に生きるということを意味している。本節冒頭の証言がいうように、「生きてる　生きてる　生きている　バリケードの腹の中で　生きている」

というわけだ。

＊カール・マンハイム『イデオロギーとユートピア』（鈴木二郎訳、未来社）

＊＊エリアーデ、前掲書

世界思念に対応する反乱集団の時間構造は、このようにして端的にユートピアの現前である。そして私のこのような時間経験は、現実的な集団形成が——世界思念と同じ方向で「逸脱」されることを示すものとなる。反乱集団の形成は、ことわるまでもなく具体的な「いまとここ」——「此世」での出来事である。まして現実には、この集団形成は「敵」との相関のもとでなされたのであり、集団の今後の政治的経験についてもこのことは変らないのだから、集団は歴史的現実において「時間の命令」に従わねばならない。だが、熱い集団を形成する私たちの集団的意識は、自ら思念した世界においてこの命令を忘却する。夢にまどろむからではなく、一瞬を過度に生きるがために、私は時間の非可逆的測度を失う。のちに他の集団との敵対的闘争の現場で、反乱集団のこうした意識構造は、私の集団に重大な結果をもたらすであろう。

しかしことわっておくが、この「逸脱」は、集団のユートピアの内容が荒唐無稽のものであり、「科学的」あるいは「戦略的」に確定された未来像とはほど遠い、という事実からもたらされたものではけっしてない。アジテーターたちの集団のユートピア的世界像は、民衆のつくりだした共同性が、一定の社会的・言語的形態を分立させるようになる過程の一表現である。それゆえ、外部の観察者がこの関係を逆転させて、一定の言語的形成物、神話やユートピアの内容自体から、民衆の共同的経験を逆規定していくことは、いつも多かれ少なかれ誤解（解読失敗）の類を意味する。早い話が、プラトンの国家論にはじまる政治的ユートピアの書かれた歴史は、それ自体では民衆の政治的経験について何事も語りはしない。前者から後者を解読するには、いつも一定の方法論的手続きが必要だ。たとえば、書かれ語られたユートピアが常に特徴とする静的な秩序の著しさは、これを生みだした民衆の政治的経験の動的な混乱と対立とは、激しい対照を示している。彼らの行為が静謐な秩序を生きているのではないことはいうまでもないが、ユートピアの内容はまた、彼らの憧憬の表現ですらない。ユートピアの内容をなすごとき、新秩序へむけての激しい現実超越の志向こそが、読みとられるべき事柄である。のちにこの集団的志向が言語的シンボル体系として抽象されるとき、ユートピアの内容たる一定の観念体系は、その集団からすら離れて機能していくことになる。マンハイムが、いま一つの現実超越志向としてとりあげたイデオロギーへと、ユートピアが機能転化をとげていくのである。

だがともあれ、いまは、アジテーターたる私の発言において生起している時間は、ある「絶対的な現在」である。かつて、さる「革命の神学者」が次のように説教したとき、彼は歴史的現在にのみかかわるという現実政治の鉄則を語っているのではなく、まさにアジテーターがその発言において経験する、「時」の性格について告げようとしているのだ。

それゆえあらゆる預言者はみな、「主はかくのたまう」という言い方で語るのであり、それが過去のことになってしまったかのように「主はかくのたまえり」とは言わずに、現在のときにおいて語るのである。(8)

第四節　反乱世界の統一性

一　私は反乱世界のシンボルを体現しカリスマとして神格化される

私は反乱の現場で最初の集団を形成しながら、しかも、意識のうえでは、この現実の集団をはなはだしく逸脱する。空間意識のうえでも時間意識のうえでも、私は「此世」を超脱する。今後、戦闘組織として自己の内面を整備していかねばならない集団にとって、これはまったく逆方向の逸脱にみえる。反乱集団は同時に反乱世界である。

それゆえ、世界としての反乱集団は、一見するところ秩序もなく、たんにスタイルの乱雑さと混線とに彩られているようにみえる。集団の世界への逸脱は、端的に集団なるものの解消のごとくに、外界からは思えるのである。

革命はまだなに一つ儀式をもたなかった。街頭は煙につつまれており、大衆はまだ新しい歌を知らなかった。会議は秩序もなく、岸辺もなく、さながら氾濫した大河のようにすすんだ。ソヴェトは、われとわが感激に窒息せんとしていた。革命はすでに巨大であったが、なおナイーブだった。まるでナイー

ブな幼な児のように。(9)

だがそれでは、このような共同的世界のもとでは、はたしてアジテーターたちを核とする集団の現実的統一は、なお可能だろうか。反乱世界は、第一章で記述したようなこの集団の内面的機構を、かえって、端的に解消してしまうものではないか。事実、最初に大きな勝利をかちえた大衆反乱は、再び敵にまみえたとき、しばしばあまりにもあっけなく雲散霧消してしまう。これなど、最初の勝利にともなう共同観念の爆発が、集団の自爆をもたらすことではないか。

この反乱世界の自爆は、次のような現実的な理由にもとづいて生起する。つまり、反乱の共同観念の爆発が、反乱を準備した集団をも溶かしてしまうということである。実際、このような反乱の中核組織が、逆に、決起した大衆へと「溶解」したり「埋没」したり、あるいは大衆たちに「乗り越えられ」たりすることは、反乱のまったくありふれた光景の一つである。十九世紀のフランスで、大衆決起を準備し、その乱雑さを形づけることにほぼ五十年にわたって腐心した一革命家が、当の大衆的蜂起の瞬間に次のように記するとき、これもまた典型的な光景といいうるだろう。

誰も思い通りに大衆活動を指導しはしない。それを成功させるよりも、その中にまぎれこむ方がよっぽど楽だ。激昂する群集の波浪のなかで、地上から持上げられ、大波によって、一種のマネキン人形のように波のまにまに漂い、あちらこちらへ揺れ動かされるのは、あまり居心地のいいものではない。それが私の位置だった。あげくのはて、とうとう演壇に放り上げられて、やっと一瞬私は自分を取り戻すことができた。皆は私に向って叫んだ「話してくれ！」と。私は語った。(10)

けれども、政治集団が自らの成果（大衆の反乱）に逆に呑まれてしまうという、この唖然たる光景は、私の記述ではすでに反乱というものの定義に含まれていたことにすぎない。このことは、中核集団のオルグから大衆の蜂起への道筋が、前者を出発点とする直線的な発展としては、事実描けないことを示している。反乱は「此世」と断絶した世界を心的に構成するのだが、この断絶は、反乱の以前に「すでに存在していた」政治的諸組織にたいしても、まったく同様なのだといわねばならない。私の政治史の記述が、反乱を組織した集団から出発しなかったのは、まさにこのためであった。

しかし、かくして私はいま最初の集団の成立にまでたどりついたのだが、この集団が今度は反乱を組織化する政治集団へと転生するのをみとどけずに、私はふたたびふりだしにもどらねばならないであろうか——このように本節冒頭から私は自問しているのである。

けれども、私がこれまで反乱をたんなる無秩序な空間としてではなく一つの世界——しかも他の世界から激しく自らを聖別する世界——として経験してきたことは無駄ではなかったのだ。反乱世界は、私たちが最初の集団を形成した、相互性の構造を失ってしまったのではない。私の世界は、集団形成の単純な否定として、無秩序な群集への回帰を意味するものではない。私はただ、私たちの最初の相互性が、そのまま政治組織へ「発展」を許すのではないことを強調するだけである。私の集団形成の自己否定として爆発する反乱世界が、まさにこの「発展」のまえに介在する。それゆえこの世界は、政治組織の内面とは別の、独特な相互性の構造を——強く——もっているのである。

かくしてふたたび、「激昂する群集の波浪のなか」に漂う「元指導者」としての私に、視線をもどそう。私はこの群集の世界に翻弄され、「あげくのはてに演壇に放り上げられる」。ここで「一瞬私は自分をとり戻し」、皆にむかって——ふたたび——「私は語った。」

けれどももちろん、私はもはや反乱を準備した私の組織に語っているのではない。目前の群集に語っているのですらないのだ。すでに私は、他の無名のアジテーターとまったく同様に、群集のなかで形成された最初の集団として語っているのである。「話してくれ！」と私にむかって叫ぶ皆とともに、私たちの間には、前章で集団の成立として経験された相互性がすでに根づいている。

こうして、いまや反乱世界の一アジテーターとして語る私には、しかし、以前にはみられなかった独特の性格が、はっきりと付与されるようになる。

「世直し神々来て現罰当て給ふ」という以前の引例をもう一度想起してみよう。この「世直し神」については、研究者が次のように適切な指摘をしている。

「『世直しの神』とは、一揆の威力をあらわすたんなる比喩でもなく、さりとて、打ちこわしをする民衆とはべつに存在するものでもない。打ちこわしをする民衆のうちに『世直しの神』が体現しているのであり、それは特殊な媒介された形態で高揚した民衆の自意識の至高の権威性の誇示にほかならない。そうした意識は、個々の民衆の日常性のなかには存在しないものであって、特殊な集団行動のなかでだけ、民衆は自分でも統御しえないような高揚した集団的自己意識をもつようになり、それを『世直しの神』という媒介されたやや宗教的な形態で表現しているのである。」*

*安丸良夫、前掲書

このような意味で、「世直しの神」は一揆農民の「集団的自己意識」の表現形態であり、端的に共同観念のシンボルとして機能している。だがさらに、この抽象化されたシンボルは百姓一揆の伝統のうちでは、しばしばある特定の指導者の身柄それ自体と一体化される。実際にはたんに「よく口利ける者」や「小ざかしく口きく男」等として衆にぬきんでていたにすぎない一揆の指導者たちは、かの「義民」や「世直し大明神」と呼ばれて神格化される。大塩中斎は「世直し大塩平八郎」であり、慶応三年の一揆指導者菅野八郎が「世直し八老大明神」と呼ばれるなど、農民によるアジテーターのこの神格化は、近世百姓一揆の一般的な伝統である。

ここで反乱集団のアジテーターがもつもともとの矛盾を思いだしてみよう。集団の各アジテーターたちは、一方ではその機能を特定の一アジテーター＝私へと仮託する傾向をもつ。これは集団の人格化である。だが他方、より本質的には、アジテーターたちは一定の行動様式や言葉として、集団なるものを各人から超越せしめるものでもあった。特定のアジテーターの身柄と、スタイルとしての集団とは、最初の熱い集団における相互性の媒介構造がもつ、二つの極とも名づけられるものである。

このようにみれば、いまや、ここ反乱世界では集団は特定の指導者の身柄へと人格化され、同時に、この人格はユートピア世界を体現する神威として超越的に神格化されているのである。いいかえれば、もっとも身体的なもの（人格）ともっともシンボル的なもの（神）という媒介の二極が、いまここでは、一アジテーター＝私において一体化されて現象しているのだ。反乱集団の相互性の二極、人格化と神格化とがともに一体化されたものとして、アジテーター＝私はいまやカリスマである。実際、熱い集団の共同性はカリスマ集団という形をとりやすいのであり、その内面の意味がここにある。そしてこれは、反乱世界における指導者＝アジテーターがもつ独特の媒介機能を教えている。

しかしながら、以上から、反乱集団はすなわち特定のカリスマの集団なのだと一般化してはならない。

じつはさきの「世直し八老大明神」なども一揆指導者が自分を神と僭称したのではなく、一揆ののちに、ある種の伝説のごとくにこの神格が流布したものにほかならない。いわゆる義民伝説にしても同じである。だからこの場合にも、やはり「世直し大明神」は特定の人格化というより、一揆民衆各人のシンボルとして機能し、流通したのだということができる。

さきにあげた「今日只今」の農民にしても、彼の集団の特定のカリスマを「世直しの神」と呼んでいるのではない。過去の指導者を神格化し伝説化する近世百姓一揆の伝統が、ここにも明らかに投影されているとしても、しかし彼にとっては、「今日只今」、「世直しの神」は、じつはまさに自分たち自身なのである。各人が現に「世直しの神」であるものとして、この神は集団のシンボルである。言葉のもつ融通無礙なシンボル機能が、ここにも発揮されている。

特定の神格などを通じて集団をシンボライズしようとする傾向は、ここ反乱世界でも独特の求心力が強く働いていることを教えている。この世界の集団はその成り立ちからすれば、私がいわば勝手につくりだすシンボルでしかないが、これら諸シンボルがおのおの意味しようとしている一つの共同観念は、逆に、唯一のシンボルの形成を促すのである。私たちの共同性の強い求心力が、いわばシンボルのシンボルともいうべき一つの象徴をつくりだすのだ。すでにみたカリスマの人格や世直しの神がこれであり、一般的にいえば反乱世界はたった一つの言葉に象徴されてよい。

実際、「困民党」といい「太平天国」といい、一つの言葉が私たちの反乱世界を象徴した。しかし、この一つの言葉は、私たち各人のつくる雑多なシンボルを征伐してできた、シンボルの王様であるとはかぎらない。この言葉のもとに、ヒエラルキーも秩序もなく、各人の言葉が混線するということが依然として起っている。それゆえ、私の最初の集団内部における相互性の構造は、歴史の過去となったのではない。

むしろ、この集団が反乱世界へと逸脱されたことが、まさに一つの「世界シンボル」の析出に対応する出来事だったのだ。私たち各人の心的な逸脱行為が、ここから外化された一つのシンボルを介して、逆に、世界としての求心性を保証しているのである。

これが通常見慣れた集団であれば、集団の求心機構はなによりも集団に内面化される。シンボルも、このもとにおける心的・制度的ヒエラルキーの形成として、集団に内在化される。だが反乱世界では、私は私たちの相互性がもつ矛盾――アジテーター・大衆・集団の相互媒介運動――を、集団の制度として内面化することができない。これこそ、反乱世界が組織を形成しえない理由であり、集団がむしろ逆方向へ逸脱してしまったことを、「世界シンボル」の求心力が補償しているのである。

二　反乱世界のシンボルは共同規範として私をこの世界に統合する

シンボルを介した反乱世界の統一は、私の集団の内面的な統一性からみれば、たしかにその外在化(逸脱)である。だが、そうはいっても、反乱世界の統一は外部から押しつけられた統一ではない。私と私の集団こそが反乱世界をつくりだしたのだからだ。それゆえにまた、反乱世界を統合するシンボルは、独特の性格をもって世界内の各人・各集団に帰ってくる。

たとえば、集団のスローガンの機能を考えてみよう。たしかに当初、この集団が敵対的諸集団のただ中で自己を形成してきたときには、集団のスローガンや合言葉は、シンボル的なものというより、具体的に行動の目標等を名ざし伝達するものであった。「岸内閣打倒！」。だが、この言葉が、立ち上った民衆個々人の相互性を媒介し、「万人が一つの口のごとく」これを唱和するとき（「キシヲタオセ！」）、すでにそのシンボル的機能は明瞭で強固のものとなっている。蜂起した各人がこの言葉を産出したという過程は、いまや逆転され、言葉は、「岸打倒」をめざす者という規定性（様式化）をもって、こんどは各人に帰ってくる。この言葉によって、集団の各人は同等者として相互に自己を確認する。

こうしてついには、言葉は伝達機能を失うようにさえなるのである。シュプレヒコールの前と後とで、もはや新しい知識はなにも加わらない。ただ人びとはこの一斉唱和によって、自分たちの共同性を再確認するにすぎない。私は、かえってスローガンによって、反乱世界の一員たることを感じとる。

スローガンの排他性ということも、こうしたシンボルの機能から起ってくる。反乱集団が自己を独善的で排他的な世界にまで形象することは、まさに集団のスローガンの絶対性として主張される。しばしばわずかな語句の相異が、私の集団を他の集団から「絶対的」に区別するのだ。

もとよりこうした対立は、スローガンの語句がもつ「意味」の相異などから了解しうるものではない。いまや私の集団は、外にむけたその唯一絶対のスローガンによってこそ、逆にその内面の統一を強化しているのである。

このようにして、反乱世界はそのシンボルの排他的「暴力」を媒介として逆に強固な共同規範性を私たちの共同性にもたらすようになる。集団が一つの世界へと絶対化されていく観念の膨張過程は、逆説的にも、私たち個々人の意識と行動様式を、逆に一挙的に、一つの集団意志に収斂させ規格化する可能性が生れるのである。

いまの段階では、反乱世界のこのようなシンボル機能は、なおもっぱら心的な過程と考えねばならない。

一見するところ、この世界の諸象徴は――さきに言葉を例にして述べたように――むしろアナーキーな混線状態を呈するものであり、また民衆個々人の行動形態とて規格化されたものとはほど遠い。

だがもしも、この世界におけるシンボルの逆作用の観点でみるならば、反乱世界は、けっして混乱や気ままの支配する世界ではなく、むしろ過剰な内的論理をもつものだといわねばならない。ただその内的論理は、制度的・機構的に整形されたものとして統一的なのではない。もっぱら心的なものの統一性の著しさなのである。

制度的には著しく整った現代の集団のほうが、これに比べるならば逆に、成員のはるかに心的なアナーキー（アノミー）に支配されている事実は、まったくのところ対照的である。民衆の管理組織の非感性的な機構化がすすめばすすむほど、逆に組織のなかの民衆の心性は感性化し、自己確認を失ってさまよい歩いていく。公的なものの著しさは、まったく裏はらに、反社会的な私の感性と併存している。こうした「精神のプロレタリアート」の存在と、彼らの「自然の反乱」の気は、制度的なものの整合性のうちに充ちている。

反乱世界では、これと逆のことが起っている。反乱の外部からの観察者は、民衆の個々の言葉や行動の乱雑さに目をうばわれて、あたかも民衆が心的にも自己を失い、混乱をきわめているかに錯覚する。そこから、大衆の「勝手気まま」にたいする非難をひきだし、あるいは見当はずれに「解放」や「自由」を讃嘆したりもするのである。反乱世界の記述が、しばしば、悪意ある描写か、たんなる無原則的比喩の濫費でしかないのもこのためである。

それゆえに、いまの段階では、反乱世界の共同規範性を、なにか「指令部」からの命令や敵対的集団と闘争するための「必要」のごとくに、私にたいして外からくるものと考えることはできない。ここにも、反乱における、私たちの過度な内面への逸脱ということが起っている。共同規範性はあくまで私たちの共同の所産であり、一つの逆転であっても、なんら私にとって外からとどいたものではない。

別のいい方をすれば、共同規範性はなんらかの強制でも、また社会的な習慣なのでもない。それは私の共同性創出の熱度が自らつくり、自ら引き受けたものにほかならない。自由の創出も自由の規制も、ともに私の行為の自由に属する。


さてこのようにして、いま私の集団は反乱世界としての集団である。けれども、私の集団がその自己形成史の冒頭で、排他的な世界を経験したことは、かえって私の集団に政治的な死をもたらす危険をも意味している。私は、自らの集団の団結が、あたかもこの集団自体の力によったかのように錯覚するのである。こうなれば、これからまさに他の集団や敵との相関のなかで、政治の経験史を歩まねばならない集団は、すでにこの段階で政治そのものから脱落する。

たとえば、神話的集団が内部に儀礼の体系を発展させ、これが成員のあらゆる活動の規範典礼となるような場合を、ここに想起してみよう。かつてはこの集団も敵対的闘争のなかから形成されたものだったが、闘いの記憶はすでに儀式と化し、したがって、集団は儀式あっての集団である。集団の排他性はその象徴体系の排他性にほかならない。

実際、反乱集団が政治の経験史へと転生するのではなく、たんに生き残るとき、この集団はしばしば儀礼的な制度化を内部に発達させ、この儀礼のゆえに集団を正当化するようになる。集団は事実上すでに、それ自体による一個の仮構となる。政治集団が宗教的団体やセクトに転質するのである。

私は、反乱集団のこのような独善的傾向の一例として、秘密結社のことをひきあいにだすこともできる。ただもちろん、反乱集団の典型が秘密結社だというのではない。また歴史上の秘密結社がすべて、敗北した反乱の記憶にすぎないというのでもない。秘密結社ほど、現に生きている私の反乱集団と外見を異にするものもないであろう。だが、秘密結社がその内に発達させた極端な共同規範性は、制度的強制によってではなく、もっぱら心的にうちたてられたものであり、この点で反乱集団の心的構造をここに尖鋭に読みとることができるのである。

たとえば、反乱集団の場合と同様、私は秘密結社に参加するのではない。意識的にしろ無意識的にしろ、自分の社会的再生を賭けて、私は自分の全体性をこの共同性に投与する。もともとは秘密結社も一つの具体的な目的を実現するための結社であったが、まさにこの過程で反乱世界への逸脱を経験することによって、人間の全体性の参与それ自体に価値をおくようにもなるのである。もしかしたら、私に蓄積された反乱の共同性の記憶が、秘密結社のような人格の全面的な拘束へと、いまも私を促すのかもしれない。

秘密結社が私の自由を全的に束縛する著しさも、外部の観察者が見誤るように、けっして制度的な規範からくるのではない。既成の世界の破壊的超脱という、私の自由な心性の飛躍こそ、逆に恣意の全的な制約の形式をつくりあげるのである。秘密結社の儀式による私の形式的な束縛は、アナーキーに境を接した自由の解放ということと、なんら矛盾するものではない。ジンメルもいうように、「秘密結社の広範囲にわたる存在は、概して公共生活の不自由さの証明であり、警察の規制策と弾圧の証明である。それゆえ逆に、秘密結社内部から発する儀式の規律は、原理としては、自由と解放の証明であり、人間性がこの自由と平衡するために、反対の影響力としてさきの束縛を生みだしたのだということができる。」*

＊シンメル「秘密および秘密結社」（『社会学』第五章、引用は私による試訳「秘密結社の社会学」、『情況』一九七一年九月号）。また私の『結社と技術』を参照

秘密結社の整備された象徴体系にくらべれば、もとより私の反乱集団のそれは、あいまいで混乱したものにすぎない。けれども、反乱世界における私の集団が、同様なシンボル機構を介して現に集団たりえていることは明白である。むしろ、この段階で、私の集団内面の形式が呈する乱雑さを嫌い、これにたいする不信を直接に組織しようとする集団が、端的にセクトの形をとることこそ、逆に、私の集団内面の本性を代弁している。いわゆる党的な集団も、発生史的にいえばまさに秘密結社の一つだったのだ。*

＊「党」が私の反乱の経験以降に生き残るとき、反乱の記憶は、この党という集団に特有の形を与えることになる。私ははるかのちに、この形の一つを「固有の党」として記述するが、日常的に見慣れたもう一つ別の形の党が、まさにいわゆる「セクト」である。

このようにみてくれば、いまや反乱集団の共同性は、セクトや秘密結社と境を接して、あるぎりぎりの点にまでつきつめられているといわねばならない。これ以上、この共同性自体の経験の深化を求めることは、集団の空中分解をもたらさぬとすれば、私の集団をファナチックな自己強制の機構に転化させてしまうであろう。

もとより人は、政治の場面でも、どのようにも過度に生きようとすることはできる。だが、もしも私が集団とともに政治の長い経験史を歩んでいこうとするなら、私はもはや、反乱世界の自縛の構造を抜け出るときだ。そして、私の集団の外に、確かな目をそそがねばならない——私の「敵」が、いまや私にこのことを強制する。

第三章　政治的経験

第一節　敵の再発見

一　反乱世界に侵攻してくる敵との敵対を私は観念的に絶対化する

革命は来たるべき勝利の日には、今度こそ賢明に行動するであろうか？　それとも、これまで常に敗北のなかからより恐ろしい姿になって立ち現われるのを革命が許してきた、あの悪霊にまたしても慈悲を与えてしまうだろうか？(1)

史上、反乱の運命は、数日からたかだか数カ月のものにすぎない。この短い期間に、反乱はさまざまの深度で革命の問題に不可避的につきあたる。そして「来たるべき勝利の日」へむけた反乱の深度は、その持続期間の長さに比例しているわけではない。反乱においては大衆が歴史にうがつ軌跡の深さはさまざまであり、いずれもたかだか数カ月で、急速におのおの臨界にまで登りつめていくことに変りはない。レーニンがくりかえしたロベスピエールの次の言葉、つまり「現在の革命は数日のうちに人類のこれまでの全歴史が生みだしたものよりも多くのものを生みだした」ということが真実だとしたら、この短い加速期間に、反乱が歴史に切り込む深度のメルクマールを確定することが大切だ。

私は、自分が書こうとしているものが、この革命の短い運命についての物語であることを意識している。そして、およそ革命なるものが、群集の狂操によってたんに歴史の表層をひっかいて過ぎるものでしかないかどうかを、私の物語のうちに検証し確定したいと願っている。日常や生活過程における政治世界ではなく、「スペインの短い夏」に加速度的に臨界に達する政治の形成史だけが、いまは問題とされているのである。

「革命は、今度こそ賢明に行動するであろうか？」——決起した民衆が街路を埋めつくした反乱の日々ののちに、ふたたびもどってきた日常の秩序のなかで、これまで幾度となくこのような問いが発せられた。前章で「内面への過度の逸脱」と呼ばれた反乱世界の論理からすれば、この世界の終焉などはいつも信じがたいような気がする。なぜならこの世界は、そもそも未来に向けて持続していくというような歴史的時間の論理をもたなかったからだ。ところがもちろん、歴史的現在は反乱世界の外でその歩みを止めたわけではない。だから、反乱の有頂天の日々に、ある日それは、ふいに横あいから、アジテーターたちの意識の切れ目に登場するのだ。

反乱世界の時空構造に横あいから侵攻してくる歴史的現実は、直接的には、反乱世界にたいする外部の敵という姿で現われてくる。

私の「敵」！——たしかにひるがえってみれば、私は具体的な敵の攻撃に迫られ挑発されたからこそ、反乱へと促されたのだった！　私の反乱集団に敵対する敵の集団は、私たちがまさに反乱世界を形成するさいの、否定的で偶然的な契機であった。けれどもあれから、反乱の自己形成へむけた私の過度の熱中は、私たちを最初の敵からずいぶんと遠くまで運んできてしまっている。だから反乱世界の内的生活では、敵の具体的存在はあたかも忘れられたみたいになっていた。ときたま念頭をよぎる敵の姿も、ほとんどいつも匿名のままである。たとえば――

敵はどこにいるか？ この物語のなかではそれはいつも、ちらりと視野の片隅に顔を覗かせるにすぎない。窓辺でちらちら動く、機関銃の背後の黒点。バリケードの向こう側の影。事務室のなかの老人。ざんごうのなかのシルエット。ほとんどいつでも、敵は匿名のままである。(2)

だがむろん、反乱世界はその敵を忘れてしまったのではない。「バリケードの向こう側の影」を通して、敵の存在は一つの不安の形をとって反乱世界をおびやかしている――というだけのことでもない。反乱は、まさに自らの世界思念に見合った敵の観念を、現に形象しているのである。ここで私の敵とは、端的に私の世界の「外の世界」である。前章の証言でも、反乱集団の外部に残っているものは「何かしら別世界にぞくするように」思われるのだった。この境界外の世界は、「いまやあらゆる色彩が混合して、ただ一つの灰色がかったピンクの保護色に化して」みえる。

さらにまた次のような発言をみよう。

「俺は全くかんたんだと思うんだが――ところでしかし俺はいい教育をうけていないんだ。ただ二つの階級だけがあるように思うんだ。ただ二つの階級だけがあるように思うんだ。プロレタリアートとブルジョアジー――」

「君のばかげた公式がまたでてきた！」

「――ただ二つの階級だけが。で、一方の側にいない者はだれでもみんな別の側にいるわけなんだ

……」(3)

これは、ロシア革命における街頭の一会話である。敵としての「ブルジョアジー」はここではもはや、私たちの集団形成のたんなる偶然的契機とは考えられていない。私たちの集団が「プロレタリアート」の世界として思念されることに対応して、私たちの敵もまた、この世界外の存在——むしろ端的に世界の否定者——として観念されているのである。「一方の側にいないものはだれでもみんな別の側にいる」といわれているように、敵は反乱世界と宇宙を二分して、この世界に対立するものとなっている。

考えてみればこの私は、目前の具体的な反乱行為を、同時に「世直しの神」の行為のごとくに観念的に肥大化させ、かくて私の集団を反乱世界とまで絶対視したのだった。だからこの過程はその否定として、敵の存在をも心的に絶対化するのである。私たちの行為の一つ一つにたいする具体的敵対は、たんに偶然的契機だったかにみなされ、いまや敵は私たちの共同観念の敵対者となることによって、反乱世界の絶対的否定と観念される。かつて「バリケードの腹の中」の世界が「悪魔の世界」にたいして聖化されたことを想起しよう。このような敵対関係の絶対化は、宗教的反乱などではまったくありふれたことだといってよい。いずれも、反乱世界の心性が自己を神話的・ユートピア的に絶対視することによってこそ生じる現象である。

ことわっておくが、ここでいう敵の観念的絶対化とは、敵の力量の絶対的過大評価を意味するのではない。ただ私たちの世界の絶対的否定として敵をも絶対化するのであって、実際上は常に敵を重視するものだとはかぎらない。のちに例示するように、敵の絶対視は現実にはしばしば敵の絶対的軽視という形をとるのである。この場合にも、意気軒昂たる反乱集団が、自らの力量を絶対のものと思いこむ代償として敵の力量が——その実際には無頓着に——絶対的に軽蔑されているのである。

こうして、反乱世界では、形成されたばかりの私の集団がただちに世界にまで逸脱されたように、当初の敵集団の歴史的で具体的な姿も、かえって消える。私の敵は軍隊とか警察でなく、端的に敵の世界——「ブルジョアジー」等々だ。敵の存在が「ほとんどいつも匿名のまま」だというのも、まさにこのことである。

だがもちろん、反乱の敵はいつまでも「匿名のまま」にとどまってはいない。現に敵は目に見える集団の形をとって、反撃と弾圧にのりだしてくる。アジテーターたちの意識の切れ目から、いまや敵の侵攻がはっきりと見えてくる。私の集団は、ふたたび集団として敵対的闘争場面にたたねばならぬ。

けれども、このようにして再発見された敵との闘争は、以前とはなんと様相を異にしていることだろう。反乱世界からひるがえってみれば、最初の戦闘は、くりかえすが、この世界形成の偶然的で否定的な契機にすぎなかった。だがいまや、目前の敵は私にとって絶対的な敵——私の絶対的他者——である。私の反乱世界の時空構造に対比すれば、敵の攻撃はまさに異次元の世界の侵攻のようにみえる。もしもこの闘争に勝利しなければ、端的に私の世界が滅ぶのだ。

かくて、この私によって、新たな敵との闘争は、絶対視された二元的対立——相互の絶対的否定——の闘いとみなされる。「決定的な闘争」であり、「聖戦」である。ヘーゲル流にいえば、こうなる——「敵とはこのような異相であり、この異相は、互いに関連づければ、同時に諸対立の存在に対する反対物としてあり、敵の否定としてある。そして双方の側に同時に成り立つこの否定が、闘争の危険なのである。」

このようにして、反乱の発端がどのように些細で偶然的な対立だったとしても——実際、史上大衆の反乱はその必然性などをもたない——、この対立は私によって絶対化される。その後政治の世界を最後まで貫徹してやまない、一種マニ教的二元論は、ここにその発生の根拠をもっているのである。反乱の前史がそうであったように、たんにことが私たちの「利害の対立」に終始したのであれば、妥協や「政治的解決」によって「敵」と共存することだって充分ありえただろう。いや、むしろそれが日常の社会であり、政治世界というものだ。だが、敵対行為が心的にもこの世への反乱となった以上、私は自分のつくりだしたマニ教に自分で結着をつけねばならない。

それゆえ、いまこの絶対的な闘争の場面ではじめて、私はただ反乱世界を生きるのではなく、生きつづけるために闘わねばならなくなる。異次元の敵世界の侵攻に抗して、自ら存続し、自らを拡大していく以外に、生きてはいけない自分を発見するのである。反乱などしでかしたことを、もはや悔いてもはじまらない。死を望まぬ以上、私はいま後もどり不可能な政治の遍歴に出立するのであり、この不可逆的な道程こそ、反乱集団が敵との闘争を通じて自らを再発見し、再形成していく長い道行きとなるであろう。

ところで、ここにあらかじめ注意しておくべきことがある。私の政治的遍歴への出発は、私が自ら望んだことではないということだ。なぜなら、もともと反乱世界の時空構造には、自ら「存続し・拡大する」という論理はないからだ。政治的遍歴といえば、むろん歴史的な時空のなかを歩く以外にないが、反乱世界に生きることは、基本的にこの時空の外にあることだった。だからこそ、歴史的世界、異次元の世界が、敵の姿をとって、この私に侵攻してくるのだとさきにいわれたのである。

それゆえ、反乱集団の政治的経験への出発は、自己を否定する敵を通じて、ただ「外」から促されるのだ。反乱世界はその内部にどのように「矛盾」をかかえていても、それによって「必然的」に政治へと促されるのではない。こうしたことは、やがてくりかえし明らかになるように、政治的形成の本来的な受動性を意味している。もしも、天文学的宇宙のように、その「外側」の世界との衝突という経験を本来まぬがれているものなら、反乱世界の自足も完璧なものとなるであろう。事実、神話的世界表象が同時に政治秩序でもあった社会では、その孤立した存続も長きにわたったのである。

二　目前の敵と絶対化された敵とに私の敵のイメージは二極化する

さて、ふたたび敵の再発見の現場にもどろう。私はいまや、絶対化された敵世界との敵対的闘争の場面にいる。しかし、政治的経験の冒頭で生起したこの敵の観念的絶対化は、その後の全経験史を通じて私につきまとってやまない、一個のパラドックスを反乱集団にもたらすことになる。それというのも、どのように敵を絶対視していても、私の実際の闘争場面では、敵は目前の卑近で具体的な集団の姿で現われる以外にはないからだ。敵は少しも匿名のものではない。反乱が局地的なものであればこの傾向は著しいであろうが、たとえ「全国的」な革命的騒擾といえども、事態は変らない。全国的にいえば、闘いは事実として「二大階級」の階級闘争として展開されていても、この私にとっての闘いは、あくまで工場の壁ぎわや谷あいでの戦闘の連鎖としてしか現象してこない。

それゆえ、反乱世界に属する一人の私にとっては、絶対的他者たちはあくまで私の行動（身体）の否定として、具体的敵対行動の姿で、目前に現象してくる以外にない。たしかに、私は反乱世界の共同観念のなかでこれと同じレベルで或る絶対化された敵の形象をつくりあげていたであろう。たとえばそれは、醜悪な怪物として人格化されていたかも知れない。全人類の敵のごとく形象されていたかも知れない。けれども、全人類の敵なるものが、実体として存在するわけはないから、この形象が現実の敵の行動と重ならないのは当然である。

おそれながら天朝様に敵対するから加勢しろ。(4)

このように叫んだ農民アジテーターといえども、実際に何に「敵対」するのかといえば、彼らが日常的によく見知っている村内の高利貸にたいして、「負債の返却延期」を迫るという行動でしかないのである。このような事実は、反乱集団の敵がいま、絶対的に観念された敵――「天朝様」――と、現実の敵対行動を通じた目前の敵――「下吉田村の高利貸吉川宮次郎」――の存在とに、二極的に分裂した姿で現象していることを示している。これは反乱の集団にとって、滑稽にもゆゆしい問題である。

政治を知っていると称する現代の人びとは、このように滑稽な場面を一笑にふすか、そうでなければなんとか知的につじつまを合せようとする。目前の敵を通じて絶対的な敵が現われているのだとか、あるいは目前の敵との「個別闘争」ではだめで、「全人民的な政治闘争」にとりくむべきだとかいうようにである。だが、いま私の闘争における「二つの敵」の存在は、パラドックスではあっても、なんら「意識の遅れ」でも錯誤なのでもない。

ここで、反乱の共同観念の著しさを想起する必要がある。ひとは、なおこの観念として現実に(!)闘っているのだ。それが外部からみて文字どおりどんなにドン・キホーテに見えようとも、それが彼の現実なのであり、そこにはなんら牽強付会の類はない。ただ彼のうちでは、これらの二極が敵の権力構造総体のうちに、具体的に統一されていないというにすぎないのである。そしてこうした敵イメージの統一こそ、最終的に「二重権力状況」をつくりだすにいたるまで、私の経験史の長い歩みが自らつくりだしていかねばならぬことなのである。

敵の姿が構造的に統一されては見えないことは、この段階では期せずして敵側の事情にも見合ったことだといってよい。私は敵を世界として表象しているけれども、実際に敵側が世界として統一されているかどうかは、いまの私にはわからないのだ。目前の敵集団は、確然たる「ブルジョア世界」のゲバルト部隊であるかもしれない。しかし逆に、反乱鎮圧に出動してくる敵が、しばしば民衆の嘲笑にあったり民衆側に寝返ったりする。だからひょっとすると、敵世界もまたわが方と同様の混乱に見舞われているのかもしれない。それこそが、私たちの反乱による「否定の迫力」が敵におよぼした効果ではないか。

結局、せんじつめていえば、私の敵が実際に誰であるかを統一的に措定することは、客観的にみても不可能なのだ。私を鎮圧にくる敵たちが、私とは異なる性格や倫理をもった、「別の人間」かどうかも実際にはわからない。もちろん、たとえば十八、九世紀的意味でプロレタリアが別の生活世界のブルジョアを敵対者として発見するというように、最初から敵味方が截然と二分しうるということもありうる。しかし一般には、敵対者は、昨日まで共に生活していた隣人や肉親の一人であるかも知れない。再発見された敵は、当面、その存在性格・組織性格をなんら一つに、具体的に規定されてはいない。反乱世界の私自身、昨日反乱のただ中で、別の自己に再生し、別の自己を再発見したのであり、この再生にあずからない隣人を、今日は境界の向う側に発見したとしてもなんの不思議もない。実際――

ほとんどいつでも、敵は匿名のままである。と同時に、いつでも、どこにでもいる。それは妄想の産物ではない。革命と戦争とは違っている。軍事上の敵に勝つだけでなく、みずからが生きている社会を変革することを意志する人間にとっては、主戦場の戦線は、味方と敵とを截然と二分して見せる一線では

ないのだ。(5)

私の観念する「敵世界」のこうした内部事情が、反乱世界形成の途上におけるこの私の匿名性ということに、まさに対応した事柄であることはすでに明らかであろう。私自身が、自分とは「どういう人々であろうか」とたずねているように、敵が誰であるかは敵自身にとってもなおわからないのだ。だから、敵対者が当面軍隊といった画然たるゲバルト集団として登場する場合でも、それは事態の一角にすぎない。敵もまた、反乱世界に敵対されて、内部は権力秩序の混乱と再編の気運に満ちている。この気運こそが、敵世界の諸集団をも自覚的に構成させていくものとなる。逆説的にも、敵の諸集団も、反乱によって（反乱の集団を媒介にして）、自らをこの世の権力構造として、再発見するのだ。

だから、敵の姿が構造的に統一されて見えないことは、この段階では反乱の知的盲目のせいなのではけっしてなく、敵自体が、反乱に挑発されて事実敵となるという過程を反映することなのだ。反乱とその敵の世界が、それぞれに闘争を通じて、激しく揺らぎつつ自己自身に成っていく過程こそ、まさしく反乱が革命へと加速されていく事態の内的メルクマールなのである。すなわち、フランス革命の七月十四日、事態を「これは反乱だ」と見るルイ十六世にたいして、一重臣が進言したように、「いや、これは革命でございます」ということなのである。また、トロツキーの演説がいうように、「生起したことは反乱であって、陰謀ではない」ことのメルクマールが、ここにある。*

＊こうしたことは、ヘーゲルではないが敵対関係の相互性からして当然といえば当然である。私は本書の記述を、従来の支配権力にたいする反乱からはじめたし、今後も主として革命に題材を選んでいくだろう。しかし、本章以降の政治

的経験史の全記述は、けっして反乱や革命の経験にのみ限定されはしない。いくつかの実際上の留保をつければ、反乱の敵側における「この私」の政治的経験史としても、本書はまったく同様にたどっていくことができる。政治的経験史を「読む」立場——たとえば「読者」や「党」——にとっては、これから私の政治的経験のそのつど、私の敵側の事情をも念頭に浮べてみることは有益であろう。それに、本書全体は、革命を「軍隊の戦争」と考える、ぬぎがたい傾向を崩す努力となっていくであろう。

三　私の敵を否定的な媒介として私は再び私たちの集団を発見する

反乱集団のまえに出現する敵の集団は、それ自体を客観的に観察するならば、以上にみたような流動的な性格のものでしかない。けれどもいずれの場合にも、いま反乱世界の私によって再発見された敵は、私の絶対的否定者として観念されることに変りはない。目前の敵の姿をとって、絶対化された敵が出現し、同時に目前の卑近な敵は、反乱世界の共同観念のフィルターを通して絶対の色彩を帯びている。現実の敵もまた、反乱世界の内面的統一の絶対性によって、その否定として絶対化される。そして、このように再発見された敵が、いまや逆に、私たちの以前の共同世界にある根本的な変容をもたらすのだ。

ふたたび、反乱世界に属するこの一人の私に注目しよう。かつて私は、反乱の行動へと決起するなかで、かたわらに同行者としての他者を発見した。そして彼との相互性の弁証法は、ついには私たちの集団＝反乱世界を形成せしめたのだった。かくてこの一人の私は、いまでは反乱世界の一員——共同的個人——として存在しているのである。しかしこのような私が、こんどは私の面前に、私の敵対者としての他者を発見し、これに直面しているのである。敵はたとえば私たちの行動を弾圧しようとして出動してくる。

暁のふところの中に機動隊が居た！(6)

だから私が、バリケード世界の外の朝もやの中に出動してくる敵を発見することは、まさに私が、この敵対者＝他者の行動において否定されるのを発見することなのだ。この発見はただちに逆に私自身に返ってくる。すなわち、かつて私に同行する他者を通じて、他者と同等なものとしての私を発見したのと同じように、だがこんどは、私の敵対者における私の行動の否定を通じて、私は敵対者ならざるものとしての私を発見する。これはまさに否定の否定としての私の再発見である。以前ならば、他者におけるこの私の否定は、私を共同行動の否定としての孤独に突き落したであろう。しかしいまは、私は任意の一人の行動者なのではなく、すでに反乱世界の共同的個人として形成されている。それゆえ、敵対者によって否定されるのは一人の私の行動ではなく、反乱世界の私たちの行動の社会的スタイル、すなわち私たちの集団そのものなのである。だからこそ、否定の否定を通じて再発見されたのはじつはこの私ではなく、私たちなのだ。

ここに、敵対者の存在が集団の再発見を媒介する独自の契機が明らかとなっている。私たちは、私たちの否定としての敵を再発見することによって、この否定を否定して、自分たちの集団を再発見するのである。私たちは味方という自己規定をうけとることになる。

くりかえすけれども、反乱世界自体の媒介構造は、アジテーターの行動を中軸とした、あくまで世界内の弁証法であって、この弁証法そのものには、敵対的矛盾を媒介とする構造はみられなかった。反乱世界での共同性が集団ではあっても、内部秩序をもった組織ではなかった事実の根本的要因がここにある。一言でいって、反乱世界の集団は、なお本質的に対自的な集団＝組織ではなかったのだ。前章の反乱世界の形成が前反省的なプロセスであり、したがって組織の形成を主題化しえなかったのはこの理由による。

それゆえ、反乱世界による外敵の再発見は、私の共同性の対自化＝組織化をもたらすものとしてこそ、まったく新しい出来事である。いいかえれば、この出来事の真の意味は、実は、敵の発見やそれとの闘争という点にあるのではなく、私たちの視線をいまやまともに私たち自身に向けさせる点にあるのだ。敵対者ならざる者としての私（たち）の対自化が、集団それ自体の自覚的反省をもたらす。

このように、対敵存在として自己反省された反乱の集団を、私は政治的組織とも呼ぶことにしよう。そしていまから、対敵存在（味方）としての集団＝組織の長い政治的経験の道行が開始されるのである。反乱への大衆的決起の一定段階で、アジテーターたちが次のように、自分たち自身への反省を促すということが起るのであり、これは私の政治的遍歴史において、今後も事あるたびに聞かれる言葉となろう。

いまやわれわれの闘いは、大きな岐路に、おおいなる試練の場に立とうとしている。もてる全理知と全情熱と全神経とを闘いのこの瞬間に集中せよ！
デモに参加すること自体に意義を見いだし、集会で発言することに喜びをひとしおにしてきた闘いの季節は、いままさに終ろうとしている。いままでの数倍も、いや数十倍も苦しく、しかし、それ故に無限の躍動と可能性をはらんだ季節が訪れようとしているのだ。（7）

第二節　政治的經驗

一　私は敵対関係を集団に内面化し私の政治的経験史を始動させる

これまでにも私は、ときおり「政治」とか「政治的」とかいう言葉を使ってきたが、それはたんに便宜上のことにすぎなかった。アジテーターと大衆の分立や反乱世界それ自体は、私の考えでは固有の意味での「政治的なもの」には属さない。むしろそれらは反政治的なものとして、私たちが政治的なものを意識的に限定していく際の、土台をなすものと私は考えてきた。そこで、しかしいまや、闘争を介した現実的な敵の再発見、その帰結としての反乱の組織化というこの段階で、政治的なものの最初の定義（限定）を確保することが必要となっている。

以前、別のところで、私は政治的経験について次のように書いた。「権力にたいする各人の体験が、ただちに〈政治〉の経験だといわれるわけではない。それは、この経験が個別的な生の体験の次元にとどまっているからなのではなく、経験がなお一般的意志（スローガン）と抽象的な名辞（階級）へと構成されていないからだ」*と。しかしこの定義については、個的経験が共同のスローガンと組織の経験へと構成される決定的契機として、現実の敵に直面してである、という事実が強調されねばならない。

＊私の『結社と技術』、前掲

第一章で述べたように、反乱での私の行動が、一定の行動スタイル・言葉を共有した集団となる過程そのものは、あくまで私たちの共同行動自身の所産であった。だがそれゆえにこそ、私の行動の意味を集団の共同性が超越し、私の行動が集団へ外化（他有化）する契機は、なんら決定的なものとはならないのであった。いわば私の集団は、一つの反乱の期間を超えて生き延びることはなかったのである。だが、反乱という反歴史的世界のただなかに、「持続し・拡大する」という、新たな歴史的時空を創出せねばならぬ集団＝組織においてはじめて、組織が個的経験の意味を超越する契機は決定的となる。

そこで、あらためて政治的経験の意味を次のように規定することから出発しよう。大衆反乱における私の経験が、反乱の敵対者から自らを区別し、味方としての共同の自己確認のもとに集団として構成・統合されていく過程を、私の政治的経験という。そしてこのように、敵前で自らの共同性を反省する集団を、ここで政治的組織とみなすことにしよう。いま私の記述は、その定義すらすべて論争の種となる、政治的用語のジャングルに足をつっこみかけている。しかし、足手まといをはらい、このジャングルに道をつけることは、たとえ可能だとしても、いつも有益だとはかぎらない。私は自分の道のつけ方が特殊なものであり、アリストテレス以来（？）の「政治学」の蓄積からみれば、恣意的なやり口とすらうつるかも知れないと思う。すでに政治的な経験の最初の定義の段階でこの点が問題とされうるだろう。

けれども、既成の政治世界のありふれた現象と比較して、このプリミティブな私の政治的経験の規定を、あげつらうことはいまは必要でない。アジテーターの経験に現象する限りでの政治を、私はこれから記述していこうとしているのである。だからここでは、政治はなにか与えられたものでも受けとるものでもなく、私自らが創りだし、また自ら創りだした「成果」と「たわむれ」ていく経験の過程である。一言でいって、私たちの行為はある共同の相のもとで政治的なものとなっていくのだ。

日常的に再生産される政治的諸形態や政治現象ではなく、政治的なるものの概念をただ生成（形成）するものとしてのみ考える立場は、カール・シュミットなど、一九二〇年代の政治学者によってすでに表明されている。シュミットにとっては、社会的諸集団は、敵にたいして自己を味方として峻別する局面でのみ、政治的なものとなる。「マルクス主義的意味での『階級』さえも、それが、この決定的段階に到達するばあい、すなわちそれが階級『闘争』を真剣に行ない、相手階級を実際の敵として扱って、国家対国家であれ、一国家内部の内乱であれ、それと戦うばあいには、純粋に経済的なものであることをやめて政治的勢力となるのである。」＊

またシュミットのこの本と同じく、ヨーロッパ二〇年代末に出たカール・マンハイムの『イデオロギーとユートピア』も、型通りに運ばれる国家生活、すなわち「行政」との対立において政治をとらえている。さらにここで政治は、行政的に処理しうる「合理化された領域」にではなく、「まだ合理化されない活動範囲が現われ、規則に定められていない状況が決断をせまる場合にはじめて考えられる」行為の領域でとらえられている。＊＊

＊カール・シュミット『政治的なるものの概念』（田中浩・原田武雄訳、未来社）
＊＊マンハイム、前掲書

しかしそれにしても、敵前での私の集団的経験を、とくに「政治的」と名づける理由はどこにあるだろうか。さきの政治的経験の規定そのものは、これまで私の記述してきたアジテーターの経験史にとくに新しい内容をつけ加えるものでなく、アジテーターの敵前における経験をたんに政治的と名づけたにすぎないように思われよう。だが、反乱世界における大衆の行動形態のカオスを、いわば振り切って反乱の集団が頭角を現わし、そうすることによって敵をも味方をも再発見する経験の局面で、この経験の帰結はまさに、通常の意味での政治的内容をただちに展開していくであろう。

第一の帰結は、政治的経験の規定自体に含まれていることだが、敵前において、味方としての集団の結束を自覚的に強化することである。

たとえば一つのシーンを想像してみよう。反乱は私たちの一定の勝利――ある地域の占拠等――をもって夜を迎える。敵は彼方の闇に沈んで見えず、私たちの共同存在はいまここに沸騰状態を呈している。自発的に部署の分担がなされ、私はバリケードの一角に歩哨に立つ。昼間の戦闘における敵の姿は消え、ただ敵は前方の闇を通じて不安の形で私に迫ってくる。しかし不安は、ただ前方の敵の存在からくるだけではない。私がこうしてここに立つ間、味方はどこにいるか。共同の戦闘行動が止んだいま、他者たちを私の同等者として保証するものは何か。どこか見えない所で、銃をかまえているもう一人の歩哨が、私を裏切ることはないか。

だから、反乱は、集団が持続とともに拡散することを防止する手だてをもたねばならない。けれどもそれは、何か道具のごときを外から持ち込むことによってできるものではない。手だては私たちのこの集団そのものにしかない。こうして、反乱の夜の大衆集会が招集されることになる。実際、集団が軍隊のごとく制度化されてはいないこの段階で、集団そのものの対自的把握は、ただ各人が自己を味方として反省する過程を通じて以外にない。だから、夜は会議につぐ会議（「総括会議」！）、いいかえれば、言葉・言葉そしてまた言葉としてあるしかない。

こうして、大革命のときはもちろん、一八三〇年にも四八年にも、そして一八七〇年にも、反乱直後から、さながら雨後の筍のように、パリで「民衆クラブ」が誕生する。* 夜毎開催されるクラブの一つは、今夜たとえばこんなふうだった——

私はたまたま人民の友の集会に出ていました。劇場を思わせる狭い部屋に四、五百人以上の人がぎっしりつまっていました。国民公会議員の息子ブランキ氏がブルジョア階級を嘲罵する長い演説をしました。商店主たちは、〈商店の権化〉ルイ＝フィリップを国王に選んだが、それは自分の利益のためであって人民のためではない。人民は、〈こんな下劣な簒奪者の共犯者ではないのだ〉と、力強い、清廉な、怒りに充ちた演説でした。若い人も年寄りも、〈人民の友〉の部屋では、みんなまじめで堂々としていました。自分の力に自信のある人はいつでもそういう態度をとるものです。ただ、目だけはキラキラ光っていました。演説者がなにか言うと、聴衆は何度も、〈そうだ、そうだ〉と叫ぶのでした。(8)

そして今夜、長い演説をした「ブランキ氏」は、結論として、次のようにしめくくったかもしれない。

敵と直面した今、党派もなければ意見の相異もない。国民を裏切った権力への支持はありえない。一切の対立、一切の軋轢は、国民共通の救済の前に消え失せるべきである。

敵はただ一つ、プロシャ人とその共犯者、すなわちプロシャ人の銃剣によりパリに秩序を強制せんとした失墜せる王朝の護持者、それしかない。われらの直面するこの至高なる時に、いかなるものであれ個人的感情を抱くことは許されぬ。(9)

*たとえば一八四八年の二月革命後の一カ月間に、二百五十ものクラブがパリで開かれ、この数がたちまち五百近くまで達した。ジェフロワ『幽閉者』(野沢協・加藤節子訳、現代思潮社)参照

パリの民衆クラブでおこなわれたこの一アジテーターの発言には、敵を否定的鏡として味方の結束を求める意向がはっきりとでている。これは、プリミティブな政治的アジテーションの典型だといってよい。まず、目前の敵のさまざまな敵対行動が、「敵はただ一つ――プロシャ人とその共犯者」というように唯一的に指定され絶対視される。そして次に、このような「敵と直面した今」や、私たちは自己を味方として決定的に均一化しなければならないといわれる。

反乱世界の内部は、私たちの履歴のみならず行動様式も個々に雑多なものだったが、いまや混乱は「一切の対立・一切の軋轢」とともに「消え失せるべきである」。しかもそれだけではない。反乱世界に生きることにかまけていた各人は、もはや、「いかなるものであれ個人的感情を抱くことは許されない」。

このように、敵対的闘争の経験は、端的に私の「共同的自己確認」として私たちに内面化される。この内面的な経験こそが、反乱世界をふたたび一つの集団(組織)へと強く収斂させるのであり、私の政治的経験がこのようにして動きはじめるのだ。

二　絶対的な敵に直面したいま私たちは集団へと絶対的に結束する

味方としての私の「共同的自己確認」は、古来集団の盟約として敵前でとりおこなわれてきたことにほかならない――「球戯場の誓い」。のちに具体的にみるように、盟約は通常目前の敵にたいする共同行動の約定だが、個々人を味方として互いに確認する経験が、その基礎になっていることはいうまでもない。だから、最初の著しい政治的経験のレベルでは、盟約はたんなる行動の約定をはるかに超えて、しばしば私の全人格にまでおよぶことになる。

共和制の名において、私はすべての王、すべての貴族、すべての人類の抑圧者に対する限りなき憎悪を誓う。私は人民に対する絶対の忠誠を、貴族たちを除くすべての人々に対する友愛を誓い、裏切者を懲罰することを誓う。私はわが生命を捧げることを、わが犠牲が人民の主権と平等による支配を到来させるために必要とあらば、処刑台にのぼることをも誓約する。
もし私がこの誓いを破るならば、裏切者には死をもって罰せられ、この短刀で突き刺されんことを。もし私が、誰であれ、たとい近親者にもせよ、結社の一員でない者にいささかでも漏らしたとしたら、私は裏切者として扱われることに同意する。(10)

明らかにこの誓約には、反乱集団が敵との敵対的闘争を絶対化するという事情が働いている。たんに闘いが「必要とする」盟約ならば、「必要な対策」としてたてることもできる。その場合は、日常の政治世界でしばしば観察されるように、私は私の敵に「限りなき憎悪」をまで抱く必要はない——戦争ですら、私は敵を殺すが敵を個人的に憎むとはかぎらない。けれども、ここ政治的経験では、敵は「人民にたいする絶対の忠誠を誓う」私の敵である。だからこそ、私の集団にたいする反省は、たんに行動や組織制度を整えることとしてではなく、はるかに、絶対的に、私を私の集団へと収斂させるのだ。さきに、秘密結社の制度への偏執は心的にしか理解しえないといわれたことを、ここに想起しよう。いま引いた盟約の例は、まさに一つの秘密結社でとりおこなわれたものであった。

反乱世界の共同規範性も、いまや政治的規範、すなわち規律として、以前とは性格を変えていく。私は以前のように心的に強くこの世界のものであるにとどまらず、一つの集団意志のもとに交わされた盟約は、行動の統一から私たちの行動様式全般の規制をもたらすようになる。反乱世界の規範がなによりも共同の観念の規範であり、民衆各人の行動形態は画一的なものの反対であったのに比べて、組織の盟約は形式的にも集団の内的秩序を確立していこうとする。集団が敵対的闘争を通じて、いわば名実ともに、味方としての結集を強化していく志向性が生れるのである。

おそらく、政治的組織が秘密結社でしかありえなかった時代だけでなく、現代といえども、この集団的結束への志向は限度を知らないであろう。政治的経験の著しさがまさにここにある。

かつてカール・シュミットが、組織体相互の敵味方の峻別という事実に、「政治的なもの」のメルクマールをおいたとき、彼の主要な帰結の一つは、敵に直面した組織の、政治的単位体としての決定的統一ということにあった。そしてこの『政治的なるものの概念』（一九二七年）においては、決定的統一体としての政治的単位は、なによりも国家であった。しかしその後、政治的なものの力点は、国家から革命の党派へと移されていく。「革命戦争において、革命的党派への帰属は、たんなる個別集団への所属ではなく人格そのものが、固有の、実際唯一の全体主義的な組織であるという意識はまだ生じてこなかった」と。*
できない。いわゆる全体国家についての膨大な議論において、今日、国家そのものではなく、革命的党派
革命的闘争を行なう党派がその活動的な闘争者を把握しているほどトータルに、全人格を把握することは
のトータルな把握を意味している。それとは別の集団や団体、とくに今日の国家は、その成員や所属員を、

*カール・シュミット「パルチザンの理論」（新田邦夫訳、平凡社『政治的人間』に収録）

さて、以上のような私の集団内的経験は、ただちにふたたび敵との敵対関係の現場に帰ってくる。——前にもまして敵対的関係は絶対化されるのだ。思いだすまでもなくアジテーターを媒介にした反乱集団の形成では、アジテーターとは集団各人の規格であった。だから、私の集団が形成されたこと自体はいわば偶然のことであった。いいかえれば、敵集団をも含めて一般に他の集団にたいして、反省的に自らの集団を定立するということは、そこでは起りようもなかったのである。

だがいまや、「敵にたいする集団」という新たな媒介関係は、いうまでもなく、アジテーターと集団成員の媒介関係のごとく交換可能の関係ではありえない。関係は現実の闘争として敵味方の明確な二元的対立であり、この対立は、このままでは、相手の現実的抹殺(死)によってしか解決不可能である。アジテーターと大衆の死闘といったとき、この言葉（死闘）には、敵味方の死を賭した戦いという意味は当然のことながら何もない。しかし、反乱集団とその敵との死闘というときは、そこにもはや比喩的なものは何もない。「奴は敵だ、奴を殺せ」——シュミットのいうように、ここに政治的なもののもっとも恐るべき帰結がある。

三　私たちの団結が集団を分裂させ反乱世界は諸集団へと分化する

敵前で味方の結束を強化するという私の政治的経験は、しかしその冒頭でただちに、一見まったく逆方向の事件に遭遇する。

いままで私は、反乱世界に外部から侵攻してくる敵にたいして、反乱世界の共同性を、私の集団＝組織として再内面化しようとしてきた。これは、敵を否定的鏡として、まともに私たちの共同性を直視することだったが、その結果、敵は私たちの内部にも存在することが発見される。私は味方に、敵と直面した今「一切の対立、一切の軋轢は消えうせよ」と呼びかけたのだが、まさにこのことによって、なお個人的感情を抱き分派活動をやめない者たちを味方内部に発見するということが起る。こうして私の政治的経験は、その第二の帰結として、反乱世界内部の敵を発見し、これを排除するという直接的表現をとるようになる。

とりわけ、敵が絶対化されているこの段階では、敵味方の峻別という二元的対立の激しさは、そのまま味方の集団内部にむけられる。このことは、危機的状況における城内平和の必要性から、国家が国民の一部にくだす「内敵宣言」として、史上しばしば激越なものとなったのであった。

フランス人民がその意志を表明した以上、それに反対の者はすべて主権外の存在であり、主権外にあるものはすべて敵である。人民とその敵との間には、もはや、剣以外になんの共通点もない。(11)

けれども、反乱世界内部にむけられた私の「内敵排除」の努力は、結果として、以前にもまして強化された敵味方の関係――「剣以外になんの共通点もない」「人民とその敵」の二元的対立関係を再度構築することに成功するだろうか。たしかにこの私にとってはそのとおりであろう。だが、「人民内部の敵」として排除されたもう一人の私にとってはどうか。私がただちに外敵の側に寝返り、フランス人民の「主権外の存在」になるなどとはとうていいえないはずだ。

この私にとっては、逆に私を排除した者たちこそ「人民内部の敵」にほかならない。こうして結局、敵から味方を絶対的に峻別しようとする私の努力が、「敵」と「味方」の一義的な意味づけ自体を崩してしまう。「人民」としての私たち自身が、自ら内部分裂をつくりだす！　それは、私にとっての私の集団の分裂である。

ここに、反乱内部での諸集団の分化という現象が、はじめて経験される。そして、各集団はそれぞれ他の集団を「人民内部の敵」に指定して分化したのだから、人民の諸集団は反乱内部にたんに併存するのではなく、相互に対立するものとして存在をはじめるのである。だから、一集団の団結は、もはやたんに外敵を媒介とするのみならず、内敵としての他の集団をも否定的媒介としてはかられることになる。この経験が、私の集団内部におよぼす決定的な影響は、やがて次章以下で全面的に露呈していくであろう。

あるいはここでひとはいうかもしれない。反乱に決起した私たちの履歴がそもそも雑多だったのだから、たとえ集団の形成が可能だったとしても、その分裂もまた当然ではないか、と。古いマルクス主義の言葉でいえば、最初に大きな勝利をおさめた「人民」が、その後階級的に分化・対立するのは必然かもしれない。だがくりかえしいうように、このような「階級分裂」が、政治を形成する私にとってどのように経験されるかということだけが注目されているのである。だからこそ、反乱世界の諸集団への分裂は、敵味方の対立関係を、「剣以外になんの共通点もない」ものに純化しようとする私の努力が、かえって思いもかけずこの絶対的な二元論を崩してしまうパラドックスとして、私の政治的経験にとって本質的な事件なのだ。味方の結束の努力が失敗し、敵前で反乱世界が空中分解ないし雲散霧消してしまう結果も、むろんめずらしいことではない。だがこの結果として事実上諸集団が併存する場合に比べるとき、団結＝分裂のパラドックスは、まさにこれからの私の政治的経験が、自ら解決しなければならない本来的な「矛盾」なのである。

実際、私はいま、私の形成した反乱の集団が、新たな敵のまえで空中分解するかどうかの、いわば第二の岐路に立っている。この岐路を乗り切れるか否かは、私が私の集団の分裂という事件に耐えうるかどうかにかかっている。というより、のちに私の遍歴の最終段階で、宇宙を二分する二元的な対立の構図が、「二重権力」状況という形で現実に再構築されるにいたるまで、私の政治的経験は、味方の内部分裂という経験をついに逃れることはできないであろう。それゆえ、政治の経験史にかんする私の記述も、最後までこの内部分裂の諸段階を追っていかなければならないであろう。

くりかえすが、大衆の反乱は軍隊の計画通りの蜂起ではまったくないのだから、闘争を通じて反乱内部に人民のスペクトル分裂が起ることは必然である。しかし、このスペクトル分裂が、人民内部の階級や社会的履歴の差異として浮彫りにされ、私たち自らが自分の階級的性格を再発見していくかどうかは、まったくのところ集団内面の私の経験に依存している。つまり、分裂という自然過程自体が政治的に経験されねばならない。このときにだけ、集団の分裂は敵の弾圧のせいでも、指導者の偏狭や作為のせいでもなく、この私のせいになる。そしてまたこのときには、反乱の敵対的関係をつきつめようとする闘いの結果として私たちは分裂するのだから、分裂の度合は、かえって私たちの反乱の深度を測るメルクマールとさえなるのだ。反乱は、敵集団に与えた深傷を自分もまた傷つくことで贖わねばならない。

事実、たとえば初期の共産主義が、「革命的階級」としてプロレタリアートを発見したのも、革命における第三身分（人民）の分裂という事件の結果であった。

二月革命はうるわしい革命、一般的共感の革命であった。なぜなら、この革命で王権に対抗してかがやいた諸対立は、なお未発達のままに、なかむつまじくならんでまどろんでいたから。この革命の背景となっていた、人民内部の社会的闘争は、ただ架空的な存在、文句のうえの、ことばのうえの存在をかちえていただけだったから。六月革命はいとわしい革命、嫌悪すべき革命である。なぜなら、実体が文句にかわったから。(12)

フランス革命以降、「敵と直面した今、党派もなければ意見の相異もない」という、まさに「うるわしい」二元的な対立が、その時々の指導的イデオローグによってたえまなく仮構されながら、このイデオロギー的努力自体が、逆に「人民内部の分裂」の深刻さを証明しつづけてきた。「万国のプロレタリアート団結せよ」というマルクスの呼びかけ以降、「統一と団結！」の叫びが消えることがなかったのも、このことを逆に物語っている。

こうして、反乱世界の諸集団への分裂という現象は、「内敵排除」の真剣な努力のどんでん返しとして、私の政治的経験の第三の帰結であり、政治的経験の、まさに「いとわしい」宿命となっていくであろう。たしかに、これはいとわしい宿命である。だが、以上の政治的現象も、けっして敵の強制やこちら側の対応策ではなく、この敵対を内面化してこそ、政治的経験の名に値する経験となることにくりかえし注意しよう。

敵の存在はたんなる外からの強制としてではなく、私たち自身による共同性の反省という形で内面化されてはじめて、内敵排除も内部分裂もともに、私たちの統一への熱望の表現となる。私たちの自由が裏切りの自由を剥奪する。多くの盟約の核心にある「裏切り者には死を」という誓約は、このように外敵との絶対的闘争、その暴力を内面化したものとしてはじめて比喩以上のものとなる。政治的経験は一般に外的強制でも技術的作為でもなく、私において一つの必然なのだ。

ひとは、大衆の自発的「自然発生的」な形成物であるがゆえに政治的なものではない、あるいは逆に、政治的なものであるがゆえに自発的なものではない、という誤った考えを捨てねばならない。この考えは、政治的なものの政治的な把握の差異を表明しているにすぎない。実際、これまでの政治的経験の定義の範囲では、政治的なるものの概念に、自発的か強制的か、創意的かお仕着せかの区別は何も含まれていないのである。

さて、以上のように政治的経験冒頭におけるいくつかの事件が、つぎつぎとこの私を政治というものの渦中にまきこんできた。しかし、これら私の政治的経験のもともとの動機とは何であったか。思い出すまでもなく、敵との現実的な敵対に促されて、私は反乱世界にまで肥大化した私の集団を、再度、集団＝組織として集中しようとしたのである。だから当初の私の意識のなかでは、敵とわれわれとのきっぱりした二元的な対立が、ふたたび、しかし今度は政治的に、再建されるはずであった。だが、われわれを結束させるこの努力そのものが、反乱世界を再度一つの集団へ収斂させるのではなく、逆に、反乱集団の分裂を通じて、反乱世界を諸集団へと分化させてしまったのである。

こうして、いま私は、ほとんど唖然たる気持で、旧反乱世界の内部に、私たちとともに他の諸集団が存在するのを発見するのである。だとすれば、私の政治的経験にとって、集団の結束等は文字どおり序の口であって、私はいまからさらに、反乱内部の諸集団の相互関係を展開していかねばならないのだ。私の政治的努力によって、反乱世界はその内部に充塡した矛盾を、諸集団の分化・対立として外化し、かくして、私の政治的経験のさらなる展開を促すのである。

私の政治的経験のもともとのモチーフ、つまり、敵とわれわれとで世界を截然と二分するという構図は、ただこれからの私の長い政治的経験史を歩み切ることによってしか、再建されえないであろう（二重権力状況の再建）。

かくして、私たちの諸集団の動的な相互関係の局面に、これから私はまきこまれていくのであり、これは次章で集団の力学、あるいは革命の動力学《ダイナミズム》と呼ばれることになるであろう。

第三節　政治家としてのアジテーター

一　私は政治的経験の主宰者となり集団内部をはじめて差異づける

ところで、前節までに開示された政治的経験の諸帰結には、なお決定的な一つの帰結が欠けている。それは経験の主体としてのアジテーターの変容である。

さきに私は、集団が敵前で自分自身を反省する仕方は、反乱の夜の会議につぐ会議、いいかえれば言葉・言葉そしてまた言葉としてあるしかない、と書いた。このような大衆集会で、味方としての自己確認を聴衆に迫る私＝アジテーターの位置は、この集会の主宰者として、すでに聴衆＝大衆の位置から分立して成立している。集団内部で、私は大衆との交換可能な関係性を断たれ、スローガンや特権的規格の身柄として、いまや大衆の面前に立っているのだ。ここに、集団が外敵との敵対を内面化することによって、集団内部に最初の差異づけをもたらした事実はまぎれもない。アジテーターと大衆の関係そのものに孕まれていた両者の分立の契機は、ここにはっきりと現実化するのである。

もちろん、アジテーターの位置は、まだ集団の職能としてこの私だけに固定してはいないにちがいない。だが、政治的な経験が、もはや以前のように前反省的なプロセスではありえない以上、この経験は誰かが意識しておこなうものでしかありえない。敵前での集団の組織化は、端的に敵を名指しこれと闘うものとして集団に名前をつけること（「労働組合」→「安保粉砕国民会議」）だが、このように敵味方の匿名性が破れるとともに、アジテーターの本来的匿名性もまた破られねばならない。敵前での集団の盟約、規律の強化、「団結、分裂、そしてさらに団結……」等々の作業は、集団のうちの誰か――それはなお誰であってもよい――の意識的な作業である以外にはない。実際、私たちの政治的経験は、こうした作業を通して政治的なものとなるのだ。

そしてまさにこの過程に対応して、私たちは政治的個人となるのである。アジテーターはいまや、プリミティブなレベルで、政治家としてのアジテーターとなる。*

*もちろん、この段階では、アジテーターがなんら組織の位階秩序に占める職能ではないことに対応して、政治家もまた職能としての政治家ではない。政治家はたんに政治的経験の主体の名前であって、実際にも大衆的盟約組織の主宰者たちに限定されている。私はのちになって、これとは大きく異なる政治家の相貌を示すことになるであろう。

それゆえひるがえっていえば、前節のような政治的諸現象は、私の政治的経験としてまさにこの政治家=アジテーターにおいて経験される事柄にほかならない。あるいは最初の政治的経験の内容は、実際にはこの経験の主宰者アジテーターを通じて、各人において現実化されるのだといってもいい。だからまた政治家としてのアジテーターの変容は、前節でのべた三つの帰結がすべてここにおいて総括される、政治的経験の第四の帰結である。

さて以上のようにして、ひとは政治的経験において政治家となる。しかしひとは自ら政治家になるのではない、政治家に仕立てあげられるのだ。なるほど、「商人にはむかない」というのと同じような意味で、「政治をやる人ではない」ということがよくとりざたされる。たしかに、疑いもなく世にいう政治家むきの資質というものはある。政治が合理化された技術的行為領域の対極に位置するのであれば、政治家その人の技能が組織を決め政治を決めるということが起る。それは、ひとが政治に足をつっこむ以前、家族関係などのいわば潜在的政治舞台で身につける喧嘩のうまさとか、人間関係に関するカンとかを指している。

しかしこうしたことは要するに、ひとが実際に政治の舞台に登るにつれて、たんに自覚されてくる自分の性格というにすぎない。政治むきの資質が、ただちにひとを政治家にするのではない。むしろ、彼の個人的資質を挑発する外部からの特異な要因を、政治世界はもっている。ひとは生れてから社会的共同的個人につくりあげられていくように、アジテーターもまた、自らがつくり自らを超えでる政治的なものによって、政治家に仕立てられていく。

この政治家への階梯の最初にあって、彼はなおアジテーターとしての政治家である。反乱の夜、彼は大衆的集会で演説する。彼も含めて、大衆の基本的共同性はすでに確かめられている。彼にとって聴衆は、市場を流れる群集でも、彼が特殊な利害関係をもつお客様たちでもない。各人は各人によって形成された共同体の一員として形象されている。だから、自分とは別の者としての他人性にたいする不安からは、アジテーターはまぬがれている。それゆえにこそ、彼は敵を否定的な鏡として、この集団の現実的結束の強化を大衆に呼びかけることができる。

しかし、にもかかわらず、彼はすでに大衆ならざるものとして、アジテーターである。両者の関係は逆転不能のものとなり、ここにアジテーターの他者性への不安は、新たな性格を帯びて再生する。不安は他者たちが他人だからなのではなく、逆に両者の関係においては、他者たちは味方として以前にもまして知られているのであり、まさにこの味方として一様に（共同的に）規定された他者たちから、不安はやってくる。つまり、他者たちは政治的に一つに規定されており、敵前でこの規定性が強化されればされるほど、他者たちとの間には、味方という政治的規定性が壁のごとくにはりめぐらされ、この政治の壁にへだてられるごとく、個々の他者たちの生活や実存は、アジテーターには見えないものとなる。かつての反乱の熱い集団でのように、私たちが集団内の他者のうちに、各人の個的実存の自在な噴出を見る構造はうすれていくのだ。

ここで、すでに引用された一アジテーターの述懐を、ふたたび想起してみよう。沸騰する大衆の面前に立つこのアジテーターは、その演説の頂点で、彼の発する言葉と自分自身の身柄との関連を、次のように述べていた。

　このとき、演説者自身が、誰かがすぐ傍に立って演説しているのを聞くような、また、自分の想念を充分追って行くことができないような感じにかられるのだ。彼の唯一つ感じる不安は、その影の自分が、夢遊病者のように、彼の理窟っぽい声の響きで壇上から転げ落ちはしないかということだった。(13)

かつてはまさに、この「影の自分」が発する「影の中から現われて来る」言葉こそ、演説者にも大衆にも属さず、しかも万人に遍在する私たちの集団であった。けれどもいまや、このアジテーターからみるならば、「影の自分」の「影の言葉」が、自分の身柄と大衆とをへだてているのが感得される。壇上で「理窟っぽい声の響き」をたてているこの自分とは、なんであろう。たしかに、私は「人間の身体で造られた熱い洞穴の底」で演説しているのであり、私が身振りをするたびに私の肉体は他者たちの身体に触れる。けれども、アジテーターたる私は、かたわらに立つ「影の自分」を通じてしか、もはや大衆に触れることはできない。私の身柄はすでに一人とり残されて、ただこの「影の自分」が挫折しないことを「唯一の不安」として、身振りし肉声を発している以外にない。大衆ならざるものとして、大衆の面前にたつアジテーター自身は、いままさに孤独である。「アジテーターの孤独」。

味方「われわれ」を主語とするアジテーターの発言は、だから、他者の個的かつ非政治的存在を、最初から無視してかかる強さが必要とされる。たとえ、ふと言葉をとぎらせた瞬間に、彼の視線がゆくりなくも一つのうさんくさいまなざしを大衆の一人に認めたとしても、アジテーターはそこで演説を放棄してはならない。そうでなければ、彼はたちまち「壇上から転げ落ち」てしまうであろう。けれども、このまなざしの存在は漠とした不安として、壇を下りても彼の脳裡から去ることはなく、これが聴衆の面前とはうって変った、孤独と疲労の表情を彼に与えることになる。あの一個のまなざしは、政治家としての彼の存在を、一挙に崩すことができたかも知れない。

その後、こうした不安をそれこそ棒のように呑み込むことに馴れたとき、彼は世にいう政治家に特有の振舞いを身につけることになる。彼はもはや不安な相手を相手にしないようになる。おきまりの言葉におきまりの拍手を送る者たち(「鳴りやまぬ長い拍手」)の外へ、不安にみちて大衆の面前に登場することをやめる。なぜなら大衆は、自分のつくりだした反乱の共同性のもとには呪縛されても、政治のはりめぐらす共同性の壁を行き来する自由はもつものだからだ。本来、政治にたいする無責任の自由は大衆に属することであり、壁の向うに行った大衆にたいする指導者の非難は、政治家失格を表明するものでしかない。このような大衆の「自由」のゆえに、アジテーターにとって大衆は本来的に不安な存在なのだ。

だからまた逆に、大衆への不安は、政治家をして自分の言葉の外に存在する者たちを、強権をもって抹殺せしめることにもなるのである。この点で、仲間のうちに閉じこもった政治も、全体主義的恐怖政治も同根のものである。いずれも、他者たちとの共存を定義とする政治が、他者たちの存在を恐怖する政治にまで頽落した姿である。かって埴谷雄高が、「孤独——それは政治のタブーである」といったが、このタブーが政治的権力者をかえって孤独にするという事実は、政治の独特なアイロニーとなっていくであろう。

第四節　政治的経験の諸契機

一　個々の敵相手では私の古い政治経験がなお私の集団を統制する

『鴨の騒立《さわぎたち》』は三河の国加茂の百姓一揆の記録だが、幕末一揆の記録文書として抜群のものであろう。たんに加茂一揆の歴史資料としての価値をもつだけではない。杉浦明平氏が「滅びた文学的可能性」という表題のもとにとりあげた百姓一揆の記録文書のうちで、わずかに出色のものの一つとしたのが、この『鴨の騒立』であった。* 文章の精彩ということでもこれは抜きんでているのである。

『鴨の騒立』のおもしろさの一半は、明らかにこの天保七年（一八三六年）の加茂一揆自体のおもしろさに由来している。この一揆での百姓たちの行動は、たんに民衆反乱の原初形態を示しているだけでなく、この反乱内部での大衆集団の発展の諸契機をも、初歩的な形で提示しているのである。私は政治の経験史のこの段階で、一揆内部の集団行動の展開を追い、これまでの記述を総括するとともに、集団の歴史の次の段階へ橋わたしをすることにしよう。＊＊

＊杉浦明平『維新前夜の文学』（岩波書店）

＊＊『鴨の騒立』のテキストは『民衆運動の思想』（岩波日本思想体系58）に収録のもの（高橋一、塚本学校註）を使う。また、布川清司氏の詳細な文献批判（『農民騒擾の思想史的研究』未来社）をも参照した。

三河国加茂の百姓一揆は、天保七年九月二十一夜松平村に発し、周辺の村々をつぎつぎに練り歩き、同二十五日鎮圧されるまで、参加者二百四十カ村一万人を超える大きな一揆であった。参加者は最初は七十人ばかりだったが、村から村へと移っていくあいだに人数が拡大したものであり、行動様式も、商人・村役人宅を打ちこわしつつ地方の中心地へと「進撃」していくものであった。

たとえば二十一日夜の最初の打ちこわしはこんな風におこなわれた。——

其夜八つ時より、竹筒を吹ながら、松平数馬様御知行処滝脇村庄屋へ八九人走り来り、「申次ぎの廻状順達致せしや」と問いかける。其を聞《きく》より、庄屋ブルブルとフルイ出し、「地頭役人、羽明《はあす》村河合庄兵衛へ伺の上、御挨拶仕る」と云ながらかけ出ける。跡に、一同時の声を発しければ、間もなく大勢欠付《かけつけ》、庄屋の家を微塵に打砕き、直様《すぐさま》組頭弐軒を打砕く。此物音に近村驚き、我も我もと欠付、已《すで》に弐百余人となりける。

このような行動パターンが次の村へ進むたびにくりかえされ、翌二十二日の夜中に一息つくまでには、参加者は二千五百人にふくれあがっていた。ここまでがこの百姓一揆の第一段階である。このような加茂一揆の行動パターンは、近世末期の他の大規模な百姓一揆とくらべて、ことさら特異な点は何もない。

「螺《ほらがい》の代りに竹筒を吹き」鬨の声をあげながらよく見知った村々を移動し、これまた日常的によく知っている商人宅などを打ちこわしていく百姓たち——いずれも笠をかぶり、鎌や山刀などを携えている——の集団を、私たちは容易に想像することができる。

それではこの集団は、どのような内部構造をもっていたのか。第一には、この集団内部の中核的な集団の存在があげられる。最初行動を思いたったのは大工の仙橘・繁美の兄弟だが、この者たちは「人柄も鄙《いや》しく知恵も薄ければ」ということで、頭取は別の村の松平辰蔵と柳助の二人に依頼した。辰蔵は、「初め大工を業とせしが、後は小相撲を取り博奕を好み、俗云《ぞくにいう》道楽者なり。然れども邪智ありて、小ざかしく口きく男子《おのこ》なり」と書かれている。実際、以前にも仙橘たちの村に騒動があったときも辰蔵が間に入って口をきき、鎮めたことがあったのであり、そうした「実績」は当時この地域で知られていたのである。こうして、一揆の前日には村々を代表する二、三十人の重立った者の会議がもたれる。ここに中核集団が盟約されるとともに、行動の戦術もまた決定されることになった。村々へ申しおくった「口上の趣」は次のようにいう。

今般八月大風にて麦米高直《こうじき》、大豆小豆類、又稗《ひえ》なども一升五拾弐三文と云。他国は知らず、国中一統難《なん》渋《じゅう》に付、露命もつなぎ難し。依《よって》レ之、今日一千余人相談の為、石御堂に相集り罷在《まかりあり》候。拾五以上六十以下の男子、取急ぎ罷越《まかりこし》、帳面に名を記すべし。若《もし》不承知の村は、一千人の者共押寄、家々不レ残《のこらず》打崩し可レ申《もうすべし》。若遅参の村は、真先《まっさき》に庄屋を打砕き候趣。申次ぎにて云送りける。

八月（十三日）の暴風雨の影響で物価——とりわけ米——が高騰したことにたいする行動であることがこ

こにうたわれている。また動員指令が明記され、これは各村の庄屋を通じて村ぐるみの参加をはかったものである。一揆の当初、この動員令に従わなかったという理由で庄屋の打ちこわしがおこなわれることになる。

けれども行動の目標としては、なによりも米屋、酒屋（これは酒造用の米を買い占めて米価騰貴のもとになったとみなされていた）を中心とする、商家への諸物価値下げ要求である。発起人会議での頭取辰蔵の提案では、大衆的な騒ぎを圧力に、この要求の貫徹をはかろうとする戦術が、はっきりとだされている。

容易に整ひ難き筋に付、多人数集会いたし、村々のため騒動に及び、酒屋共恐怖いたし候に附込、酒造減の儀懸合に及び、右役場より制之家来出役これ有候節は、其場におゐて強く相願ひ候はば、夫々聞届これ有べし。*

＊布川清司、前掲書一八三ページ。なお史料はやや読みやすく表記を改めてある。（同書からの引用史料については以下同様）

せんじつめていえば、基本的に村落共同体を基盤とした中核集団が、地域内の商家などに「敵」を設定し、当時の封建体制が（原理的には）許容しうる範囲の「改良要求」を掲げて、この一揆は出発したということができる。二十二日までの段階では、地元領主たちもたんに自領内の警備につきはじめたにすぎず、積極的な鎮圧行動にはでていない。本来の「敵」はまだ文字どおりに「ちらりと視野の片隅に顔を覗かせるにすぎない。」

中核集団の以上のような性格は、一揆の第一段階では、農民たちの行動様式にもはっきりと刻印されている。つまり、かねて申し合わせていたように、頭取を代表にして、諸要求を「米屋酒屋へも参り頼み廻」るという形式は、はっきりしていた。「徒党強訴」による打ちこわしという非合法の行動様式を彼らはとっていたが、この第一段階では、それはあくまで相手が交渉に応じない場合の手段という形を保っていたようである。だから、頭取との交渉がまとまれば、打ちこわしをまぬかれることは、当の商家自身も知っていた。こうした交渉の場面を、『鴨の騒立』は、たとえば次のように描いている。

爰《ここ》に真垣内《まながいと》村酒屋栄助儀、大勢来るに驚き、一生の智恵を奮《ふる》ふは比時なりと工夫出し、辰蔵元来欲ふかき者なれば、此に賄《まひなひ》して取持《とりもち》をねがふこそ上ふんべつなると心得へ、酒代金弐両紙に包み、内々袖から入れて握らせ置き、夫《それ》より口上《こうじょう》に述《のぶ》るには、酒直段思《ねだんおぼしめし》召通り下直《げじ》き仕《つかまつる》べく候間、此上の御情に家を崩《くず》す事は御有免《ごゆうめん》に預りたしとねがひければ、辰蔵うなづき、頭取仲間え申合《もうしあわせ》、一同勘弁《かんべん》の体《てい》にて鎮《しずま》り、次に宮口坂越《こえ》る頃は、弐千三百人とかや。

第一段階の一揆集団の内部は、概略すれば以上のような構造であった。一言でいって、一揆を準備した中核集団がなお中核たりえている。封建制のタガがゆるんだ近世末期の村落で、いわば辰蔵などの身柄に蓄積された政治経験が、集団を統制するのに成功しているといってよい。

だがこうしたなかでも、新しい政治的経験をうみだす契機は明らかにうかがうことができる。たとえばいま例示した代表交渉方式である。いうまでもなくこれは、大衆的な暴力を背景にすればこそその威力を発揮した。しかしこの暴力は、村落的規制によってであれなんであれ、組織され、統制された暴力かというと、そうはいいきれない要因がすでに解放されかかっている。つまり、暴力の担い手たるいわばこの私の社会的規定性——何々村の五反百姓——が一部で崩れはじめているのである。

実際、のちに具体的にふれるように、一揆が打ちこわしという行動形態をもって村々を移動していくとき、中核集団の代表する村には属さない「他村の」百姓や、あるいはすでに村落共同体の規制から離れた「あぶれもの」（脱階級的大衆）たちが、大量に集団に加わってくる。これは当然避けることができない。

だがこの加茂一揆のおもしろさは、こうした異色分子たちの暴力行為にたいしても、中核集団の方針に従った統制（「形づけ」）を強制しようと努力している点にある。二十二日夜に入ると、辰蔵など取頭衆との交渉がまとまりながら、後続する百姓たちがこのとり決めに従わずに、この商家のかけこみ訴えこんどは大衆交渉をやりなおし、当の商家をあらためて打ちこわすという出来事が発生するようになる。しかし、この商家のかけこみ訴えを受けて、辰蔵らははっきりした統制行動にでる。頭取柳助は、茅原村での模様をのちに次のようにいっている。

甚兵衛宅より急ぎ申参り候は、只今同人宅打毀候間、私へ御頼早々罷越し取鎮め呉候様御願に付、甚兵衛様御持成候てうちん備用し走り付候処、三拾人余り押込み、乱妨におよび候間、見当り候棒を以振廻し、一両人は相伏申候に私申聞候は、先程も右の家へは無障持願入候間、聞入れながら相毀候儀難済と大声にて申候や三四拾人のもの追々逃行申候処へ、茅原村の者と辰蔵等参り、先程引合にて砕き不申様承知いたし後へ廻り、相毀候ては大勢へも不相済と、七人のもの縄にてしばり申候。*

*布川清司、前掲書一九ページ

柳助も辰蔵も、交渉とり決めに従うべきことを申し渡し、統制違反分子を棒で打ったり縄でしばったりして処罰している。とくに、統制違反を犯した者たちは、この一揆にあとから加わった「他村の者」だったのであり、これにたいして辰蔵らは、打ちこわしにあった商家甚兵衛と同村（茅原村）の者を従えてこの統制行動にでていることが注目される。

しかし同時に、辰蔵ら指導者の意識では、暴力的統制処分の強制は、彼らの個人的利害や特定の村の利益との結びつきからきたのではなかったこともはっきりしている。あくまでもこれは、大衆的暴力のうちでの本来の政治的行為であった。まさに「今ヤ出役既ニ在リ、願書正ニ容レラレントス。若シ尚ホ乱暴狼籍ヲ敢テスルモノアラバ或ハ交渉モ画餅ニ帰スベシ、何ゾ思ハザルノ甚ダシキヤ。」*

*布川清司、前掲書一九ページ

盗みの禁止など、百姓一揆でみられる民衆行動の規律についてはよく知られているけれども、このような倫理的比重の大きい規律とくらべて、指導的グループの集団意志を貫徹させようとする内部規律の強制は、まったく政治的性格のものであった。しかしそれだけではない。無定型な大衆的暴力を与件とすればこそ、辰蔵らの内部統制の政治性はめだってくるのであり、また逆に、この政治が「画餅に帰す」可能性も増大する。これこそ、政治とか指導とかいうものの本来的不安定性ではないか（本書、第五章参照）。だとすれば、事態を辰蔵のように暴力的統制で乗り切ることがますます困難となり、政治や指導をもう一度大衆の政治的経験のレベルから——一段階高いレベルで——再編成せずには、集団そのものが四散してしまうであろう。

実際、一般に近世末期ともなれば、伝統的支配は末端でゆるんでくるのであり、指導集団の統制力が所期の「改良的」目的を成功させる事例もけっしてすくなくはなかった。しかし他面、近世末期の支配状況が、逆に、中核集団の政治的統制力を挫折させる要因ともなる。一揆を企て指導するこの中核集団からして、すでに庄屋・村役人を中心とする、伝統的な村落のリーダーからなるとはいえない。加茂一揆の場合にも――頭取辰蔵や柳助の性格にみられるように――事実このとおりであった。

またとりわけ、打ちこわしという行動形態を通じて、「村落の共同体的規制からさえもすでに離脱した飢えた半プロレタリア階層が広汎に参加」してくるようになる。* こうなれば、一揆当初の集団の構造をそのまま維持することはますます困難となり、集団の構造自体を政治的に再編せねばならぬ要因が大きくなるであろう。

*安丸良夫、前掲論文参照

二　最初の敵に直面し集団の反省は内部分裂と私の追放をもたらす

実際、加茂一揆の場合にも、翌二十三日となると、集団はその性格を基本的に変えていく。そしてこれは、一揆が代表交渉型の強訴から「惣百姓の世直し一揆」へ転移することに対応する事件であった。

第一に、集団の行動範囲が拡大し、参加人員も二十三日早朝の段階で三千人を超える。決起の前日に集会した中核グループが代表する村々に限られず、対象村落・参加人員ともに範囲を拡大したことはいうまでもない。

第二には、前もってねらいをつけた個々の商家との交渉ではなく、いまや全面的に地頭・代官所役人が前面にでてくる。

かかる処え、一旦村端《むらはし》まで御出張りありし本多様の御役人、御出張りありて大声に呼《よん》で曰、「イカニ人、よつく聞け。今度願の趣あらば心置なく申達せ」とありければ、党者共、一同に答て曰、「おそかった御役人。先刻其御挨拶あらば、ケ様《かよう》には崩すまい。夫《それ》はソウと、願之趣外《ほか》ではござりませぬ。米は八斗、酒は諸白《もろはく》拾一文、片白《かたはく》八文、三ケ月の間頼母子《たのもし》休会、是が願ひで御座る」といゝける。役人曰、「願之趣聞届けた。只今印《しるし》を見せん」とて、大札に右之趣を記し建《たて》られける。

地頭連中の「出張り」は、一揆勢にとっては、いわば最初の統一された「敵」の発見であり、これらの敵をものともせず要求を貫徹することをくりかえしつつ、集団の行動と内面は急激に臨界点に昇りつめていく。すなわち第三には、他の多くの世直し一揆とまったく同様に、打ちこわしという行動も、目的実現の手段というより、あたかもそれ自体を目的とするかのごとく、集団的狂躁の模様を呈していく。『鴨の騒立』もまた「実に阿修羅《あしゅら》王の荒れたる如く、其恐しさは身の毛の逆立《げ》斗《ばか》りなり」といっている。こうした形容は、世直し一揆の百姓の行動を描写するさいに、かなり一般的にみられるものである。

このようにして最後に、集団的観念の高揚と膨張が、この一揆を世直し一揆特有の農民反乱としていくことなる。

先《まず》第一宇頭村庄屋方へ推寄せ、「イカニ役人、此度申触《もうしふれ》たる世直《よなおし》の場処え、村方一同十五以上六十以下の男たる者は、はせ加《くは》るや否。不納得に於ては現罰を当《あて》る」といへども、村役人、騒がず静《しずか》に答曰《こたえて》く、「御地頭様から厳敷御触《きびしきおふれ》、決て一人もダサナヒガ、併《しかし》腹がへったらば弁当は炊《た》き出さん」といへば、党者共《とうのものども》、口を揃えて曰、「ナンダかさ高ナ、庄屋のつらが、世直様《よなおしさま》に入る物歟《か》。一人もダサナイとは言語同断なり。腹がへると、天から酒も弁当も自由自在に下さる。徒《むだ》に夕ハ言《ごと》ぬかすな」といふや否、庄屋の内へ走り込み、戸障子・襖《ふすま》・小道具不レ残《のこらず》打砕き、次に山蕨の庄屋の処へ宇頭村の通り申贈りけるが、返答同様なれば、是も同じく打崩しける。

さきに私は、反乱集団における共同観念の膨張を述べるさいに、「今日只今、世直し神々来て現罰を当て給ふ」という農民の発言を引いたけれども、これは加茂一揆のこの段階で記録されたものであった。また、こうした「世直しの場処」の光景は、加茂一揆に特有のものでもなんでもないのだから、第二章の反乱世界の経験に、ここでつけ加えるべきことはなにもない。

けれども、加茂の百姓一揆――また『鴨の騒立』――が本章でとりわけ興味をひくのは、前期集団から反乱世界への集団の飛翔の契機を、内面の一事件としてこれが記録しているからにほかならない。ふたたび二十二日夜半に場面をもどそう。「二十二日夜四つ半（十一時）頃、下河内村辰蔵宅へ、一揆共、物音静に着にける」と、『鴨の騒立』が書く以降の場面である。昨夜八時の決起以来、ぶっつづけの行動を経て、「一揆共」ははじめて休息し、ここで幹部連の評定がおこなわれることになった。そしてこのとき、頭取辰蔵とその他のメンバーとで、意見の対立がにわかに表面化したのである。

『鴨の騒立』によれば、対立はまず当初の具体的で狭い要求を、より高次のものに改めることをめぐっておこなわれた。

暫《しばらく》休息の間に、種々評定の中《うち》より、川向の善四郎、林曽根《はやしぞね》の藤重、其余菅沼《すがぬま》等声をあげ、「ナント何《いず》れも是よりは、穀屋・酒屋を崩《くず》す斗《ばか》りが能ではない。世間難儀を救ふ今度の取極め。米は両に八斗替へ〔米八斗で一両の価格——註〕、諸白《もろはく》酒拾壱文位、頼母子《たのもし》も三年休む仕方、其村の書付でもとり巡村致しては如何《いかが》。若《もし》差さぬ村は、打崩してはいかに」と問たれば、一同大音《だいおん》にて「然るべし」とぞ答えける。辰蔵曰、「八斗も如何、六斗位」と申出、誰有《あっ》て壱人答者もなし。

ところがこの時、陣屋役人が辰蔵と交渉にきて、ところで今度の頭取は誰か知っているだろうと問うたところ、辰蔵はもちまえのハッタリから、「御不審御尤《ごもっとも》至極。頭取に御用が御座るなら、拙者より召捕て御渡可レ申哉」と「大丈夫の挨拶」をかませることになった。しかし、このやりとりに耳をすましていた者たちの間で、今夕からの辰蔵の振舞いにたいする不審が不満の叫びとなって一斉に噴きだしてしまう。

此時後ろの方より大音声《だいおんじょう》にて、「おのれ辰蔵、一味連判《いちみれんぱん》の頭取を撰抜《えらびぬ》き渡すなどとはよくも抜《ぬか》した。但《ただし》大島・九牛抔《など》の竹ミツ檀那《だんな》、藁《わら》人形同前《どうぜん》のものがこはいか。握った品《しな》玉のうまさに心を替《かえ》たか。且《かつ》は去る巳の年、九牛え出立た割木騒動の頭取となりて崩せ〱と勧《すす》め込《こ》で、二十弐ケ村、蓑笠《みのかさ》きて崩しに来たを、又取扱《とりあつかっ》たも己《おのれ》が仕事、聞けば其時、相応の金銀・木綿などで礼にも預り、又翌年、強欲《ごうよく》無道の無理借《かり》致し、人はあしかるとも己《をのれ》ばかりの甘味《あまみ》を貪《むさぼ》りて、今度も又握ったか。今朝《こんちょう》大津の平兵衛が袖とく〵の付合《つきあわ》せ、トント合点が行《ゆか》なんだ。思へばく〵腹が立《たつ》ぞよ。辰蔵を今日《こんにち》迄は物の数にも先き立《だて》たり。只今にては其手は桑原《くわばら》。積《つも》る恨《うらみ》を晴《はら》さん」と、大音声にて呼《よば》はりければ、弐千五百人余、四方より〔辰蔵の家を――註〕崩しかゝる。

辰蔵はここで、俺も今回の頭取をひき受けるに際しては命を賭けた男だと呼ばわって、刀を振りまわして打ちこわしを防ごうとしたが、多勢に無勢、百姓たちの投げる小石や割木に傷ついて、逃げ去ることになってしまった。さっきまでの仲間たちに自分の家を打ちこわされただけでなく、逃亡したこの元頭取は、もはや以降の行動に加わることもなかった。『鴨の騒立』はいささか芝居がかってこの段を描いているが、こうした顛末の政治的意味は、ことわるまでもなく非常に重要であった。

今夕、辰蔵があやしげな交渉で、数軒の商家の打ちこわしを見逃したことが、百姓たちの怒りをかった。とりわけ、辰蔵が自分の方針に従わなかった統制違反者を暴力的に処罰したので、彼にたいする民衆の恨みは倍加されたのであった。ことに、さきの統制違反者たちは、一揆を起した中核集団（の代表する村）には属さない者たちだった。そしてまさに辰蔵追放劇の主役こそ、彼ら統制違反者たちだったのである。

彼らは、その後世直し一揆の頂点で、打ちこわしの中心になって活躍する。また、初期指導部では、彼らの圧力を受けた形で、辰蔵と同村の曽四郎などが新しく擡頭してくる。一揆集団の中核は、辰蔵追放を契機に大幅に入れ代ったものとみられるのである。そして彼らはまた、それぞれの村の代表というより、それこそ「半プロレタリア階層」の一人として、一揆に参加し、あるいはかかる参加者の圧力を背景にして、中心メンバーにのし上った者たちだったにちがいない。このように辰蔵追放にともない、「世直しの場処」へでていった一揆は、集団の内的性格をも事実一変させていたのである。一言でいって、辰蔵追放劇は個人的な事件ではない。それは、集団の経験における一つの事件となった。

『鴨の騒立』は、前頭取の辰蔵が捕縛され吟味される様子を生々と描いていて名高い。これをみると、辰蔵という男が、小役人など屁とも思わぬような胆の座った男であり、ハッタリもきき、大衆の暴力的闘争の指導者にふさわしい性格の者であったことははっきりしている。当初彼のたてた戦術も、さきにふれたように、まさに実現可能の戦術としてたてられていた。また布川清司氏の調査によれば、彼の家系は、家康時代から松平姓を名乗る家柄であり、現に、彼の村の領主の親戚にあたるという。さらに、「俗に云ふ道楽者なり」と評されたが、実際には、村で一、二を争うほどの百姓であったという。* こうした事実からすれば、この男が、地域の数々の紛争を解決した実績をもち、また今回の一揆の頭取に推された理由も納得がいく。一揆の敗北後に、「義民」として伝承されることになったとしても、少しもおかしくはなかったであろう。

＊布川清司、前掲書一九五ページ以下参照

ほかならぬ以上のような人物の辰蔵が、一揆半ばにして大衆的に放逐されたのである。一般的に、百姓一揆の義民伝説の発生根拠は、郷党社会そのものにあるという。したがって、村落的地域的「共同体にひびを入れた世直し一揆からは、義民伝承が生まれなかった。」* こうした事情が辰蔵の場合にも、明らかに作用したにちがいない。いいかえれば、百姓たちの行動は、世直し一揆の段階ではじめて、大衆反乱の基本的な性格をおびるようになるのだ。この段階でまさに、将来の義民伝承の英雄松平辰蔵は転落することによって、逆に、政治的な何者かに激しく成っていかずには存続しえぬ、反乱世界の加速度を高めるのだ。

＊芳賀登『百姓一揆』（潮出版社）

いま、前章までの私の記述の文脈に、この集団的事件をおいてみよう。そのためには、加茂一揆が、世直し一揆として心的に膨張する段階を、逆に、基点として考える必要がある。そうすれば、一揆を現実に準備した中核集団は、世界としての大衆的反乱集団のうちにかえって解体され、しかもそのことによって、反乱世界が、新たに政治的に組織化される契機を生みだすという弁証法がみえてくる。たしかに実際の反乱では、最初の中核集団が、反乱世界の中軸ともなることは多いであろうが、その場合にも、この集団は、前とはまったく異なる政治的な位置に立たされるようになることに変りはない。

とりわけ、加茂一揆の場合は、彼を中心とした前期的な反乱集団が構造的にも人格的にも解体された事実は明らかである。頭取辰蔵の追放は、前期的な初期集団の、現実的解体を象徴する事件であった。

ふりかえってみれば、辰蔵宅の会議こそ決定的な「夜の会議」であった。それまでの一揆の行動は、辰蔵のもくろんだとおりに進んできたかにみえたが、しかしいくつかの不安な兆候もまた感じられた。「他村」からの参加者が増え、統制違反をするようになったこともその一つだ。それにやはり「敵」の問題が辰蔵の頭をはなれぬ気がかりだ。商家を相手としているかぎりはいい。しかしまさにこの夜、陣屋役人たちが彼に直接交渉にやって来たことからみれば、明日からは彼らが前面にでるだろう。役人の出現は他村の暴れ者たちにたいするどんな挑発となるかしれはしない。それに辰蔵は一般の百姓とちがい、役人というものをすこしも過小評価してはいなかった。「今や出役既に在り。若し尚ほ乱暴狼籍を敢てするものあらば、あるいは交渉も画餅に帰すべし。何ぞ思はざるの甚だしきや」――辰蔵の政治判断はこのようにまさに的確だった。

だからこそ、夜の会議は、「出役既に在り」という状況のなかで集団の反省――味方の再結束をかちとること――が必要であった。辰蔵が「願書まさに容れられんとす」というように闘争を終らせる方向であれ、あるいは別の仕方であれ。一同が熱に浮かされて「一両で米八斗」というスローガンをだしたのにたいして、「八斗は非現実的だ、六斗くらいでどうだろう」と、辰蔵が提起したのも、まさに彼なりの味方再結束の方針であった。

しかし、ほかならぬ辰蔵のこの努力が、彼の集団の内部分裂をもたらした。だから、辰蔵の追放劇は、まさにこの集団における最初の政治的経験――集団の分裂――の結果であった。辰蔵とは、同時に多くの辰蔵たちでもあったであろう。次章の主題となることだが、いつも、このような仲間うちの亀裂を一事件として、大衆的な集団は、その組織性格と集団的意識を飛躍的に変えていく局面に立たされる。

事実、『鴨の騒立』は、一揆集団の内部分裂が、集団の意志を飛躍させるに際して発生したことを、はっきりと書きとめている。打ちこわす「斗《ばか》りが能ではない。世間難儀を救う今度の取極め」というように、百姓たちは、辰蔵の反対を押し切って、自らの行動をより一般的でより政治的な観点で意識するようになる。この場面につづいて起る世直し意識の膨張も、打ちこわしにともなう自然な心理的過程というよりも、集団内部の「敵」の追放と集団意志の飛躍という、端的に政治的な経験の結果であった。この（後者の）過程を、片鱗といえども書きとめているところに、『鴨の騒立』が政治的記録としてもつ価値の高さを、私は感じる。

さて以上のようにして、辰蔵追放劇によって新しく自己形成した一揆の集団は、網代笠の頭取らしき者を先頭にたてて、「世直しの場処」へと再出発していったわけである。だからいまでは、網代笠の下の顔が誰のものであろうと、それは辰蔵たちとは別の政治的相貌をしていたにちがいない。

三　戦闘にのぞんで敵の像は二極分解し私の政治的経験も四散する

しかしいうまでもなく、加茂一揆の集団内部で明らかに熟していた政治的経験は、現実に組織的表現をとるにはいたらなかった。実際、この集団は、二十三日の行動を頂点として、翌二十四日には早くもあっけない潰走を開始するのである。こうした事態を予防するためには、集団はなによりも、意識的にも制度的にもその内面を組織化することが必要とされる。だが前節の主題だったように、この政治的経験の結実にとっては、「敵」集団との現実的で敵対的な闘争を媒介することが不可欠である。

加茂の一揆集団が内面の亀裂を通じて、政治的経験の端緒を開いたのも、まさに「出役既に在り」という状況に対応したことだった。すでにみたように、在村の商家相手ならば、よく見知った相手でもあり、各村・各家ごとの対応が可能であった。実際、辰蔵が個別交渉をかけて上手に対応した。これはレーニン流にいっても（?）、それこそ「経済主義的」で「労働組合主義的」な闘争だったろう。

だが、役人は商家とはちがう。村々を駆けめぐった一揆の行動は、まさに村々を超えて存在する役人というものを、挑発的に明るみにだしたのだ。潜在的には封建体制というものを暴露したのだといってよい。この発見はただちに、一揆集団の新たな内面的統一として、集団自身に返ってくるべきことであった。事実、百姓たち個々人の意識がどうであれ、辰蔵宅の夜の評定では、この内面的再統一――すなわち政治の課題――は、まぎれもなく析出したのだった。そして翌日の世直し一揆の膨張こそは、統一された敵への事実上の解答であった。

ここに析出した政治的なものを、百姓たちがうまく処理したとはいえないのを、役人たちがなお、「ちらりと視野の片隅に顔を覗かせたにすぎな」かったせいにすることもできる。「敵」の統一性はまだ潜在的なもので、辰蔵のようなリーダーにのみ見えたことかもしれない。

事実、二十四日にいたるまで一揆集団はたいした戦闘を経験することもなかった。むしろ、個々の商家や地方役人を目前の敵とみたてて、しかも彼らが、百姓たちの勢いの前にもろくも崩れていったとき、集団は度はずれに敵の存在を軽視する意識を解放した。『鴨の騒立』も、役人あるいは武士階級をものともしない、百姓たちの意気揚々たる言動をいくつも記録している。

敵と味方を絶対的に区別する反乱集団の観念は、ここでは端的に、「弱くだらしないもの」と「強く堅固なもの」との区分として意識されている。たとえば次のような場面をみよう――

党者曰「ナンダ、間抜け役人出しやばるな。八斗の米を六斗と聞違《ききちご》ふたばかりで、無益に家を二三軒崩《くだ》かせた。畢竟《ひっきょう》うぬらがまご付《つく》から、無益な事を仕出しおる。おのれがやふな役人たちに、扶持《ふち》大小はいらぬ物。早く書付差出して引籠《ひきこ》んで居れ」と、松平村隆助はじめ皆々、同音にのゝしりける。両役人も、腹は立《たて》ども大勢なれば、詮方《せんかた》なく書付をぞ出しける。

この場面は、それだけをとりだしてみれば、たんに威勢のいいタンカがきられたというにすぎない。けれども、「間抜け役人出しゃばるな」というタンカの背後には、すでに「世直しの場処」へと膨張した集団の観念が沸騰している。この絶対化された観念によってこそ、目前の役人は「間抜け役人」として、いわば絶対的に卑小化されているのである。

実際的な目でみれば、彼らの面前の役人は、もちろん「間抜け役人」などであろうはずがない。役人どもの背後には藩の権力が、さらには、衰えたとはいえこの国の全封建体制がひかえていた。たしかに、藩権力のこの末端では、役人どもは事実無力であり、大勢の百姓をまえに「詮方なく書付を出す」しかない存在であったかもしれぬ。この意味では、自らの絶対化と敵の絶対的軽視とは、世直しの場所で共存することができた。だが、二十四日の早朝、一揆勢が挙母《ころも》藩二万石の城下町に攻め入ったとき、領主側の武装権力がにわかに彼らの面前にたちはだかることになった。敵は、いわば世直しの場所の侵攻にふさわしく自らを再形成して、この朝、一揆の前に現われたのだ。これは、百姓たちが自己を無際限に膨張させたことにたいする、当然の報いであった。

だから、「間抜け役人」という敵のイメージは、新しい敵の姿をまえにして、急遽修正されねばならぬ。この課題を集団の構造に内面化することこそ、まさに固有の政治的経験の飛躍を意味していた。勢ぞろいした敵の武装部隊にむかって、一揆勢が次のように叫んだとき、この飛躍を促す外部の契機は、すでにのっぴきならぬまでに熟していたのである。

勢ひするどき先手の者、其備へを見て笑って曰、「こざかしい、其竹鎗は何にするのジヤ。世直しの神に向っては、ヨモ働く事はなるまい。此方共《ばか》は喧嘩口論、人を害するの所存かってかなし。願の筋叶《かな》へばよし。不承知なれば、其家に挨拶する斗り也。世直の神を招待に出たか。もし防ぐ了簡ならば、現罰を与《あたえ》ん」と、吾先きに進みける。

この大演説もまた、字面は「間抜け役人……」というさきのタンカと同じようにみえる。事実、百姓たちはいまの瞬間にも、間抜け役人の延長上に敵をとらえていたであろう。だがもちろん、自ら「世直しの神」に化身したとしても、この者の胸板を敵の銃弾が射貫かないはずはない。事実、一斉射撃が開始される。そして、射貫かれて地に倒れるこの者の脳種で、一瞬、さながら焦点がずれたように、古い敵の像がゆっくりと崩れ、したがってまた、一揆に決起して以降の自分自身の観念も壊れていったであろう。集団はにわかに潰走し、そして潰走しつづけることによって、集団の政治的経験もまた、その端緒において歩みを止めてしまう。

第五節　大衆の政治同盟

一　私の集団は一つの名前をもち他の集団に伍して運動へ出発する

近世末期の百姓一揆は明確な政治的組織をその内部から生みだすことはまれであった。けれども前節でみたように、大規模な世直し一揆での百姓たちの行動は、随所で政治的な経験の諸契機を生みだしているのだった。大衆反乱の内部で、これら政治的経験の諸契機が、私の政治的組織として具体的に展開されていく過程こそ、いわゆる大衆運動の展開過程にほかならない。前節まではこの過程はただ私の政治的経験の観点で記述されたのだが、反乱世界が現実に組織化されるか否かが、そこから政治の経験史を展開しうるための決定的な岐路なのである。個々の民衆の行動が反乱の集団と世界とを形成することが、革命の物語にとって第一の現実的岐路であったように、いまアジテーターたちの遍歴史は、第二の現実的岐路に直面したのである。この岐路において組織された私の政治的集団は、のちに国家権力という敵対集団に直面するにいたるまでは、本質的に同質の政治的経験を展開していくことになるであろう。私はこのような集団を一般的に、大衆の——すなわち私たちの——政治同盟と呼ぶことにしよう。大衆的政治同盟という政治組織は、私の政治的経験が展開される場所であり、またその具体的な表現形態である。私はこれからも、もっぱら私の経験の生成だけを追っていくだろう。しかしこの段階ですでに、私の集団は私の経験の成果として、他の諸集団に対立しつつ政治的地平で運動しはじめているのである。だからここに、私の組織表現のあり方についても、できる範囲で特定しておくことが必要である。反乱世界で形成された集団が、いわば「名前」を欠いていたのに比べるとき、私の政治的同盟組織は、いまやはっきりと目にみえるものとなっているのだ。

では、大衆政治同盟というとき、まずこの「同盟」とは何か。私が集団として同盟する現場をみてみよう――

時ニ九月七日午後六時頃ナリ。高岸善吉、井上伝三主ト為リ、同家ニ於テ左ノ四件ヲ議シタリ。

一、高利貸ノ為メ身代ヲ傾ケ目下生計困ルモノ多シ。因テ債主ニ迫リ十ケ年据置キ四十ケ年賦ト延期ヲ乞フ事

一、学校費ヲ省ク為メ三ケ年間休校ヲ県庁へ迫ル事

一、雑収税ノ減少ヲ内務省ニ請願スル事

一、村費ノ減少ヲ村吏へ迫ル事

前議スル所ノ如キハ容易ナラザル事件ニシテ、何レモ生命ヲ捨テザルヲ得ザル事柄ニ付、熟考スル方可ナラント述ベタル処、貧民ヲ救フガ為メ素ヨリ一命ヲ抛テ企ツル者ナレバ宜シク賛成アレト、善吉外六人言ヲ揃へテ申聞ケタリ。尚ホ小柏常次郎自分ヲ励シテ申ニハ、貧民ハ独リ埼玉県ニ止ラズ、何県ニテモ同様ノ事ナレバ、速ニ同意ヲ表シ貧民ヲ救フニ尽力セラレヨト。因テ自分決意ノ上、諸君何レモ一命ヲ棄テ万民ヲ救フノ精神ナレバ、速ニ尽力セント答ヘタリ。(14)

ここ「秩父困民党」の場合にも、「党」はこのようにして各人の同盟から生れたのである。ここで同盟とは盟約であった。そして盟約とは、すでに経験したように、敵前における私たちの端的な政治的経験である。私たちは「一命を抛て」味方としての共同的自己確認をおこない、これを基礎として私たちの行動様式を確定統一するのである。古くは政治の秘密結社において、こうした盟約は、いわゆる加入儀礼として明確に儀式化されていたことはまえにふれた。

けれども、私たちの盟約の事実は、通常私たちの政治同盟の外観からうかがえるとはかぎらない。古来秘密結社では、この盟約だけが本当の意味で秘密とされていたことが思いだされる。それにむろん、私たちの同志としてその盟約が、いつも明文化されていたり儀式化されているわけではない。

しかしこれはたいした問題ではない。敵前においてこれと闘う集団の成員相互の関係に、以上の構造が読みとれることが重要である。実際、盟約が成員相互でとりたてておこなわれることがない場合でも、その組織の名前がすでに盟約性を表現している。たとえば「――反対同盟」というような大衆組織の名称は、自分たちの敵に反対する同盟であり、また同時に、民衆のうちでかならずしもこれに反対しない者たちから自らを区別するものとなっている。「貧民ヲ救フガ為メ」の「困民党」の盟約も、富者たちの世界にたいする激しい二元的な対立の意識を表明している。こうしたことは、盟約がそれ自体としておこなわれるのではなくまさに現実の敵対関係の内面化――すなわち、私の政治的経験――としておこなわれることの証左である。このように、内部で盟約した私の集団は、いまや一つの名前をもち、多少とも持続すべき組織として活動を開始する。「困民党」にしても、ここで「党」とは、集団外部の人びとが「あの一党」とか、「党の者ども」とか名指す際の語感に近いものだったろう。

私の政治同盟がかかげる行動目標やスローガンにしても、私たちはこれを、たんに理念でなくはっきりと特定しようとする。内外の敵との敵対的闘争に勝ちぬいて目標を実現するのだから、集団のスローガンは、排他的であっても一般的な宣伝文句なのではない。実際、組織のスローガンは、この集団が目前の敵に促されて組織化されるさいの、直接的な契機を表現しているのだ。さきにあげた集団の例でも、「四項目要求」がはっきり特定され、逆に集団は「この目標をかかげる組織」として外部からみなされることになる。困民党は別名「借金延期党」である。集団内部の私たちの盟約が外部にあらわに見えることはまれなのだから、私の政治同盟の外的規定は端的に、目的集団である。反乱世界の集団に対比して、政治的集団が組織と名づけられたのもこのためである。

けれども、大衆の政治同盟をたんなる目的集団とみなすことはまちがっている。政治的組織は、反乱世界の共同観念の経験を経てこそ、いま現に私の政治的同盟なのだ。だから、集団の卑近な行動目的の議定は、内部に多少とも度はずれに肥大化した観念の志向を常にかかえもっている。政治的経験にとって本質的契機となる敵の存在が、絶対化された敵と目前の敵とに二重化していた事情を想起するまでもないであろう。米の値下げ要求を軸に形成された集団が、「日本窮民為救」などと叫ぶ大衆たちの「世直しの場処」で生きていることを考えてみればよい。「七項目要求」は大衆組織の性格を外的に規定するが、このスローガンは、容易に「反大学」や「反権力」という集団観念と同居する。

いまの段階では、性格のまるで異なる集団目的――「七項目要求」と「反大学」と――が、同一の政治的同盟に共存することは、私の政治同盟に独特の内部矛盾である以外にない。これは私の群集心理的な錯誤でもなければ、他方、「独リ埼玉県ニ止ラ」ない「貧民ヲ救フガ為メ」という目的と「四項目要求」とを、あたかも「綱領」と「戦術」のごとくに、私がつじつまを合わせているのでもない。政治的経験にとっての「二重の敵」がこの経験の内的矛盾であったように、私の政治的組織の二様のスローガンは、まさにこの二重の敵との敵対を内面化したものとして一つの矛盾なのである。もしもこの矛盾を看過し、この集団をたんなる集団とみなすならば、集団の成員が卑近な目的のために「一命ヲ棄テ」という盟約が、たんなる比喩しか意味しないことになってしまう。

むしろ逆である。目的集団がそのうちにはらむ自己矛盾のゆえに、私の集団は、この矛盾の決着へとかりたてられていく。大衆の政治同盟の存在は、すなわち大衆の運動であり、逆に大衆運動は大衆的組織の自己運動であるという一つの過程が、ここにはじまるのだ。くりかえすけれども、この大衆組織の運動過程は、のちに二重権力の対立という形で、その内部の矛盾を外化しおおせるまでは、自ら止むことはないであろう。

組織をその目的に従って分類する、通常の組織論の整理学が、政治上の組織については虚しいのも以上の理由による。また同様に、組織の政治的性格をそのスローガンの内容で判読する政治的判断も、多くの場合に錯誤となる。たとえば困民党の「四項目要求」そのものは、卑近な土着的経済要求であり、「体制内的」なものですらある。さきに引用した（本書一一九頁）ブランキの党の盟約が、「王制・貴族専制」にたいする「共和制」の確立というように、はっきり政治制度の変革にまで意識化されていることと比べるならば、この事実は対照的である。だが、史上高度に政治的な目的を掲げた結社で、しかも実際は、それこそ「世の中と関係ない」組織である例は多い。また、政治目的を掲げても、実際上政治的組織に似て非なる経営体は、日常の政治世界ではいくらでもある。

これに反し、ここでの盟約集団は、反乱が激しく何ものかに成っていく、政治的経験の途上に位置していることが十分に強調されねばならない。経済的・倫理的等々の利害関係のもとに組織された集団でも、この状況のもとに政治に登場し、まさに政治的組織となるのだ。

実際、私がここで「大衆の政治同盟」というとき、その「政治」なるゆえんは、もっぱらこの組織内部の私の政治的経験にもとづいている。だから、現実の敵対的闘争のなかで、激しい自他の区別のもとに展開される私の政治的経験の深度は、組織のスローガンに表われた「政治的意識」の高低と、直接の関係はもたない。政治的経験が、それこそ「容易ナラザル事件」、「生命ヲ捨テザルヲ得ザル事柄」をめぐって展開される度合こそが、私の組織の政治的性格を決める。

このように、大衆的政治同盟の政治性は、組織として外に表現された目的によっては、一義的にきめることはできない。一つの状況において何が端的に政治的であるかは、まさに時代と状況に左右され、超歴史的定型などはないのだから、これはあたりまえのことだといってもよい。まただからといって、このことは、一つの状況において、政治的なものの相対的定型を求める努力が無駄だということではない。しかし現在でも、革命にまで至った典型的政治の事例を教条的に定型化し、この定型に準拠して大衆組織の性格を分類する思考が跡を断たない。早い話が、政治闘争と経済闘争の紋切り型の区別だてだ。「ベトナム反戦」をスローガンとしないから「右翼学園主義」、「物取り主義」だというように。

しかし実際は、闘争が個別的・経済的要求をめぐっておこなわれるゆえに、非政治的なのではない。具体的目的で開始された集団の闘いが、時代の権力関係・階級関係の敵対のうちに投入される度合が、集団とその闘いの政治性を決める。一地方の土着的困民党の闘いが、全国的農民闘争のうちに客観的位置を占め、また全国的政治結社たる自由党を彼らなりに了解し、綱領としても組織としてもこれを受け入れる根拠が、このときに形成される。

二　私は以前の大衆ではないがまだ階級的な名前を発見していない

さて最後に、「大衆政治同盟」の「大衆」、すなわちこの私とは、いまの段階で「どのような人々であろうか」。私はこれまでにも、「大衆」という呼び名を、漠然とは、また便宜的には使ってはこなかった。それは、反乱の共同性に投入されて「アジテーター」との関係を析出する——すなわち集団を形成する——私たち各人の規格だった。けれども、この私たちがいまや自らを政治的集団に組織化した以上、この組織の構成員たる私たちの名前をも、もうすこし限定しうるにちがいない。

たしかに実際上は、一定の階層や階級の人びとを主として同盟が組まれることは多い。それは組織の名前やスローガンにも明瞭にあらわれる。「——農民同盟」とか「学生の処分撤回要求」とかいうように。けれども、この組織のかかげる目的が、集団のトータルな性格をきめるものでないことを、私はすでにくりかえし強調してきた。自己の古い履歴を清算して反乱の共同性に身を投じたこの私こそが、現に集団を政治同盟たらしめているのであり、また他方、生れたばかりのこの政治集団にあっては、私が自らの階級的性格を再発見する経験は、まだ可能になっていない。要するに、私の政治同盟は誕生の秘密からしてそもそも階層集団ではなく、かつ階級の形成をなおとげてはいないのである。

実際の革命の歴史でも、当初、現実はまさにこのとおりである。そこでは、集団の事実上の階層構成が、一義的にその政治的性格をきめるなどということはない。「労働者の」組織だから「革命的」だといえないことは、彼らがその階級組織（運動）の枠を破れないなどと断定できないのと、まったく同様である。なぜなら、労働者の組織（労働組合等々）も、反乱以前は日常的経営として、実際上、経済的・文化的等々の性格のものだったのであり、反乱を通じたその政治への登場が組織の内実を変え、旧来の階層的枠組が成員の新たな同盟のもとに破られてはじめて、彼らの集団は革命の「大衆政治同盟」となるからだ。だから、あらゆる革命は次の証言にあるような事実を、つねに発見することになるであろう。

労働者は、革命期には単なる普通の組織でない、まったく別な組織が、自分たちに必要だということを、自己の階級的本能によって理解した。(15)

革命期に私たちがいま形成した、この「まったく別な組織」こそ、まさに私の「大衆政治同盟」なのである。もしも、いまの段階でプロレタリアートという言葉を使うとしたら、その出身階級の別なく、新たな同盟組織を自己表現として政治に登場する大衆に、私はプロレタリアートの名を与えることにしよう。この命名は、一方では「近代組織労働者の階級」（エンゲルス）という経済的ないし階層的なカテゴリーから、また他方では、近代資本主義社会の全否定といった哲学的理念から、プロレタリアートの規定を解放する。しかしプロレタリアートのこの定義は、それをたんに反乱の行動に励起した無定形の群集として、「ルンプロ化」するものではない。政治的であることと集団であることとは、すでにプロレタリアートの定義に属することなのだ。プロレタリアートとは、ここでは、反乱における私の政治的集団である。だから前章までの私の記述は、プロレタリアートに類する概念を登場させることができなかったのだ。しかしいまやこれ以降、私の政治的経験史は、かかるプロレタリアート＝集団の政治的経験として、意義づけていくことができるであろう。

プロレタリアートをこのように考えるならば、それは反乱世界の政治表現主体というに等しいことだ。

反乱世界の共同性が私の共同的再生として経験されたように、行動する大衆が、自ら政治的同盟に盟約することは、大衆にとっては政治的に再生することの確認なのである。反乱において、私たちは共同の事業として、自己を新たに形成するものであったように、反乱の組織化は、この自己形成を同時に政治的形成として確認するものなのだ。すべての政治組織形成の主体的秘密がここにあり、プロレタリアート大衆が自己を階級に形成する、現実的端緒がここに発見される。*

＊党の任務は「プロレタリアートを階級に形成することである」（マルクス。くわしくは『結社と技術』参照。なお「階級」については、のちあらためて詳述される（本書、第五章第一節）。

さてこのように、私の政治的経験が「大衆政治同盟」という組織表現をとってはじめて、反乱世界は革命の運動過程へと現実的な歩みをはじめる。もとより、政治的に組織されることなく潰える反乱の事例は、実際にはいくらでもある。しかし、およそすべての革命は、以上のような大衆の政治的自己組織化なしには、考えることすらできない。

いうまでもなく、私たちの自己組織化から革命権力へは、なお千里の径庭があるにちがいない。私はなお、そのことに充分気づいてもいない。「いままでの数倍も、いや数十倍も苦しく、しかし、それ故に、無限の躍動と可能性をはらんだ季節が訪れようとしているのだ」――こういうアジテーションを発しながら、はじめたばかりの政治的経験に私は熱中しているのである。

しかし、この段階ですでに、ひとは私にあげつらおうとする。革命権力を獲得した典型的な組織の事例――「組織されたプロレタリアートとその党」――などと対比して、私の最初の組織を判断しようとする性急な人びとのことだ。私のスローガンは「政治的意識の低い」身のまわり要求だとか、私たちの集団は雑多なプチブルの寄せ集めにすぎない、等々と。

プロレタリアートの前衛部隊としての自己の役割を自覚し、大衆をプロレタリアートの階級的利益の水準にまでひきあげうる党のみが――しかり、ただかような党のみが――労働者階級を労働組合主義の道からひきはなして、これを独自的な政治的勢力に転化しうるのである。党は労働者階級の政治的指導者である。(16)

だが、政治理論がとりくまねばならないのは、大衆組織の「自然発生性」に対比して、「党が必要である」という命題を論証することなどではない。大衆組織の「意識の低さ」などをとりあげることは、すでに党の定義そのものに含まれている事柄を反復しているにすぎないことだ。理論の最初にして最後の仕事は、党と大衆の対比ではなくて、両者の間を埋めること、つまり反乱から革命権力への「千里の径庭」をたどっていく、運動の力学を追跡することにある。これは、マルクス主義の文脈でいえば、「階級形成論」にほかならないのだが、奇怪なことにマルクス主義的政治理論は、この基軸をなす理論問題に深入りすることをいつも避けてきた。たとえば闘争集団の内部分裂の問題一つをとっても、これが事実上不可避的な事柄であるにもかかわらず、階級形成論がこの問題を理論の俎上にあげたことがこれまであっただろうか。

私は以上に、大衆の政治的経験や政治的組織の性格について記述してきたけれども、ことわるまでもなく、これらを党の性格などと対比することが目的だったのではない。最初の政治的組織をして、政治の「千里の径庭」の遍歴へと出立させることが、本章での私の記述の眼目となっている。実際、ここから、大衆の政治的問題は、敵対的闘争のなかで否定の弁証法的運動を構築する道程に出発しなければならないのだ。

それゆえ私は、自らの政治的経験を展開していくことは、もっぱら私自身の仕事――「プロレタリアートの解放はプロレタリアート自らの事業である」――と知らねばならない。本章の政治的経験も、まさにこのような意味で私の経験であったが、今後も事あるたびに、私はこの自らの事業に固執していくであろう。それは私の根源的な党派性――大衆の党派性――である。

第四章　政治的意識の飛躍

第一節　政治的意識の経験史

一　私は政治の経験史を私の集団的意識の経験史として追っていく

反乱から革命への長い物語の中途にあって、いま私の政治的集団は、この遍歴において私の何が変っていくのか、という問いのまえにたっている。もしも革命が、たんにクーデタ式の権力奪取を意味するのでないとしたら、革命へのそれこそ「千里の経庭」を、この私の集団はどのようにしてたどっていくのか。ひとはたとえば「共産主義の原理」などから逆算して、この道程を、あたかも教育のごとくに考えることに慣れている。だがそれにしても――「共産党は、労働者階級の直接眼前の目的と利益とのために戦うものではあるが、しかしその現在の運動の中において、また運動の将来を代表するものである」(『共産党宣言』)とはいえ――、集団がこの道程を歩み切ることは、とうてい信じがたい、途方もないことのように思える。とりわけいまは、集団は日々その力を増強し、いつか未来に「決戦の日」を迎えるような過程ではなく、マルクスではないが、「二十年を一つに圧縮した数日」を経験しているのである。この「数日」に、さらに「労働者の解放は労働者階級自身の仕事でなければならぬ」という条件が加わるとしたら、それこそどういうことになろうか。

もちろん私はここで、「二十年を一つに圧縮した数日」をまえにして、大衆のうちに蓄積されてきた力量など、どうでもいいといおうとしているのではない。しかし、こうした準備のいかんにかかわらず、事実として革命は、「圧縮された数日」にそれ自身の決着をつけられてきたのだ。人はいつも、この「数日」の外に放り出された後になって、一種唖然とした心持で革命の過程をふりかえる。

だが他方、こうしてふりかえってみれば、革命の数日に大衆とその集団が、急激に目もくらむばかりの高みに押し上げられたこともまた、革命過程における途方もない事実だったと思いいたることだろう。すべての革命に値する革命では、「数日のうちに人類の歴史が生みだしたものより多くのものを生みだした」ということがいわれてきたのだ。実際、大衆が自らを「ダイナミックに」変えていく有様こそ、いつの革命の場合にも、もっともめざましい光景となってきた。

前節で私は、プリミティブな政治的経験の直接的帰結として、集団の結束強化、集団内の敵の排除、そして集団の内部分裂などを記述した。しかしその際にも、私は、これらの諸帰結が組織として展開されていく具体的形態に焦点を合わせたのではなく、これらを生みだしていく私たちの政治的共同性――政治的集団の共同意志――をこそ記述しようとしてきた。だからこの観点では反乱から革命にいたる集団の経験史は、なによりも集団意志の経験史として記述される。それはあくまで集団におけるこの私の意志と、その成果（制度的形態）との「たわむれ」として経験されねばならない。いいかえれば、「二十年を一つに圧縮した」革命の日々に、人びととその集団が急激に変っていくことを、私はなにより私の集団意志・集団的意識の変化、として追っていきたいと思う。

革命は教育する。しかも急速に教育する。ここにこそ革命の力があるのである。(1)

このように、革命はさまざまな意味で「教育」という言葉を酷使してきた。いうまでもなく、これは個人の教育のことではない。集団における大衆の政治的意識が、革命過程で——急速に——変ることを、これは主張するものである。史上あらゆる革命は、それぞれにこのような証言をもつといっていいであろう。たとえば卑近な例をあげよう。

ひとびとも育つ
アカシヤや泰山木のように
あるとき　急速に

一九六〇年の雨期
朝の食卓で　巷で　工場で　酒場の隅で
やりとりされた言葉たちの
なんと　跳ねて　躍っていたことか(2)

たしかに、こうした証言のバリエーションは、大衆反乱の数だけ無数に見出すことができる。だが革命の過程で「ひとびとも育つ」ことは、それほどに自明のことだろうか。もしそうならば、「ひとびとも育つ」という証言とまさに正反対の発言が、やはり反乱の数に応じて無数に存在するという事実を、私たちはどのように理解するのか。いま引用した詩の一節は、一九六〇年の雨期における人びとの心を、成長する樹々の饒舌に重ねるという伝統的手続きを介して、「ひとびともたしかに育つ」ことを証言するものとなっていた。だがまったく同じようにして、水を含んだ樹々のイメージに人びとの心の重さを託する証言だって、当時、容易に見出すことができたに相違ない。次のような発言も、ただそのおかれた状況の切迫さのゆえに、目立つものとなっているにすぎないであろう。

専制者に向って、目も手もあげようとせぬ奴隷の民よ、好きにするがいい！　今日の反逆者は明日には平伏し、後悔のほぞを噛むだろう。君らの悲惨と隷従の境涯にそのままとどまるがいい！　鎖を断ち切ろうなどとせぬがよい！　君らに必要なのは、君らを結ぶ鎖をもう一度自らの手でしっかりとハンダづけし直すことだ。もう二度と革命など起さぬがいい。そうすれば、少なくとも膝まずいて許しを乞う恥辱は免れることができようから。(3)

あるいはまた——

プロレタリアートは、かれらの指導者たちをではなく、かれら自身を裏切ったのだ。わたしは、つぎのような冷たいホゾをかむような結論に到達することを余儀なくされたのである。すなわち、プロレタリアートの独裁は、経済的にも、軍事的にも、政治的にも、うち破られてしまったのだ。たとえ、社会主義への移行が経済的および政治的に不可能だったとしても、もしも階級意識をもった革命的プロレタリアートがいたならば、プロレタリアートの独裁はこのようなやり方で崩壊することはなかっただろう。できることなら、わたしはもっと別の結果を望みたかった。プロレタリアートがバリケードを築いて闘うのを見たかった。
プロレタリアートは、あらゆる種類のアジテーションにもかかわらず、かれら自身の工場のなかで「プロレタリア独裁を打倒せよ」と叫びつづけた。将来なんらかの別の政府ができれば、もっと失望するだろうにもかかわらず。
いまやわたしは、この国のプロレタリア大衆を、革命家に教育しようというわれわれの実験が、失敗に終ったことを認めざるをえない。プロレタリアートが革命的となるためにはなお、もっと非人間的で残忍なブルジョアジーの独裁が必要なのだ。（4）

以上の証言はいずれも、革命への道程の中途で潰えてしまった大衆の運動を、とりわけその政治的意識の問題としてとらえている。「われわれの失敗」は、端的に、「プロレタリア大衆を階級的意識をもった革命家に教育」することの失敗である。ここでもまた「教育」だ。だから「奴隷の民」や「遅れたプロレタリアート」への呪詛は、「革命は教育する」ということの反対事例として、むしろかえって逆に、本物の革命が人びとを「育てる」事実の途方もなさをきわだたすのだとうけとることもできよう。一般的にいえば、いまみた「意識変革の失敗」の事例も、革命のある時点で人びとが——もときた方向へではあれ——その意識を変えたということにはちがいない。私の意識変化という問題は、その方向は別にしても、なお政治的問題たることをやめてはいないのだ。

けれども、私たちの経験は、いまではもっと別のことを知っている。たとえばソルジェニツィンの『イワン・デニソヴィチの一日』が現われたときのことだ。自ら理由もわからずにラーゲリにつながれている農民イワンには、自分の境遇を、レーニンの国の理念に照して見るという意識がまるでない。「労働者・

農民の国なのに……」という意識が、一瞬でもこの農民の心をかすめたならば、それは「労農独裁」の国家にとって、一瞬の救いとなったであろう。人びとのそこに、政治はつけいることができる。だが作者は、この農民にそうした意識や行動を与えようとはしない。ソ連社会が「社会主義社会」か否かという政治的議論のレベルは、ここではどのようにも見出しえない。トロツキズム以降の「ソ連論」も、ここにきわまったということができるであろう。

こうしていままでは、政治的に人びとが変るという命題は、たんに自明でないばかりか、およそひとは政治的に変るものではないという、はるかに深い射程の否定命題を、暗い背景としてたてられている。革命の過程をなによりも大衆的意識変化をメルクマールとしてとらえようとする観点でいえば、これはまさに、およそ革命というものが、この世の深いところで失われていることの証左でなくてなんであろう。

二　私はわが手を焼いてとびのくことによって火の扱いかたを学ぶ

だが、それでもなお、政治的に「ひとびとも育つ」ということが了解しうるとしたら、それはどのようにしてか。

いま私は、私の意識変化の問題を、通常の教育のごとく、日常的意識のレベルで扱っているのではない。日常意識の堅い岩盤が動揺し、人びとが一瞬の放埒沙汰におちいる反乱を事実上の出発点として、この私の政治的集団が激しく何者かに成ろうとしている過程での出来事に「教育」の問題も限定されている。だがそれにしても、この限定は、「ひとびとも育つ」ことの自明性に、いくらかでも近づく助けになるであろうか。

「大衆の啓蒙」というレベルでの教育にくらべれば、たしかに革命の教育は、「急速」に成果をあげるといいうるかもしれない。だが「革命の教育学」には、もう一つやっかいな問題がつけ加わる。つまり、問題は終始「革命が」私を教育することであって、人びとの政治的意識を「変える」ことを仕事とする、党的集団が私を教育するのではないということである。

たしかに実際上は、革命過程で私が「育つ」ことと、この私を「育てる」立場からする介入とは、けっして切り離しえぬ事柄である。両者の混淆は、レーニン以降の史上の大衆反乱において、例外のない事実だといってよい。しかし同時に、このレーニンの革命においてすら、すでに問題の二つのレベルが、はっきりと分離されてとらえられていたことも、明らかなことなのである。たとえば一九〇五年の次の発言をみよう。

古い幻想は、すべて革命によって容赦なく最終的に吹きちらされてしまうであろう。革命は、いろいろの階級にはじめて真の政治的洗礼をほどこすであろう。これらの階級は、そのイデオローグの綱領や戦術的スローガンに自分の本性をしめすだけでなく、大衆の公然たる政治的行動においてもその本性をしめして、明確な政治的相貌をそなえたものとなって、革命から出てくるであろう。革命がわれわれを教育し、また人民大衆を教育することは疑いないが、しかし、闘争している政党にとっていま問題となっていることは、われわれが革命になにかをおしえこむことができるかどうかであり、またわれわれがわれわれの社会民主主義学説の正しさや、またただ一つの最後まで革命的な階級であるプロレタリアートとのわれわれの結びつきを利用して、革命にわれわれの刻印を押し、口さきではなく、実際に革命を真の決定的勝利に導き、民主主義的プルジョアジーの動揺性と中途半端性と裏切りとを麻痺させることができるかどうか、ということである。(5)

ここではほかに多くのことがいわれているけれども、いまはとりあえず、「革命になにかをおしえこむ」という率直な党の発言に注目しよう。するとこの意図は、「革命が人びとを教育する」という事実を前提としていることが、この発言の前半で同じく率直に認められていることがわかる。人びとは政党を通じて（政党に委託して）自己を表現するだけではない。私は自らの政治行動を通じて自らを政治的に表現し、このようにして革命をくぐりぬけ、革命からでてくるのだと、レーニンはいっている。

もちろんいうまでもなく、レーニンの主要な仕事は、終始、革命に「われわれの刻印をおす」ことだった。革命の日々のレーニンの文書は、こうしたものとしての文体の統一を示している。これにたいして、一九〇五年の革命でも一七年の革命でも、なによりも「革命が人びとを教育すること」、すなわち「大衆内部の意識変化」を基軸に事態をとらえようとしたのは、トロツキーであった。革命の大衆にむけて発せられたトロツキーの言葉と修辞学とは、レーニンの組織文書と対比して、なによりもこの点がきわだっている。

大衆は、われとわが手を焼いてとびのくことによって、はじめて革命の火をあつかうことを学ぶ。ボリシェヴィキは、ただ大衆の教育過程を促進させることができただけである。(6)

私たちはいまこの発言を、党の「意識性」にたいする、大衆の「経験主義」の強調として読んではならない。大衆運動自らが「革命の火をあつかうことを学ぶ」事実が、党の側からするこの過程への援助の前提として区別され、対比されているのである。さきにみたように、レーニンの場合もこの点でトロツキーと異なるところはなかった。両者の活動スタイルと文体とが力点を異にしていたとしても、それは卑俗な分業などではない。私が「育つ」ことと私を「育てる」ことの相関を通じて、かって革命とは、事実こうしたものの全体であったのだ。

私はいま、ロシア革命の証言を例として、「人びとが変る」という問題を、党の介入から理論的に区別してとりだそうとした。これはあたりまえのことだろうか。ここではまだ、党的集団の経験にとって、このことが何を意味するかについて記述する段階ではない。だが、もしこの区別があたりまえのことだとしたら、それだけ一層、政治において私の意識や行動スタイルが変るという命題が、自明性を奪われることは明らかである。私が「育つ」ということを、もはや理論上、党の思想や指導性の問題に仮託することができないからだ。

それでは、革命過程での大衆意識の独自の論理は、そもそも、大衆の生活意識の大地と政治的党派の意識性という両極に対立しつつ、孤独な理論の尾根道での検証に耐えうるものだろうか。たしかにロシア革命の政治家たちは、この命題をはっきりと擁護した。たとえば——

われわれは、事件の背後に集団的意識の変化を明らかにしようとつとめる。われわれは、運動の「自然発生性」を大ざっぱに云々することを排撃する。なぜなら、かかる言及は、なに一つ説明しないし、なんびとをも教えるところがないからである。革命はある法則にしたがって起るものである。このことは、行動する大衆が革命の法則を知っているということを意味するのではない。反対に、大衆的意識の変化は偶然的なものではなくて、客観的必然性に従属しており、そしてこの客観的必然性は理論的説明

を可能にし、したがってまた予言と指導を可能にするということを意味する。(7)

だが、このような理論的主張が、革命後十年にして当のロシアに登場した、「大衆意識の下部構造決定論」にたいするポレミークとしてしかありえなかったように、「大衆意識の変化」という論理は、すでにあらゆる毀誉褒貶につつまれて出発せざるえなかったのだ。レーニンやトロツキーは、この論理に革命論の基軸をおくことによって、ロシア革命の「よき時代」のみならず、「大衆の革命」という見果てぬ夢を最大限に輝かせた。しかし同時にこうすることによって、彼らはこの夢を、鋭い理論の隘路に追いこむことにもなったのである。

「革命の法則性」、「大衆的意識の変化の客観的必然性」とは、どのように検証しうるのか。「労働者の解放は労働者階級自身の事業だ」という命題は、どのように可能か。

第二節　集団の動力学

一　私の集団の再形成と諸集団の動力学の展開が私の意識を変える

ところで、前章で形成された私の政治集団は、「革命への千里の径庭」をいまからたどっていくのだと予告された。そして、さきのロシア革命の証言は、この道程が偶然の行き当りばったりのものでなく、「ある法則性にしたがって」たどられるのだと主張している。このことは、「大衆」の一人たる私自身が、「革命の法則」を知っていることを意味するものではないが、だからといって、私の道行きを大ざっぱに「自然発生的」などといってはならない。私たち大衆の動きも「客観的必然性」に従属しているのであって、こうした客観的な革命の過程こそ、ロシア革命以降人口に膾炙されるようになった「革命のダイナミズム」にほかならない。

それでは、「革命の法則」を知らないのだとされるこの私にとっては、革命のダイナミズムとは何か。ロシア革命の証言は、まさに、革命のダイミックな事件の「背後」に、私の「集団的意識の変化」があるのだと主張しているのである。だとすれば、政治の遍歴に出発しようとしている私の政治集団が、本章で、「集団意識の変化」という問題にぶつかったのは、文字どおり偶然でもなんでもない。私の集団が、革命への「千里の怪庭」を展開していくことは、まさに、私の集団的意識の変化として、この私にとって経験されるのだ。両者は、私の政治的経験史において、同じことなのである。

そこでまず、「革命のダイナミズム」とは本当のところ何なのかを、調べることからはじめよう。その際、革命過程を一つの動力学として問題にするためにも、大衆の運動を大ざっぱに「自然発生的」などと片づけてはならない。なぜなら、もしも私がたんに「ひとびと」とか「大衆」の一人にすぎないのであれば、「革命の法則」といっても、「大衆」の運動を全体として問題にしうるにすぎないからだ。これでは、革命の動力学も、たかだか「大衆」と権力集団ないし党的集団との外面的な相関としてしか扱うことはできない。このかぎりでは、いわゆる政治力学のレベルをいくらも超えることはできないであろう。仮にも革命過程のダイナミズムをいいうるとしたら、このダイナミックスの展開は、なによりも大衆自身の内部の動力学的関係によって駆動されるものでなければならない。

いいかえれば、大衆運動がその内部に異なる諸力の不安定な関係をもち、大衆が自らを変えることによってこの関係自体をも変えていく過程が、「革命の動力学」の展開といわれるのである。そしてここにいう「異なる諸力の不安定な関係」とは、すなわち端的に、革命過程における大衆的諸集団とその相互関係として、この私に経験される。通常このような大衆諸集団の展開過程が、種々の――「敵」であれ「味方」の側であれ――党的な集団（権力）の外的介入によるものとみなされる場合にも、大衆がその内部の矛盾を、諸集団として外化する動きがあってはじめて、党と大衆集団との関係もダイナミックな呼応の弁証法を生みだしうるのである。ひるがえってみれば、前章で私の政治的集団の形成が経験されたとき、この政治的経験が、敵前での緊張した過程であればそれだけ一層、味方を一つに結束する努力がかえって思いもかけず、唯一の集団でなく諸集団の対立を結果してしまう逆説が展開された。したがって、最初の政治集団としての大衆の政治同盟も、その集団的盟約と排他性の強さによって、かえっていくつもの大衆同盟として展開される契機を、自らのうちにもつものにほかならない。私は集団内面の矛盾を反乱世界に外化し、この世界を諸集団の対立として分化・構造化せしめるのだった。

それゆえ、反乱世界の政治的な展開過程は、たんにそのつど、唯一の敵と唯一の味方との「戦争」としてでなく、同時に反乱世界内部における、私たち諸集団の多元的な相関として展開されていく。「革命の動力学」への伏線は、このように、反乱世界における私の政治的経験そのもののうちにすでに孕まれていた。

けれども、くりかえすが、集団の経験史の記述は、諸集団の力学的関係とその展開を対象的に取扱うものではない。これまでにも大衆の集団形成の諸契機は、なによりも私の観念のレベルで経験されてきたのである。革命過程のそれぞれの段階で、私はその共同の観念（意識）に集団としての形を与えることをもって、現実の敵対的闘争を内面化する。そしてまた逆に、一定のシンボルとして形成された集団は、集団の各人を一つの共同的意志として形成するための、新たな媒介として機能する。各人による集団の形成＝集団による各人の形成という弁証法が、私の集団を集団たらしめている根本の関係である。

したがってここでは、集団の形成もその変化（解体を通じた再形成）も、なによりも成員の共同的意志の表現とその飛躍との関係で考えられるのである。だからこそ革命の動力学的展開もまた、そのつど敵対的闘争を内面化する、私の集団＝意識の形成展開過程として意味づけられねばならないのだ。

さて、このようにして、私の政治的経験史のレベルでは、人びとの政治的意識の変化という当面の問題は、なによりも、私の諸集団が相互闘争を通じて自らを変えていく過程として――すなわち、人びとの変化をその集団の変化として――追跡することができるであろう。逆にいえば、革命の動力学が諸集団の性格とその相互関係を変えていく過程は、ただこの関係の変化が集団の意志として内面化されることによってはじめて、この私の政治的経験として意味をもつようになるのだ。

人びとの意識変化にたいする集団の「有効性」は、従来、別の観点から一般的に確認されてきた事柄である。「一人一人の個人の習慣を変更するよりも、集団の習慣を変える方が容易である」（レヴィン）と、すでに「集団力学」の創始者たちがいっている。ここから、人びとの習慣を変えるための集団形成と、その運営技術の開発がすすめられてきたわけである。そして、革命の証言が、おしなべて大衆的意識変化の「急激さ」に言及している事実は、明らかに、人びとの集団的形成によって、彼らの意識変化が加速されることを示している。

革命過程で自らを形成する私の政治的集団の場合は、集団力学的な「人びとの習慣の変更」が、とりわけ「有利」であることは明らかである。ここでは、集団力学の命題を、あやふやな心理学的根拠で基礎づける必要は何もない。

それというのも、政治的集団の形成と変化とは、現実の敵対的闘争の内面化として、いつも自己の存亡を賭けておこなわれるものだからだ。この集団は、啓蒙とか内部討論とかの、心理学的過程によって形成されるものではなく、いわんや外部からする人為的・形式的形成物——「集団力学」的観点でいっても拙劣な——などではない。敵集団にたいする死活の関係の内面化として私の集団は、現実の力に押されて自らを形成し再形成する。

人びとの習慣の変更自体が広い意味で習慣的におこなわれる通常の集団とくらべて、政治的集団の特異性がここにある。従来の社会的集団が反乱し、反乱の集団として自らを再形成する場合のように、敵に直面して、それこそドラスティクな「集団の習慣の変更」がおこなわれる。反乱した人びとは、自らの死を防ぐために自らとその集団とを再形成し、かつまた、こうして形成された集団（意志）を媒介にして、集団の諸個人の意識と習慣とを強く急激に変えていく。互いに自らの存亡を賭けた、諸集団の動力学的関係のゆえに、その内面化としての私の意識＝集団形成がドラスティクなものとなりうるのである。このような集団形成が、その成員の意識形成におよぼす内面の力の緊迫さは、容易に想定しうるであろう。

それゆえ、「革命は教育する、しかも急速に教育する」という事実は、もともと、なんらかの「教育機関」による宣伝や煽動、あるいは制度的な革新の成果のごときものととらえることはできない。かつてレーニンは、「政治と教育学との混同について」という未完の論文を書き、この混同はデマゴギーだと批難した（全集第八巻、四五四ページ）。党による大衆の啓蒙・宣伝はいつの場合にも無条件で必要であり、この活動には「ある種の教育学の要素がある」。だがこの教育学を特別のスローガンに仕立てあげ、これを「政治」に対置させる者は、不可避的にデマゴギーに転落するのだとレーニンはいう。政治の独自の教育とは、現実の敵対的闘争のなかで、集団が死活をかけて自らを育てることだ。「実践による教育」とか「大衆の自己教育」とかいう修辞のレベルを脱して、「革命の教育学」を、明瞭にこの集団論にすえることが必要なのである。

実際、歴史上のあらゆる革命で、政治党派は、なんとしばしば革命の「自己教育」に依存しようとしたことか。それは彼らの党の負けおしみや任務放棄を意味したのではない。「革命」という彼らの夢が、根底で、「大衆が自らを変えること」に依存していたからなのだ。その後、党というものの宿命が、「革命は大衆自身の事業だ」という命題を、体裁のいいきまり文句に変えてしまったけれども、かつて党は、自らの革命のためにも、この命題の実現を文字どおり必要としていたのである。

だから、革命渦中で、彼らの党はほとんど異口同音にいっている——

われわれの出す小冊子が彼ら〔ソヴェト〕に社会民主々義をおしえないとしても、わが革命が、彼らに社

会民主々義をおしえるであろう。(8)

大衆は、権力を行使することによって、権力を行使することを学ぶ。ほかに学習の手段はない。幸いなことにわれわれは、プロレタリアートに社会主義教育を、というようなことがいわれた時期を、すでにあとにしている。(9)

二　味方の分裂で身を裂くことをつうじて私は古い身柄を脱皮する

このようにしてはじめて私たちは、人びとの意識が変るだけではなく、これが不断に変るという問題をも展望することができる。「革命の動力学」という観点が示しているように、革命過程での集団の歴史は、諸集団の関係の歴史である。集団は新たな局面での新しい敵対関係を再内面化することによって、そのつど相互に自らを変えていく。そしてすでに前章で経験されたように、この敵対的闘争はたんに民衆「外部の敵」との一致団結した闘争のみならず、民衆「内部の敵」との闘争であり、政治集団は後者の（近親憎悪の）敵対関係を、集団の分裂（分化）再形成として内面化するのである。

このような大衆集団の内部分裂が私の意識におよぼす影響こそが、真に破壊的であり革命的である。この分裂は、「昨日までの味方」を敵対的媒介としておこなわれるのであり、それだけ一層あいまいさなしに新たな「味方」は自分を知り、自分を形成せざるをえない。多数者の「統一」たる「国民的」「民主主義的」合意は破られるからだ。私は、身を裂くことを通じて、古い身柄を脱皮していく。

分裂を通じた集団意識の尖鋭化という以上の事柄は、歴史的にいえば、古くブランキ風の「永続革命」論のうちではじめて経験されたものにほかならない。たとえば――

俗流民主主義者は「圧制者」にたいする「人民」の、早期の、きっぱりと決定する勝利を予期していたが、われわれは「圧制者」を排除したのちの、まさにこの「人民」のなかに隠されている対立的要素のあいだの、長期の闘争を予期していた。(10)

このような「人民内部の長期の闘争」は、たんに「圧制者」にたいする「人民」の「きっぱりとした勝利」――国民的な「美しい革命」にはとどまりえない、十七、八世紀ヨーロッパの革命の、まさに「いとわしい」実相であったろう。歴史やあるいは「プロレタリア党」の戦術の観点から永続革命の問題をとりあげることは、いまは必要ではない。だが、ほかならぬ私の意識変革の問題として、その後ことあるたびに、このような「人民内部の闘争」が、論争のまととなってきた事実は消すことができない。

実際、もしも最初から、「二大勢力」の二元的競争のごとき政治関係が破れないならば、真の意味で、集団＝意識の革命的変化などとはいえない。ブルジョアジーとプロレタリアートの二大対立という概念も、これではついに啓蒙的な対立図式をぬけでることはないだろう。「プロレタリアート」は革命初期の民主主義的・国民的意識のままにとどまり、あとはこの力を「日々増強する」のだという話になる。しかし、たとえばレーニンは、革命が大衆を教育する事実に満足せず、この革命にさらになにかを教えこもうとした。この際レーニンは、「革命にわれわれの刻印をおす」ことを、なによりも、「ただ一つ最後まで革命的なプロレタリアート」により、「民主主義的ブルジョアジーの動揺性」を麻痺させることだととらえている。

いいかえればレーニンは、「圧制者」にたいする国民的・民主主義的勢力といった幻想に、「革命の教育」を基礎づけることを排する。もしも革命の不断の前進ということがありうるとしたら、この「革命的民主主義」勢力の集団的分裂による尖鋭な意識対立を通じて、「革命的プロレタリアート」が、他の集団意識にたいして自らを否定的に形成していくことでしかない。初期の大衆集団がその分裂と再形成によって、不断にその意識を尖鋭なものとしていく過程が、レーニンにとって人びとが育つことであり、人びとを育てることであったろう。

「革命の教育学」あるいは大衆の意識変化という難問が、真の意味ではじめて登場したのが、この「プロレタリアートの分裂」の時期であったことは、まったく特徴的な事柄である。第一次世界大戦後の革命期に、マルクスとエンゲルスの「社会民主党」が組織的に分裂し、相互に敵対するという事件が、全ヨーロッパ的に生起する。老エンゲルスが想定したような、労働者階級の「日々増強する部隊を決戦の日まで無傷のまま保っておくこと」などは、事実たんなる楽観的な幻想にすぎなかった。「ブルジョアジーとプロレタリアートの対立」を、二大集団が表現する（と称する）幸福な時代はここに終った。いわば革命の政治と教育学との蜜月（混同）が終ったのだった。

このような事態が、実際上、「革命が人びとを教育する」という命題を、ほとんどぬきさしならぬ隘路において登場させたことは、容易に想像することができる。ありのままのプロレタリアート――通常それは社会民主党のような「大衆政党」に組織化されている――は、革命過程では不可避的に組織的な内部分裂を経験する。しかしそうであればこそ、プロレタリアートの既成集団の分裂による、革命派大衆の新たな集団形成が、大衆の「意識変革」とまさに呼応したものであるか否かが、枢要の問題として登場するであろう。ドイツ革命の経緯が示したように、マルクス―エンゲルスの組織のほとんどずたずたの分裂は、しかし結局、新たな共産党の結成と呼応する革命派大衆の権力形成として展開されはしなかった。「プロレタリアートのイデオロギー的危機」、「階級意識をもたないプロレタリアート」等々への呪詛が、ヨーロッパ共産党の指導者のうちに、一斉に生れたのはこの時のことだ。プロレタリアートの分裂を契機とする革命派の新たな集団形成が、たんにイデオロギー的・形式的にしかなされず、プロレタリアート自身は、工場のなかで、「プロレタリアート独裁を打倒せよ」と叫びつづけた。要するに「大衆がついてこなかった」という現実——その後ありふれたものとなる真実——がはじめて露呈した。

しかし他方、ロシアの例がそうであったように、大衆集団の分裂的展開が、大衆意識の飛躍による組織の飛躍にとって、決定的な契機であり条件であることもまた真実である。毛沢東ではないが、革命過程は私の政治集団の「団結、分裂、さらに団結」としてあるしかないであろう。くりかえすけれども、私の政治的意識の飛躍は——もしありうるとしたら——自らの死活を賭けて革命過程に呼応する、大衆集団の脱皮を媒介にしてしかありえないからなのだ。これこそが「事件の背後の集団的意識の変化」ということである。ここで「事件」とは、くりかえすまでもなく「革命の動力学」、すなわち諸集団の力学的相関の展開である。

トロツキーの歴史記述が、深くダイナミックであるのも、「革命の諸事件の直接的原因」を、「相争う階級の精神状態における変化」とみなす史観にもとづいているからである。レーニンがそのプロレタリアートを、ブランキ以降の永続革命論の脈絡で「ただ一つ最後まで革命的な階級」と名づけるのも、以上の点に関連している。レーニンにとってプロレタリアートとは、「革命の諸事件」、すなわち社会の集団的分裂と相剋の過程に耐え、この過程を永続させるべく、不断に自らを形成してきた、大衆の政治集団を指すのである。

第三節　「意識変革」

一　私にはひとの心はわからない――しかしひとびとの心はわかる

革命過程での人びとの意識変化を、なによりもその集団の変化として経験しようとする前節の立場は、実は一つの方法的前提を踏まえている。それは、政治的経験における人びとの意識の変化などをいったいどのようにして知りうるか、という問題である。

というのも、現実の政治的言語は、「ひとびとが育つ」こと、すなわち人びとの政治的意識を、しばしば一種の集団的擬人化によって表現し、こうすることによって意識の問題を神秘化してしまうのである。

たとえば――

私たち労働者が日本国民として日本の政治に対して意志を表わすことに遠慮はないと考えます。(11)

あるいは――

われわれは、プロレタリアートの階級的意識の覚醒を阻んでいる、既成の社会主義者に対する批判者として立ちあらわれるであろう。(12)

ここでいう「プロレタリアートの階級意識」や「国民の意志」なるものが、なにか実体として存在するわけもないのだから、こうした言葉は一つの抽象であり、いつもなにがしか「借称」を意味している。だがここでは、私が前に政治的言語の機能としてふれた、「意味の詐称」(第一章第四節)ということに問題を解消してはならない。つまり、政治言語がそもそも多少とも手前味噌だとしても、しかし、政治発言がもし完全に恣意的なものであれば、そこにおよそ政治というものが存在しえぬことになる。文字どおり「勝手気まま」な発言は、政治発言のカテゴリーには入らないのである。それゆえ、一個人の発言といえども政治発言であるかぎりは、人びとに知りうること——政治的な伝達の可能性——が、どこかで保証されていなければならない。しかし、自分の発言がどのように「客観的法則性にのっとっている」と正当化したところで、こうくりかえせばくりかえすほど、この発言自体が政治的・イデオロギー的発言であることを、ますます証明するものでしかない。

だとすれば、「国民」という実体が存在しない以上、私はこの「意志」をどのようにして知りうるのか。国民の一人一人の意識をたとえ調査しえたとしても、それで「国民」の擬人化が破れるものではない。だから、さきのような政治的言語のうちにも、ひとはひとの意識を知りうるかという、一般的でやっかいな問題が基底に横たわっている。ひかえめにいっても、私たちの政治的経験において、「政治的意識を知る」というのはどういうことなのか。

前節では、政治的経験における人びとの意識は、私たちの集団の意識として経験されることが主張された。だから、もしもイデオロギー的擬人化を避けて「ひとびとが育つ」ことを把握しようとすれば、それは、現実の諸集団の関係とその変化とを指標として読まれる以外にはない——、という態度が、そこでは暗黙のうちに前提にされていた。私たちが政治的な事件として人びとの意識（変化）を確かに把握しうる根拠は、この私の集団にしかないのだ、と。

ひとの意識を知るうえでのこのような態度は、それ自体が根源的に政治的な性格のものである。政治的経験における知の性格として、このことを了解することは重要なことだ。なぜなら、人びとの意識が集団の意志を媒介にして読まれるかぎり、それは諸個人の意識からすれば、政治的に「詐称」され、「搾取」されやすいなにかだからだ。

しかし、すでに第一章で述べたように、この詐称や搾取は、集団外の諸勢力（権力や党）による作為だとはかぎらない。集団がその共同的意志の表現を、言葉にしろ行動スタイルにしろ、社会的流通手段を介しておこなわざるをえないところに、この現象は根本的に根拠をもつのだから、それは一つの政治的な宿命である。トロツキーは、大衆的意識変化が偶然的なものではなく、「客観的必然性」に従属しており、この法則性のゆえに、大衆的意識の変化は「理論的説明を可能にする」のだと強調したが、この可能性の根拠も以上のことのうちにある。そして、「革命の動力学」という彼の観点の根底にあったものも、大衆の意識変化は——意識した諸個人の相互作用によって生ずるにもかかわらず、これら諸個人の意識のうちにではなく——全体として諸個人から独立した、一つの「客観的連関」（マルクス）のうちにこそ現われるのだという考えであったろう。この「客観的連関」こそ、端的に革命過程における諸集団の連関である。

それゆえ、政治において諸個人の意識が、集団のスタイルを介して、その集団の意志として読まれることは、各個人の想いを越えた一つの客観的形成物を、政治の知が対象としていることを意味している。

このように諸個人は、その意識を集団（意志）の形成として外化し、表現することによってはじめて、政治的に知りうるものとなる。危急存亡の革命過程で、私たちがその共同観念に、集団意識として形を与えるそのかぎりで、逆に私たちは集団を通じて私たちの共同観念を読むのである。だからまたそのかぎりで、大衆的集団の変化という諸事件こそが、大衆意識の変化を読みとりうる指標なのだと前節ではいわれたのであった。

しかしそれでは、革命渦中で人びとの意識変化を経験するこの私は、その実、「革命の法則性」を把握する対象的な理論の立場にすでに移転してしまっているのだろうか。別のいいかたをすれば、集団の意志とは、その内で行動する諸個人にとってはしょせん一つの抽象、一つの客観的形成物にすぎないのだから、集団の変化を人びとが変ることとみなすのは、この私からすればやはり集団を神秘化することだろうか。だがまた他方、私が革命渦中の集団でこそ「他者たち」を知る、という事実も変らぬ真実である。私に「ひとの心」などわからない。革命過程といえども、とくにこれがわかりよくなるはずはない。だがたしかに、すくなくとも「ひとびとの心」はわかるのだと納得する一時期を革命はもつ。このとき、たんに理論の立場のみならず、この一時期を生きる個々人が、他者たちとの共生を通じて他者を知る。「革命の記憶」がこれを証言している――

この事件に参加したひとびとはひとりのこらず、のちになって、革命を背景としてはっきりと輝いているあの単純で驚嘆すべき日をふりかえってみた。あの霊感にうたれたような人間洪水のイメージは、それを見たひとびとの記憶に永久にきざみつけられている。(13)

私の記述は、終始このような場所――アジテーターの経験史の場――でおこなわれている。そのかぎり、この私と他者たち集団との分断――通常集団の疎外現象といわれるような――は、あくまで一つの政治的な結果であるにすぎない。だがそれにしても、この私、いまの証言にあったような「ひとびと」のうちの一人の私とは誰か。

いまここで、この私（個人）が、いわゆる「個体」の観念とは別のものであり、また「およそひととは政治的に変るものではない」というときの「ひと」のことではないことに注意するのは、大切なことである。あくまで、政治の「霊感にうたれた」者、レーニンが「政治に突入してきた大衆」と呼んだ者たちの一人が想定されているのである。そして実際、革命過程で集団をつくる者たちはこのような諸個人である。

集団の物神化におちいらないためには、私たちは集団を人びとの構想力の所産ととらえねばならない。しかし逆にこのためには、ここでいう「ひとびと」が、そもそもの理論の出発点から、集団をつくる諸個人――共同的個人――として把握されていなければならない。これはけっしてどうどうめぐりの矛盾ではない。

このようにしていま、私の記述における第二の方法的前提がはっきりと表明されることになった。集団の意識は共同的個人としてのこの私の経験である。政治的な諸現象は、観察や対象的理論の立場ではなく、かかる私の政治的行為がつくりだし私がこうむるものとして経験される。そのかぎりで、私は私と他者たちの政治的意識をも知ることができる――。意識もまた経験に属するものだからだ。

二　私は私の自己変革の問題を倫理から政治のレベルへと奪還する

これまでにも私は、革命の「過程」とか「動力学」とかいう言葉をつかってきた。これらの言葉を支える根本的概念は、もちろん「時間」である。もしも私たちが、クーデタや「日々増強する部隊の決戦の日」によっては「革命」をイメージしないとすれば、ダイナミカルな問題の物理的な定義に属するこの「時間」を、あらわに問題とせねばならない。「われわれは待つすべを心得ている」とレーニンもいった。時間の命令にしたがうことは、革命の場合にも、政治の定義に属することであろう。そしてこれはまた、政治的形成の根本的に受動的な性格をを示すものである。

政治の経験史、あるいはアジテーターの政治的遍歴史という言葉が使われているのも、このような文脈においてである。政治的経験のなかのひと（集団的自己意識）は、革命過程の敵対的闘争のうちでそのつど新たに自己を形成し、同時にこれを集団として表現していく。革命における諸集団の動力学的展開は、このように集団的自己意識の経験史として内面化される。内面化されてはじめて、革命の過程は「ひとびとが育つ」過程として了解しうるのだ。もちろんこの過程は単線的な進化の過程ではない。人は自らの集団の分裂に身を裂きつつ、事態そのものの「力に押されて」新たに変容していく。これは彼の集団に敵対する集団においてもまったく同様であり、敵に深傷を与えようと欲すれば、彼自らも身を裂く痛手を避けることはできない。こうした変容の過程に耐ええなくなったとき、アジテーター、すなわち集団的自己意識は潰える。彼の古い集団だけがなおイデオロギー的・形式的に残るということはあるだろう。だがその時点で「革命」はすでに終っているのである。

明らかにこのような政治の経験史は、「意識の経験史」や、あるいは、魂の遍歴を表現として形づけていく、あのビルドゥングス・ロマン（教養小説）の形式をおもいおこさせる。だが、出発点から根本的に異質なのは物語の主人公の性格である。政治の遍歴史では、彼は最初から集団としての自己（意識）であって、自己としての政治集団が潰えた瞬間に、この遍歴史は現実的に終りを告げる。私は永久に「意識」や「魂」をもって生きねばならない。だが、私は、つねに政治的自己でありつづけねばならないということはないのである。

以上のような意味で、革命により「ひとびとも育つ」という命題は、基底的に政治的私の経験である。しかし、「ひとびと」の意識をその集団の意志として読むといっても、もしも既成の抽象化された集団意志（「われわれ」）や「階級意識」などから出発するのであれば、この意識を神秘化し、物神化することを根本で回避しえぬであろう。いわんや組織としての集団とそのメンバーから出発してはならない。政治的私は、革命過程の時間に沿って、自らをそのつどわれわれとして形成していく（形成される）者だ。

「あるとき」このような私は、事実たしかに存在した。ひとびとが急速に育つといいうるのは、このような「あるとき」のことだ。

けれども、従来、政治的意識の問題は、こうした集団的自己意識の問題として十分に考えられてきただろうか。一方では、政治意識の集団的擬人化は、たえず私の政治的自己意識を物神化する——。マルクス主義における「プロレタリアートの階級意識」論のていたらくを思いだすとよい。もとより、経済的階級や近代組織労働者としての「プロレタリアート」の存在に、階級意識の物神化も「物質的」な根拠をもっている。

だが、問題は終始観念のレベルのことであって、プロレタリアートは、革命過程で集団として自己を変えていく射程の、もっとも深い者たちとして措定されるべきものだからだ。私はさきに、「階級意識をもった革命的プロレタリアートがいたなら」というベラ・クンの発言を引用したが、若いルカーチも、おそらくベラ・クンと同席して、彼のこの敗北宣言を聞いたであろう。その後、プロレタリアートの階級意識について問いをたてたルカーチの現場は、このようなものだった。

だが、ルカーチのプロレタリアートも、もっぱらその意識を問題としながら、自らの相互作用を通じて、自己を変え集団を変えていく、独自の主体としては考えられていない。このことは、プロレタリアートの意識の問題を「党」のレベルから切りはなし、独自の「革命の法則」として問う視点がルカーチに欠けていることに、端的にあらわれている。「階級意識」、すなわち「近代プロレタリアートの歴史的使命」という党のイデオロギーが最初から前提とされ、これとの対比で、現実のプロレタリアートの「イデオロギー的危機」が問題とされているにすぎない。

しかし他方、政治的意識の物神化の反面で集団的自己意識の問題は、いわゆる「組織の中の個人」のマゾヒズムに解消される。ことに、物神化のはなはだしさは、本来端的に政治の問題としてたてられたはずの、いわゆる政治的「意識変革」とか「自己変革」の問題を、たえず「個人の問題」のレベルに追いやってきた。そのようにして、「ひとびとも育つ」ことは神秘化され、それだけ政治の固有のレベルを離れてしまうのだ。

たとえば――

必要な歴史哲学的意識〔マルクス主義的意識〕が個人のなかで正しい政治行動にまで、すなわちひとつの集団的な意志の構成部分にまでなって、めざめ、さらにこの行動をも決定することができるようになる、そういう決断を、個人のなかによびおこすのは、どんな倫理的思慮なのか。(14)

いま私たちはこのような設問のうちに、梅本克己氏など戦後主体性派の問いと、きわめて類縁の意義を見出すことは容易である。一見するところこうした問いは、政治集団の物神化を排し、「集団的な意志」や「政治行動」と「個人」の問題とを結びつける努力にみえる。だが実際には、このような論理は、いつも――通常はもっと粗野な表現をとって――個人の倫理的な問題への政治の不当な越境を許し、政治による「個人」の倫理的な抑圧の論理として使われる。なぜならこの論理では、「正しい政治行動」＝「革命的プロレタリアートの政治」が、すでに倫理的に――すなわち絶対的に――前提されている。個人が正しい政治に「めざめる」ことが、この前提のゆえに、逆に倫理的問題だと予断されているのである。「自己変革」の問題を倫理的問題の方におしやることによって、この論理は「政治と個人」や「組織と個人」という俗論――結局は「個人」か「組織」かの神秘化におちいる――をいつまでも野放しにする。「正しい政治行動」の問題が、あくまで政治の問題であるのとまったく同様に、政治のなかで個人がこの「正しい政治行動」にまでめざめ決断する問題も、終始固有の政治問題なのだ。

ことわるまでもなく、「個人の問題を無視する政治の論理」を擁護するために、このようにいうのではない。個人の「自己変革」や「決断」の領域を政治的経験から分断することによって、かえってこの領域を倫理的に支配しようとすることこそ、本来の政治の堕落である。のちにふれるように、こうした「政治外的強制」の誘惑にうちかつことが、政治の最低のモラルなのである。

くりかえすけれども以上の意味で――その意味でのみ――革命の道程は「ひとびと」および「ひと」の変容する（「めざめる」）過程である。そして、ここまでが、政治的経験史がかかわりうるぎりぎりの線である。なるほどこの先でなお、「およそ政治的にひとは変るものではない」というときの、「ひと」の領域を確保することはできる。政治的な共同的個人とは別の、「倫理的個人」の「倫理的思慮」の問題を問うことはできよう。だがここにいたって、なお、かかる「ひと」の問題にまで越境することは政治には許されない。このときはじめて、問題は固有の政治的領域を離れるのだ。

私は「ひと」の政治的経験史を記述する本書の終章で、このような境界の領域へ回帰していくであろう。

第四節　集団討論

一　集団の討論を通じて私は集団意志飛躍の内面的過程を経験する

〔ロシア革命の〕弁舌。これにくらべると、カーライルの「フランスの演説洪水」も、ちっぽけな小川であった。劇場、工場、学校、クラブ、ソヴェトの集会場、組合本部、兵営、などでの講演、討論、演説。……戦線の塹壕内、村の辻広場、工場、などでの集会。……社会民主党、無政府主義者、その他だれが何をいおうとも、その語る間は傾聴しようとして、プチロフ工場がその四万人を吐きだすありさまは、何というおどろくべき光景であろうか！　何カ月もの間、ペトログラードでは、そしてまたロシア中のいたる所で、あらゆる街角が公共の演壇であった。汽車や市内電車のなかでは、即席の討論がいつも所かまわずにほとばしりでた。……(15)

このようなロシアの「演説洪水」こそ、そこで人びとが政治的意識を変えていく真の現場であった。最終的にはソヴェトの公式決議に集約される集団意志も、「所かまわずにほとばしりでる」無数の大衆討論の一つの成果であったことはいうまでもない。

そこで、前節をうけて、人びとがその政治意識を飛躍させる内面の過程を追体験するために、「演説洪水」のうちの一つの討論に焦点を合せてみよう。もっとも、一般的な演説会や街頭を彩る人びとの際限もない自己表出ではなく、こうしたものをいわば背後で構造化している諸集団のうちの、一つの集団の内部討論をとりあげるのである。ここでも、私がさきに書いたように、「夜は会議につぐ会議、いいかえれば言葉・言葉そしてまた言葉」という状態に変りはない。

いま、この私の集団では、新たな闘争に直面して、一場の内部討論が開かれようとしている。私は、この局面で、集団にとっての喫緊で新しい課題を感じとっている。けれども、まだ誰も集団の全員を統一するようには、この課題をいい表わしえてはいない。もちろん、確かに昨日の時点では、一つの集団意志が明言されていた。しかし私の集団は政治的形成の途上にあるのだから、昨日の意志が「綱領」に成文化されたわけではない。というより、昨日の自分はすでに今日の自分としては不十分となり、再度集団成員相互の意志一致がはかられるべき局面に、いま私の集団は立っているのである。闘争の展開に沿って、集団が自己自身に成っていく過程は、集団が反乱の大衆集団であるかぎり、このようなものでしかありえない。

ともかくもこうして、新たな闘争のたびごとに、いま、集団の内部討論、いわば車座の寄合が始められる。こうした討論においては、一定のアジテーター（主宰者）のリーダーシップが、最初から貫徹する場合も実際には少なくはない。集団成員の自己確認と集団「われわれ」の意志とが、この場合にはアジテーターの発言のうちに表現され、彼の発言を媒介として集団は自己を確認する。この構造は、そもそも集団を集団たらしめた媒介構造と同じものであり、ただ革命過程においては、不断に、しかも幾重にも、この構造が積み重ねられるというにすぎない。これはつまり、集団がその意識を変えていく過程の一こまである。

けれども一般的にいえば、集団内の討論は、それ自体があたかも自然過程のように、一つの確率過程をとることは顕著な事実である。各人の発言はゆらぎつつ一定の集団表象に近づいていく。最初、幾人かの発言者が課題の周辺をゆきつもどりつ長々としゃべる。これらは「的を射ていない」という漠然とした、だが鋭い苛だちを各人すべてに呼び起し、この苛だちは発言者自身に痛いほどはね返る（ように見える）。いわばこのような発言者は、その発言のあいまいさによって、逆に課題自体の喫緊さをきわだたすという働きをする。的はまだ射られていない、だが、射られるべき的の鋭い収斂性は充分に（むしろ過度に）全員の意識にのぼる。

こうして次の発言者は、いきなり問題の核心にラジカルに身を投ずる。すなわち――最初の演説である同志エゴーロフの演説は、つぎのような点で興味があるにすぎない。すなわち、彼の態度（私にはまだはっきりしない、どこに真実があるのか、私はまだ知らない）は、このほんとうに新しくかなり複雑で細部にわたった問題の意味を、なかなかのみこめなかった多くの代議員の態度を非常によくしめしている。つぎの同志アクセリロードの演説は、はやくも問題をいきなり原則的に提起した。それは、同志アクセリロードがこの大会で行った最初の原則的な演説、総じて〔大会〕最初の演説であった。(16)

けれども、この「最初の演説」の原則主義は（右むきであろうと左むきであろうと）、集団各人の過度の苛だちへの反応として、しばしば極端な主張となる。これは過度に主観的な言辞や極端な事例をもちだすことによって、なお定形を固めていない集団の内部を激しく一方へ揺さぶり、こうして集団の全員を自己表出へと挑発する。討論はこれによっていわばはずみがつき、集団の意識は一時的に鋭く二分される。一方ではこの発言を鏡として、この発言において自分が発言していると感じ、他方ではこの発言が否定的媒介となり、各人は否定的な自己表出へと導かれる。そして後者は、さきの発言者に反対して逆方向の極端を主張する演説者を、自分たちの代表として次に迎えることになる。

集団の通常の討論では、このような討論の振幅はいくつかの方向に偏向しながら重ねられ、一定の集団意識へ収斂していく。討論をこのようにまとめていくことをリーダーの技術というならば、最初に討論を挑発することもまた彼の能力ということになろう。そして、討論の振幅が最後まで収斂せず、各人の疲労のなかへ散逸してしまい、集団の意志一致が偏差の大きい平均値としてしか獲得されない場合も実際にはしばしばあろう。

けれども討論といっても、ここでは、闘争中の集団の存亡を賭けて、一つの切迫さをもってそれがおこなわれる場面が想起されねばならない。それに、集団はいま、大衆の政治組織として第一次的な意志の同質性を獲得しているとはいえ、それはなお、敵との闘争という現実に直接に規定されているのであり、あらためてゆすってみれば、集団各人の(社会的)性格・履歴の差異が俄然表面化しうる段階にある。それゆえ、討論において互いに他者の発言に自己を映すことによって、集団的自己が集団内で再確保される過程は、切迫した後もどり不可能の一つの事件となるのだ。反乱の政治集団は、その組織過程で、一度はこの内部的事件を経験するのだといってよい。

そのとき、集団の討論のいわば実践性は、集団成員の激しい相互対立を通じて、鋭く一定の集団意志への収斂を生みだす。それはかならずしも、その集団各成員の(性格や履歴の)同質性を結果として証明することは意味しない。むしろ集団の切迫した自己表現が、各人の個的多様性を、敵対的闘争の一点で政治的に集約する必然性を示すのだといってもよい。政治的経験の定義(本書、第三章第二節)が、各人の行為をスローガンと組織の集団的経験へと再統合するものであったことが、ここに内在的に経験される。

しかしながら逆にいえば、このような討論は、その切迫した自己表出性のゆえにその振幅の激しさを収斂させえず、一つの集団内におもいがけず新たな敵対関係を生みだすということが起るのだ。内部討論を通じて、集団は新たな対立関係をそれ自体のうちに生みだす。ある場合にはこれは集団の分裂すら結果することになる。だからこの段階での討論の切迫性とは、たんに敵前での切迫性ということではなく、集団が政治的意識を変えていく道程が、集団の組織的分裂の可能性を背にしてたどられるということを意味している。

集団の組織的分裂は、討論に先だって予感されていたとしても、予想され、あるいは予定されてはいなかった。それというのも、集団としてのある意志一致は、討論の前提であり、出発点だったのであり、組織分裂はあくまで、この集団が敵前で以前の意識を変えていく過程での、おもいがけない事件なのだ。

私は以下に、このようなおもいがけない事件として、集団の内部討論の例をあげよう。有名な党大会におけるレーニンの党の分裂のことだが、これはさまざまな意味で象徴的な事件だった。

いうまでもなく、歴史的には、ボリシェヴィキとメンシェヴィキの分裂が、この大会を契機に起る。それゆえこの大会は、ロシアの党の将来にとって、一種宿命的な伏線となっていくのである。

しかしもとより、この場合は集団といっても「党」のことであり、これはまだ私の経験には現われてこないカテゴリーである。けれども、のちに第七章でみるように、およそ革命にとって「すでに存在する」集団たる党が、もともとはどのように形成されたのかを、以下の例はよく物語っており、かくてはるかにのちの党経験の伏線にもなっていく。

だが、レーニンの党形成を、この段階で、集団の自己形成の例としてひきあいにだす根本的な理由は別にある。つまり、討論を通じた集団の分裂が、ここでは、ほかならぬ集団の「規約」をめぐって起ったということだ。一般に集団の規約とは何か。政治集団が集団的自己表現の過程に耐え、そのつど一定の集団意志を形成していくとき、そのある段階で、集団は自らの意志を組織の規約として形式的に明文化する。前章との関連では、闘争の一定段階で、盟約集団はその盟約を規約として表現するといってよい。レーニンも、ロシアにおける数十年の社会主義運動の蓄積を経て、党組織を結成しようとするにあたって、端的にこう述べた。

「組織するということは――なによりもまず規約を作成することを意味する。」*

＊以下、本節の引用はとくにことわらないかぎり、レーニンの『一歩前進、二歩後退（わが党内の危機）』（邦訳、全集第七巻）からのものである。

実際、レーニンにとって規約が問題となったのも、彼自身の組織（「ロシア社会民主労働党」）の事実上の結成大会（第二回大会）においてであった。ボリシェヴィキとメンシェヴィキとが分裂したことをもって名高いこの大会は、一九〇三年七月三十日から八月二十三日まで（!）、五十名ほどの代表をもって、全部で三十七回の会議をロシア国外でおこなった。そして、党結成が逆に分裂を結果したそもそものきっかけが、党の規約、その第一条をめぐる問題であった。「規約第一条」はまさに組織の自己規定、つまり「自分は誰であって他の誰ではないか」の形式的規定を意味するのだが、大会で争点となったのは次の二つの案文である。

「党の綱領を承認し、物質的手段によっても、党組織の一つにみずから参加することによっても、党を支持するものは、すべてロシア社会民主労働党員とみなされる。」（レーニン案）

「党の綱領を承認し、物質的手段によって党を支持し党組織の一つの指導のもとに党に規則的な個人的協力を行うものは、すべてロシア社会民主労働党員とみなされる。」（大会で採択されたマルトフ案）

これらの条文を字義どおりに見れば、党組織に加盟しない者を党員と認めるという奇妙なマルトフ案は、レーニン案とは大きく相違しているように思える。だが、レーニンたちにとっては当初、この相違は党を割るほどのこととはけっしてみなされていなかった。レーニンはマルトフ案に反対しつつもなお、大会でくりかえし次のように発言している。

「私は、われわれの意見の相違〔第一条にかんする〕を党の生死を左右するほど重大なものとは全然考えない。規約の条項がまずいくらいでは、われわれはまだほろびたりしない！」（全集第七巻、二六二ページ）

実際、レーニンはこれまで、党機関紙『イスクラ』を通じて党の組織計画を提示し、「また一年のあいだこの計画を系統的に、たゆみなく実行してきた」のだし、大会は、この「特定の組織上の思想を党全体が承認し、それを正式に確認する」任務を、党規約の採択によって「完了」させねばならなかった（二四八ページ）。そして、大会代議員の圧倒的多数派を構成するこの「イスクラ派」の事前討論においても、規約第一条はとりたてた争点ともならなかったのだという。また、ローザ・ルクセンブルクの批判（「ロシア社会民主党の組織問題」）に答える論文で、レーニンがいうところでは、「ロシアの警察支配のもとでは、党組織に所属することと、たんにこの種の組織の統制のもとで活動することのあいだに非常に大きな相違がある」（五一七ページ）という考えも誤っているとされる。

こうして、第一条をめぐる「小さな意見の相違」は、たんに「われわれの壺にはいった小さなひび割れであって、この壺を固むすびの紐で（連盟の大会のときにヒステリーに近い状態にあったマルトフにそう聞きとれたような、首くくりの縄ではなく）、なるべくかたくむすびつけることもできた」（二六三ページ）と、レーニンはいう。

けれども実際には、一条をめぐる小さな割れ目は、大会の討論を通じて党を分裂させるところまでいく「巨大な意義」をもつようになった。小さな意見の相違はあくまで固執され、意見の相違の根と枝葉とがあらいざらいさがしもとめられていく。討論における意見の振幅は、一つの組織的結集の幅を振り切るまでに大きくなり、当事者のすべての予想に反し、組織の内部討論は、もはや討論それ自体のものではない力によって、組織の分裂にまで自己回転していったのである。

二　私の発言は組織内部の異相を挑発し集団意志の分裂を発見する

さて、この大会の討論を通じて、規約第一条をめぐる「小さな相違」は、おもいがけず「巨大な意義」をもつようになったのだが、本章の文脈にひきつけてみれば、まさに問題は、集団の自己確認という集団意志形成の根幹にかかわっていたということができる。それゆえ、この問題で泥試合を演じたロシアの党の、愚直な誠実さは疑いえない。たしかにレーニンにしてみれば、「わが集団とは何者か」という点での意志一致は、機関紙を通じた彼の努力によって、すでに十分かちとれていたはずだった。この点こそが、まさに集団形成の根本だからだ。けれども、何かを宣伝したり教えこんだりすることとは別のこととして、まさに集団討論が経験される。とりわけ政治では、どんな立派な意見でも、討論を経たものでなければ立派とはいえないという不文律が支配している。

かくて、私たちが一定の集団意志を形成するために、各自の実践的立場をさらけだして交渉する政治集団の討論では、一つの思想のうちに隠されていた異相が、いきなり表面にでてくるということが起る。最初のあいまいな発言がつくりだす私たちの苛だちは、さきに述べたように、「問題をいきなり原則的に提起する」演説を誘発し、この原則主義が期せずして異相を挑発するのである。レーニンの集団では、「同志アクセリロード」の演説がまさにこれだった。

アクセリロードは、「組織には所属しないが、なんらかの形でその組織を援助し、党員とみとめられていた多くの人々」をひきあいにだした。この発言はただちに、「自分は社会民主主義者であると考え、そう声明する一教授」から「中学生たち」や「革命的青年」、はては「どのストライキ参加者、どのデモ参加者も自分の行動に責任を負って、自分は党員であると声明することができる……」といったように、党員資格の事例の果てしない拡散をまねいていく。大会において規約第一条のマルトフ案を擁護した者たちも、レーニン的な意味での厳密な党組織を否定したわけではない。しかしにもかかわらず、集団的討論のなかで彼らは、「党員という名称が広範にひろまればひろまるほどよい」というまでにいたる。そしてここから、次のような一種混乱した主張にまでいきついていくのである――「直接に組織に加入させることはできないが、それにもかかわらず党員である一部の人」、このような人びとの組織を「党にいれ、しかもそうしたからとて党組織にはしない、というふうにすることができる。」（マルトフ）

逆にレーニンの側からしてみれば、彼も、厳密な党組織以外の、広範な組織にたいする影響力や指導を否定するわけではなく、事実『何をなすべきか』以来の主張をひきあいにだして彼はこの点を強調する。だがしかしレーニンは、「党に同調する」諸個人（諸組織）にまで党員の名称を与えることにかたくなに反対する。

こうして、論争はまさに党（員）の名前、党の定義いかんということになる。定義の問題にすぎない、ということもできよう。当時のロシアの党組織の実態からいえば、規約第一条草案のどちらを採用しようが、この実態は影響を受けない。その意味で相違は小さなものだとみなされ、マルトフ派からも討議の途中で「とりひき」が提案されもしたのであろう。だから、規約をめぐる討論は、そもそも混乱した概念を前提にした混乱せる論争、愚直な一場の喜劇のごとくに思えるのである。とりわけ当時のロシア国内の党員たちが、問題をのみこむには骨が折れたにちがいない。

だが、そもそもこの討論においては、くりかえすが、一つの組織が自分は誰なのかと自らに問いかけているのである。だからこそ、反乱の集団がその意志を形成（再形成）していく過程では、ある時点でこの問いが純然たる作文やたんなる討論の問題ではなく、内部の一事件となるということが起るのだ。極端な「賛成」「反対」の討論を通じて、思いもかけずここでそれぞれの組織が成員たちによって再発見される。

実際、マルトフ派（メンシェヴィキ）にとっては、党組織とその影響下にある広範な組織と諸個人の総和、その集合態が党（あるいは党員）と名づけられる。討論を通じて、彼らはこのような自分たちの定義を極端に鮮明にしつつ発見する。だから、「レーニンの定式化した第一条は、プロレタリアートの社会民主党の本質そのもの、その諸任務と、まつこうから原則的に矛盾している」（アクセリロード）とまで主張されるのである。他方、レーニン派（ボリシェヴィキ）は――私はのちに第七章でこの点にくわしくふれるつもりだ――この集合態から党の定義を峻別することに固執する。党はその依拠する階級とその運動から厳格に区別されねばならない。この区別を抹消し、党員であると「声明する」者をみな党員と認めるメンシェヴィキは、「プロレタリア的な組織と規律」に敵対し、「ブルジョア・インテリゲンツィア的個人主義に味方」する者なのだ、と。（全集第七巻、二七六―七ページ）

こうなれば、揺れ動きつつ一つの集団的意志の形成へむかっていくという討論の弁証法は破綻し、集団討論はあの典型的な泥試合の様相を呈してくる。極端な発言は、その極端さのゆえに討論を集団の分裂（分解）へ導く――などということはもちろんいえない。だが後になってみれば、レーニンたちの集団討論は、革命における党とは何かという根本的な問題を、その集団にまさに自覚させたのだということができる。この自覚は集団の分裂をもたらしてしまったが、しかしその後の歴史は、この分裂が偶然のものでも討論のはずみによるものでもなく、革命における党の異なる二つのタイプをそれぞれに表現するものだったことを示したのだった。

たしかにレーニンは、大会後もなお、「ある期間わが党内の基本的な区分となる運命を負った多数派と少数派」というように、この分裂を過小評価した（第七巻、三五六ページ）。事実、大会の分裂は、その後も、「わが党内」の長い党内闘争として尾を引いた。けれどもその後の歴史は、この「党内の基本的な区分」が「ある期間の運命」ではなく、永久のものであることを証明したのだ。そしてロシアの党経験の独特なアイロニーは、この大会討論における区分図がまるでわざとのように、そっくり十月革命において再現されたという点にある。蜂起の成功をまって開催された全露ソヴェト大会の冒頭でメンシェヴィキが退場していく有名な場面を想起しよう――

彼ら（メンシェヴィキ）がマルトフとアブラモヴィチにひきいられて、ぞろぞろ退場していくのを見まもるトロツキーの心には、一九〇三年の第二回党大会の光景がひらめいたかもしれない。……ある意味で、この二つの情景は、なんとよく似ていたことだろう。指導的人物は、「軟派」も「硬派」もおんなじだった。一九〇三年の泥試合のほとんど全部が、マルトフがたったいまおこなった〔退場〕宣言のうちにこだましていた。(17)

こうして、「規約の条項がまずいくらいで、われわれはまだほろびたりはしない！」というレーニンの確信は裏切られた。レーニンをはじめとして、討論参加者のすべてが、あらかじめこうした結果を予定していなかったことに、再三注意する必要がある。その後のレーニンとボリシェヴィキの成功から逆算して、あたかも『何をなすべきか』（一九〇二年）以来のレーニンの組織思想がロシア革命を導いたかのように、一つの便利な神話がつくられる。いうまでもなく、これはまるきり誤りというわけではない。だがそこから、ひとはこの一九〇三年の党分裂を、「思想の違いを組織上の違いとして表現する」組織論の勝利のごとくに考えてしまう。しかしこれは、引用するためにレーニンを読む者たちにとって『何をなすべきか』が便利だ、というにすぎないことだ。

これにくらべれば、『一歩前進、二歩後退』は、教科書とするにはあまりに長たらしく混雑をきわめている。気のきいた引用文をみつけるには骨が折れるだろう。けれども、啓蒙的・借り物的色彩の強い『何をなすべきか』などよりは、この大会議事録註解は、はるかにヴィヴィドにレーニンの組織思想を伝えている。なぜならこのとき、ロシアの党は、あの運命的な集団意志の形成へ出発しはじめたからだ。いつも、問題にするに値する組織思想とは、集団的な一つの事件・一つのドラマとして展開される。

くりかえすけれども、組織の規約の表現がどうであれ、言葉はやはり言葉にすぎない。言葉自体が運命の神を宿しているわけではない。だが言葉が、転成途上の集団意志における一事件の表現となるとき、それは一つの「神」――かの「客観的精神」――にとりつかれる。このとき、言葉はたんなる「言葉にすぎない」もの、ヘーゲル流にいう「結果としての屍」ではありえない。集団の規約は、もはや、レーニンあるいはマルトフの作文でもなければ、多くのレーニンたちの意識の総和でもない。まさに激しい生成（転成）

途上の共同性の成果であるがゆえに、「規約の数行」が、いわば物神のごとくに、集団の各人から超出し、分立するということが起るのだ。集団としての人びとは、期せずして、規約の数行の精神が命ずるままに動いていく。それはまさに「客観的精神」、共同性の幻想として逆に人びとの行為をとらえる。あたかも、客観的な、各人にとって疎遠な力として、各人を駆動していくのだ。集団の意識は、このようにして自らを変えていくのであり、その行動様式も、他の集団から社会的歴史的に区別され、また外からも知りうる一定の「法則性」をおびるようになる。

第五章　政治集団の展開

第一節　政治結社から大衆政治同盟へ

一　反乱を準備する私の結社は一地方の大衆の政治同盟に土着する

反乱から革命への長い遍歴の半ばで、集団が遭遇するいくつかの政治的事件が以上に経験された。それはとりわけ、激しい敵対的闘争を集団が内面化することによって、集団自身のうちに、意識と組織をめぐる否定の弁証法を展開せしめていくものであった。

ことわるまでもなく、こうした集団の経験の記述は、現実の運動がたどる時間の順序に沿ってなされるものではなく、また実際の集団の展開がこの経験の順序にしたがって起ることを主張するものでもない。集団の経験が、革命の現実の日程に沿って深化することももちろんあるが、またしばしば、これは、総体としての大衆反乱内部の、同時的で重層的な構造としても展開されることになる。

とりわけ、集団の意識からみた諸集団の分化・対立という現象は、一つの反乱内部のスペクトル分裂のごとき状態を呈するのが一般的である。大衆の日常的共同性は、いわば反乱というプリズムに投入されて、幾重ものスペクトル分裂をひきおこす。人びとは自らの集団形成を通じて、反乱内部に潜在していた多様性を政治的に経験するのである。だから大衆的日常性の分解は、たんに一つのカオスというにとどまらず、分解した諸傾向の集団的対立と相互闘争として現象する。このような大衆的分裂状況の深化は、とくに反乱の初期においては、反乱がどれほど大衆の日常性をとらえたかを測る現実的尺度となる。この尺度とは、反乱における諸集団の政治的スペクトル分析ともいいうることである。

本章では、このような反乱の集団的スペクトル分析として、一つの政治集団の例、つまり、秩父事件（明治十七年）における自由党の運命について、具体的に記述することにしよう。ただあらかじめことわっておくが、自由党といってもここでいう「党」とは、レーニン以降の党（「政党」「前衛党」など）のことではない。後者のような「党」は記述のこの段階ではなお経験されてはいない。自由党というときの「党」とは、当時の用語法にしたがえばまさに、政治結社ということである。

秩父事件は、このような政治結社としての自由党が、武装した大衆の反乱にきわめて深い深度をもって喰い入ったという点で、近代以降の日本の大衆運動のなかでは、きわだった位置を占めている。このとき秩父盆地の内部では、大衆の暴力と政治集団とが、のっぴきならない関係を切り結んだ実例が展開されたのであった。*本章でとりあげる秩父自由党の運命は、だからこれまで前二章で記述されたことがらの例解であり、また「中間総括」を意味することになるであろう。そして同時に、大衆の「権力」や固有の意味での「党」という新しい経験が、秩父反乱の記述のなかで予感されるようになるであろう。

＊この反乱のあらましについては、井上幸治『秩父事件』（中公新書）を参照することにして、とくにふれることはない。井上氏はそれまでのくだらない「歴史的位置づけ」論議の陰から、この反乱内部に息づいていた構造と論理を、私たちのまえにひきだしてみせてくれた。この本の出た一九六八年という年は、私たちにとって特別に記憶されている。なお引用史料については、とくにことわらないかぎり『秩父事件史料』（埼玉新聞社、全二巻）によった。また、秩父事件に

ついての私の旧稿（「秩父事件のなかの党」――『情況』一九七二年十一月号）を、改稿のうえ本章に利用した。

秩父事件では「幹部でもない農民が、おそろしいほど自由党のことばのパターンを使用している」ことは、すでに井上幸治氏が注意している点である。私はまえに（本書、第一章）、「我々ハ圧制政府ヲ転覆シテ世直シヲ為スノ企望ナレバ」という、農民のアジテーションを引きあいにだしたけれども、この「圧制政府ヲ転覆シ」云々がすでに、ときの自由党の言葉である。「吾ハ自由党ナリ」といった名乗りの言葉も数多く記録されている。「自由党屯所宮川寅五郎」と墨書きした旗をかかげて行動する農民もおり、徴発品にたいしては「革命党本部」と記した受取証が発行される。

このような「言葉としての」自由党は、この言葉によって意志を表示する農民大衆のなかでは、明らかに一つの世直しの神話である。決起した農民たちの一種混線した表現記号の背後で、この「自由党」は反乱世界を統一する象徴として機能している。

たとえば、蜂起のさなかに農民の一人は、「今般自由党ノ者共総理板垣公ノ命ヲ受ケ、天下ノ政事ヲ直シ人民ヲ自由ナラシメント欲シ、諸民ノ為ニ兵ヲ起ス」という風にいっている。また、「実に一種恐るべき社会主義的の性質を帯べるを見る」と『自由党史』がいうように、「今般ノ一挙ハ専ラ天下泰平ノ基ニシテ、貧民ヲ助ケ家禄財産ヲモ平均スルノ目的ナレバ」云々の発言も聞くことができる。このように、反乱した農民の自己表現のうちに、神話としての党が息づいていた有様を、私たちは十分に認めることができる。そしてそれは、事件前に、「自由党総理板垣退介《（ママ）》世直シノ事ヲ起スノ風声アリ」と警察が探知していたように、蜂起のオルグ過程を通じて農民の言葉となっていったものにちがいない。この時期に農民たちのあいだで唄われた次のような俗謡は、彼らの内での党の息づき方をよく示している。

〽金ノナイノモ苦ニシヤサンスナ
今ニ御金モ自由党

しかしもちろん、このような世直し神話は、百姓一揆の場合の「みろく世」などのように、たんに漠然とした風聞だったのではない。農民たちの切れ切れの言葉を一つの体系として構築した、板垣退助の自由党という政治結社が、現に存在したのであり、この結社の運動が「板垣ノ世直シ」神話として、峠を越えてこの盆地の内部にまで浸透してきたのであった。

すでに全国政治結社としての板垣の自由党は、明治十三年の国会開設請願運動の大動員を経て翌年に結成され、十五年から十七年にかけて、いわゆる「激化諸事件」と称される地方党員の決起を経験してきている。秩父盆地の外側上州の各地で、散発的ながら自由党員と結びつきをもった農民の闘争が展開されたのも、十七年の秋にかけての時期であった。たしかに、「貧民ハ独リ埼玉県ニ止マラズ、何県ニ於テモ同様ノコト」として、秩父自由党員に映じたような事態は存在した。秩父事件関係の記録にも、「専制政府ヲ顚覆シ更ニ自由政府ヲ設立セント」して、秩父周辺の地に「革命ノ軍」を建設しようと奔走した、山梨県の一自由党壮士の自首書がまぎれこんでいる（太田義信自首本末書）。それゆえ、こうした状況からみても、秩父反乱が、自由党の自由民権運動の延長に位置していたことはまぎれもない歴史的事実である。

けれども、それはそれだけのことにすぎない。秩父反乱のなかの自由党は、たんなる風聞ではなかったとともに、いかなる意味でも、一つの全国的政治結社が地方に天下ったものではなかった。この盆地では、自由党はなによりも、大衆運動の組織発想に支えられて農民たちのうちに根づいたという事実が、このことを端的に示している。いいかえれば、政治結社は秩父農民たちの「困民党」という大衆集団として、この地に「土着化」されたのだった。

困民党は別に、借金党、貧民党、あるいは負債延期党などとも呼ばれていた。この党の組織化は、事件の年の八月頃には始まっている。いまこのオルグ過程を詳細に見ることは井上氏の著書にゆずるとして、いずれにしても、たとえば次のようなやりとりが、農民のなかで進行していったのである。「今度困民党トイフ党ガ出来タニ付、加入シテハ如何、左スレバ借金ハ暫ク延期ニナル」とオルグがもちかけ、オルグされた側は、「自分モ他借多分ニテ困却罷在折柄ニ付、加入スル事ニ依頼及ビタル処、然ラバ姓名ヲ差出ス様申スニ付、直ニ姓命《ママ》ヲ記シ実印ヲ押シ」てこれを差出したといった具合である。いずれも、負債延期という農民のさし迫った要求を軸にして、農民が農民をオルグしていったのである。

この際注意すべきことは、困民党へのオルグ過程は、同時に、債主、警察または裁判所などを相手とする、負債延期の大衆的請願行動の組織化と重なっていたことである。幾度も戦術を変え幾重にもくりかえされたこの大衆動員は、蜂起決定のぎりぎりの段階まで合法性の枠を保っていた。請願は村ごとに総代をたて、負債農民は総代に委任状を書くという手続きをともなったが、これは同時に、困民党の動員名簿をオルグに集約するという意義をももったのである。それゆえ、通常の政治的な党への加盟というのと趣を異にしていて、困民党への加入は即運動参加を意味することであったろう。

このように、運動組織という形をとって、困民党という一つの大衆的組織体ができあがっていく。蜂起前に一農民活動家が述べている党員数をとれば、秩父郡内で「困民党ト唱フルモノ凡ソ三千人程」ということであり、この程度が困民党の組織化＝大衆動員可能の規模であった。井上氏はこの三千人のうちほぼ一〇〇〜一三〇名が、在地オルグかつ戦闘的分子だと評価している。

そしてほかならぬ自由党は、この盆地では、こうした困民党の中核であり、その大衆的運動を呼びかけ組織するものとして存在していたのである。実際、困民党の運動を最初に組織しはじめたのも、三人の公認の――『自由新聞』紙上に入党が発表された――自由党員の農民であった。その他公認非公認をあわせて、困民党の幹部団および地区オルグの中核はすべて自由党員が占めていたといってよい。

二　土着化した私の結社は大衆集団化しその矛盾をおしつけられる

けれども、にもかかわらず、このような秩父自由党員たちを、自由党「本部」のなにか下部組織、あるいは地方組織とみなすことはけっしてできない。さらにまた、秩父自由党と困民党との関係も、なにか党とその大衆組織のごとく、手練れたのみこみ方をしてはならない。「党本部」との組織的関係――これはもちろん今様にいえば、ひどくルーズなものだったが――のいかんにかかわらず、自由党の困民党への土着化は、まさにそのことによって、旧来からの政治結社としての自由党（員）そのものに、まったく新しい経験を課さずにはすまない。なぜなら、政治結社が一地方の大衆政治同盟の闘いに根づく（土着化する）ことは、従来の結社の統一性に、大衆同盟の孕む矛盾をおしつけることになるからだ。

実際、自由党の土着化は、農民のなかで「板垣の自由党」を端的に困民党化したのだった（「ブントの社学同化」）。困民党の運動を通じて自由党が大衆に根づいていく過程では、自由党が困民党運動のイメージにひきなおされて、農民のなかに定着していくのは当然であった。実際、農民大衆のレベルでは、自由党と困民党を鮮明に区別してとりだすことはできない。「自由党ノ主義トスル処ハ如何」と問われて、蜂起軍で「弾薬運搬方の頭取」をしたという農民は、警察に次のように答えている。「高利貸及ビ銀行等ガアリテ利息ヲ貪ル故金融ノ閉塞スルニ付、右等ヲ打段シ貧民ヲ救フトノ主義ナリ」。これなどは、のちに述べるように、由緒ある自由党員からすれば、「政事思想」を欠く兇徒にすぎずと排斥される類であったろう。

このように、「党」が反乱大衆の内部で実現されていくレベルでみるとき、事件渦中の一記録者のいうように、自由党はまさしく「自由困民党」という形をとったのである。「〔自由党風の〕種々ノ盲言困民ノ心ヲ結ビ貧民党ニ混淆シ、板垣氏ノ内命ト偽称シ、遂ニ暴動ヲ起スノ一原因トハナリシ也」とか、「借金党過激党ノ二者相混ジタルモノナリ」などといわれるのも、このレベルのことを指している。

たしかに、蜂起の準備過程で、自由党そのものへの入党勧誘もまたおこなわれたようである。たとえば、蜂起暴発の十月三十一日に逮捕された農民から押収された四十九通の自由党「入党申入之証」がある。これはある村の典型的な在地オルグが、自ら保証人となって、自村の農民たちに書かせたものである。しかし、この保証人の農民以外は、すべてまったく無名の者たちであり、したがって「自由党幹事御中」と入党申入書に記したとしても、農民たちの意識のなかでは、この党はもはや完全に借金党の運動として把握されていたにちがいない。盆地の外側から浸透してくる漠とした希望であることを別とすれば、党は反乱する農民たちにとって、目前の体制と衝突しつつ現に展開されている、一つの「狭い」闘いであった。

かくして、いま「自由困民党」としての秩父自由党は端的に反乱大衆の政治集団——大衆の政治同盟——である。実際困民党における盟約の構造も、まさにこの同盟本来のもの（第三章 第五節参照）にほかならなかった。

蜂起に参加した農民たちの調書では、自らの行動の目的と形態とを、明快に述べている点はきわだった事実である。「目的、如何」――「戸長役場又、金貸方へ多人数武器ヲ携へ押寄公証割印簿ヲ焼キ捨テ、金貸方ノ証書ヲ強談ニテ取戻シ無済ニスルノ目的ナリ」。こうした問答は末端農民の取調べの一つのパターンにすらなっている。農民の負債延期という目的は、もちろん、自由困民党員たちによるオルグのポイントであったろうが、田代栄助によれば、九月七日の幹部の会合で次の四項目を設定したという。

一、高利貸ノ為メ身代ヲ傾ケ目下生計ニ困ルモノ多シ、因テ債主ニ迫り十ヶ年据置キ四十ヶ年賦ト延期ヲ乞フ事
一、学校費ヲ省ク為メ三ヶ年間休校ヲ県庁へ迫ル事
一、雑収税ノ減少ヲ内務省ニ請願スル事
一、村費ノ減少ヲ村吏へ迫ル事

これらの要求項目が、農民たちの内にスローガンのごとくゆきわたっていたことは、十分に史料が示している。これにたいして、反乱のさなかで唱えられていた「圧制政府転覆」云々の「自由党風」の政治的目的については、一般の農民の警察調書ではほとんどふれられていない。お上の手前口を閉ざしたということも十分考えられる。事実、幹部の一人落合寅市は、加波山事件の例もあることだから、「精神薄弱ノ民ニハ高利年賦返済運動而已《のみ》ニテ、専制政府顚覆云々ハ告ゲザル事」とあらかじめ幹部団で約定し、「高利貸ハ人道ニアラザルヲ以テ表面」を飾った謀略だと書いている。けれども、これは、すでに寅市がすっかり壮士風になった後年に書かれたものであり、ここでいわれているようなマヌーバーの事実も、他の史料によって裏づけることはできないように思われる。自由党と借金党との目的が分かれていたことを証言

する農民も、前記四項目のうちほぼ第一を借金党に、他を自由党の目的としているにすぎない。

このように、負債というさし迫った問題については、農民たちに行動の目的と手段とは明確に把握されていた。これに対応して、蜂起に先だつ過程での、農民相互の盟約関係もまた直接的なものである。さきにふれたように、困民党に加入することは、負債延期請願の委任状をつくるということで実質化する形のものであったろう（なかには連合盟約書に連判するという形もある）。たとえば、「来ル十一月一日ヲ期シテ郡中高利貸シ家屋ヲ悉ク打毀シ貧民ヲ助クル」ともちかけられて、「全ク窮民ヲ助クルノ名法ナレバ如何ニモ承諾致シタリト其場ニ於テ同盟シタルニ相違ナシ」というような例がある。また、「何等ノ為メ脇差ヲ携ヘ押出セシヤ」と訊問され、「大野福松ヨリ借金ヲ年賦ニスル為メ、日野沢村ヘ武器ヲ携ヘ多人数集合スベキニ付、可罷出ト申聞ケタル煽動ニ応ジ、脇差ヲ携ヘ押出シタリ」といったやりとりが数多く記録されている。

このレベルでの困民党メンバー相互の関係は、いわば「やるぞ」といわれ「よしやるぞ」と応えるような、運動体としての相互関係の確立だと思ってよい。困民党は大衆運動体としては、外部の者が「あの連中」とか「あの一党」とか呼ぶときの、党の語感に近いものであったろう。

これにたいして、困民党の幹部自由党員のあいだには、明確な盟約関係が存在したとみなければならない。けれどもここでも、党の自由困民党化は、党員間の盟約関係を、自由党という政治結社のそれとは別のものとしている。蜂起軍の総理田代栄助は、困民党の自由党員の面々にかつぎだされたとき、前記四項目は「容易ナラザル事件ニシテ、何レモ生命ヲ捨テザルヲ得ザル事柄」だからと熟慮をうながしたが、面々はもとより承知とつめよるので、「諸君何レモ命ヲ捨テ万民ヲ救フノ精神ナレバ速ニ尽力セン」と困民党に盟約したのだった。蜂起の二カ月ほど前のことである。こうした約定は、この時期に困民党の中心メンバーの間で同様にとりかわされたことがわかっている（たとえば小柏常次郎訊問書）。いずれも、自由党員としての「政事思想」上の盟約ではなく、「官ニ敵スル」に際して、「妻子家財ハ勿論身命ヲ捨テ為スノ所存」を相互に確認することが、事の眼目におかれている。

けれども、秩父自由党の大衆運動へのこうした土着化は、この運動が秩父反乱として盆地の世界をおおったとき、自由党という政治結社を一種残酷なジレンマのなかに立たせることになった。

すでに第三章でくわしく記したように、大衆の政治同盟は、具体的な目的集団としての盟約にもかかわらず、反乱世界のただなかではまったく身にあまるほどの肥大な共同観念を孕むものであった。これこそまさに、「板垣の自由党」が峠を越えてこの盆地にもたらしたあの世直し神話である。反乱農民の意識のうちでは、困民党という土着の一政治集団が、「圧制政府転覆」や「貧民ヲ助ケ家禄財産ヲモ平均スル」などという、恐ろしい目的をいだくもののように自ら思われていくのである。くりかえすまでもなく、これは「御上」や「天朝様」と村内の高利貸しという、二重の敵との敵対が大衆集団のうちに端的に内面化されたものにほかならない。これらの神話は、政治結社のイデオロギーが大衆運動（集団）のうちで受肉されていく最初の、不可避の形態である。

結社の抽象化された言葉が、結社の卑近な土着化によって、かえって爆発的に大衆のものとなるというこの逆説は、秩父の反乱においてもそのとおりであった。ここでも、大衆の意識を変えるという「革命の教育学」が、段階を追った学習などではまったくないということが露呈している。

たしかに、土着化した運動から神話化した希望にいたるまで、党が大衆のうちに実現された事実は、自由党なかんずく秩父自由党のまぎれもない光栄であり、自由民権運動史全体のなかでも稀有のことであった。だが、本来の政治結社にとって、これはたんに始まりにすぎない。いまや秩父自由党は、運動の土着化と神話化（言葉化）の両端を統一する地点に、一個の矛盾として立たされることになった。だからいまやこの矛盾は、秩父自由党とその党員たちをさまざまに動転させ、さまざまに引き裂かずにはいないであろう。

第二節　政治結社の分裂

一　大衆政治同盟の内部矛盾に耐ええない結社は反乱の圏外に去る

秩父事件の警察側の記録には、「旧自由党員」誰々といった書き方が多くみられる。実際、この盆地の内部で、幅広いスペクトルをもって自由党が息づいていたまさにその時点で、中央の党、いわゆる「板垣の自由党」は解党を決定していたのである。

自由党の解党は、結党三周年にあたる明治十七年十月二十九日の大阪大会においてであった。これにたいし、秩父民衆の暴発は十月三十一日、まさしく『自由党史』がいうように、「警報の東京に達せしは、十七年十月三十一日にして、自由党の解党と相距る僅に二日のみ」であった。事件関係の警察文書には、蜂起の頂点十一月四日の項に次の一文がある。「警視総監大迫貞清ヨリ本県令へ通知書ニ曰ク、当地自由党今般解党セシ旨届出タリトナリ」。蜂起のさなかに、「今般自由党ノ者共総理板垣公ノ命令ヲ受ケ」云々と農民たちが呼ばわっているのを聞いて、一記録者が、次のように皮肉をとばすのももっともというしかない――「板垣の自由党ハ解散ノ後ナルヲ如何。」

それゆえ、秩父農民のシンボル「自由党」は、さながら、消えゆこうとする亡霊の足をひっぱるに似ていたことであろう。だが、政治的な象徴は、客観的にはその役柄が終りかかっている段階で、突然に最後の輝きをみせるものだ。最後の輝きとも知らずにこの象徴をかつぐ大衆たちは、しかしそのことによって、かえってこの象徴にカタをつける役目をはたすのだ。秩父における自由党の栄光は自由民権運動史の華であったが、これはまた民権史の最期を飾るという位置にあった。のみならず、明治維新後ほぼ二十年にわたる近代国家確立過程での動揺――自由民権運動もその一つのあらわれであった――に、秩父反乱の敗北は終止符を打つものであったろう。ちょうどこの同じ場面で、マルクスもいっているではないか――

人間は自分自身の歴史をつくる。だが思うままにではなく、またみずからえらんだ環境のもとでもなく、すぐ目の前に見いだされ、与えられ、また過去から伝えられてきた環境のもとでその歴史をつくる。死に去った世代の伝統が、悪魔のように生ける者の頭脳にのしかかっている。そして人間が懸命になって自己と現状を変革し、一見、未だかつて存在しなかったものを作り出そうとしているかに見えるとき、まさにそうした革命的危機のときに、人間はおのれの用に奉仕させようとして、心おののきながら過去の亡霊を呼び起こし、その名前とスローガンと衣裳を借り、由緒ある扮装と借りもののせりふを使って、世界史の新しい場面を演じようとするのだ。*

* マルクス『ルイ・ボナパルトのブリュメール十八日』

なお、私の「大衆叛乱に強いられた政治的苦戦――秩父事件のなかの『地方』と『中央』――」(『東風』一九七四年十二月号)参照くりかえすが、秩父自由党の蜂起のさ中に、政治結社自由党の解党が告げられたことは、まったくのところ象徴的なことであった。けれどもこの極端な対比は、たんに盆地の内と外とのコントラストとして生起しただけではなかった。同じ構図は、なによりもこの盆地の内部で、秩父自由党員それ自体の分解として生みだされたのである。

すなわち、秩父の初期党員たちのほとんどが、事件の圏外にいた。井上幸治氏の調査によれば、次のような事実がある。明治十六年五月、埼玉県警察本部作製の名簿では、県下自由党員は九十名、そのうち秩父の党員は、若林真十郎、若林哲三、中庭通処、福島敬三の四人だが、秩父事件とやや直接的関係を有するのは福島敬三だけだという。（もっとも、ある逮捕者リストには「罪ナラザルニ付放免」された者の一人として若林真十郎の名前もみえる。）

また上州自由党の大立者、新井愧三郎の坂原村は秩父のすぐ隣だが、この村の二十九名の登録党員たちも困民を組織することなく、秩父事件に参加して群馬県警察に逮捕された者はわずかに二人のみである。

したがって、秩父では自由党員たちがその中核となって困民の反乱を組織したといっても、これはあくまで秩父――あるいは上州――旧自由党員の一部のことを指していいうるにすぎない。ここから当然、固有な意味での板垣の自由党が、そもそも困民の闘いを組織しうる体質と思想とをもっていたか否かを、歴史的に点検することが可能となろう。そしてそこから、秩父における自由党の栄光を中央の党から切断されていたがゆえに起ったものであり、盆地内の地方的特殊性にもとづくものだと結論することもありうることであろう。

だが、中央の政治結社の性格がどのようなものであれ、現場の党が反乱にでくわしたときには、結社の組織や思想のあらかじめの整合性などは、どのみち崩れるにきまっている。このとき「現場」は、一度は「中央」から切断されるのだ。だから私の記述では、蜂起にさいして、すでに中央の党が解党してしまっていた事実を、象徴的に受けとっておこう。つまり、党なきあとの秩父「旧自由党員」たちそれ自体が、ゆくりなくも大衆的反乱に直面して、自らの思想体質をあらわに露呈しつつ、それぞれに分岐していく有様を見ていくことにしよう。ここにこそ、秩父自由党の栄光の構造が見えるのであって、それは秩父盆地の地方的事情などに解消しえぬ事柄である。

分岐は、まずなによりも、彼ら自由党員の党というものにたいする了解の差異にもとづいて露呈されていく。

たとえば福島敬三、彼については、秩父の最初期の党員として先にふれた。当時三十歳、山間の初期党員の例にもれず、彼もまた村の名望家で役場の筆生を勤めている。同地の一農民は敬三のことを「大尽ニテ自分共ト日ヲ同スノモノニアラズ」と証言している。「坂本村ニテハ同人父子ガ屈指ノ人物ニテ、村民ハ之ニ左右セラルル有様ナレバ……暴徒ノ群ニ列セザレドモ該村ノ人民ヲ教唆煽動セシ者ト推測セリ」と、田代栄助が述べているような人物である。坂本村は秩父盆地から峠を越え、関東の平野部に開いた山裾にあり、そのぶんだけ彼の交流範囲も盆地外に拡がっていたのであろう。

蜂起四日目の十一月四日、盆地からあふれでた蜂起軍の一部は、落合寅市に率いられて峠を越え、坂本村に侵入する。自宅へ戻る途中、敬三はこれに遭遇して取り囲まれるが、敬三の知らない暴徒の一人から「福島氏ではありませぬか」と声をかけられ、「何分よろしく頼みます」と挨拶を受けている。秩父一円に名の知れた自由党員だったのである。

こうしたわけで、「被告ハ旧自由党員ニシテ常々政治上幾分ノ不平ヲ抱懐スル者」だから、峰起に関係ないはずがないと、敬三は警察の執拗な追及を受けるわけだが、結局「証拠不充分」で放免になっている

――事実、彼は何もやってはいなかったのである。

この自由党員を、秩父反乱から遠ざけた思想的要因は、困民党幹部の新井周三郎との会話のなかに明らかになっている。周三郎は十月二日に敬三を訪ね、この時にはじめて会っている。敬三によれば、この会見で、両者の意見の違いはすぐに露呈した。周三郎の用件は、彼が自村でオルグした十三名の自由党入党志願者を、本部で公認してもらうために、自分の他に敬三の連署を求めることだったが、自由党の入党資格についてまず意見が対立した。周三郎の見解は、「仮令《たと》ヘ己レノ氏名ヲ記シ得ザル者ト雖モ、其志シサヘ慥《たしか》ナル以上、幾人ニテモ自由党ヘ加名セシムル」べきだというのだったが、敬三は「政事思想ヲ有セザルモノハ幾人アリトモ其用ヲ為サザル」ことを主張したのである。

だから当然にも、困民党にたいする考え方もちがってくる。敬三は、周三郎が困民党であるとは知らずに、次のように論じたという。「君ハ秩父郡ヨリ来リシト聞ク、該地ニハ借金党ナル一種ノ党派起り、我党員モ亦之レニ応ジタリト、苟クモ自由ノ二字ヲ冠スル者借金党如キノ党派ニ瞞着セラルルハ我党ノ尤モ恥ヅベキ者ニアラズヤ、君苟クモ其意ヲ同ウセバ速カニ懇親会ヲ開キ、我党員ノ借金党ニアラザル事ヲ新聞紙上に掲ゲ、其汚名ヲ雪メザルベカラズ」。周三郎は敬三の手前同感してみせたものの失望の色は隠せず、「談話互ニ熟セズシテ相別レタリ」という。＊

＊「福島敬三という興味ある人物の反乱当時の行動については、史料が豊富である。私の「粥新田峠――秩父事件余聞」(『詩と思想』、一九七四年三月号）を見ていただきたい。

由緒ある秩父初期党員たちが皆同じであったかどうかはわからないが、福島敬三の例は、秩父自由党の一方の極を代表するものにちがいない。そしてこれは、秩父事件にたいする『自由党史』の次の評価につながっていく。「蝟集せる衆団は素之れ不平の農民、博徒、猟夫の類なるが故に、其勢を得て為す所、多くは官衙を毀ち、吏員を脅すの外、証書地券を焼棄し、高利貸、地主を征誅し、金品を掠奪分配し、平生直接の不平を洩《もら》すを先にするの傾あり」。また、前にも少しふれたが、秩父周辺の地に、革命軍建軍の旅をつづけてきた山梨県の一自由党員は、約四十名の「志士」を連れて秩父にくる。そこで秩父暴動に参加を求められたが、「博徒及ビ貧民ヲ以テ事ヲ挙ルハ策ノ得タル者ニアラズ」として、ただちに軍を解散してしまうというような例もある。

このタイプの党員にとっては、自由党員であることが、かえってそれゆえに、彼を困民の運動から遠ざけることになっている。こうした古くからの党員は、中央の党がこの盆地に浸透してくる糸口のごとき位置にいたのだが、彼らを「党」に結びつけるそのぶんだけ、逆に、彼らを反乱農民から引き離していたのである。

二　私の同盟への参加は結社の解消ではなくその再生の契機となる

新井周三郎に代表されるグループは、この対極に位置する。周三郎自身、蜂起軍第一の行動隊長であり、彼の麾下にいたという農民の証言は実に多く、反乱全体の英雄ともいえる人物である。二十三歳、秩父の隣の郡出身で元教員、九月に秩父に教員の口を求めに来て蜂起の計画に参加することになる。「〔困民蜂起の〕企アルヲ了知シ大ニ之ヲ翼賛シ、是ニ於テ教員ノ念ヲ断チ、一ニ細民救助ニ尽力セン事ヲ決ス」と、彼の判決書は述べている。

彼はさきにふれたように、自村の農民を自由党にオルグしたのだが、上州の新井愧三郎などとは異なり、それは困民党の運動に農民党員たちを合流させていく過程と同じことであった。同じ上州でも困民党幹部小柏常次郎の場合は、この年の春までに、地元で三、四十人の農民を入党させ、これを全部秩父暴動へ動員しているという(井上前掲書)。この新井周三郎や小柏常次郎のような党員には、「政事思想」の有無を党員資格の条件にすえる敬三などの系列とはちがって、なによりも志の確かさを基準にするという、大衆運動からする組織発想が根づいていたということができる。こうした党員のうちでは、党はそもそも自由困民党として把握されていたのであり、そのような党了解こそが彼らを秩父の困民に結びつける。

秩父郡内の自由党員で困民党組織者となると、その土着した体質は一層明らかである。これら組織者の筆頭には、そもそも困民のオルグに初めて手をつけた三人の農民――高岸善吉、落合寅市、坂本宗作――がいる。彼らはいずれも明治十七年の入党発表組でそのうちの一人は、同年三月の浅草の党大会に秩父を代表して出席している。れっきとした自由党員だったわけである。

けれども同時に、彼らはその耕地や仕事にちなんで、「紺屋の善吉」、「ハンネッコの寅市」、「かじやの宗作」などと呼ばれ、秩父の山地にへばりついて生活している者たちであった。だから彼らは、郡外から来た周三郎や常次郎ともまたちがった能力と役割とをもっていたはずである。実際、困民党幹部のなかで、彼らこそが、幹部と土着困民党大衆とを結びつける軸であった。九月に田代栄助を中心にして幹部団が明瞭な形をとったとき、そこで、名実ともに、在地の運動を代表する地位に立ったのが彼らである。

この三人につづいて、蜂起へむけた困民党活動の進展とともに、登録・非登録の秩父自由党員が集中して誕生していく。そして彼ら三人を頂点とするこれら自由党員の分布は、困民党とほとんど区別なしに「自由党入党申入之証」に署名した無名の農民に到るまで、それだけ「自由ノ二字ヲ冠スル」ところの政事思想から遠く、目前の一つの「狭い」闘いそのものに接近するスペクトルであったろう。

たとえば一人の少年の例をあげよう。この引間元吉は十八歳で、この年の四月ごろ入党したといっている。そして蜂起の当日には、「今般自由党員ニ於テ暴徒《ママ》ヲ起ス積リナリ、就テハ即時椋宮神社へ集合セヨ」との通知をうけ、「自分モ素ヨリ自由党ノコトナレバ」と即刻馳せ参じている。彼は四日夜、蜂起軍の本陣が壊滅し、幹部団が逃亡したのちも、秩父事件最大の戦闘といわれる金屋村戦に参加し、鎮台兵と戦い負傷して捕えられた。この少年のような党員にとって、困民の蜂起に参加することと自由党員であることとは、まさに過不足なく重なっている。

寅市ら三人を中軸に、新井周三郎から元吉少年にいたる困民党の中核的な自由党員たちの性格は、自由党が「自由困民党」として土着していく内面の構造を示すものである。それは、解党してしまった中央の「本部」から切断されて、一つの政治結社が、大衆政治同盟として再生していく過程である。そしてこの過程は同時に、福島敬三に代表される従来の自由党――あるいは秩父のうちの「中央」――から切断され、これと対立しつつ、一つの大衆的政治集団が誕生する過程であった。困民党の中核をなした自由党員たちが、「中央」の下部組織などではなく、それ自体が、前述のごとく、まさに広いスペクトル分布をもったことも、反乱を通じて再生してくる大衆の政治集団として、いわば当然のことであった。それこそ彼らは、福島敬三らの「死に去った世代の伝統」から、「その名前とスローガンと衣裳を借り、由緒ある扮装と借りもののせりふを使って」登場してくるのである。

自由党本部の解党決定のこの時期にあっては、もはや秩父においても、自由党員相互の交通は途絶えていた。これは福島敬三も証言している。また「困民党ト唱フルモノ凡ソ千人程」と証言した農民も、信州の自由党員に、郡内の党員は誰かと聞かれて、「村上泰治が間違ヒアリテ捕縛セラレタル巳来ハ、火ノ消ヘタルが如ク自由ヲ唱フルモノハナシ」と答えている。こうして、敬三のいう「懇親会」などの形をとった自由党員の活動が見えなくなるのと対照的に、自由党の勢いは地下水のようにこの盆地に浸透していったのだった。それは、自由党を棚上げした困民党の勢力拡大なのではなくて、自由党内部の分解と断絶を通じた、秩父自由党の再形成の過程であった。

しかしそれでは、一地方の大衆政治同盟への自由党（員）の土着化は、この政治結社が本来もっている政治性格のたんなる否定であろうか。じっはそうではなく、「自由の二字を冠する」この結社の「政事思想」にしても、世直し神話という形であれ爆発的に農民たちに「受容」されたことは、すでに述べたところである。また組織性格という点でも、困民党は旧自由党の単純な解消として大衆政治同盟なのではない。といっても、従来の板垣自由党の組織性格が、よきにつけ悪しきにつけ、困民党のうちにもひきつがれたという（歴史学的に）あたりまえのことを指しているわけではない。

政治結社としての旧自由党（員）が、秩父蜂起のなかでどんな政治的位置に立たされたかを示す一例をあげよう。旧秩父自由党が激しい分解状況を呈しているこの盆地に、たまたま外からおりたったために蜂起が生れていく過程にまき込まれていった自由党員――すなわち、農民の暴発寸前に秩父にやってきた、二人の信州の党員――の例である。

困民党のオルグは、山を越えて信州南佐久にまで伸びていたが、そこ北相木村の菊地貫平と井出為吉の二人は、十月二十八日に秩父に入る。為吉がいうには、二人は、「国会期限ヲ短縮スルノ請願」をするからという使いを受けて秩父に来たのだが、いざ田代栄助に会ってみると、「同人等、借金党ニテ、大尽ヨリ借り受ケタル金円ノ据付ヲ迫リ、場合ニヨレバ大家ヲ潰ス積リ」であることがわかったので、「左様ノ儀ナレバ自分等ハ帰国セン」と答えた。しかし、事ここに至っては、たとえ外部の人でも帰すわけにはまいらぬと栄助におしとどめられ、蜂起に参加することになったという。

この井出為吉は、蜂起のため集まってきた三、四十名の武装農民をまえにして、「規則」と称する書面を読み上げているが、そこでも国会云々に触れている。これを聞いた者の証言によると、「其規則中ニ国会ヲ早ク開ク事ト、租税ノ減額スル事ト、金利拾五円壱分ヲ弐拾五円壱分ニスル事ト、其他皆ナ百姓ノ有リ難ク思フ事ノミガ規則ニアレドモ皆々記憶セズ」ということであった。為吉もまた戸長をつとめた村の名望家で、入党発表は明治十五年、「自由民権」の教養もあった。到着したばかりのこの自由党員の言葉使いは、秩父の困民たちにはやや奇異に聞えたのであろう。菊地貫平もまた、蜂起のなかで同じような言葉使いをしている。困民軍に捕えられた県の土木技師にたいして貫平がいうには、「今目撃スル如ク人民ノ蜂起セシハ、来ル二十三年ノ国会ヲ待チ難クシテ、今十七年十一月一日全国悉ク蜂起シ現政府ヲ転覆シテ直チニ国会ヲ開ク革命ノ乱ナリ」、と。

信州党員のこれらの言葉には、いうまでもなく、自由民権最大の全国的運動となった国会開設請願の方針が反映している。それゆえ、このときの貫平や為吉には、秩父の自由困民党の面々にくらべれば、よりむきだしの形で、政治結社本来の性格が現われていたということができる。象徴的にいえば、彼らとともに自由党というものが、この反乱する盆地におりたったのである。したがって、福島敬三などと異なり、彼らが蜂起に参加していったときには、彼ら自身のなかで、中央自由党の「政事思想」はそれこそ急転直下、在地困民の要求に折り重ねられねばならなかったのである。

だが、反乱の現場で、大衆的運動に折り重ねられた政治結社の綱領的思想は、「現政府転覆」も「国会開設」も、もはやたんなる理念にとどまることをやめねばならない。とはいえ俗論がいうように理念を捨てて現場に入るということではない。理念と現実の運動との遠さが、運動の現場で自覚されることによって、期せずしてこれら党員たちは、この距離を埋めるというまさに政治的な指導の位置に立たされることになるのだ。とりわけ、秩父の蜂起を「全国悉く蜂起」する「大戦争」の一環としてとらえる政治的な視野の広さは――それが実際にはどのように非現実的なものであっても――、困民党活動家とは性格の異なる政治的位置を彼らに押しつけずにはすまないであろう。

なぜなら、秩父自由党が困民党化することによって農民たちの運動に根をおろしたことは、逆に、本来政治結社がもつべき政治・軍事的視野と展望を、狭くすることにならざるをえない。大衆的で無際限の言葉の乱舞として、この結社の思想が大衆に受容されたとしても、目前の狭い闘いがそのままで政治的展望をもつようになるはずがない。次節に詳述するように、この「欠如」の意識は、生れたばかりの一つの大衆政治同盟内部で、ただちに頭をもたげてくるはずである。

したがって、政治結社の大衆集団への実現は、一つの自己否定の運動だとはいえ、しかしこのことによって、かえって思いもかけず、新たな政治結社の位置が大衆政治同盟内部に再生する。旧結社の神話化と土着化の矛盾を埋めるべき意識的作業としてである。大衆政治同盟にとってこのことは、反乱のうちに形成された一つの大衆的政治集団が、その内部を政治的に構造化することによって、自らの政治性格を飛躍させねばならないぎりぎりの地点に、いまやたちいたったことを意味している。菊地貫平や井出為吉のうちに象徴的に読みとれた事態は、秩父困民党そのもののうちに具体的な表現を生みださねばならない。

本来ならば、こうした展望を開く任にあたるべき固有の党は、すでに解党してしまったか、あるいは思想的に反乱の圏外に遠ざかっていた。それゆえ、秩父自由困民党はいわば自前で、この政治指導の任に耐えねばならない。しかもこの位置は、時の秩父自由党の二極的な分解状況のなかで、極度に不安定なものになっていくであろう。

秩父困民党は、まさにこの位置に、二人の旧自由党員をもっていた。困民党幹部団の中心となった総理田代栄助と会計長井上伝蔵である。

井上伝蔵は、明治十七年春に村上泰治が捕えられて以降、秩父自由党の中心人物であった。村会議員や役場の筆生をも勤め、彼もまた村の名望家である。商用でたえず東京と秩父のあいだを往復しており、自由党本部にも出入し大井憲太郎などともつきあいがあった。それゆえ、どちらかといえばさきにふれた福島敬三のタイプの党員に属するのだろうが、家が困民党策源地の中心にあったこともあって、困民の運動と蜂起の計画に、はやくからいわばまきこまれていったのである。

伝蔵は秩父の運動と自由困民党員たちとを、東京の自由党本部に具体的に結びつける地位にいる、いまや唯一の人物である。彼が九月二十日に党本部を訪ねたことが、すでに警察に探知されていたという。実際『自由党史』によれば、伝蔵らは村上泰治の妻を大井憲太郎のもとに派遣して挙兵を伝えたところ、大井は驚いてただちに部下の氏家直国を秩父にやり、「井上等に会し、大井の命を伝え、暫らく満を持して発《はな》つ勿からんことを懇諭」させたという。「軽挙」を諌めるこのような使者の派遣が、党本部を秩父蜂起に具体的に結びつけた唯一の形であるが、ともかくも井上伝蔵は、中央の党と秩父の党をつなぐ点に位置した人物であった。のちに詳述するが、このことは蜂起の日時決定の際に、秩父自由党内に重大な対立をもちこむことになる。

田代栄助は、九月になって困民党の中心人物にかつぎ上げられる。彼はこの年の一月ごろ自由党に加盟したが、その際保証人に頼んだ若い村上泰治に密偵かと疑われ、自由党の主義を訊ねても、「自由党ハ別ニ主義アル者ナシ」ととぼけられてしまった。このためその後も、「泰治ノ振舞ニ対シ憤懣ニ堪ヘズ、一旦ハ申込タル者ノ脱党シタキ心底」で、泰治をはじめとする自由党員たちと交流したこともなかったという。

栄助は警察で、困民党と自由党本部との結びつきを追及されている。つまり、困民党の四項目要求は党本部からでたものかと訊問されるわけだが、栄助は、これがただ秩父郡中の自由党員がもくろんだものであることを明瞭に述べ、「本部ノ目的、他ニアラント思惟セリ」と答えている。そして、それでは本部の目的は何かと警察はたたみかけるのだが、栄助は、その点なら常に本部に出入している泰治や伝蔵に聞いてくれとつっぱねる。

このように、田代栄助は、泰治―伝蔵に結びつく系統の自由党員ではない。そしてそのぶんだけ、四項目要求実現をめざす困民党に結びついてはじめて、党員たる者として受肉したのである。しかしまた、彼は困民党の大衆オルグではなく、あくまで後者から大将として迎えられた存在である。この位置は、幾分この人物の成り立ちに由来するであろう。井上伝蔵の上に立って何故総理になったのかと問われて、栄助は、「自分ハ性来強ヲ挫キ弱ヲ扶クルヲ好ミ、貧弱ノ者便リ来ルトキハ附籍為致、其他人ノ困難ニ際シ中間ニ立チ仲裁等ヲ為ス事実二十八年間、子分ト称スル者二百有余人」云々と述べている。

ここには伝統的な百姓一揆の指導者のイメージがある。けれども、中央の党と在地の党員オルグとを両極にみたてた場合の、栄助のこの「中間的」な位置のために、反乱における政治の揺れは彼に集中して現われることになる。反乱における政治結社という観念は、この人物をまってはじめて、その最大限の幅を示すということができる。一人のカリスマを中心にして、求心的な構造をとりがちなこの種の大衆暴動であってみればなおのこと、反乱軍の「総理」としての地位がまた、栄助をこの地点に押しやったものであることはいうまでもない。

第三節　幻の政治結社へ

一　闘いの戦略的課題を直視して私は集団を指導すべき位置に立つ

秩父反乱の主役たちは以上でほぼ出そろった。いまや十月三十一日の蜂起の開始とともに、この主役たちのスペクトル分布が今度は彼らの行動のスペクトルとして、それぞれに展開していくのを待つばかりである。けれども反乱の歴史を書いているのではない私の記述は、彼らの行動展開を追跡していくことは断念しなければならない。問題は集団、集団、集団、終始集団だ。

秩父困民党という大衆の集団は、前節でみたような秩父自由党員たちの政治的スペクトル分布を、その内部にかかえたものとして、まさに誕生したばかりの大衆政治同盟である。スペクトル分布は、なにか制度的なヒエラルキーのごとくに、この集団内部でまだ構造化されてはいない。したがって逆にいえば、この集団はいまや蜂起に直面して、自らの内部を変えることによって、集団の政治的な展開をも促されているのだといってよい。それは、困民党が内部に一つの指導的集団を析出し、かくて再度幻の「自由党」を発見していくような、大衆政治同盟の転成を予感させる。

それでは大衆政治同盟の転成へむけたいくつかの契機を、秩父事件のなかで具体的にみていこう。このような契機は、まずなによりも、集団の敵対的闘争における戦略上の問題として浮び上ってくる。

秩父暴動という一地方の反乱にあっては、権力の問題まで含めたすべての戦略的課題が出そろったわけではない。けれどもそのうちのいくつかについては、困民党幹部団の激しい内部対立をともなったり、強い個性を通じて問題化したりすることによって、それが蜂起軍にとっての政治指導の課題（戦略問題）であることを明らかにしたのである。

中心問題は、一盆地内の蜂起を、外部の闘いにどのように結びつけるかということにあった。なぜなら、田代栄助がはっきりと見とおしていたように、「兵ヲ挙ゲタル上ハ警察官及ビ憲兵隊鎮台兵ノ抗撃ヲ受クルハ必然」であり、これに抗敵する方法は、秩父内部に限っては解決不可能とみなされたからである。ここから、栄助の全国一斉蜂起論と外部進出論とがでてくることになる。

田代栄助は困民党幹部に蜂起の延期を提案するに際して次のようにいう。「今三十日ノ猶予モアラバ、埼玉県ハ不及甲、群馬、山梨、神奈川三県下一時ニ蜂起スルハ必然ナリ、然ルトキハ飽迄暴威ヲ逞フシ、減税ヲ政府へ強願スルモ容易ナラン。」

こうした同時蜂起論は、前にもふれたように信州の二人組によっても展開されている。菊地貫平などは、自分たちが当地に来たのは、「十一月一日ヲ期シ日本国中何処トナク一起シテ、大戦争が始マル手筈」になっているからだといい、これを聞いた困民党の一人は、日本国中戦争とあらば「何国ニ居テモ到底難逃」と観念して蜂起に参加したと陳述している。（ついでながらこの人物は蜂起の後段になって、「日本国中ニ戦争ノ起リタル事一切風評モ非ラザル故、是レハ全ク井出菊地等ニ騙サレシ事ト発明シ」自首する気になったのだという。）さらにまた一自由党員は、以前村上泰治から聞いた話として、「全国中自由党員ヲ募り、大勢ヲ以テ地租減租セラレンコトヲ政府に強願スルノ見込ナリ」と述べている。

したがって、一斉蜂起論は秩父蜂起からの戦略的必然性として構想されたものというより、井上幸治氏のいうように、一部自由党員の「革命的ロマン主義」として広く存在していたとみることもできよう。けれどもここでは、栄助の一斉蜂起論にどのような現実的なみこみがあったかは論の外においていい。栄助の軍事的みとおしが次の外部進出論に結びつくように一斉蜂起論もまた彼にとって、秩父挙兵の戦略的課題たる意義を失うものではない。

外部進出論は栄助の場合、秩父は軍事的にいっても東京に近すぎるので、軍資金を奪って「直ニ信州へ引揚ゲ更に大兵ヲ挙グル」という形をとっている。けれども他の多くの者たちでは、それはむしろ東京進出である。たとえば典型的には次のようにいう。「先ヅ郡中ニテ軍用金ヲ整へ、諸方ノ勢ト合シテ埼玉県ヲ打破リ、軍用金ヲ備ヘ且浦和ノ檻獄ヲ破リ村上泰治ヲ援ヒ出シ、沿道ノ兵ト合シ東京ニ上リ、板垣公ト兵ヲ合シ官省ノ吏員ヲ追討シ、圧制ヲ変シテ良政ニ改メ」云々。この上京論のバリエーションはいくつもあるが、なかには借金党は役場を襲い、自由党は県庁へ進出する目的だといっている者もいる。

こうした外部への軍事進出論が、蜂起の準備過程でどれだけ具体的に検討されていたかはわからない。けれども、盆地の外へ活路を開くことを考えるのは戦略的方針によらずとも自然のことであり、事実、反乱軍の一部は峠を越え、三方面にわたって外部進出を試みている。これらは敗走ではなくて明確に積極的な外部進出の試みであった。

しかしこうしたなかで、栄助の外部進出論だけは、ある種の軍事戦略的視点からだされていることに気づくのである。さきの一斉蜂起論でもそうだが、他の者たちの考えは方針というよりも、勢いおもむくままの大言壮語に近い。これに反して栄助の場合は、秩父困民軍が警察・軍隊、つまり国家を敵にせねばならないという、途方もない事態にたいする怖れから発想されている。栄助に会った警察の密偵が伝える彼の東京進出論にしても、「東京ヨリ憲兵隊或ハ兵隊ノ来ルアルハ必然タリ、其留主（守）ノ空虚ヲ窺ヒ東京へ更ニ暴発スル」といういい方である。一斉蜂起論にしても外部進出論にしても、彼の立場は攻撃的であるよりははるかに防禦的であり受動的である。ここには、井上伝蔵を通じて入ってくる東京自由党の慎重論のひびきが明らかに聞きとれる。しかしそれは客観的にいえば、秩父蜂起自身の位置から由来するものであり、この一点を反映する者として田代栄助は秩父困民党のなかで無二の地位にある。蜂起のなかで彼だけが、（おそらく伝蔵も）ある意味で醒めているのである。

固有の意味での軍事問題に関しても、栄助のこのような特色は発揮されている。困民軍の武装を武器という点でみると、その規模はおおよそ次のようなものであった。十一月三日、本陣のおかれた村の困民軍本隊を二千人と証言した農民は、その内訳として、先頭が鉄砲隊八十人、二番目に刀と槍の部隊が二百、あとは竹槍隊だといっている。また別の日の警察記録では、総数千五、六百のうち鉄砲は古流の猟銃が百四、五十挺、木砲（農民が大砲と称していたもので花火用の松の木の大筒）が三ないし四門である。刀剣や槍は当時もっとも簡単な質草だったといい、大家や金貸しの蔵にはたいてい何本かはしまってあり、農民たちはこれを徴発したのである。警察は神経をとがらせたが、同年九月の加波山事件で使われた爆弾——爆裂弾——は、秩父では使われなかったらしい。

こうした困民軍部隊が、それこそ「頗ル軍律ヲ真似、法則ヲ正シ、一組毎ニ旗ヲ立テ隊伍ヲ結ヒ、螺貝ヲ吹キ鯨浪声ヲ上ゲテ」繰り出していったのである。民衆蜂起の初期段階としては、武器や隊伍の点で、当時のぎりぎりの大衆武装を実現しえていたといってよいであろう。そしてこの大衆武装の範囲内で、蜂起当日まで反乱軍の動きを警察の目から隠しえたということもあずかって、またたくまに彼らは盆地一円を制圧しえたのである。まことに、当時の一記録者が、「十一月一日ヨリ四日マデ蹤ヲ郡中ニ駐ムル警部巡査一人ダモ有ル事ナシ」と嘆くような状況が出現した。

たしかに、盆地内の高利貸や警察という目前の敵を相手とするかぎり、実際問題として農民たちの自然発生的な大衆武装で事は足りたであろう。だが、農民たちのうちで無際限に言葉化されていた敵――「圧制政府」――が、盆地の狭い入口から侵入してくる軍隊の形をとってにわかに現実のものとなるや、言葉を現実にひきもどすべき政治の位置もまた、軍事問題それ自体のうちに再生せざるをえない。実際、困民党幹部たちにとっては、すでに見たように、この「無政の郷」に国家の暴力装置が侵攻してくることは、早晩必至と予想されていたのである。

これにたいしては、「中仙道ノ鉄道ヲ破壊シ電信機ヲ裁断シ」等のことがたしかに語られてはいた。また、「兵隊必ズ至ルベシ、至ラバ即兵士ニ説クベシ、自由党ノ兵ハ汝等ノ父汝等ノ兄ナリ、汝等父兄ニ対シテ発砲スルヤ、豈《あに》不孝不義ナラズヤ、同ク不孝不義ナランニハ天兵ニ向テ発砲セバ汝等亦自由ノ士タルベシト、如此説カンニ兵士等何ゾ吾兵ニ害ヲ加ベキ、然レバ隊兵敢テ恐ルルニ足ラズ」というようなアジも聞くことができる。しかしいうまでもなく、こうしたことは固有の軍事問題には入らない。技術的な意味での困民軍の軍事的能力といえば、部隊に初歩的な軍事訓練がほどこされている程度である。それは隊伍のとり方、槍衾の組み方や火縄銃隊の一斉射撃法といったところである。

田代栄助は、敵方の軍事力を寝返らせることによって、この欠如を補おうと努力している。捕虜にした警官を大まじめでオルグしたりしている様子は、ややユーモアの過ぎる場面である。また、たまたま秩父に測量に来ていた陸軍省の士官が困民軍に捕えられ、民衆は士官の望遠鏡を奪うか殺すかすべきだと騒いだけれども、栄助は彼を丁重に招じ入れてもてなしている。そこで栄助は蜂起の主旨を委曲をつくして説明し、この企てに身を投ずることを求める。とりわけ、「吾党ニハ軍事ニ馴レタル人物ニ乏シク、差向キ先生ヲ推シテ総指揮役ニ置キ、万般ノ事大小トナク死ヲ取テ断決セラレタシ」というのであった。

軍資金のことも栄助は心配している。十月の半ば、すでに加藤織平は弾薬の購入をはじめていたが、栄助は手取り早い方法は押し込み強盗しかないとして、自ら指揮して新井周三郎などに実行させている。成果は大きくはなかった（合計百円ほど）が、直接的にはこの件で栄助らは以後地下にもぐる形になるのである。

たしかに、秩父盆地内での勝利のみならず、「圧制政府転覆」をめざす世直しの軍として盆地の外へあふれ出ていくことは、自由党が秩父の困民たちに与えた夢であった。だが峠を越えて東京に至る道のりが遠いように、外部進出の政治・軍事的展望もまた途方もなく遠いものに、田代栄助には思われたのだ。この現実の遠さ、政治の遠さを埋めるために、以上みたように峰起の前もその最中も、栄助は数々の努力をしている。この仕事は、秩父反乱の客観的な位置が困民軍総理田代栄助に強いたものであったが、もちろんそれは栄助個人の問題ではない。秩父に土着して育った困民党が、自らを飛躍させることによってこそ応えうる課題であった。

二　幹部団は戦略課題をめぐり激論し私の集団は戦闘へと結集する

しかし一口に集団の政治的飛躍といっても、この課題がどのようなものであるかを、総理の田代栄助とてはっきり知っていたわけではない。いいかえれば、栄助ら幹部団の「指導」によって、戦略的な課題の意識とその政策が、集団内部に定着されるといった具合にはいかないのだ。敵に直面し、また集団の内部分裂をぎりぎりに賭けて、彼らは自ら集団の飛躍とは何たるかを発見するしかない。

それゆえ、秩父困民党もその大衆的運動の発展とともに、「自然に」蜂起へと政治的な展開をとげていったのではない。政治的展開とは、ここでも内面の事件――端的な政治的経験――としておこなわれる。これこそ蜂起期日の決定をめぐる困民党幹部団の一連の激論――集団の討論――であった。すでに田代栄助の言動から予想しうるように、集団の飛躍を賭けたこの討論は、遠く重大な敵の存在――その予兆――を重い背景としてくりひろげられる、一場のドラマとしてしかありえなかったであろう。そこにおける幹部党員グループの分解と収斂の有様は、妙ないい方だが「見事」というしかない。

夏以降、盆地一円の大衆運動を展開し、また自前の幹部団をその中核として形成しえた秩父困民党は、十月も下旬になると、「平和的手段」から「腕力に訴え」る方向へ、集団の決定的な飛躍を迫られていく。ここで紹介することはしないが、なによりも、大ぴらで大規模な大衆運動そのものの自転の加速度によって、この飛躍は迫られてくるのである。とりわけ夏以降の請願運動もいくところまで登りつめ、十月半ばには逆襲に転じた債主方によって、負債農民の多数へ裁判所の召喚状が配布されることになる。ここに至って、「困民ニ於テ債主方掛合ヲ総代ニ依頼セシガ為メ却テ直ニ差紙ヲ受ル様ニ相成、困難極マル事ニ付、如何様ニカ致シ呉レト否ヤ総代ニ迫ル」といった具合に、自由党員幹部にたいする大衆の圧力は直接的なものとなる。

栄助はこの段階になっても、なお時間かせぎか、県庁請願の戦術を提起する一方、群馬方面のオルグを今一度念をおし、小柏常次郎をだめ押しの煽動に派遣している。このような盆地外部のオルグはよほど栄助の気になっていたらしく、もはやぎりぎりの段階、十月二十六日の幹部会議になって、彼が蜂起三十日延期を提案する際の基本的理由にもあげられるのである。これがさきにふれた「今三十日ノ猶予モアラバ……」という彼の一斉蜂起論であることはいうまでもない。

もともと武装蜂起の決行は、すでに十月の十二日に決定をみている。この日、加藤織平および落合寅市らのトリオ、新井周三郎、それに小柏常次郎、井上伝蔵という幹部グループ全員が集合し、これまでの運動をいずれも不首尾と総括し、「此上ハ無是非次第ニ付、我々一命ヲ拋テ腕力ニ訴へ」て事を決することにしたからと、栄助の同意をもとめたのである。栄助もまた「自分モ一旦同意ヲ表シタル上ハ一歩モ退カズ、飽マデ身命ヲ拋テ倶々尽力セン」と答えている。栄助はつき上げられた形だが、まずは全員一致の決定である。

けれども、にもかかわらず、二十六日にいたって、栄助があらためて蜂起延期を提起するにいたるのは、たんに実現のみこみもない同時蜂起論にもとづくことではない。秩父挙兵への栄助のためらいには、この挙兵がはらむ政治・軍事戦略上の全問題が集中して表現されている。大衆的な暴力の過熱と党的な政治指導との矛盾が、集中しているのだといわねばならない。ことこの時に至っては、栄助の同時蜂起論は、この矛盾がまとった一つの衣装であるにすぎない。

このことをやや象徴的に示すのは、「暴発ノ事」を決定した十月十二日とこの日との間に、東京の党本部の介入があったという事実であろう。『自由党史』のいうように、使者が氏家直国であったかはわからぬが、小柏常次郎によれば、二十三日に伝蔵方にたしかに使者があったという。（井上幸治、前掲書）栄助が伝蔵の支持を得て、蜂起の延期をきりだすきっかけになった出来事にちがいない。

十月三十一日の最後の幹部会議はさる山中で開かれたが、自然、近村の農民大勢が押しかけて圧力をかける形になった。そこで栄助と伝蔵の両人は、再度蜂起延期をこの大衆に直接訴えかけるが、もはや容れられないのである。「三十日間ノ猶予ヲ請ヒタルニ聴カズ、十五日間ノ延期ヲ請ヒタルモ聴入レズ、一週間モ聴入レザリシ」と栄助は述べている。両人の延期論にたいする他の幹部党員の反応は、「延期拒否」で一致している。「井上伝蔵強而《しいて》平和説ヲ唱ヘタレドモ」、織平などが「秩父郡中ノ高利貸ハ残ラズ放火又ハ打毀シタル上、官ノ手配アラバ進ンデ抗敵スルノ外得策ナシ」と主張して押し切ったのだという。（井上、前掲書による）また寅市がのちに書いているところによると、加藤織平は大井憲太郎の使者氏家を斬り殺して旗揚げすると公言し、他の者も軍資金強盗の汚名を着て一生を終るよりはと賛成して、十一月一日決行論が勝ったのだという。

けれども、栄助・伝蔵にもっとも強硬に詰め寄ったのは、郡外から来た小柏常次郎であった。彼も初期からの党員で屋根板職人、九月に秩父に乗り込んで以来、いわば根なし草の困民党職革（職業革命家）である。在地の党員とちがって、「他管下ニ来リ已ニ六十日ノ滞在」という焦りもある。彼にたいして栄助は、「前途ノ目的モ定マザルニ頻リニ村民ヲ煽動シタルヨリ、軍装モ整ハザル前不時多人数集合スルノ不幸（！）ニ遇ヘリ」と、同情ともなじるともつかぬことをいい、「哀レ常次郎ノ首ヲ斬リ屯集ノ大勢ニ猶予ヲ請ハン」と切り返していく。そこで思いあまって常次郎は、「全ク自分ノ不行届ヨリ引起シタルナレバ、衆ニ謝シ一週間ノ猶予ヲ請ハン」と集合した村民の所へ出かけていくがもはや相手にされない。この夜、常次郎は、生かしておいては外聞わるしと、栄助の寝所に抜刀でおしこみ、彼に明日の決行を約束させたという。（井上、前掲書）。十一月一日、すでに武装集団が動き始めたとき彼がいっているように、「平和手段ハ到底行ハレ難キニ付、腕力ニ訴ヘ先ヅ秩父郡ヲ闇ニナシ、進デ政府ニ当ル」というのが、常次郎の性根であったろう。

他方、新井周三郎については、以上の会議すべてに参加しているのだが、彼の発言は記録にないのではないか。ただ、すでに三十一日の夜には現場にとび、一日をまたずに暴発して、困民軍最初の打ちこわしをおこなった風布村の連中を指揮したのは周三郎であった。

このようにして、大衆的運動の圧力を直接の背景に、蜂起への集団の飛躍が一つの事件として展開された。これはもちろん、蜂起という「容易ナラザル事件」「生命ヲ捨テザルヲ得ザル事柄」にむけた個人的決意が、集団の意志一致として実現される現実の過程であった。新井周三郎の先駆行動をはじめとして、栄助や伝蔵をも含め困民党幹部団は、このようにして一致して蜂起に身を投じていくことができた。

三　戦略的な課題が指導部を再形成しえたとき私の集団は飛躍する

集団の行動への決起が、「指導者」の整合的な準備と指令にもとづいておこなわれるのではなく、それ自体がこの集団内面の事件としてはじめて可能となったことは、秩父自由党の栄光の核心である。

だが同時に、蜂起へむけた意志一致の過程は、田代栄助と井上伝蔵に代表される重大な異論を、強引にねじふせていく過程でもあった。もしも、たんにことが盆地内ですむものであったならば、集団は栄助の理論を日和見主義の反面教師とみたてて、決起にむけた自らの意志をいやがうえにも固めることでよかったであろう。事実、蜂起へとなだれこんでいく十月三十一日のドラマは、加藤織平ら土着自由党幹部にとってはそのようなものとして演じられたであろう。そしてまた実際、困民軍の蜂起が盆地一円を制覇した十一月二日までは、自由党員幹部団の意志一致が孕んでいた脆さは、現実に露呈されることをまぬがれていた。この盆地内部であの驚嘆すべき反乱の光景が展開された事実の内面の意味がここにあった。

だがいうまでもなく、蜂起決定をめぐる討論に提出された栄助の異論は、彼の個人的資質や「革命的ロ題としても、困民党幹部団の激論のなかには、かかる政治的構造化への契機はまぎれもなく現出していたることが必要とされたのである。この努力が現実に集団の組織的分裂をまねくかどうかはまったくの別問軍事上の方策が、自由党幹部団あるいは百名ほどの活動分子の間で、集団として意志一致され、準備され体的にいえば、「先ヅ秩父郡ヲ闇ニナシ、進デ政府ニ当ル」という決意の、この「政府ニ当ル」ための政治・た彼ら幹部団が、新たな大衆政治同盟、困民党の「指導部」として、名実ともに再形成されることだ。具部に本来の指導と被指導の関係を構造化しなければならない。これは、旧自由党の崩壊を通じて形成されることはありえないのだから、栄助ら幹部が意識してこの政治の位置をひきうけることによって、集団内に構造化することが必要とされた。戦略的な次元の政治は、もともと反乱集団全体の課題として自覚され

本来ならば、困民党の集団としての飛躍は、栄助の動転をまさに政治的指導の動揺として、集団の内面

ぎったこの「大将」の脳裡から、不安は去らなかったはずである。

大将ノ権ニ在リ、各其意ヲ体セヨト酒肴ヲ設ケテ開衛ノ祝宴ヲ為シ」といった有様であったが、権力をにる。だから郡庁では、「役員、暴徒等席ヲ陳ネ、田代栄助秩父大将ト称シ、今日ヨリ郡中ノ政則ヲ出ス事テ高利貸ヲ斃シ貧民ヲ救助シタ」と述懐しているように、困民党の固有の目的はこの段階で達せられてい菊地貫平の勧めがあって「革命党本部」を秩父神社から郡庁に移す。まさにのちに一農民が、「望ハ達シ

十一月二日、大宮（秩父市）をなんなく占領した有頂天の蜂起軍は、その数一万にもふくれ上り、「参謀長」

その解決を要求せずにはすまないであろう。

の問題は、一つの不安として反乱の渦中にもちこまれ、反乱のある段階で、かならずや再び頭をもたげ、反乱の政治的展望と、集団内の政治指導の位置もまたねじふせられ、棚上げにされたのである。だからこマン主義」などによるものではなかった。集団討論が栄助の動揺をねじふせたとき、盆地外へと横溢する

のだ。

もちろんいうまでもなく、こうした契機の具体化のためには、事前の討論でこと足りるはずもない。現実の敵対的闘争――とりわけ侵入してくる国家権力の暴力装置との対決――を通じてこそ、事前の集団意志の脆さを再度試練にかけ、困民党は秩父の土着集団からより高度な政治集団――一つの大衆権力――へと、自らを変えていかねばならなかったであろう。だが秩父困民党は一揆の集団から蜂起の政治集団へと自己を内面的に再構成することなく、短い蜂起の秋をあっというまに駆け抜けていってしまった。集団の飛躍における政治（的意志）の揺れは、ただ総理栄助の動転という人格的表現のなかにのみ露呈するしかなかったのである。

蜂起した困民軍が東京の憲兵隊や高崎鎮台兵――自由党年来の敵――と対峙するにいたる時点で幹部団の指揮がにわかに乱れ、困民軍本陣があまりにもあっけなく崩壊していく事実は、こうした問題の帰結であった。そしてこのような困民党――秩父自由党――の崩壊過程はまたしても田代栄助のうちに人格的な表現をみせて進行するのである。＊

＊困民軍本陣崩壊後に無名の指導者のもとにおこなわれたいくつかの戦闘、および菊地貫平らによる信州への転戦については、ここではふれることができない。

実際、栄助のかねて予期したごとく、国家の軍事力がこの盆地の入口に迫ってくる事態に直面するや、蜂起軍の主力がこれとまだ一戦も交えぬうちに、この「秩父大将」の背筋を、強大な病魔のごとくに「弱気」がとらえてしまう。十一月の三日から四日にかけて進行する彼の「精神的虚脱状態」については、井上氏の著書が的確に述べているところである。

こうして栄助は、種々の軍事的悲観材料をとりあげたうえ、次のようにきりだして本陣から姿を消す――「斯ク八方敵ヲ受ケタル上ハ討死スルノ外ナシ、併シ一時寺尾村へ引揚ゲ山中ニ潜ミ運命ヲ俟タン。」

「田代栄助のような人物が存在したということは、混乱のさ中の彼の無能ぶりをも含めて、敗北した秩父反乱にとって一つの慰めなのだと私は思うことがある」――別のところで私はこのように書いたことがあった。しかしここでは、他の秩父自由党員たちについてと同様、彼についても反乱のなかの人物論を書くことは私の意図ではなかった。私は栄助の言動のなかに、ある政治結社の観念をみてきたにすぎない。栄助は、一方では井上伝蔵を通じて入ってくる「板垣ノ自由党」の有形無形の影響にさらされ、他方では、彼を担ぎだした秩父困民党員たちの衝迫力をまともに受けねばならぬ地位にあった。この地位は、まさに大衆的反乱のなかの政治的指導（集団）の位置にほかならない。

そして秩父事件では、主としてただ田代栄助の動揺という人格的表現のうちで政治のこの固有な位置が露呈するしかなかったということは、本来政治や組織なるものの定義に反することだ。そこでは、集団は内部対立を通じて指導と被指導の関係を構造化しえず、集団の矛盾は栄助に集中し、栄助の崩壊＝集団の分解・離散として結着する。

こうしたことは、秩父暴動という暴力的な大衆闘争が、「官ニ抗敵スル」大衆の自己権力の確立――一種幻の「自由党」の再形成――へと進みえなかった事実の、内部的な証明というしかない。この盆地の党員グループは、さっさと解党してしまった「党」からも、また彼らが一場の夢を与えた広汎な反乱農民たちからも、まさしく正当な代償をこうむってあのように動転したのである。

第四節　政治指導の発想

一　分裂は集団の内部矛盾の外化であり指導はその再内面化である

政治的な指導という観念――「リーダーシップ」――は、日常の政治世界ではほとんど自明のように使われている。問題はただ、「いかに指導するか」という方法や技術につきるかのように考えられている。ここでいう指導とは、いうまでもなく指導者（部）の位置と性格を多少とも前提として、その対象――人びととその集団――をこの前提にまで近づけることを意味している。かの「前衛党」のごとく、政治過程あるいは意識の前後関係として、指導と被指導がとらえられている例を想起するとよい。したがってまた、被指導とは「従う」という文字どおりに受動的な観念である。

けれども、これまで私が秩父事件の分析でくりかえし政治指導という観念を使ったとき、それはたんに前後関係を指す言葉などではなかった。一つの集団における政治指導の位置――あるいは指導と被指導の構造――は、なによりもこの集団の政治的な矛盾を根拠として生みだされてくるものだった。

すでに第三章でみたように、私の政治的集団がかの「二つの敵」との敵対を内面化するとき、私の集団は、卑近な目前の闘いと遠大な夢との矛盾をかかえもつ。秩父で自由党が、土着化と神話化の二極的矛盾の形をとって、困民党という大衆政治同盟に根づいたとき、この矛盾はまさに困民党の運動そのものにほかならなかった。それゆえ、私の政治集団の形成そのものともいえるこの矛盾は、その後の敵対的闘争の現実的展開を通じて、さまざまな形で集団内部に顕在化し、その解決を要求せざるをえないであろう。私の政治的な経験史とは、それゆえ、集団に内面化された矛盾を、そのつど克服し、解決していく努力の連鎖なのだといってもよい。

このような私の努力の道程で目前の狭い闘いに集団が没入していくことへの不安と、また他方、集団の目的が大衆的熱狂のなかで無際限にコトバ化していくことへの苛だちが、くりかえし集団の意識に生じてくる。しかし秩父困民党と田代栄助の例がそうであったように、この意識は一挙に新しい集団意志に結実するものではない。当初は、それはこの私の関心（ゾルゲ）であって、集団内の他の私の意識にはのぼらぬことであるかもしれない。だから、この私の関心によって、集団の共同観念はすでに内部分化の契機を生みだすのである。

それゆえまた、集団の未来にむけた私の憂慮は、そのままでは私の集団の解体と分裂につながるかもしれない。これもまた、私に意識された集団の矛盾の、ある種の解決策にはちがいない。けれどもこれを避け、私が自らの意識した集団の矛盾を、集団の未来へむけて克服せんと努力するとき、これは原初的な意味ですでに指導である。

ひるがえってみれば、政治家としてのアジテーターが、敵前で味方の結束と飛躍を促すとき、ここに集団の内面を差異づけ構造化する最初の契機が生みだされたのだった。だがこの段階では、私の政治的集団は出発点に位置していたにすぎず、アジテーター＝私の努力にとって、この集団の矛盾はなお途方もない姿を現実に露呈してはいなかったのだ。だからその後、私の努力が、集団の分裂と対立をもたらすというおもいがけない事件に遭遇するまで、この矛盾は私の意識に明瞭な形を刻むことはなかったのだと、いくぶん比喩的にいってもよい。

集団の分裂という事件は――すでに詳述したように――矛盾の一つの解決形態であった。形成された集団は諸集団への分化によって、反乱世界内部を最初に構造化するのである。たとえば、目前の「狭い」――それ自体は「改良的」な――闘いや成果に満足する集団と、もっと先まで進もうとする部分とが、一つの反乱世界内部に分化・対立するようになる。

けれどもいまや、集団はその矛盾の第二の解決形態ともいうべき経験を、こんどは集団の分裂ではなくその集団内部に発見するのだ。これがつまりは集団における政治的指導の形成である。指導は――さきの例でいえば――目前の闘いに満足する部分ともっと先へ進もうとする部分とを異なる集団への分化としてではなく集団自体のうちに構造化し、これを指導と被指導の集団内的弁証法の関係にもたらそうとする。分裂は集団の矛盾の外化であったが、指導はこの分裂の――再度の――内面化である。「団結、分裂、さらに団結」というとき、この「さらに団結」は、「一枚岩の団結」という比喩に反して、まさに指導の構造をもつものでしかないであろう。

秩父自由党が困民の運動へむけて最初に結束したとき、それは同時に由緒ある旧自由党の分解を確認することでもあった。通常「日和見分子を切って団結を強化する」などといわれるように、秩父自由党も、政治結社が同時に大衆運動体である矛盾を、運動の圏外に去った福島敬三らにいわば外化したのである。そして、このようにして困民の蜂起にむかっていった彼らだったが、しかしこれではすまないという意識が、くりかえし田代栄助には宿ったのだった。「冷静に」判断すれば、蜂起の困難をみとおしていた栄助は運動そのものから去るしかない。事実、彼の意識していた困難があまりに早く現実化した――と彼には思われたのだが――とき、あっけなく栄助は脱落してしまう。

その後、近代的な政治は、栄助の身柄に宿ったような憂慮を、指導部ないし指導集団の機能として形づける。制度として固定していようといまいと、指導と被指導の関係として集団内面は構造化されるのである。私の集団の均一なあるいは混沌とした内面は、明確に政治的に差異づけられる。私の集団は、かくてもはや「共同体」ではない。この点こそ、指導という経験を、集団の分裂の経験から分かつ重要なポイントである。集団の分裂の場合は、それぞれに均一な二つの「共同体」へ分裂することもありうるからである。

二　指導とは制度ではない――集団の将来にたいする私の憂慮である

さてこうして、田代栄助にくりかえし宿ったような憂慮は、実は政治的指導というものの宿命であった。指導という政治のカテゴリーが、栄助の身柄において自己を主張していたのである。

しかし通常の政治世界では、指導はつねに指導と被指導とに実体化されて理解され、また指導の問題とは両者の関係の問題だとされている。誰も、指導というカテゴリーの宿命などは問わない。

たしかに、通常指導ということが、指導される部分との政治的前後関係の文脈で理解されるのも、理由のないことではない。集団の経験は、現実の革命過程を――「過去」から「未来」へ――たどるものでしかありえないのだから、集団は内にひきずる「過去」と出すぎた「未来」とに不断に折り合いをつけねばならない。指導とは、革命過程における集団の過去と未来を、現時点でこの集団内部に構造化しようとする意識である。このことから、指導の問題は、「進んだ部分」と「遅れた部分」の関係という表現をとりやすいのである。

だが、本来指導という概念には、集団の「未来」が指導で「過去」が被指導だなどという関係はまったくない。たとえば、革命過程を「未来」にむけて指導することも、「過去」にひきもどす反革命の指導も、ともに指導には変りないのである。また、革命集団の場合に、出すぎた「未来」――いわゆるはね上り分子――をどう処理するかは、内にひきずる「過去」――意識の遅れた部分――にどう対処するかとまったく同様な指導の課題である。「前衛党」の指導などといっても、実際問題としては、もっぱら「出すぎた未来」に対処することである例など、別にめずらしいことではない。集団や運動内の意識に宿るこうした憂慮そのもののうちに、指導の宿命があるのだ。

それゆえ、いまの段階で、指導の宿命を政治的意識の前後関係のうちに固定化してはならない。指導は、集団の敵対関係が集団内面に強制する矛盾によって促される、ある本来的に不安定な意識である。なぜなら、私の憂慮が集団全員に認められ、かくて集団が新しい集団意志のもとに結束し、飛躍するとき、これは私の指導の実現であるとともに、同時に、指導というものの否定（解消）ともなるからだ。＊また逆に、指導の実現をめざす私の努力が、集団そのものの分裂をもたらし、指導というものを挫折させるかもしれない。いずれにしても、通常のみかけに反し、指導とは、制度的なヒエラルキーのうちにはどうしても閉じこめることのできない何かである。

＊指導の実現と解消については、『叛乱論』が「アジテーターと大衆の死闘」として詳述している。また、党の「指導」については、本書第七章を参照のこと。

秩父困民党で、田代栄助において経験された政治指導も、まさに以上のようなものであった。指導は、彼がいみじくもいったように、「軍装モ整ハザル前ニ」反乱に遭遇した「不幸」だったのだ。だがもともと、大衆運動の組織者とは、彼の一生でそうざらにはない幸運として、このしんどい事態をひきうけたいと願望する以外の者ではないのだから、彼にとって「不幸」といい「幸運」といってもそれはまったく同じことを意味している。

彼の集団が、従前から、この事態に対応する方策を練りあげていたとしても、どのみちそんなものは、反乱のうちで混乱と分解を避けることはできない。そしてまさに、田代栄助がそうであったように、大衆運動組織者たちの「不幸」にして「幸運」な動転ぶりを通じて、逆に固有の意味での指導という発想と指導という領域が、大衆の集団内部にまぎれもなく現われてくるのだ。だからこそ、このようにして形成される指導の揺れのうちで、逆に、大衆反乱における集団のスペクトルの全域が照射され、見えるものとなってくる。反乱の革命的な混乱のさ中で発揮される指導者の透視の深さも、整合的な制度的ピラミッドの頂点で確保されるのではなく、指導に最大限集中する集団の矛盾の激成がかえってこれを可能とするものなのである。

指導ということが、それをほとんど自明の前提とする日常的政治世界でではなく、いつも反乱から革命への道程でこそ問題化するのも、まったく指導の由来のためなのである。革命過程では、たんに「いかに指導するか」だけではなく、およそ指導というもののあり方自体が問いなおされるのだ。

たとえばアナキストたちは、指導というものの跋扈する革命過程で、これを受け入れることも行使することも、ともに拒否するたてまえに固執した。

しかし、現実の政治指導のあり方にたいする告発として、それがどのように真実であり、またどから、将来にわたってもアナキストの主張が根拠を欠くような反乱は実際にはありえないということが真実だとしても、にもかかわらず、指導はもともとひとが採用したり、行使することを拒否したりするようなものではない。もしも反乱が、私たちの意識や好みに直接的に従って諸集団に分化・細分化し、結局反乱自体の生命にとどめを刺すようになることを防止したいと願うかぎり、そこではおよそ政治指導という経験を避けることができない。反乱の生をまっとうしたいという私たちの願望が、おもいもかけずこの政治の形を創りだす。集団の矛盾を、私たち内部の弁証法的運動にもたらそうとする努力が、指導という集団の内部構造をも生みだすのだ。

実際、史上多くのアナキストは、反乱の運動の持続とともに、政治や指導をめぐる悲喜劇的な動揺に陥ってきた。政治や指導を、既成の政治形態やあるいは国家レベルの問題に限定して排除しようとした彼らの努力は、しかしほかならぬこの努力のうちに、自らの政治や指導を発見するという始末にアナキストを追いこんだのだった。アナキストとて、集団の運動を拒否しないかぎり、その集団が「大衆」のものであろうとなかろうと、自ら指導を拒否することはできない。通常、アナキストの悲劇的動揺は、政治の実際と自分の教義との間の揺れだと彼ら自身も考えているけれども、このような個人的動揺も、じつはまったく政治的性格のものなのだ。アナキストの動揺は、形はちがっていても、田代栄助の動転ぶりとそんなに遠く離れているのではないのである。

さてこのように、指導というカテゴリーの位置は、本来不安定できわどい。この位置に立たされた私は、自らがつくりだした指導の弁証法をこうむって動転するのであり、それは文字どおり肉体的な疲労として私には感受される。だから私は、強大な病魔にとりつかれて虚脱した田代栄助のように、この弁証法の疲労から逃れたいと願う。けれども栄助の場合のように、この私の逃亡が集団そのものを瓦壊させないためには、集団は指導の不安定な位置になんらかの確かな形を与え、集団の内部構造としてこれを定着することを迫られる。これは、原初的な意味で、集団の制度化である。集団は組織の制度を介して、政治指導が機能するように集団の内面を変えていく。激しい転生の途上にある政治的集団――そこにおける指導の経験は、かくて次に、制度の経験へとつながれていく。

あらかじめことわっておくが、指導の制度化という経験は、集団が「さらに団結」するための努力の表現であるにもかかわらず、かならずしも一集団の内面を整備することにはとどまりえない。いいかえれば、もっぱら指導をこととする集団（指導部、指導的集団）が、私の集団から析出され分立するということが起るのだ。指導はたんに一つの集団の内面構造であるだけでなく、大衆集団から別の指導者集団を分化させる形で、集団の内面は再度外化されるのである。そしてこの結果、大衆諸集団相互の横断的な力学は、指導集団と大衆集団という、いわば縦軸上の力学をも生みだしていく。これこそ、「党」という政治集団が形成される歴史的由来である。

そしてこの弁証法の極北に、集団の経験史は、ついには大衆への指導機関たることを意識的に拒否する逆説的な党――レーニン的な党――にまで、遭遇することになるであろう。＊

＊第七章で詳述することだが、「党」とは本来いかなる意味でも大衆を「指導する」ものではない。本章での政治結社・秩父自由党の運命は、確かに一面では「党の形成史」として読めるけれども、そこで顕在化した指導ということは、あくまで大衆集団（大衆権力）内部の、自前の、課題なのである。したがって、本章での「政治結社」の運命とは、一方では固有の党を生みだし、他方では大衆政治同盟の指導部――「大衆の党」――を形成するという二重の政治方向を含むものである。「幻の政治結社」とは、「党」と「指導」との分岐を予感するものとして、二重の意味で「幻の……」といわれたのである。（第七章参照）

第六章　政治権力

第一節　集団の制度

一　私は集団の心的な統一性に客観的な形を与え集団を制度化する

さきに第四章で、集団の自己意識の飛躍が、組織の規約をめぐる集団討論を通じて進行するありさまが記述された。集団は、それまでに緊密に結合してきた「仲間」の分裂によって、自分とは誰かを以前にもましてはっきりと知るようになった。とりわけこの分裂が、さきの例では規約をめぐってひきおこされたことは象徴的なことである。なぜなら組織の規約とは、まさに自分が誰であるかを、形式的に自己規定するものにほかならないからだ。

集団の分裂と飛躍を通じて獲得されたこの集団の規約が、集団の制度の一例であることはいうまでもない。それゆえ、いまや集団の自己意識は、この集団独自の制度として組織内で形づけられるまでにいたったのだと、先の例を総括してよいであろう。

さらにまた前章では、集団が分裂という形で外化した矛盾を再内面化して、集団は政治家＝アジテーターと大衆の関係を、指導と被指導の関係として構造化するようになった。たとえば、規約が定める中央委員会と地方支部の関係のごとくに、指導関係を構造化するのである。だとすれば、さきの集団討論も、「中央集権的党組織か否か」をめぐってたたかわされたのであり、これも端的に集団内の指導のあり方を問うていたということもできる。指導の問題が、組織の自己意識の制度化（規約）に深くからんで提出されたことが、ここでもうかがわれるのだ。

私の政治的経験史は、すでにこのように、集団の制度というものの一端にふれてきた。集団の制度化というこの段階で、レーニンも、組織することは規約を作成することだと端的に断定したのである。そこで私の経験史も、集団の制度化という経験に、いまや正面から出会うことになったのだ。

制度といっても、一般に社会制度や政治制度と呼ばれているものだけが問題なのではない。むしろ、たとえばヴァレリーが制度（convention）の名のもとにあげた、「社会、言語、法律、道徳、芸術、政治」などを、制度的なものの現象形態としてイメージすることのほうが重要だ。なぜなら、私の経験史が見出すのは、既成の、日常的には自明の制度的諸形態の存在ではなく、むしろこうした諸形態を共同意志形成の具象化として自らつくりだしていくことにある。それゆえ、政治制度としての組織の規約にしても、その明文化された条項のあれこれが重要なのではなく、第四章でも規約はそのようには経験されなかった。総じて、論点は制度一般ではなく政治の制度に限定され、しかも、あれこれの政治制度の検討・比較ではなく、逆に制度的なものの生成をこの私が掌握することなのである。

制度的なものの形成という観点から、これまで集団の諸経験をふりかえってみよう。第二章で反乱集団の内部構造が経験されたとき、集団の共同的行為のエネルギーや共同の観念は、アジテーターたちの「社会的身ぶり」において、すでに一定の形に具象化され表現されるものであった。アジテーターの身ぶりとは、いいかえれば集団のシンボル形成である。

だが、集団のシンボル形式は、この場合にはなお、なんらか明文化され固定したものであることはできず、それはまったくのところ流動的なものであり、しばしば一つの行動の局面を越えて生きつづけることができなかった。だからむしろこの段階では、行動において登場しては消える各アジテーターの身ぶりや彼らのわめく片言隻語などが、全体として切れ切れに反乱の共同観念を表現しているのだとみなければならない。集団のシンボルが一人のカリスマに体現されている場合にも、このシンボルは、移ろいやすい彼の表情が付着したものにすぎず、それはなお制度的なものの定形化からはほど遠い。

こうしてこの場合には、集団の共同意志はもっぱら内部の私たちにのみ感得されうるにすぎず、共同の熱狂が冷めてみれば、あるいは外部の観察者からみれば、私たちの共同性は一つの非合理のごとくにしかみえない。「社会科学」はこの共同性の解読に失敗する。総じてこの段階では、集団の貧しいシンボル形式を、共同行為の意味作用（意味生産）が過度に凌駕しているとみることができるだろ。

政治における制度的なものにおいては、むしろ逆のことが起る。大層な制度、合理的な制度が、民衆の共同意志を僭称し、あるいは詐称することは、通常の政治のもっともありふれた姿である。体系化された記号が、意味作用の貧しさをおおい隠し、あるいは抑圧している。

共同観念とそのシンボル形式の関係が、反乱の共同性と日常的政治諸形態とでこのように逆転することは、ただ政治的経験——すなわち敵対的闘争に直面して、集団が自己自身を決定的に対自化せねばならぬ経験——を契機としてはじめて生起するのである。

ましていまや私たちの政治的経験は、そのもたらす諸帰結——敵に直面しての集団の結束と盟約、集団内の敵の排除、そのおもいがけぬ結果としての集団の分裂・諸集団の対立、さらに政治家＝アジテーターと大衆との差異づけ——を、敵対的闘争のさまざまの局面でそれぞれに具体化してきているのである。このような経験の——すでに長い——道程は、集団の形成がもともとからかかえもっていた矛盾を、集団の解体によって解消するのではなく、各戦闘行為において集団（諸集団）内面に構造化することによって、集団が持続し疾駆していく過程であった。だからいまやこの段階で、集団の政治的制度化とは、集団がその意志に「客観的な」、それゆえなんらか恒久的な一定の形を与えることによって、闘争の矛盾を内面化し、そのシンボル形式の貧しさを克服していくことだと、一般的に考えることができるであろう。

逆にいえば、集団の統一と私の政治的経験は、いまや集団のシンボルを介してたんに心的におこなわれるのではなく、不可避的に集団内の制度的なものを通じて現象する。制度の側からいえば、制度は私たちにむけて機能するのだ。集団内における——集団としての——私の行為が、かえって私の行為の「束縛」をつくりだす。シンボルを介した反乱集団の共同規範の形成が、政治的経験においてはっきりと規律という形をとったことを想起するまでもないだろう。通常の日常的集団における「手続き」や「ルール」のことも。

制度を通じて機能する指導と被指導の関係も、以上の意味でそれ自体が制度的なものである。かつては、アジテーターの身ぶりというシンボル形式は、特定の指導者あるいはカリスマという形をもとりえたのだが、いまやカリスマも制度化される。あるいは、秩父反乱の田代栄助においてそうだったように、特定の指導者のなま身のうちに揺れる集団意志は、もはや人格的なものではなく、制度的なもの——或る客観的なもの——の影なのだ。

いま、かかる制度化の具体的形態（法律的・社会的等々）を総括的に扱うことはできない。また、反乱の集団とその制度化を、なにか時間的順序の指定のごとくにとらえてはならない。実際には、制度的なものを無から形象することができないことは、言語形式一つをとってみても明らかである。ある党派集団の言語・組織を反乱の制度が採用するということも起りうる。さらにまた、集団の意志に制度的なものを「照応」させる作業の態様（階級等々の利害、歴史的限界などにもとづいた）についても、けっして一義的に規定することはできない。

こうした事柄についてはいずれふれることになるであろうが、いまここでは、大衆の政治集団はその形式を、自らあたかも新たなもののごとくに産出するのである。従来、敵との闘いにそなえた集団の内的武装（「ボリシェヴィキ化」！）と比喩的にいわれてきた事柄は、そのイデオロギー的性格は別として、以上のような制度化の作業を示している。

二　私の生みだす制度は集団の客観的統一性として私に帰ってくる

形成途上の政治的集団にとって、さしあたって制度的なものとは、端的に集団の言語体系と武装だと考えてよい。

言語が制度的なものの一形態であることは、ソシュールをはじめとして多くの人びとが強調している。このように、言語の体系がそもそも制度的なものであってみれば、それを主要な媒介としてなされる集団意志の自己表現にとって、制度としての言語体系は基本的な形態となる。なるほどすでに述べたように、当初反乱のコミュニケーションにおいては、既成の言語体系は多少とも寸断され、新たな言葉の意味が創造され、こうしたコードの混線状態すらもが、人びとの相互関係の新鮮な発見という事実を示すものとなる。人びとは、各人の相互関係を創造することによって、あたかも新たなもののように言葉を創出するということがいえるのであり、言葉は同時に各人において各人の内心の表出となっている。

けれども、反乱における「言語の破壊と創造」などを軽々しくいうことはできない。意味の生産と記号体系の既成性との隔絶は、反乱の共同観念とその組織的制度化との径庭にも等しいことだ。反乱からは、文法の創出はもとより「新語」すら造語されることはすくなく、むしろ「外来語」が象徴的に生かされるという事実は、このことをぎりぎりに示している。私は（社会主義国を除いては）「プロレタリアート」という言葉が日常的に使われている国を知らない。マルクスの国でもこのようなことはないという。たとえば、この「プロレタリアート」という語のもつ非日常性のために、かえって逆に、反乱がこの語に独自の意味を付与して酷使するということが起るのだ。「外来語」は、新たに創造された集団意志の象徴的意味をこめるのに、いわば便利なのだ。秩父の農民によって、「盆地外」の自由党の言葉（「圧制政府転覆」など）が同じように使われている。

こうした事例は数多くあるのだが、しかし、はじめて土着的に意味付与されたこのような外来語といえども、「外国」ではそれ特有の歴史（既成性）をもつのであり、この「外国」での既成性が、逆に土着の反乱の意味を撃つということにもなりかねない。私が、「プロレタリアート」という外来語に、どのように新しい意味をこめたとしても、この言葉にはもともと、西欧の近代的組織労働者という意味がぬきがたく付着している。だから、言葉のもつ制度としての客観性が、不意に向う側から帰ってきて、一つの言葉を象徴として生きる人びとを、また政治的言語としてこれを駆使しようとする者たちをも、等しく撃つということが起るのだ。たとえば――

「ところで兄弟、君にゃわかってないんだ。二つの階級があるんだ。プロレタリアートとブルジョアジーだ。俺たちは――」

「ああ、僕にゃそんな馬鹿げた話はわかっているんだ！　君らのような無知な百姓の群は、誰かがちょっとした人気言葉をわめくのを聞くんだ。君らにゃその言葉の意味がわかっていないんだ。君らはまるでオウムみたいにそんな言葉をつかまえるんだ。」

「君は教育のある人間だ、そんなことはたやすくわかるよ、そして俺は馬鹿な人間にすぎんさ……。ところで、二つの階級があるんだ、ブルジョアジーとプロレタリアート――」

「君は馬鹿だねえ！　……」(1)

これは、ロシア革命の街頭に氾濫した、言葉の洪水の一断片である。一方は兵士、他方はマルクス主義を信奉する学生だ。この場合たしかに、兵士がオウムがえしにする「プロレタリアートとブルジョアジー」という言葉は、学生が嘲笑するごとく、「その意味がわかってないんだ」などということはできない。学生のマルクス主義的教養が理解するのとは、意味を異にしているというにすぎないのである。だがもともとこれらの言葉は、ボリシェヴィキが兵士たちに植えつけた、異国の言葉であることに変りはない。実際、いまの例では、兵士はつまり「軍服を着た農民」である。だから、彼ら「百姓の群」が新しい意味をこめた「プロレタリアート」という自己規定の言葉は、この語の本来の意味――学生の理解する言葉の意味――を自ら裏切っている。

この会話の場面は、たんなる街頭の一エピソードというより、ロシア革命全体にとって一種うっとうしくも象徴的なことであった。マルクス主義者ボリシェヴィキたちが、愚直にこの言葉本来の意味に固執しても、ヨーロッパで「もっとも小ブルジョア的な国」(レーニン) ロシアの現実は変らない。彼らはやがて、ロシアの厖大な農民たちによる、「言葉の意味」の裏切りに手痛く直面するようになるであろうし、この関係は、ボリシェヴィキにたいする農民たちにとってもまったく同様のこととなるであろう。

かのドイツ第三帝国や、日本の天皇制下の集団での言語経験をみても、形成された政治集団における言葉の制度的な性格ははっきりしている。たとえば――

第三帝国がみずから新しく作った言葉は極めて少なかった。おそらくは、いや充分考えられることであるが、それは皆無であった。ナチの言語は多くの点で外国に由来するものである。他の大部分はヒトラー時代以前のドイツ語から引き継いでいる。しかし、ナチの言語は語の価値や語の頻度を変え、昔はひとりの個人、もしくは小グループのものであった言葉を共有財産とする。また、以前は共有財産であったものをナチの言語は党のために徴発する。いずれの場合にも、言葉や言いまわしや文形に毒をしみこませ、言葉をその恐るべき機構に役立つものとし、言葉において、そのもっとも強力な、もっとも公然たる、もっとも内密な宣伝手段を手中におさめたのである。(2)

ぼくはこの間沖縄の人と話をしていて、これは生粋の沖縄弁をしゃべる人ですが、彼が京都を見にいったけれども、沖縄弁で聞いても全然向こうに通じなかったと。その人は軍隊に行ってた人なんです。そこで軍隊用語で聞いたら一発でわかったと。軍隊のことばって便利ですねといった。自分は恥しく思うであります、かわやへまいってよろしくありますか、と、これですね。軍隊用語というのも、考えてみれば、地方の方言でも標準語でもない第三の言語なんですね。民衆を統一するために言語というのは決定的なものですから。言語の形としては軍隊用語、共同幻想としての天皇制、この二つが明治以来の大発明であるというふうに考えますね。(3)

ヒトラーの集団も天皇の軍隊も、革命過程を通じて形成された集団かどうかは別にしても、これらが日常的な政治世界に属するものでないことは、はっきりしているだろう。ナチは新たに形成されたその集団に、新しい言語の形を与えようと腐心しているが、文字どおりの「第三の言語」を無からでっちあげることはできない。だからそこでは、まさに外来語、古語などをもちだし、その意味や表情を換骨奪胎しようとする。天皇の軍隊でもこれはまったく同様であり、軍隊言葉は、古めかしい文語形を独特のいいまわしでつなぐものであった。

日本の軍隊言葉の場合は、雑多な方言の人びとを統一するものとして「第三の言語」といわれたのだが、しかしそれはたんに、統治やコミュニケーションの技術なのではない。第三帝国も天皇の軍隊も、時代の動乱において新しく形成され、しかも異様に強力な内的結合力をもった集団であり、だからそれは、自らの集団意志にふさわしい（照応する）言語体系を、あたかも新たなもののごとくにつくりだそうとするのだ。そしてこの言語体系が独特のものであればこそ、逆に集団はこれを客観的な制度として、集団の「恐るべき機構に役立」たせることも可能となってくる。

三　制度化によって私の集団は他の集団にたいする公的な力となる

集団が他集団との闘いを通じて存続し拡大しなければならないいま、言語による集団の制度化はとりわけ重大なものとなる。私の集団の意志は、不可避的に他の集団を区別し否定することを通じて、生きていく以外にはないのだ。この過程では、集団の自己表出はたんに内部的な私事であることをやめ自己の意志をますます公的——すなわち政治的——意志として、外部におしだしていかねばならない。集団の言語形成は、いわば組織の内外にたいする観念上の（イデオロギー的）闘いであり、比喩的に集団の内的武装と呼ぶのは、この意味で正当なのである。

そしてこのような闘いを経て、言葉はあたかも客体的な「武器」のごとくに装備されることになる。言葉は「批判の武器」であり、だからこそまた、批判という武器は、文字どおりの武器による批判に遅滞なく転化していく——「批判の武器は武器の批判に代えられねばならない」というように。

以上の指摘は、しかし、反乱の集団もまた既成の言語体系を使用しなければならないという点に、眼目があるのではけっしてない。たしかに反乱の政治は、たとえば外国語の体系を採用することはできない。フランス革命が荒唐無稽の暦と宗教をでっちあげたようなことは、けっしてレーニンのすることではなかったであろう。だが問題は、このような「現実政治」の主張ではない。媒介としての言語は、なにも文法や単語につきるものではないのであり、新しい文体に新しい思想をこめることに成功しえないような革命はその名に値しない。

主題は、言語体系の制度としての性格の強調にある。集団が敵前で自己を政治的に組織化する過程は、反乱集団内部のいわば私事としてのコミュニケーションが、各人の意味作用を超出した一定の客観的な体系（集団意志の言語体系化）となることを意味している。「神話」あるいは「ユートピア」としての共同観念も、たんに大衆の断片的な発言から読みとるしかないようなものから、多少ともはっきりした言語体系として表現されるものとなる。そして言語がもともともつ制度としての既成性は、この表現の体系化にとって抵抗の大きい素材であることを意味するのだ。言語は、反乱の前言語的観念のうちからつねに新たなもののごとく産出されながら、しかも、まさしく歴史的に規定された客観的存在としての言語体系――その集団独自の内容・文体がどうであれ――を介してしか、言葉は定形化され伝達されえない。このような意味で、集団の発言の制度化こそ、集団が公的政治組織となり、敵側の制度をも含めた他の諸集団と、社会的に競合しうる一つの力となったことの証左なのである。

制度的なものとしての集団の武装については、もはや多くを記述することは必要でない。武装にも、これまで言語について述べてきたすべての事柄があてはまる。いや、武器と暴力というその直接性のために、集団の武装には制度的なものの特質がより直截にみてとることができるであろう。

もともと、言葉とともに大衆の暴力は、既成世界のただ中に大衆が反乱の集団を創出するさいの、もっとも基本的な行動形態であった。またその後の私の全経験は、革命の過程、すなわち大衆の暴力が集団として展開される場面だけにかかわってきたのだから、暴力は大衆の反乱と政治的経験にとってもっとも基底的な定義に属することなのだ。それゆえ大衆の武装は――くりかえすが、言葉とまったく同様に――この暴力の表現形態であり、かっても言葉や女装などと同じシンボル形成のレベルで、武装にも言及されたのだった。武装は読んで字のごとく、制服や女装と同様、集団の社会的スタイルであり、蜂起した大衆の集団を劇的に彩るのは、いつも彼らの上に林立する「武器」である。

したがって、ここでもまたシンボルの制度化――暴力の制度化――という生成がおこなわれる。すなわち、敵対関係における大衆の暴力は組織的に内面化され、制度的なものに形づけられていく。多くの大衆蜂起はこの蜂起の持続とともに、武器を手にして立ち上った大衆を、精粗さまざまの軍事に編成するべく努力するのである。だから盆地一円をまたたくまに制覇した秩父農民の大衆武装にたいしても、田代栄助はなお、「軍装も整はざる前」に不本意にも蜂起した「不幸」を嘆かねばならなかった。

暴力の制度化は、もちろん、敵にたいする軍事力を強化するという必要から不可避となることだが、内面的には、大衆的カオスを客観的な形に編成する制度の宿命にもとづく。武装の端的なゲバルトとしての性格が、通常、この根拠をおおっているにすぎない。

もちろん、ゲバルトとしての武装の性格からいえば、暴力の制度化は危うい運動である。制度的なものとしての武装は、力の実効性の観点から容易に技術化され、大衆武装は軍事に一面化される。闘いは戦争そのものとしての戦争となり、集団は軍隊として制度化される。ロシア革命の「労働者赤衛隊」から「赤軍」へ等々というように――

第二節　階級の発見

一　集団の制度化は政治における客観的なものの宿命を露呈させる

集団の制度化をめぐる本節の記述には、政治的経験における客観的なものの宿命が、いまや一斉に噴きだしてきている。たしかにこれまでにも、すでに政治的経験の諸帰結のうちで、客観的なものとしての集団はさまざまに経験されてきたにはちがいない。たとえば集団の分裂は、反乱世界内部に諸集団の「客観的連関」――集団の動力学――をつくりだしてきた。また、この分裂を克服しようとする集団の努力は、その内部に指導を機能させるような、大衆から離れた一つの機構を生みだしたのだった。

けれども、集団がまぎれもなく客観的なもの――すなわち、私の個々の行為や観念から超出したもの――として経験されるのは、私たちが自ら集団内部に制度的なものを創りだすことにおいてなのである。なぜなら、制度は、もっぱら私たち個々人の心的投企によって形成されてきた集団の統一性に客観的な表現を与えることだったからだ。私は制度によって、集団の「主観的」統一性を克服し、組織を内外に伝達可能な「公的」機関たらしめようとする。かつて労働者たち個々人の結社として生れた労働組合が、いまでは規約を政府に登録し、法的な確認をうけるものとなっている事実などを想起しよう。

しかし本来、私たちは意識的ないし習慣的な「計画」にもとづいて、集団の制度を創出するのではない。指導の形成について、私はこのことをすでに十分強調した。また前章ではロシアの党組織の規約をめぐる討論が、おもいもかけず組織の分裂を招き、規約という集団の制度はその後、まるでわざとのように、分裂した二集団のそれぞれの運命をきめた事実が例示された。これらの場合のように、制度としての集団は世のいわゆる制度のごとく、ひとがその利害や合理的意志にもとづいて制定したり改変したりする客体的なものではない。集団における私の意志が制度を創ると同時に、私はこの行為からすら分立された集団なるものを、逆にこうむることになるのである。したがっていまはなお、日常政治の物化された制度的諸形態は問題にならない。政治的経験のうちで激しく形成途上にある集団では、その意志と制度的なものとの矛盾は、ただ危うい運動のうちで展開されているのだからだ。集団における客観的なものとは、一つの「客観的精神」である。

ひるがえってみれば、かつて反乱世界は政治的経験とともに、その敵を一つの歴史的世界として発見したのだった。そしてそれ以降、この世界との敵対的闘争の弁証法は、反乱の政治集団をもこの世の歴史的色彩で染めあげずにはいない。すでにたとえば言葉は、歴史的現実の産物として、私の集団の制度形成にとりこまれるのを私はみたのだ。だからいまや、集団は歴史的現実をただ敵世界にのみ限定し、自らはもっぱら「新たなもののごとく」に、自己実現にうつつをぬかしていることはできない。私たちが集団の制度化において経験するある客観的なものとは、私が自らの集団のうちに、おもいもかけず（再）発見した歴史である。

私は、私個人がその歴史的限界を超ええないものかどうかは知らない。けれども、私はつねにさまざまな社会的共同性のうちでのみ私でありうるのであり、この私のうちに現象する社会的諸関係こそは、私がつくり私に投影された歴史的現実なのだ。反乱世界での歴史の忘却にもかかわらず、その後、敵との死闘を通じて、私たちの相互関係は、ますます歴史的に規定されたある物象化の形態をとって現象するようになる。

集団の制度化が私たちの勝手な事業でなく言語や組織形態にしても、人類の経験――それは誕生の始めからまさに集団の経験だ――の蓄積をさまざまに反映するものであってみれば、ここには、制度化という共同事業と事業の当事者たちの、客観的位置や歴史的性格がさまざまに刻印されざるをえない。集団は自分の甲羅に似せて穴を掘ってしまう――早い話が、革命は「ブルジョア革命」か否か、集団は「プロレタリアートの階級」かどうか、などという問いがたてられる水準に、いま政治の経験史は到達しているのである。

二　私は集団の制度化において私の集団の階級的性格を再発見する

私はこれまで、故意に反乱世界や政治集団の歴史的位置、あるいは階級的性格に言及することを避けてきた。これはほかでもない。反乱の強い共同観念で結ばれた人びとのカオスが、その内に制度的なものをさまざまな形で再建する――しかも他集団との激しい区別のうちで再建する――過程ではじめて、歴史的現実としての階級もこの私に発見されるものだからだ。いうまでもなく、この私はかっても歴史的現実あるいは階級的秩序の外にいたのではない。しかし、自分の階級的位置すらも、集団的経験において発見―

――再発見されるべきものとして、この私に現象してくるのである。

兵士の人民側への移行は、軍隊の階級的および精神的＝政治的不均等のゆえに、何よりもまず軍隊の二つの部分相互の闘争を意味するのである。(4)

さらに――

革命の時期には、幾百万幾千万の人びとが、普通の、ねむったような生活の一年間にまなぶより多くの事がらを、一週間のうちにまなぶものである。なぜなら、全人民の生活が急激に転換するさいには、人民のどの階級がどういう目標を追求しているか、どのような力をもっているか、またどのような手段によって行動するかが、とくにはっきりとわかってくるからである。(5)

いまあげた二つの証言は、政治的指導者による多少とも政治的な文体である。実際のこの私の経験からすれば、逆に集団内の「二つの部分相互の闘争」のゆえに、私は集団の「政治的不均等」と、他から区別されるべき私の「階級的および精神的」な性格を発見するのだ。またこの私は、他の集団との激しい区別の意識のなかで行動することによって、自分がどの階級のものなのかが「とくにはっきりとわかってくる」ということなのである。

さきに私が秩父事件を記述したときには、まさにこの階級の発見のトバ口で、反乱そのものが挫折したのだった。この記述で「盆地」という言葉がいくぶん象徴的に使われたのも、ときの日本のグローバルな歴史的状況にたいする、秩父反乱の客観的位置という問題を捨象し、「盆地」の反乱を一つの世界――日常的世界における陥没地の光景――としてとらえようとしたからにほかならない。だから、盆地内の熱狂が「峠」を越えて外部世界に直面する瞬間こそ、秩父反乱が自らその歴史的位置と性格を自覚する一瞬であった。あるいは、この盆地に侵入する国家の暴力は、盆地の反乱のグローバルな位置を、すべての人びとに自覚させ強制せずにはいなかった。だがすでに見たように、現実の反乱は、まさにこの瞬間に瓦解を開始し、盆地の世界は潰えてしまう。

それゆえ、やれ「ブルジョア民主主義革命」だの「民主革命軍」だのといった、歴史学者による秩父事件の「史的意義づけ」がそもそも無効なのも、彼らはまさに事件の終ったところから出発しようとするからなのだ。政治的経験の発見学的構造が彼らには見えない。

たとえば、蜂起にむかう困民党の運動をめぐって、秩父自由党員たちが分岐するのも、また蜂起決定の大詰で困民党幹部団が内部対立を経験するのも、自由民権運動全体の歴史からみればたしかに、いわゆる豪農民権家が脱落する時期に重なるのであろう。だが、困民党の蜂起に動揺した秩父自由党員を「豪農層に属していたから」と説明するのでは、栄助や伝蔵の動揺が、かえって蜂起に本来的な政治の領域を開示した事実が抜けおちてしまう。ある階級に属していること自体は、およそ政治とは関係のない事柄である。政治闘争の場面で「階級」がいわれるとき、それはいわゆる階級利害を追求する主体＝「階級」のことではない。このちがいは、経験上および理論としてもはっきりと把握されねばならないことだ。

経済的諸条件がまず第一に国民大衆を労働者に転化させたのであった。資本の支配がこの大衆のために、共通の一地位、共通の諸利害関係をつくりだした。かくして、この大衆は資本にたいしてはすでに一個の階級である。

しかし、まだ大衆自身のための（für sich selbst）階級ではない。〔政治〕闘争において、この大衆は結合する。階級対階級の闘争は一つの政治闘争である。(6)

それゆえ、たとえば労働組合も、労働者の階級利害を体現するから階級の政治集団なのではない。近代ヨーロッパ資本主義の確立過程、つまりマルクスの青年時代に、労働者の集団がブルジョアジーの集団にたいして政治闘争（「普遍的な社会的強制力をもっている形態」での運動）をかまえるかぎり、労働組合は自己を「大衆自身にとっての」階級に形成するのだとマルクスは考えた。だからまた、成熟したマルクスの時期に、労資関係もまた「成熟」し、労働組合が主として経済的階級利害を追求する集団となったときに、不意にパリ・コミューンの出現にでくわしたマルクスは、おもわずこう叫ばずにはいられなかったのだ――

コミュンは本質的に労働者階級の政府であり、占有階級にたいする生産階級の闘争の所産であり、労働の経済的解放が達成されうる、ついに（！）発見された政治形態であった(7)

ひるがえってみればかつて私は、アジテーターの遍歴史のそもそもの出発点で、階級の概念や階級の秩序を、一度大衆的反乱のうちに溶解させたのだった。そのときから私と私の集団は、すでに長い遍歴をくりひろげてきたが、この過程とは、せんじつめればレーニンではないが、私たち――つまり「政治に突入してきた俗衆」――が、自分とはいったい「どのような人々であろうか？」と自問する過程であった。そしてこの過程では、私の集団は分裂や再統合をくりかえすことによって、おもいがけず内部の「政治的不均等」を発見し、逆に自らの集団の政治性格をより「純化」し、かくして自らが一つの「階級」であることを発見する。それゆえ、私にとって「階級」とは、敵対的闘争の長い道程で自らを再構成してきた、私たちの政治的集団の名辞にほかならない。だからアジテーターの遍歴史とは、「政治に突入してきた俗衆」たちが、自らを階級に形成する過程なのだと、いまでは断言することができるであろう。

革命の主要な原動力は、プロレタリアートであった。それとともに、革命はプロレタリアートに形態をあたえつつあった。これこそ、プロレタリアートが最も必要としていたものである。(8)

またマルクスも、「プロレタリアートを階級に形成する」といっている。このように、かつて「革命的階級」としてのプロレタリアートとは、なによりも形成されるもの、形態をあたえられるものだったのであり、これこそ、この私にとっては、自己発見的な政治の形成史としてたどられることなのだ。すでに「政治的集団」の誕生のさいに、大衆政治同盟の「大衆」を私はプロレタリアートとも呼んだが、大衆政治同盟のその後の経験は、まさにこのプロレタリアート大衆が自らを階級に形成する道程なのである。

三　私は政治の経験史を階級形成と階級闘争の歴史として総括する

階級とは、以上のような意味で、集団にとって発見された制度的なものの一事例である。現実の集団をおいて、政治における「階級」というものはない。集団は、他集団との死活の「客観的連関」を通じて独自の「形態をあたえ」られてきたのだが、この闘争史はその一定の段階――制度化の段階――で階級的集団を生みだすのである。

それゆえ、いつも政治的経験にとって独特のアイロニーを意味するのだが、私は集団の階級的性格をもあたかも「新たなもののごとく」につくりだしたにもかかわらず、しかしおもいがけないことにこの私の階級集団には、以前私たちに属していた社会的諸関係の母斑がさまざまの度合で再現するのが発見されるのだ。かつて反乱は私に属した古い石化した社会的諸関係を清算したのだが、しかしもちろんこの清算の度合は、反乱の歴史的性格に応じてまさにさまざまのものであり、いずれにしても私は、過去を完全に清算して無から新しい自己を再建するなどということはありえようもない。けれども、私に属する歴史は、政治的経験の場面では、集団の経験が自らを制度化する段階ではじめて、この私に再発見されるものなのである。反乱での階級秩序の溶解を経過してはじめて、かつて日常的政治世界ではおおわれていた階級秩序が再発見され、再構成されるのである。

私の集団の分裂と諸集団の対立という経験を、くりかえし想起しよう。これまで、私はこの分裂や対立をたんに形式的にしか定義しなかったが、いまやこの制度化の段階では、各集団は独自の制度をもつものとして、それぞれの「階級的性格」を自覚しつつ、互いに他を否定する闘争を展開しているのである。これこそ、まさに階級闘争と歴史的に呼ばれてきたことにほかならない。

大衆闘争の長い歴史を総括して、マルクスは、歴史は階級闘争の歴史だといった。けれども、労働者の団結過程が、ほとんど直接に、政治的意味での階級形成と階級闘争を意味していた青年マルクスの時代から、政治はすでにずいぶん遠くまできた。私たちは、反乱から出立する政治的経験の諸帰結をへめぐってはじめて、階級闘争を自ら発見せねばならないのだ。階級利害の解放のためにも、階級闘争を「ついに」発見しなければならない！　この段階にいたって、まさに歴史は階級闘争の歴史だと宣言されうるのだが、しかし同じマルクスが「かって歴史はあったが、もはや歴史はない」と断定したように、階級闘争の発見は、私たちにとって文字どおり歴史の発見というに等しいことだ。

それゆえ、私の政治的経験史は、反乱から出発したのであって、既成の「階級闘争」などからではなかったのである。事実の問題としても、人がかつて階級秩序に占めていた位置に直結して、階級だの階級闘争だのがいいうるものではない。早い話が、労働者階級——あるいは労働組合——と、階級としてのプロレタリアートとは、この際なんの関係もないことであり、「貧しい者」の神話は信ずるに足りない。レーニンは、革命期における人びとの行動パターンをそれぞれ階級と呼び、とくにそのうちの一つを「プロレタリアート」とか「革命的プロレタリアート」と名づけたけれども、それは革命渦中で分化形成される現実の政治的諸集団の一つにつけられた名称だった。だから、これにプロレタリアートという名前をつけるかどうかは、歴史的事情にもとづくたんに便宜的な問題にすぎなかった。これに反して、名前づけの根にあるレーニンの集団論こそは、便宜的な問題どころではなかったのだ。＊

＊ここでは私は、マルクス主義の歴史で酷使され、いまではすっかりすり切れてしまった「プロレタリアート」の概念や、あるいは、ことにスターリン以降抹殺されてかえりみられない「階級形成論」について、これ以上に主題とすることはできない。私の記述は、マルクス・レーニン主義の文脈でいう革命過程だけに、問題を限定するものではないからだ——私は大衆的な「反革命」をも念願においている。ここで私が階級のことをとりあげたのも、くりかえすまでもなく、

集団の制度化と政治における客観的なものの宿命の一事例としてであるにすぎない。

だが、マルクス主義的政治理論の観点からすれば、プロレタリアートやその階級形成論が、理論の要を占めることだけはここに指摘しておかねばならない。というのも問題は、党のマルクス主義的目的とその実現との径庭をどのように考えるかということにかかわるからだ。たとえば「プロレタリア党」の綱領にいう「近代プロレタリアートの歴史的使命」と現実の労働者階級とが必然的連関をもたないことは、いまではすべての人が認めている。たしかにマルクス以降、党は自分の組織内ではこの目的を意識化あるいは実現していると称することはできる。しかし、「プロレタリアートの解放はプロレタリアート自身の事業だ」とすれば、党は自己の目的をプロレタリアートの運動にどのように転化するか。この場合、「労働者階級の階級的本能」にゲタをあずけることはできない。この「本能」すらそれこそ物象化された相でしか現象しえないのが実情である。それゆえ、労働者階級における党綱領の啓蒙や僭称というありふれた現象を排したうえで、なおプロレタリアート自身の解放事業の実現をいいうるとしたら、それはどのようなことか。この問いは、マルクス主義の思想体系のうちでまさに党組織および階級形成の問題が要の位置にあることを示しているのであり、にもかかわらず（それゆえに）、問題がこの点で理論的にも実践的にも錯綜することは、周知の事柄である。過去に私自身もこの問題の錯綜から逃れることはできなかった。それゆえ、本書では一つの「階級形成論」を記述しているのだと、私は意識している。

なお私の『結社と技術』を参照のこと。また、マルクス自身の階級論――それはまとまったものではないが――の正確な摘要については、ダーレンドルフ『産業社会における階級および階級闘争』（富永健一訳、ダイヤモンド社）の第一章をみよ。

四　客観的なものの宿命に直面して私の闘いは悪戦の模様を呈する

もしもマルクス流にいって政治的経験の歩みが、階級や国家――すなわち、政治における客観的なものの宿命――を最後的に廃棄する道として意味づけされるならば、この道筋がかえって不可避的に、客観的なものをあらわに定立するというのは、逆説的なことである。客観的なものの宿命の廃棄は、文字どおりに「揚棄」としてしかありえないのだ。もしも、革命にいたる政治対立が、はじめから客観的なもの同士の結着——戦争——を意味するのなら、たとえ両者で客観的なものの意味づけが異なるものであっても、政治は逆説的な宿命にもてあそばれるようなことはなかったであろう。だが実際には、反乱のいだく「無階級社会」への接近という夢にしても、かえってまったく逆に、人びとが階級的な対立の構図——階級闘争——をつくりだすことによってしか結着しえないのだ。

歴史上、このような逆説は、理論的にも実際的にも、けっして自明であったことはない。それはいつも、私たちを政治の苛酷なあがきのなかにまきこんできた。なぜなら、政治の客観的な形成は、あくまでこの私の主観的な自由がつくりだしたものであるにもかかわらず、逆にこれは客観的なものの「宿命」として、この私の主観性を撃つからだ。かっても、反乱の共同性は共同規範性として私に帰ってきたが、これはなお強く心的な規制にすぎなかった。心的な呪縛がはずれてしまえば、私の逃亡もまた自由であった。だがいまや、政治の客観的形成物は、文字どおりの物神として私の行動を支配する。解放や自由の名による自由の抑圧——しかも物質力をともなった逃れがたい抑圧——を、私は予感するようになる。それゆえ、いまや政治における客観的なものの宿命に直面する私の政治的経験史は、このはるかな予感において、一つの悪戦の模様を呈してくるのである。

たしかに、私の集団的行為における政治的なもの・客観的なものの超出といっても、このこと自体が、私の集団的意識にまさに「照応」した表現形態なのだと感じられる瞬間を、革命はいつもつくりだしてきた。たとえば「革命の軍隊」のよき時代を想起してみればよい——

革命戦争にはもうひとつ、それなしには勝利がありえない要因がある。これは革命の壮大なロマンティシズムの力だ。この力に助けられて人びとは、バリケードから直接に、軍隊組織という堅苦しい枠のなかへとびこんでいく——政治的デモンストレーションで身につけた軽快な小刻みの足どりを、また多年にわたる非合法の党活動で身につけた自立性と柔軟性を、失うこともなしに。(9)

これまでの私の政治的経験史も、私の集団的観念と集団なるものとの合一を、さまざまな事件で経験してきたことは疑いのないところだ。歴史的にもかつてこのような瞬間はたしかに経験されたし、今後とてそうであろう。そのとき私たちは、私たちの共同観念の沸騰——革命の壮大なロマンティシズム——に、文字どおり「助けられて」いたからだ。ひとがたび重なる幻滅にもかかわらず、かくも長く政治の磁場にひき込まれてきたのも、一口にいってこのためだったのだ。

しかしけれども、私たちが反乱以降身につけてきた「軽快な小刻みの足どり」や「自立性と柔軟性」が、いまや政治組織という「堅苦しい枠」と衝突する悪戦の歴史もまたはじまる。すでにマルクスの時代に、巨大な一人の「個人」が次のように心情を吐露している。

私は憲法と法律を信頼しない。というのは、最良の憲法さえも私を満足させることができないのではないかと思うからである。われわれは何か別のもの、すなわち、激情と生命と新しい法律のない世界、したがって自由な世界を必要としている。(10)

けれども、制度的なものと私の「激情」との衝突は、客観的なものの宿命をめぐる問題として、けっして私の「個人的」な問題でもなければ、「個人」と「組織」との悪戦なのでもない。実際、これまでの革命史は、まさに一つの政治的現象として、この悪戦の模様の数々を記録してきたのだった。

共産主義者たちはなにかをやろうと思っている。君やアナキストの連中は、理由こそちがえなにかであろうとしている……それが今度のような革命につきものの悲劇なのだ。われわれの生を支えている神話は矛盾にみちている。平和主義と防衛の必要性、組織とキリスト教の神話、有効性と正義、等々。僕たちはそれらを整理し、僕たちの黙示録を軍隊に変えねばならない、さもなければ死あるのみだ。(11)

私はここでは、以上に例示されたような悪戦の歴史にすこしでも深入りすることはできない。コムニズムやアナキズムといった特定の政治思想についても同様である。私が経験のこの段階でふれようとしたのは、ただこの悪戦の意味についてだけである。政治における客観的なものは、ほかならぬこの私の自由がつくりだした逆説なのだから、私は私の共同主観とこの客観的なものとの相剋に耐えていく以外にはないであろう。この相剋は、一つの矛盾として、すでにこれまでもさまざまに経験してきたことだったが、いまや文字どおりの悪戦の色彩で私の政治的経験を彩っていくのである。

悪戦たることに耐ええず、また大衆自身にこの悪戦を強いる――「大衆を思い切って立ち上らせる」――ことを回避する政治は、従来客観的なものの宿命を一手にひきうける特殊な集団――党や軍隊――を生みだしてきた。スペインのアナキストすら、「戦争のために」――自らの権力の維持のために――「すべて」を、つまり彼らの教義も階級闘争をも「犠牲にした」と評されたのだった。だが、大衆が革命的混乱を通じて、自らの集団の内外につくりだした制度的なものをあらわに経験し、これとの苦戦をくぐりぬける以外に、どうして政治における客観的なものの宿命の廃棄などにむかえよう。秩父事件は総理田代栄助が動揺したから挫折したのではない。逆に、彼の動転ぶりにあらわれているものこそ、秩父反乱をあそこまで押し上げた力であった。またレーニン以降、すべての革命派は、既成の政治諸形態――たとえば国家――を「改革」するのではなく「破壊」せねばならないと考えたが、この命題は「国家論」ではなく、なによりも運動論の命題として正当なのである。否定的な対象として国家をかえってあらわに定立する闘争をみずからつくりだすことなしには、「破壊」すべきものとしての国家も大衆にはみえてこないからである。マルクス流にいえば、「無階級社会」へ接近する革命とて、階級と階級間の闘争を、かえって私の闘争がひきうけるという回路なしには考えることができないのだ。

第三節　集団の権力

一　制度化を介した集団の統一によって私の集団は権力を行使する

政治的経験における客観的なものの露呈は、前節ではただ集団内におけるその宿命や、これとの悪戦として経験された。だがもちろんのこと、通常の政治的記述がもっぱら主題とするように、政治的諸形態相互の「客観的連関」こそが、こうした集団内的経験をも現実に規定するものであることはいうまでもない。逆にいえば、集団における制度的なものの形成は、その矛盾を集団外へ客観的なものとして外化するとき、集団はふたたび諸集団の対立・抗争の力学を発見するのである。

すでに反乱世界での集団形成以降、こうした内面化と外化の弁証法は、集団の運動そのものとして経験されてきたのだが、いまや集団における客観的なものの超出は、私の集団を対象的な規定が可能な一つの歴史的存在たらしめているのである。だから前節で集団の制度化は、「集団が公的政治組織となり、敵側の制度をもふくめた他の諸集団と、社会的に競合しうる一つの力となったことの証左なのだ」と、記されたのだった。集団はいまやその制度を介して、「一つの力」として——すなわち権力として——発現する。

権力とは「幾重にも屈折された生産力」だと、マルクスがいっている（『ドイツ・イデオロギー』）。また、

「最大の生産力は革命的階級そのものだ」ともいわれている（『哲学の貧困』）。それでは、たとえばこの「革命的階級」という政治集団に体現されている「生産力」——その「幾重にも屈折された」ものとしての集団の権力とはなんであろうか。

　比喩的にいえば、これまでの集団の政治的経験史は、集団がその内部エネルギーにさまざまの現象形態を与える努力であったが、通常集団の権力は、この内部エネルギーが外にむけた力として発揮される場面で考えられている。

　実際、これまでにも私は、反乱における大衆的共同性の熱度のことにしばしばふれてきたのだが、この熱い集団が発揮する既成の体制にたいする破壊力あるいは持続力の点で、当初その集団の能力が測られるのが通常である。民衆のエネルギーが組織化されず、自然発生的騒擾として散逸されてしまった——、こうしたいい方は、反乱の歴史記述にも政治文書にも最も普通に使われる比喩である。

　この場合、民衆のエネルギーといわれるのは、第一次的にはあくまで反乱内部のエネルギー、人びとをその共同体に結合している成員相互の相関エネルギーのことである。いいかえれば、反乱がシンボルを介して生みだす共同観念の熱度のさまざまの段階で、それぞれ集団の結集力の強さとして評価されるのが、この相関エネルギーである。そしてこのような集団内の結合エネルギーは、物理的にいえばポテンシャル・エネルギー、すなわちポテンツである。

　そしてついでに十九世紀の熱力学風の比喩をつかえば、この内部エネルギーの現象形態は、「仕事」と「熱」という形をとるものとみなしてよいであろう——エンゲルスは「民衆をエレキにかける」といういい方もしているけれども。またエネルギーの保存則からいえば、この両形態は量的には相反的、つまりエネルギーが熱として散逸されればそれだけ仕事の効率はおちる。民衆が反乱の熱に浮かされて果てしない大言壮語にはめをはずして(「祝祭としての反乱」)、エネルギーを消耗していくことにたいし、これを防止し、敵への武器を研ぐ必要が訴えられるのもこのことを示している。

仕事だ、仕事だ！　言いわけはやめてもっと仕事に近づきたまえ！(12)

「仕事」というこの散文的な言葉を、革命のなかにもちこんだのは、とりわけレーニンだった。(だから、のちにスターリンがレーニン主義のスタイルを特徴づけて、「アメリカ的実務精神」(！)だともいったのである。)革命に「なにかを教えこむ」ことを自分の任務と考えたレーニンにとって、「仕事」とは、集団がそのありあまるエネルギーを、集団内の生活の組織化と闘争の組織化とにふりむけることを指していた。いいかえれば、集団の仕事は、その内外を問わず集団が現実に対象に働きかけ、対象を動かす能力のことであり、この能力とは端的に集団の権力である。＊「仕事に近づきたまえ」というレーニンの呼びかけは、この私に、集団の権力を行使せよ、という勧めなのである。

＊冒頭にふれたように、権力とは「幾量にも屈折された生産力」だとマルクスはいったが、ここで「生産力」とは、人びとの「協働」を「そのポテンツの相で概念化したもの」を意味している(廣松渉『唯物史観の原像』八ページ)。それでは、政治的集団内の「協働」における「ポテンツの相」とは何か。比喩的にいえば、これは集団内のエネルギー、すなわちポテンシャル・エネルギー(潜勢力)にほかならない。そして、権力の「権」という字がもつ「秤の重り」という意を重さと解すれば、権力とはすなわち重力、つまりポテンシャルだ。こうして次のような解釈もまた生れてくる――「権」とはもともと、ある抽象的な潜勢力《ポテンツ》が、何か他のものにおいて具象化されることである(真木悠介「現代社会の存立構造」『思想』一九七三年五月号)。私の文脈でいえば、ここにいう「何か他のもの」とは、まさに集団における制度的なものである。

こうして、集団における大衆のエネルギーが、制度として形を与えられつつ、集団の力能として展開されることを、集団の権力と名づけることにしよう。民衆のエネルギーが同時に集団の能力として発揮されるとき、これをとくに権力と呼ぶのであり、この意味でいまや集団は一つの権力であるということができる。

しかし集団が即権力なのではない。実際、ありあまるエネルギーをもちながら、政治的には無能な反乱集団というのはいくらでも存在する。現に私は、本章での制度的なものの把握をまつまでは、集団の能力や権力については、あらわにふれることを避けてきたのだった。

だから、集団の大衆的エネルギーを集団の権力として具象化する媒介、すなわち制度的なものの意義が、ここで新たな重要性をもって再現する。集団の制度は、集団が権力として発現するさいの媒介である。制度は、集団の権力が集団内の各人に発揮される場合も、外部の敵を撃つ力として発揮されるさいにも、その媒介として機能する。逆に、集団において闘争と生活を組織化する制度的なものが権力だ、ということもできよう。そして制度が集団において形成されるものであったように、権力もまた形成されるべきものとしてある。いいかえれば、集団が政治的経験において制度化されるのをまって、はじめて集団の権力が展開される。そして問題は政治なのだから、この権力は第一次的に政治権力といわれねばならない。集団は敵前において権力として組織され権力機関となる。

それゆえまた、制度的なものの「客観性」といわれたことは、権力については一層あてはまる。普通、民衆がつくりだし、しかも民衆の上にたつ疎遠な力としての権力が問題にされるのは、このことをよく示している。民衆的共同性のポテンツの展開として、権力はこの民衆の生産的エネルギーに照応した力をもつとともに、逆に権力支配としてのこの同じ民衆に返ってくる。

このように、集団の各人から疎遠な力として分立し、逆に集団意志の代行形態として物象化する権力——こうした倒錯から、通常の権力諸形態が導かれることは明らかである。ことに権力のこうした相ではじめて、集団の権力は集団の組織的能力を客観的に測る尺度となりうる。すなわち、権力の内部的支配力および外的打撃力の実効によって、集団はその組織的能力を測られるという現象が生れるのだ。あたかも近代技術の出発点が、エネルギーを熱として散逸させずに、効率よく力学的仕事に転換する努力（産業革命）にあったように、組織の働きを権力の実効によって評価するという政治技術の観点がここに成立するのである。

技術的なものとしての政治といえども、このように、反政治的な反乱の共同性が、制度的なものを生みだしていく経験的な宿命のうちではじめて根拠づけられる。だから逆にいえば、権力の効率の観点から、制度的なものが意識的・無意識的に調整されるということが起るのだ。つまり民衆の潜勢力が熱として散逸されるのを防止し、これをキャナライズして仕事にふりむけるために、有効な転換器として集団の制度が調整される。

もちろん、ここでいう権力の効率という観点自体が、いつの場合にも政治的なものである。旧来の体制を破壊し改革するために集団の権力をかためるという観点が、唯一のものでないことはいうまでもない。むしろ政治の独特のアイロニーなのだが、革命の深化へとむかう人びとのエネルギーを有効に散逸させるためにも、集団の制度が利用される。たとえば、革命の停止あるいは反革命のスローガンとして、いつも法がもちだされてきたのであった。専制支配を倒したロシアの二月革命の後、「革命——法の勝利」という典型的なブルジョア革命の法思想が出現したが、これは同時にソヴェト勢力の「恣意と暴力」にたいして「革命は終った——いまや平和的な法的進化」がはじまっている、という主張でもあった。＊また——

専制政治と全官僚制度とが崩壊したとき、われわれは、すべての民主主義が一時的に避難できる、バラックとして、ソヴェトを樹立した。いまや、バラックの代りに、われわれは新体制の永久的大建築を建てつつあるのだ。民衆がだんだんと、バラックを立ち去って、より快適な住居へゆくのは当然のことであろう。(13)

＊藤田勇『ソヴェト法理論史研究』（岩波書店）参照。

二　私の権力は集団内面を自ら組織化する能力と権威——自治である

したがってここで、レーニンならば権力の「階級的性格」を問題とすることになるであろう。集団の制度化を通じて、私たちは自分の歴史的・「階級的」性格を期せずして再発見するのだったが、同じことは権力についてもいえる。集団権力の技術的運用や権謀術策といっても、けっしてたんに政治家たちの作為によるのではない。集団の行使する権力には、おもいもかけずこの集団の歴史的性格が投影されるのであり、技術とちがって、唯一の合理的権力の形態などは存在しえない。権力は、政治のうちに並びたつ他の集団との対立と区別において、はじめて権力たりうるのである。「ブルジョア権力」と「プチブルジョア権力」というように、だ。

政治的実現というものは、具体的なあるひとつのものとやはり具体的なもうひとつのもの、ひとつの可能性ともうひとつの可能性との比較のなかにしか存在しない。われわれの側かあるいはフランコか――ひとつの組織か、それともうひとつの組織かという問題なのであって、ある欲望なり夢なり黙示録なりに対立する組織ということではないのだ。[14]

だがこれまでは組織は、ほかならぬ大衆の「欲望や夢や黙示録」なりと「対立」しつつ自己を形成してきたのだった。そしてこの「対立」が、いまここにいたって、「ひとつの組織か、それとももうひとつの組織か」という客観的地平の力学へと外化されたのである。これまでにもむろん、集団の経験史が同時に集団の動力学を展開する契機は随所で指摘されてきたのだが、この集団の動力学は、いまやたんに自然的なものではなく、異なる権力間の闘争として、それは判然と権力闘争なのだ。集団に内面化されたアジテーターの遍歴史といえども、集団がこの権力闘争に打ち勝って、自らを存続させ拡大する現実の過程と切り離しては記述しえないことは、ことわるまでもないであろう。

けれどもくりかえしいうように、政治的経験史はこのような権力闘争そのものを主題とするのではない。集団の権力といえども、革命の過程で私がつくりだし私がこうむるものとして、この私において経験されるかぎりで主題となっているのである。だから、私が自分を集団内外にむけた力として組織することは、依然として、他の権力諸形態に対抗して新しい権力の形を創出する努力を意味している。既成の諸権力が、既成の制度的形をおしつけてくる「反革命」の努力に抗して、自己自身の力に新たな形を与えるべく闘っているのである。それはなお、自己のエネルギーに、過不足なく制度的なものを「照応」させる闘いとみなしてよいであろう。

ひるがえってみれば、私の集団はこれまでつねに、反乱の肥大化した観念や目的と実際の卑近な闘いとを、自らのうちに一つの矛盾としてかかえもってきたのだった。この矛盾を他の集団に外化したり自らに内面化したりする長い道程をたどって、私の集団は「存続し拡大して」きたのである。だからこそこの道程は、たんに集団の権力を外にむけてより強力にし、その制度をより合理的にしつつ存続する、進化の過程ではけっしてなかったのだ。

私の集団とその闘争は、私が一時的にあるいは日常生活のかたてまに「参加」するものから、ますます私の生活そのものを深くとらえるようになってきている。たしかにかって私は、「すべてを投げうって」反乱の行動に身を投じたのだが、もしもこれが、一瞬、反乱世界の光芒を私の脳裡にうえつけるだけで潰えたのなら、反乱に参加した「俗衆」の一人として、私は黙って日常の生活にもどればよい。だが反乱は、私にとって出発点というにすぎなかった。その後私には無限とも思える長い闘争――実際にはそれはわずかに数日のことであったかもしれない――をへめぐって私は自らを再形成してきたのであり、ひょっとしてこの私は、いまや集団の指導者であるかもしれないのだ。私が、後もどり不可能な非可逆的政治の道程に出発したことなど、かつての私がどうして予測しえよう。

だからいまや、「日常性」から「非日常性への飛躍」などという、便利な言葉ですましているわけにはいかない。むしろ私の生活自体を、かつて絶対化された反乱世界の観念にそくして、新しい生活へと不断に組みかえていかねばならない。いわば身近な一つの闘争を、反乱の世界意識に名実ともに近づけていかねばならないのだ。集団が存在し拡大するといっても、この場合は軍隊の領土拡大とはわけがちがう。

集団の制度化も権力も、それゆえ、集団の勢力範囲拡大のための物理的手段というのとは、根本的に異なるものとして私に経験される。それは集団を自ら組織化する能力と権威なのであり、私にとって権力とは、端的に自治なのだ。

レーニンが「もっと仕事に近づきたまえ！」と呼びかけたときも、次節にみるように、これは「能率」の要求などではなかった。新しい闘争と新しい生活の組織化とを、私自身がとりしきることを彼は促しているのである。このような集団内面の過程を通じて行使される権力こそ、同時に私の——私にとっての——権威なのであり、それはとくに大衆の自己権力と呼ばれる。

私の集団は、いまや、かのコミューンに近づいていくであろう。

第四節　コミューンと二重権力

一　コミューンで私は反乱世界を政治的に再建し自治を開花させる

なんとすばらしい日であろう！

砲口を金色に輝かすこのあたたかくて明るい太陽、花束のこのにおい、旗のはためき、青い小川のように静かに美しくすぎていくこの革命のつぶやき。この身ぶるい、この輝き、銅のこの楽器、青銅のこの反映、希望のこの姿、名誉のこの香り、ここには共和制の輝かしい軍隊を、誇りと歓びで酔わすに足るだけのものが十分にととのっている。

ああ、偉大なパリよ！

革命の露営地よ！(15)

明らかにいま、ここコミューンで、私の政治的遍歴史は、出発点へのある回帰を経験している。つまりコミューンは、あの反乱世界の色彩を再発見するのだ。パリのもっとも美しい季節――芽月《ジェルミナール》、花月《フロレアール》、そして草月《プレリアール》――に生きたパリ・コミューンも、樹々や花々の輝きと香りにみちていた。「革命の露営地」

のこの輝きは、なによりもここの人びとの解放感の輝きであった。

しかしもちろん、コミューンの解放は、私の経験史における反乱世界への単純な回帰ではない。それというのも、ここにいたるまでの私の閲歴は、まさに政治的経験のほとんど全内容を展開する過程だったのだ。身近な闘いにおける反乱世界の心的な逸脱は、なによりも政治的集団――大衆の政治同盟――の組織化によって一つの求心的運動をつくりださねばならなかったのだが、これとてたんに政治的経験のはじまりというにすぎなかった。その後、集団の力学は、他者＝敵の姿を、観念的にも実際的にも一つのものと設定しようとする、一連の敵対的闘争を展開したのであり、私の集団は、この闘争をなによりも集団内面の諸事件として経験してきたのだった。この内面の経験こそは、私の政治的遍歴史と呼ばれてきたのであり、文字どおりに政治の狭い尾根道をたどる危うい運動の連鎖であった。実際私の直面した事件のたびごとに、政治における「弁証法の疲労」に耐ええずに――集団の解消か政治的堕落かの形をとって――、この細い尾根道からころげ落ちていく集団もまた経験されてきたのだった。このような政治のつばぜりあいに耐ええたからこそ、私の集団は、いまここにコミューンという画期をつくりだしたのである。

もちろん、人びとの心と行動におけるこの解放への道筋を、なにか時間的な順序のように考えてはならない。実際上は、反乱の個々の大衆集団が、急速に相互に同質化しつつ連合し、コミューンという自己権力をつくりだす場合があると同様に、武装した大衆の反乱が一挙的にコミューンを構成することだってあるだろう。しかし、実際上はどのように突発的な事件にみえようとも、コミューンのうちには、これまでの政治的経験の全段階が――時間的に区別されていようと折り重なっていようと――記憶されていることに変りはない。

パリ・コミューンも三月十八日の事件で突発したのではなく、普仏戦争の開始以降の一連の諸事件に結着をつけるものだったのであり、さらにいえばフランス革命から一八三〇年、四八年を経てきた百年の記憶が、コミューンには折り重なっていたのである。パリ・コミューンにいたるこの道筋は、かつて一人の徹底した政治革命主義者がいったように、政治的には一つの危うくつらい経験だったにちがいない――

一八七一年来、君らはなにをしてきたか。変節だ。一八三一年には、私は君らとともに戦った。一八三九年には君らなしに戦った。一八四八年には、今や君らと戦っているのだ。(16)

だから、それゆえにこそ、コミューンにおける解放は、たんに私の政治的経験の出発点にすぎなかった反乱世界での生にくらべれば、はるかに深く政治的な解放なのだ。私の解放感はたんに心的なものではなく、むしろ端的に自己権力への私の解放なのである。たとえば、パリでコミューンが宣言された日（共和歴芽月《ジェルミナール》七日）の光景――

武装した人の波、畑の麦の穂のように林立した銃剣、空をつんざくラッパの響、太鼓の鈍い響、なかでもまぎれもないモンマルトルの二つの大太鼓を打ちならす音。

今度は警鐘は黙していた。重々しい砲声が、規則的な間隔で革命を祝していた。銃剣が赤旗の前に傾けられた。赤旗は束ねられて、共和国の女神の像の上半身をとりかこんでいた。

モンマルトル、ベルヴィル、ラ・シャペルの大隊は、自分たちの旗を、自由をあらわすフリジア帽の上になびかせていた。彼らの隊伍には、パリに残っているあらゆる武器をもった兵士たちが加わっていた。なおいっそうふえてきた銃剣はまわりの通りにあふれ、広場はいっぱいだった。それはまさに麦畑のよ

うだった。(17)

こうして、ここコミューンにいたって、かっては心的に構成された反乱世界が、ふたたび——しかし今度は同時に現実的に——創造されようとしているのだということができる。観念的に絶対視された敵の世界に対比して、神話的ユートピア的世界を生きるのではなく、人びとはいまや敵の否定を、旧来の世界とはラジカルに別な新しい生活世界の建設として内面化する。

ひるがえってみれば、かつて反乱のうちで経験された世界思念は、政治的経験において、かえって逆に著しい求心力をもつ政治集団へと収斂せしめられたのだった。一見するとこの集団の内面史は、大ざっぱで混線した共同観念の表現を、より制度的なものに形づけ限定していく過程のようにみえた。また外面的にも、集団は反乱集団内部に混濁していた歴史的で階級的な諸要素を、組織の分裂や内敵の排除を通じて他の集団へ外化し、自らを自己権力へ純化していくものであった。一言でいって、集団の経験史は、反乱世界の政治的否定の運動としてたどられたのだ。

けれども、この反乱世界の否定の運動は、他方では、集団が存続・拡大し、大衆の権力として強力となる現実の過程を内面化したものにほかならなかった。したがってすでに前節でみたように、集団が一連の権力闘争に打ち勝って二重権力状況を展望しうるようになることが、いうまでもなくコミューンの解放を保証する現実の前提となっていた。そしてまた内面的にいえば、この権力闘争の展開は、集団がその内部から古い生活の痕跡を追いだし、新しい生活を組織化していくものにほかならなかった。

それゆえ、反乱世界の政治的否定の運動といっても、むろん機械的な意味ではない。それが証拠に、ここコミューンでは、政治的経験史の成果として獲得された大衆の自己権力が、全面的な開花をみせるのである。いいかえれば、自己権力の内面的な指標であるあの「人民の自治」が、爆発的な熱狂のもとに推進されるのだ。かつてレーニンがコミューンのことを、「自治を自分の裁量で実現する」と評したように、いまや「集産化」、「人民管理」、そして「社会化」に、人びとの仕事は熱中していくのである。

二　私はコミューンの自治を新しい国家のモデルとまでおもいこむ

このコミューンの散髪屋は集産化精神のみごとな実例である。そこでは散髪は無料である。これまで農民は、髭を剃ったりする習慣がなかった。いまではほとんどすべての農民の顔はきれいに手入れされている。誰でも週に二回髭を剃ることができるのである。(18)

さらに――

これからは五千人の武装民兵が市内の革命的秩序を銃剣下におく！　略奪や文化破壊行為を犯すものは、全員ただちに射殺されるであろう。法吏をもって任ずる者は、いかなる党派に属していようと、われわれの正義の重大さを自覚している。銃剣パトロール隊は情容赦なく任務を遂行するよう厳命を受けている。(19)

スペイン・アナキストによる「自治」の例として、どうしていつも「床屋の集産化」がでてくるのか、その事情は私にはよくわからない。だがここにも、卑近な「新しい生活の組織化」の実例がある！「髭を剃ったりする習慣がなかった」農民たちの習慣が、それこそ新たに集団的に変更される。そろって髭をあたった農民たちにとって、コミューンが変えたものは、たしかにたんに顔つきだけではなかったであろう。右の第二の引例にみられるように、人びとはいまや集団内の全面的に新たな秩序の組織化にのりだしたのである。

パリのコミューンでも、ロシアのソヴェトでも、またカタロニアの農村でも、民衆による新しい生活の創出の努力は、いつの革命でも、愚直にも精彩ある光景を呈してきた。これらコミューンの記録も歴史上無数にあるといっていいであろう。

それゆえ、コミューンで人びとが、「髭を剃ったりする習慣」などに熱中する政治的無邪気さを、たんなる錯誤と嘲笑することはできない。かって反乱世界での観念上の逸脱が錯誤でなかったのと同様である。ちょうど反乱世界でのユートピア的現実超脱が、その後の長い政治的遍歴にとって不可欠の前提であったように、いまコミューンでの現実的な「内面への逸脱」も、革命への政治的遍歴に結着をつけるために避けて通ることのできない事件なのである。政治的経験史のぎりぎりの段になってかえって再燃するこの集団の逸脱は、私がただ新しい政権を立てるためにだけ反乱に身を投じたのではないことを雄弁に物語っており、コミューンの解放にとってまぎれもない栄光を意味する。この逸脱によってはじめて、従来の社会秩序の解体を通じた「新しい生活」、「革命的秩序」の建設を展望しうるからだ。革命があらゆる意味でクーデタ式の権力交代ではなく、大衆自身の事業だとしたら、革命運動はこうしたコミューンの画期をつくりださねばならない。

いまなお注目に値する政治思想が、ことごとく、このコミューンの存在にとらわれてきたことも、以上のような事情にもとづいている。暴力的な社会革命のイデーにとりつかれた、アナキズムやアナルコ・サンディカリズムの運動はいうまでもない。彼らは、コミューンの自己権力が、国家なき共産主義社会の実験であり、「社会革命の手段である」と同時に未来社会の原基形態であると主張してやまなかった。

けれども、コミューンに関するこのような考えは、マルクス主義者たちの政治理論にまで、ほとんど連続してつながっているということができる。たとえばイタリアのグラムシは、労働者の自己権力――「工場評議会」――を「プロレタリア国家のモデル」とし、かかる国家モデルを中央的に結集することをもって、全国的なプロレタリア独裁に接近する道を提起する。

このようなコミューンをめぐる政治理論については、ここではたんにちょっと思いだすことしかできないけれども、「未来社会」と「プロレタリア国家」というモデルの相違はあれ、アナキストもマルキストも、ともに、コミューンという「革命的秩序」の創出に賭けた夢に変りはない、と断言することができる。

この点は、ブランキ以降のもっとも徹底した政治革命論者だったレーニンにも、明らかにみてとれることだ。一九一七年のロシアに族生したソヴェトは、レーニンにとって、たんに大衆の自己権力のみならず、革命の全期間を通じて「まったく新しい型の国家」「もう一つの政府」「農民プロレタリアの民主共和国」とまで考えられたのだった。革命のロシアに帰国した直後（四月九日）に、彼は次のように書いている――

この政府（ソヴェト）の政治的性格はどういうものか？　それは革命的独裁である。すなわち、中央集権的な国家権力によって発布された法律に基礎をおくのではなくて、革命的奪取に、下からの人民大衆の直接の発意に、直接に基礎をおく権力である。それは、これまで普通であった、ヨーロッパとアメリカの先進諸国で支配的となっている型の、議会制ブルジョア民主主義国に一般に存在している

権力とは、まったくちがった種類の権力である。この権力は一八七一年のパリ・コミューンと同じ型の権力である。(20)

ここでもまたパリのコミューンだ。コミューンにおける新しい生活の組織化――かつてマルクスによって与えられたコミューンの指標――を、レーニンもくりかえし現実のソヴェトのうちに認めている。(1)「権力の源泉」が法律ではなく人民の直接の「奪取」にある。(2)警察と常備軍を廃止し「全人民の直接の武装」に代えられる。(3)官僚も、人民自身の直接の権力に代えられるか、すくなくともその特別の監督のもとにおかれる。選挙制と俸給の平等、等々というように。

もちろんレーニンは、ソヴェト=コミューンが「未来社会の原基形態」だとか、ソヴェトの連合がプロレタリアの国家独裁だとかいうような便利ないい方は、革命の全期間にわたって用いていない。コミューンは彼の党にとってはたんに与件というにすぎないものであった。だから、レーニンのソヴェト評価には、のちに詳述するように、国家権力の奪取へとむかう彼の党の戦術的な観点が本来的に入り込んでいる。コミューンにおける新しい生活世界の組織化が徹底されることこそが、彼の党の政治スローガンの浸透――「革命をおしすすめること」――にとって、有利な力なのだとレーニンは考える。この考えは、ことに地方ソヴェトによる奪権のすすめ――それこそ「大衆を思い切り立ち上らせる」ためのアジテーション――のうちに、明瞭にあらわれていた。

コミューンは農民には完全に適している。コミューンは、完全な自治を意味しており、上からのどういう監視もないことを意味している。

革命をおしすすめるということは、自治を自分の裁量で実現するということを意味している。(21)

このようにレーニンは、コミューンを新しい国家のモデルとまで考えながら、同時にこの大衆権力を彼の党にとっての与件の位置においた。アナキストからマルキスト・グラムシによるコミューン論の系譜上に、このレーニンの見解をおいたとき、そこにはある微妙なズレが存在する。これはむろん政治思想上の相違として論じられるべきことだが、しかしなによりも当のコミューン自身が、かりそめに忘却していたこの微妙なズレに、ある日唐突に気づくことになるであろう。私はここで再度、私の政治的経験史の道筋にもどってみなければならない。

三　コミューンの自治は対岸に最後の敵として国家権力を発見する

コミューンの解放は、政治のつばぜり合いの長い道程のすえに、私の政治的経験史が開花させた成果である。私はさきにこのように書いた。たしかにコミューンは、政治にとって大きな報いであり、そうざらにはないアジテーターの「幸運」を意味している。だがそれにしても、政治的であると同時に「社会的」「人間的」な解放であるコミューンのあの熱狂ぶりは、私がたどってきた狭い政治の尾根道にくらべるとき、ほとんど唖然たる逆説のように思えるのだ。人びとは、コミューンという集団の内面に、ふたたび、過度に逸脱している。

だから、コミューンの熱狂の日々にも、この私からは、ある政治的な不安が去ることはない。不安は、私のたどってきた政治の尾根道が、大衆的熱狂のなかに見失われてしまったことからくるのかもしれぬ。いや、実はもっと根源的に、コミューンがあたかも結着をつけ終ったかのように、政治のつばぜり合いの経過を忘れ去っているところから、私の不安はやってくる。早い話が、人びとは「髭を剃ったりする習慣」などに、どうしてうつつをぬかしているのか。

結局私の不安は、コミューンが、敵対的闘争のぎりぎりの局面にいたって、逆に集団内面への爆発的な逸脱を示すことを、一つの巨大な政治的背理として感じとっている。それというのも、自治への熱狂という形をとった集団内面への過度の逸脱は、同時に、固有な政治的経験からの逸脱をも意味するからである。私の政治的経験史の文脈では、反乱世界の形成とそこに生きることとが固有の政治的経験に属さなかったように、いまコミューンにいたって、この世界が現実に再建されたとしても、それは政治にとっては一つの逆説というにすぎないのだ。

そもそも、私の経験史は、反乱世界の生のうちから、集団としての私――政治的私――を構成するところから出発したのだった。この私の集団的経験をたどって、私がいま、偶然新しい生活の広野に踊りでたことは、たしかに政治的私という私における一個の抽象を破壊し、私をふたたび生活へ――「人間」へすら――近づけるものだといわねばならない。私がいつの時点かですでに気づいたように、私の生活にとって政治はしょせん一つの衣裳にすぎないからだ。歴史的にいえばアナキストの見果てぬ夢のうちにくりかえし宿ったように、コミューンの生活世界が文字どおりに「未来社会」や「新しい型の国家」への門口を意味するのなら、コミューンの過剰な生の拡大や徹底化が、ついには政治的経験それ自体を速かに無に帰していくことができたであろう。

だが実際には、反乱世界以降の政治的経験の道程は、コミューンでの生活の熱狂のうちにかりそめに忘却されているにすぎない。しかも、この忘却された政治的経験とは、もはや、たんに無料で髭を剃る習慣に対比されるようなプリミティブな政治ではない。いまや、それはまさに典型的な政治的形態としての国家権力なのだ。

実際、パリのコミューンとても、その短い生涯の間に、終始、あたかも飲み下すには重い不安のごとくに、パリの至近距離に居座った一人の小男のことを忘れることはできなかった。彼は、コミューンに政治の宿命を納得させずにはいなかったはずのブランキを手もとに捕えて放さずに、「三月十九日からパリの奪還の日まで毎晩」、自ら文字どおりにデマゴギーで充満した『官報』を書いて、地方へ——すなわち「しらふのフランス」へ——送りつづけていた。この小男とは、つまり、フランスの「国家権力」であった。


フランスのあらゆる部分が、議会と政府の周りに結集した三月二十三日。

否、フランスは、フランスを血の海に溺れさせようと欲している貧乏人どもが、その胎内で勝利を収めるのを許さないであろう——同二十七日。

本日は蜂起の運命にとって決定的となる——四月三日。

叛徒は今日決定的な敗北を喫した——同四日。

本日は決定的である——同七日。

叛徒に対して敵し難い手段が用意されている——同十一日。

叛徒は一目散に敗走した。決定的な瞬間が期待される——同十二日。

わが方は決定的な攻撃を試みることにより、この内乱に終止符を打たんとしている——同十五日。

……等々。(22)

このように酷使された「決定的」云々は、にもかかわらず生き続けたパリのコミューンにとっては、まさにデマゴギー以外のものではなかったろう。しかし、パリとフランスの国家――「酔ったパリ」と「しらふのフランス」の対立は、コミューンにとっても文字どおりに「決定的」たる意義を失わないものであった。この執拗な敵、国家権力は、ある日あたかも不意に、コミューンの生活世界にむけて全面的に進撃してくるであろう。ちょうどこれは、反乱世界にとっての敵の再発見に似ている！

しかし、反乱世界とちがい、国家権力という敵は不意にコミューンの面前に出現するのではない。すでに以前にふれたように、私の政治的経験史は、同時に私の敵の政治的な形成をも促すのであり、まさにこの彼我の敵対的弁証法が、私の経験を終始外面的に条件づけてきたのである。最初の敵の面前で形成された私の集団が、さまざまの内部的事件を経て大衆の権力へと至る道筋は、一つの敵対的闘争の関係を内面化する経験であったとともに、この経験をふたたび別の敵対的闘争へと外化していく過程であった。

とりわけ、当初私の集団がかかえていた敵のイメージの著しい矛盾を想起しよう。そこでは、実際の闘いが目前の――谷あいや工場の壁ぎわでの――「狭い」戦闘であるにもかかわらず、目前の敵は私たちの集団意志のうちで絶対化され、敵の世界としてイメージされたのだった。だからその後、私の闘いが持続し拡大するにともない、目前の敵自体がその奥深さを露呈してくるとともに、観念の上で絶対化された敵も、ますます現実的な肉づけを与えられるようになる。

たとえば、反乱の持続・拡大が、大衆の諸集団を政治的にも地域的にも均質化し、一つの大衆権力へ統合していく過程を、私たちは現実に想定することができる。この過程は、外面的には、目前の敵を撃ち破ってはそのつどより強大な敵を挑発し発見することだった。こうした過程を経て、私の目前の敵もいわば私たちの大衆権力にふさわしい敵・権力になっていく。それは、かつて私が観念のうえで絶対化した敵のイメージにまで、現実の敵を追いたて近づけていく過程といってよい。

かつて私たちの把握した敵の二極分解が、このように心的にも現実的にも克服されていく過程こそ、まさに私たちが自らを大衆権力・コミューンに統合していく過程の裏面史である。コミューンにおいて、反乱の世界思念に自己権力としての現実的肉づけが与えられたことは、その否定としての敵についてもまったく同様なのだ。

ひるがえってみれば、私の政治的経験のそもそものはじめから、敵前で味方を結束する私の努力は、私の集団から内部の敵を排除し、集団を純化する結果をもたらしたのだった。敵対的関係を内面化する努力が、かえって集団の矛盾を外化するものとして、この経験は集団の分裂と再団結とのはてしない運動をつくりだしてきた。この意味からすれば、コミューンにおける自己権力の組織化は、集団がその内面を純化する努力の極北として、まさに革命の名に値した。

だがだからこそ逆に、この大衆権力の敵も、私の集団が内面の矛盾をついに最終的に外化しえたことのあらわれとして、いまや心的にも現実的にもコミューンと世界を二分する政治権力——国家権力なのだ。集団が大衆権力へと自己の内面を形成していく過程は、あたかもこの否定的鏡像のごとくに、敵の形成を挑発し、国家をもあらわに——階級的な——権力として定立する過程なのである。これはいわば、革命の敵、国家権力の側における「階級的形成」を意味する。（絶対的敵の再建！）

このようにして、コミューンの置かれた客観的位置は、「未来社会の原基形態」とか「まったく新しい型の国家」といった内面の性格にもかかわらず——あるいはそれゆえに、相互に形成され発見されてきた二つの権力のまさに極北にあるのであり、この位置こそはいわゆる二重権力の状況である。

すでにふれたように、私の政治的遍歴がくぐりぬけてきた政治の尾根道での危うい運動にくらべるならば、その成果としてのコミューンは、逆説的にも、民衆の新しい生活への熱狂のなかに政治の尾根道のゆくえを見失ったかにみえる。だが実際は、コミューンという成果は、それにいたる道程のゆえにかえっておもいもかけず、国家権力という途方もない政治を対岸に発見するのである。政治的経験の歩みが、たとえば領土を二分する軍隊同士の「決戦」――関ヶ原や天王山――のごとき闘いによって結着するのではまったくなく、むしろコミューンという逸脱こそがこの決戦を招くということは、革命過程の政治的経験に固有の逆説なのだ。政治集団とその闘争の展開は、古典的な戦争のごとくに、たんに外面的な進退の過程ではなく、なによりもこの闘いを内面化し、これを集団の矛盾として経験していくものであることが、ここにも一種悲劇的な色彩を帯びて露呈されるのである。

それゆえ、コミューンの内で跡たえたかにみえた政治的経験の道筋は、しかしいまやここにいたって、かえってまぎれもない政治の相貌をもってコミューンの内部に再現する――。

こういう「絡《から》み合い」が長つづきできないことは、すこしも疑う余地はない。一つの国家に二つの権力は存在しえない。そのうちの一つは消滅しなければならない。そして、ロシアのブルジョアジー全体は、兵士・労働者代表ソヴェトをとりのぞき、無力にし、消滅させるために、ブルジョアジーの単独の権力をつくりだすために、すでに全力をあげて、あらゆる方法でいたるところで活動している。(23)

歴史上すべてのコミューンは、新しい生活の最中に響く、このような、いまや純粋に力学的な政治の発言を記録してきたといってよいであろう。だが、政治的経験において、客観的なものの極北で響くかかる呼びかけは、コミューンの生活にとってはなじみやすいものではない。生活は、すでに政治的世界とは別種の客観性を獲得したかに、人びとは思いこんでいるのだからだ。だから、二重権力の「からみ合い」を、コミューンはいつも純粋の力学としてとらえ結着をつけることはできない。実際、「最後の決戦」におけるコミューンの脆さを、歴史はしばしば経験してきたところなのだ。

ここでもまた、政治における客観的なものの宿命は、コミューンにとってこの瞬間に、客観的なもの同士の戦争のうちに解消されるどころか、残酷にもかえってぎりぎりの政治的悪戦として、当のコミューンのうちに露呈される。

けれども、私はもはや、コミューンという大衆権力における、なにか新しい経験のごとくに、この悪戦の模様を記述することはできない。むしろ、反乱からコミューンにいたる、これまでの長い物語をさまざまに特徴づけてきた大衆的政治集団の矛盾は、ここコミューンにいたってぎりぎりの展開をみせることによって、はからずも、大衆の集団とはまったく性格を異にする新しい政治集団の登場を促すのである。

この政治集団は、いままでも私の政治的経験の全過程に、分かち難くからみあっていたのだが、私の物語は、故意にこの集団の登場をおさえてきたのだった。けれども、もはやここにいたっては、たんに二重権力状況の現実的結着ばかりではなく、大衆的集団の政治的遍歴史もまた、新たな政治集団の経験をぬきにしては総括することができない。大衆的な政治集団がアジテーターたちの長い遍歴を通じて内面化し、あるいは外化してきた集団の矛盾を、そのぎりぎりの段階でひきうけようとするこの政治集団は、党である。

私はいまや、党における政治的経験の記述にとりかかることにしよう。

第七章　党

第一節　プロローグ――遠方から

一　政治的な遍歴の途上にある私のところへ遠方から党が帰還する

レーニンは、丸い帽子をかむり、顔を凍らせながら、贅沢な花束を両腕に抱えて、「皇帝の間」に、歩いてゆくというよりも、むしろ走りこんだ。部屋の真ん中まで走りこんだレーニンは、まるで予期しない障害物にぶつかったように、チヘイゼ〔ソヴェト指導者〕のまえにぴったり立ちどまった。そこでチヘイゼは、いままでの憂鬱な表情をそのままに、精神と文句ばかりでなく、声音までも修身教師の容子を注意深くまねながら、つぎのような「歓迎の辞」をのべた、「同志レーニン、われわれは、ペトログラードソヴェト全革命の名において君をロシアにお迎えする……しかしながら、われわれは、現状の革命的デモクラシーの主要任務は、国内および国外からするあらゆる種類の攻撃にたいして、われわれの革命を擁護することであると信ずるものである。……われわれは君がこの目標にたいするわれわれの努力に協力されんことを希望してやまないしだいである」。チヘイゼは演説を終った。わたくしはことの意外に狼狽した。しかし、レーニンはこんなことの扱い方はすっかり心得ているように思われた。彼は、いま起ったことが自分にはまるで無關係であるかのように突ったったまま、ぐるっと周囲を一瞥し、取り囲んでいる公衆を見わたし、「皇帝の間」の天井をじろじろ眺めさえした。そして花束（彼の容子全体とは恐ろしく不調和な）を持ちかえ、それから〔ソヴェト〕執行委員会の代表連にもぐるっと背を向けて、こう答えた。(1)

このようにして、革命に沸きたつロシアへレーニンが帰ってきた——「封印列車」に乗って「遠方から」。だがレーニンとともにやってきたのは、実は党というものだったのだから、党としての彼は本当はどこへ帰ってきたのか。またペトログラードの駅頭で党はだれに出会ったのだろうか。

もちろん党＝レーニンは、ここで革命に決起したロシアの大衆に出会ったのである。だがこの大衆とは、一九〇五年にロシアを離れて以来、レーニンにとってたんに紙上の存在にすぎなかった「革命的大衆」一般などではなく、現にソヴェトという集団のうちで激しく自らを政治的に形成しつつある大衆を意味していた。それゆえいま、スハノフが描くところの、有名なレーニン帰還の場面を象徴的に解するならば、ここで党はこのような大衆、いいかえれば、まさに政治的経験の途上にあるこの私のところにやってきたのであり、この私に出会ったのだとうけとってよいであろう。

すでに前章までに、この私の政治的遍歴史は十分に記述されてきた。そこでは党という政治集団は姿すら現わさなかったのだが、実際にはもちろん、私はいたるところで党に遭遇していたのである。私の経験史のどのレベルで事実この出会いがおこなわれるかは、まったくのところ歴史的事情によるのだが、一般的にいえば、反乱以降、大衆の集団がさまざまに展開するその弁証法のなかへ、党はやってくるのだ。

ロシアの革命に帰還した党＝レーニンも、彼を迎えたロシアの民衆を、たんに「革命的人民」などと大ざっぱにみなしはしなかった。大衆は大衆一般ではなく、まさに「階級的矛盾」のうちにいるのであり、だからこそ大衆はいま革命の次の段階へ激しく自らを転成しつつあるのだと彼はいう——

巨大な小ブルジョア的な波が、あらゆるものをまきこみ、数のうえだけでなく、思想上でも、自覚したプロレタリアートを圧倒している。すなわち、きわめて広範囲の労働者に小ブルジョア的な政治的見解を感染させ、それにまきこんでいる。(2)

ロシアにおける現在の時期の特異性は、プロレタリアートの自覚と組織性とが不十分なために、権力をブルジョアジーにわたした革命の最初の段階から、プロレタリアートと貧農層の手中に権力をわたさなければならない革命の第二の段階への過渡ということにある。(3)

党が大衆的な反乱を創るのではなくこれに出くわすというのは、近代の大衆反乱にみられる著しい事実である。古来革命が「突然の雷撃」(ブランキ)や「暗夜の泥棒」(バクーニン)にたとえられてきたのはこのことを物語っている。どだい、もしも革命が、党の創出と指導とによる整合的な過程であることが大筋として事実ならば、私がこれまで長々と大衆集団の独自の遍歴を追跡してきたのも、たんにイデオロギー的意味しかもちえないであろう。だが事実は、「党はプロレタリアートの戦闘司令部だ」(スターリン)といった両者の整合的な把握こそが、これまでつねにイデオロギー的なことだったのだ。ペトログラード駅頭で、党=レーニンが反乱する大衆に出会う場面も、まさに両者出くわすという光景であった。彼を迎えたロシアの民衆は、「セント・ヘレナ」から帰還する「将軍」を、「司令部」に迎え入れる軍隊などではまったくなかったのである。それゆえレーニンは――ロシア革命を回顧して――こういわねばならないのだ。

一般に歴史は、とくに革命の歴史は、もっともすぐれた政党が、またもっともすすんだ階級のもっとも自覚した前衛が頭にえがいているよりも、いつも内容が豊かで、多様で、多面的で、生き生きとしており、「油断ができない」ものである。これは当然のことでもある。なぜなら、どんなにすぐれた前衛でも、何万人かの意識、意志、情熱、空想をあらわすだけであるのに、革命は、もっとも激しい階級闘争でかきたてられる何千万人もの意識、意志、情熱、空想によって、人間のあらゆる能力が特別にたかまり、緊張する時機に、実現されるものだからである。(4)

私はこれまで、革命の歴史の「油断のなさ」を追ってきたつもりだが、このように「油断ならない」革命に党が出会うのであれば、その出会いは、つねに多少とも相互に「外的」な関係としてしかありえようもない。日本の地で、はるかにレーニンに対抗しようとした一革命家もまたいっている――

何しろ革命と云ふ奴には計画がないのだからね。計画も何もなく、自然に爆発するのだから、どんな人だってあわてるよ。(5)

だが、それでは、革命にたいする党の外的な関係は、たんに当初の偶然的で事実上のことにすぎないのだろうか。もしもそうなら、党という政治集団の経験の独自性も事実上のことにすぎず、遅かれ早かれ、党は大衆集団の政治的経験史のうちに「解消」されるべきものとみなしてよいであろう。

しかしそれにしては、党＝レーニンがロシアの反乱に出会う場面は、たんに遅れてやってきた党の姿というにはあまりに異様だ。むしろここには、もともと異質なもの同士の異質な触れ合いが象徴的に読みとれるではないか。——党に贈られた花束は、文字どおりに「彼の容子全体とは恐ろしく不調和な」ものだったのだ。実際、すでにこの何年も前に、レーニン自身が、党は大衆の集団とは「別種のもの」だといっていたのである。

けれどもことわるまでもなく、大衆と党の出会いが異質なもの同士の出会いだといっても、党は大衆と確かな関係を切り結ぶためにこそ「遠方から」帰還したのだから、党はたんに事実上の「外的」関係をうち破っていくほかない。

それゆえ、私の政治的経験史と党の出会いは、党にとって文字どおり、たんに始まりというにすぎないのだ。ここから、異質なもの同士の相関の歴史がはじまるのであり、この両者の関係の転変こそは、ペトログラード駅頭での出会いが、まさにこの言葉にふさわしいものであったかどうかを、逆に証明するであろう。主としてロシアの革命とレーニンの党を素材とする以下の記述は、レーニン帰還の場面——「遠方から」やってきた党と革命との出会い——が、まったくのところ象徴的な一瞬であったことに気づいていくであろう。

註　本章の記述は、ほとんどもっぱらロシア革命とレーニンの党を素材とするけれども、ただロシア革命論やレーニン論という性格をもつものではない。前章までの政治的経験史の記述は、その文脈中にさまざまの「文献」を例示してきたが、本章でのレーニンの引用もこの「文献」と同じく匿名のもの——党という主人公の発言——と受けとっていただきたい。そうはいってももちろん、ロシア革命論やレーニン論としても、本章は的をはずしていない。ただその「史実」が、意識して一面的に読まれているだけである。

さらに、可能なかぎり誤解を防ぐためにあらかじめことわっておくが、本章は党論であって、特定の政治性格の党だけを扱うものではない。レーニンを素材としていても「前衛党論」などではなく、いわんやその組織論や組織の処方箋ではない。こうした組織論は、現に在る一つの党――君の党――が独自につくらねばならない性格のものであり、ただ本章の記述は、「革命党」のリアリティーに理論がぎりぎりに接近しうる一つの方法を主張するものである。

第二節　戦術の党

一　党の戦術的な介入をつうじて私は党に出会い党の呼び声を聞く

さてそれでは、大衆的政治集団の矛盾を展開しつつあるこの私の経験と、党＝レーニンとの出会いとかかわりの有様を記述することにとりかかろう。この記述は、これまでの私の経験史に対比して、これに意識的にかかわろうとする党の側の、経験の独自性を浮き彫りにしていくことであろう。

党＝レーニンの、ロシア革命にたいする、出会いとかかわりの仕方を根本で定めたのは、ひとも知る「四月テーゼ」であった。ただすでにことわったように、ここでは、一九一七年のロシア革命も、ただ私の政治的経験史の一事例としてとりあげられているのであり、したがってまた、これへのレーニンのかかわり方も、党的な政治経験の特異性をきわだたせるための事例なのである。

以上の意味では、「四月テーゼ」とは何か。レーニン自らがこれを「戦術にかんするテーゼ」と呼んだように、これは、党の私にたいするかかわり方を、なによりも「戦術」としてとらえようとしている。党のこの私にたいする政治的働きかけが戦術である。そこでさしあたって、戦術を通じた両者の関係のうちで、私にとって――そして党にとって――党というものがどのように現象してくるかをみることからはじめよう。

革命的民主主義派は、階級利益の諸矛盾をおおいかくしはするが、あばきだしはしない。ボリシェヴィキは、これらの矛盾の存在に労働者と農民の目をひらかせるべきであって、それらをあいまいにしてはならない。(6)

いま日程にのぼっているのは、もはや別の新しい任務である。すなわちこの独裁〔ソヴェト〕の内部のプロレタリア的分子と、小経営主的または小ブルジョア的分子とを分裂させる任務である。(7)

「四月テーゼ」の中心をなすこのような党の発言は、あのペトログラードの駅頭で党が私たちに出会った場面――その「恐ろしく不調和な」光景――の直接的帰結である。党はまったくあけすけに、私たちにたいする党の働きかけが、ソヴェトという反乱集団――その内部に分化しつつある大衆の政治的諸集団――の矛盾を「あばきだし」、この集団を階級的に「分裂」させることだといっている。いいかえれば、レーニンはすでに、私たちの反乱――その「油断のなさ」――につけ入るすべを心得ているのだと告げている。だがじつはこの私にしても、レーニンにおとらずあけっぴろげに「大衆的に」――だが、彼のように対象的認識のレベルでのいい草ではなく、むしろ事実的に、私の集団をたえまなく新たな政治的経験へと駆りたてる集団の「矛盾」を、これまでに露呈してきたのだった。それゆえ、党が私たちのここに目をつけ、これにつけ入ってくることは、当然といえば当然のことであろう。私にとって、およそ党というものが現象してくる直接の姿がここにある。

実際、ロシアの革命では、二月にロマノフ王朝が崩壊して以来レーニンの到着にいたるまで、権力をにぎったはずの「ソヴェト」は、その内部の政治的諸傾向を諸集団の分化・対立として明確に展開することなく、なお一つの混乱のうちにあった。私はすでにこうした反乱集団の内面を、「革命はまだなに一つ儀式をもたなかった。……革命はすでに巨大だったが、なおナイーブであった」という証言をひいて記述したことがある。「巨大な小ブルジョア的な波が、あらゆるものをまきこんでいる」と、レーニンもまた指摘している。二月革命の「突然の雷撃」で政権がころがり込んできた、最初の「人民権力」にしても、たとえばこんなふうにして誕生したのだった——

小田原評定は果てしなくつづいた。民主主義的指導者たちは、熱心に決定をまちあぐんでいた。ついにミリューコフが姿をあらわし、ソヴェト代表にちかづいて、こう声明した——決定をした。われわれは政権をとるであろう……

「われわれとはだれを意味するのか、わたくしは彼にたずねはしなかった」と、スハノフは有頂天になってのべている。

「それ以上、わたくしはなに一つたずねなかった。だが、わたくしは、腹の底からいわゆる新事態を切実に痛感した。わたくしは自然力の完全なきまぐれによって、あの数刻のスコール中に木の葉のようにもまれた革命船が、ついに帆をあげ、恐るべき嵐と動揺のさ中に、安定と規則的運動を獲得したことを感じた。」(8)

けれども、最初の革命によって成立した反乱集団＝ソヴェトの権力は、実際のところ、「安定と規則的運動を獲得した」どころではなかった。むしろまったく逆に、「革命船」はまさにたったいまから「恐るべき嵐と動揺のさ中に」船出していかねばならないのだ。そして革命船は、「われわれとはだれを意味するのか」を自らにたずねずにはすまぬであろう――すでに私が前章までに、この私とは「どういう人々であろうか」と自問しつづけてきたように、だ。

だから、反乱の船出にあたって、あえて不問にふされた「われわれ」の意味はまた、ここにつけ入ってくる党によっても、その後不断に露呈させられていかずにはすまないであろう。現に党＝レーニンは、ソヴェト第一回全ロシア大会にむかって、いきなり次のように問いただしたのだった。

どこにわれわれは出席しているのか――ロシア大会をひらいているソヴェトとはなにか、革命的民主主義とはなにか。(9)

このように、「恐るべき嵐と動揺のさ中に」激しく転成していく大衆集団――大衆権力――に働きかけ、この道程に影響を与えようとする戦術のうちで、いま私にとって党が現象してくる。「革命的民主主義」などというあいまいな集団の自己欺瞞を「階級的に分裂」させようとする、党＝レーニンの呼びかけが聞こえるのであり、くりかえすが、これはレーニン帰還の場面からの直接の帰結であった。

私はすでにこの「帰還の場面」で、レーニンは彼を迎えた大衆を、「革命的大衆」などと大ざっぱにみなしはしなかったことに注意した。そして事実、レーニンに出会ったとき、ロシアの大衆がどのような政治的事態のうちにいたかを、私は以上にかいつまんでみてきたのだった。

それゆえここに、党の呼びかけを聞きとり、これを通じておもいがけず党というものを発見する大衆――この私――とは、いったい誰なのかという一般的な問いかけが、ふたたび前面にでてきているのである。というのも、もしもこの私が、一瞬の暴動に決起して潰えるものであったり、あるいは逆に、予定された革命のコースを導かれていくものにすぎないのであれば、私は、私とは異質のものの呼びかけを本当の意味で聞きとることも発見することもないであろう。もちろんその場合も、党は存在するであろうが、日常の政治世界でみられるように、たんに事実上党がそこにいるにすぎないのである。異質なもの同士の新鮮な出会いと発見などは起りようもなく、このような大衆を前提とするかぎり、党的経験の独自性といっても、私には関係のないことをさすにすぎないであろう。だがロシアの例が示していたように、この私とは政治的経験の動転のさ中にあるものであり、そのかぎりでのみ、私は党の呼びかけを――それに反撥しようがひきつけられようが――、あたかも内心の声のように聞きとることができるのだ。

大衆にかかわろうとする党の側からいっても、事態はまったくのところ同様である。もしも、日常的あるいはイデオロギー的に「大衆」一般が考えられたり、あるいは――「生活者」大衆は問題外として――闘う大衆の政治への登場が、たんなる暴動の水準にとどまるならば、党とこれら大衆とのかかわりは、文字どおり外在的で事実上の関係を超えることはできないであろう。歴史上、党が大衆にまき込まれ、「埋没」したり、また大衆を「代表」したり「代行」したり、あるいはたんなるセクトや宣伝サークルにとどまったりするありふれた事例は、客観的にいえば、党が出会う大衆集団の未分化という現実にもとづいているのである。革命過程での大衆的諸集団の弁証法が根源的に党を呼ぶということが、これでは起りようもないのである。たしかに、スターリン的マルクス主義の歴史が、党活動の前提たる「大衆」や「反乱」の問題をすっかり闇に葬ってしまったのだから、党の「活動舞台」を本来的に「大衆の反乱」にすえなおすことは、意味のないことではない。だがそれにしても、党が大衆を前提とするという自明の命題は、党的経験の独自性を把握する助けにはならないのである。

こうしてひとは、党とは何かを問うまえに、党を党たらしめる革命や大衆が本当のところ何なのかを問いただささねばならないのである。スターリン主義も、またあらゆる「大衆主義」も、等しく類型的把握以上に問いつめることをしなかったのは、党ではなく、じつのところ「大衆」についてだったのだ。私が前章までに、反乱に決起した大衆――この私とは「どのような人々であろうか」と問いつづけてきたのも、党との関連でいえば、党の呼びかけを聞きとり、これと呼応しうる大衆とは誰なのかを追跡することを意味していた。

それゆえいまでは、党と大衆との出会いというとき、この大衆とは、政治的遍歴の途上にある――潜在的にはこの全過程を内にはらむ――大衆のことだと了解しよう。

いわゆる「党と大衆」という、安易な図式は捨てられねばならない。政治的経験のレベルにおいては、もともと「大衆」一般などは存在しない。反乱の渦中で、大衆がそれぞれに自己を諸集団に組織化していく加速度のうちにしか、大衆は――この私は――存在しない。このような意味での私――大衆――だけが、党との「出会い」をその言葉にふさわしい事件として経験することができるのだし、大衆とは「別種のもの」としての党経験の独自性をも根拠づけていくのである。また逆に、党が党より「もっと油断ならない」革命運動の歴史に、いわばつけ入っていき、革命過程に対応して党的経験の全射程を歩むことのできるのも、これら大衆の諸集団が展開する矛盾のゆえなのだ。ロシアの革命が、私たちにきわだった印象を与えるのも、ソヴェトという強力な大衆権力――二月革命から十月へ、武力は一貫してソヴェトの側にのみ存在した――が、「時間をかけて」、その内面の矛盾を展開しきった事実にもとづくのであり、党的政治経験もまたこれに対応して、もっとも深い射程を刻んだのである。

このようにしていま、「恐るべき嵐と動揺のさ中」で、自分とは誰なのかを問いつづけるこの私に、党の呼びかけが聞こえてくる。それは、戦術を通じて響いてくる「外から」の呼び声である。だから、党とこの私との戦術的出会いでは、ことわるまでもなく、党の位置が私の集団とはもともと別のところ――大衆集団の革命過程の「外」――にあることが前提となっている。

むろん、「遅れてやってきた」党の位置は、事実上このようなものであるしかないであろう。だが党の戦術という観点からいえば、党は本来大衆集団そのものであってはならない。なぜなら、党の戦術が、真の意味で大衆集団にたいする出会いと働きかけ――すなわち対象的実践――となりうるためには、定義上、対象が自らとは「別種のもの」として定立される必要がある。こうしてはじめて、党という集団が大衆の集団と実践的関係を結ぶことも可能となってくる。だから、党が大衆集団の「外」に位置するというのも、物理的な距離のことではなく、またむろん両者が無関係となるという意味ではなく、まさに両集団の関係が成り立つための前提なのである。ヘーゲルではないが、本来一なるものは結合しえぬからこそ、近親相姦は禁止されるのだ。レーニンもまたいっている。

こういう時機には大衆とともに「あろうとのぞむ」より、つまり、全般的な流行病に屈服するより、「大衆的」陶酔に抵抗する能力をもつほうが、国際主義者にふさわしいことではないだろうか。(10)

臨時政府はその手に権力も、大砲も、兵隊も、武装した人間の群ももたないで、ソヴェトをよりどころとしているのに、ソヴェトはいまのところ約束をあてにして、この約束を支持する政策をとっているという、二つの権力のこの特異な絡み合いについていえば、もし諸君がこのような遊戯に参加したいとおもうなら、諸君は破綻するほかないであろう。こういう遊戯に加わらないことが、われわれの任務である。われわれは、このような政策がまったく根拠のないものであることを、プロレタリアートに説明する活動をつづけよう。(11)

大衆集団にたいする党の位置は、前衛党という名前が示すように、のちに「大衆の一歩先をいくもの」と規定されるようになった。レーニンの右の主張も、もちろんこうした意味をもっていないことはない。けれども、党の目的の実現が未来に想定されている以上、あらゆる党は自ら大衆の一歩先を行くものと主張しうるのであり、「前衛党」のニュアンスは、レーニンの党にのちにはりつけられたイデオロギーにすぎない。むしろレーニンは、「わが党が大多数の労働者代表ソヴェト内で少数派であること、しかもいまのところわずかの少数派であるという事実」を事実上承認するだけでなく、戦術的観点からして、「大衆とともにあろうとのぞ」んではならないと主張するのである。

レーニンの党は、もちろん「革命をおしすすめる」ためにこうした戦術を行使するのだが、反対に革命の「粉砕」をめざす党であれ、おしなべて党の――私にとっての――特異性を規定するのは、党が私の――革命の――「外」から現象してくるという、その戦術の著しさなのである。大衆と結合するためには、「大衆とともにあろうと」のぞんではならないというのも、分離と結合のスコラ学などではまったくなく、革命は党にとって対象であり、党の実践が固有の意味で対象的な実践の性格をもつことを物語っているのだ。

もとより事実をいえば、「大衆とともにあろうと」望んではならないというのも、レーニンにとってこの「大衆」が、政治的に望ましくない状態にあったためである。つまり、「大衆追従主義」を叱っているのだと受けとってもよい。だが、大衆の政治意識の変化は、いつもあれかこれか式の「採決」などできるものではない。大衆の革命は根本的に自己形成（自己発見）史的な性格をもっており、意識された対象的実域の範疇には属さないのだ。だから、革命過程のこうした性格に対比したとき、「大衆とともに」あってはならないという党の位置は、たんに大衆を党に獲得する政治技術という以上に、党にとって本来的なものなのだ。

こうした事柄は、いまはなお党の戦術を通じて端緒的に経験されたにすぎないが、やがて全面的に明らかになっていくであろう。

二　私の政治的経験史の展開が唯一の党ではなく多くの党をまねく

ところで私は、これまでもっぱらレーニンの党を素材としながら、「プロレタリア党の組織論」などではなく、およそ党なるものの独自性を明らかにする一事例として、レーニンをもとりあげるのだとことわってきた。それというのも、党をなによりもまず、革命にたいする対象的働きかけ――戦術――のレベルでとらえるかぎりは、党なるものが本来的に多党（諸党）の存在であることを了解しなければならないのである。いいかえれば、大衆権力を階級的に「分裂させる」レーニンの戦術は、革命過程の一定段階では、ただちにこれと別の戦術を不可避的に呼び起し、かくして他の諸党の存在をも挑発的に明るみにださざるをえない。そしてこれらの党もまた、形式上はレーニンの党とまったく同様に、それぞれの戦術的実践において自らを革命から「分離」する。

ひるがえってみるまでもなく、革命は単一の性格をもってはじまり、その後も単線的なコースに沿って拡大するものではまったくなく、自らのうちに政治的・集団的差異を分化し、発見していくものであった。こうした革命の分裂的展開こそが、これにつけ入ってくる党の介入をよぶのだから、党とは革命との戦術的関係というその根源で、もともと多党としてあるしかないであろう。

大衆権力内の矛盾の分化・展開は、こうして諸党の分化・抗争のレベルと不可避的に相関することとなる。逆にいえば、戦術を、それぞれに大衆権力のうちに実現することをめざす諸党の抗争関係が生れるのである。

このような諸党の抗争――狭い意味での党派闘争――こそは、とりわけレーニンの党以降、あらゆる大衆反乱でみられる著しい歴史的事実にほかならない。私の革命過程にたいする党の戦術的介入は、たんに不可避的というにとどまらない。反乱集団内部の諸権力の分化が、おのおのの集団権力に基盤をもつ、諸党の党派闘争として現象するという歴史的事実のうちに、ほかならぬ党がほとんど宿命的な相貌をもって露呈されてきたのである。

ロシアの革命の場合でも、一つの党の戦術的介入が、同時に諸党の抗争を呼び起すという構図はまったくのところ事実であった。そして、諸党の抗争とは、たんにもともとの「敵」たる「ブルジョアジー」や「反革命」の党との二元的対立にとどまらず、すべて「人民」を代表すると称するあらゆる党のあいだの党派闘争であった。おもえば、反乱の政治集団の「敵」が、現実にはまさにこのように「多様」なものであったのだから、人民を代表する党が単一のものたりえないのも当然といえば当然のことなのだが、ロシアの革命こそは、歴史上はじめて文字どおりにのっぴきならない形で、この事実を暴露したのである。その後の革命の歴史は、すべてこうした宿命の外にあることはできないであろう。

同じくマルクス主義的あるいは社会主義的綱領を標榜する党といえども、その組織性格・スタイルにおいてはまさにさまざまであり、どの党もいかなる「先験的」唯一性をも主張しえない。党をつくることが、すなわち最初の唯一の「共産党」を組織することを意味した時代が、基本的にはレーニンの時代、つまり「世界革命」がはじめて現実性をもった時代に、すでに終っていたのだ。このように、革命における党は、その出発点からしてすでに本来「多党」であり、多党間の闘争なのだ。

レーニンは革命的民主主義派のただ中に内乱の旗をおし立てた。(12)

またさらに――

わたくしは、旧ボリシェヴィキ・レーニン主義者にぞくするものである。わたくしは、現在の特殊な瞬間においても、レーニン主義は断じて無用の長物と化してはいないと考える。そして、旧ボリシェヴィキが現在障害物となったという同志レーニンの言明に、驚愕を禁じえない。(13)

前の引用は、「革命的民主主義派」中のレーニンの反対派による非難である。彼らにとってレーニンは「分裂の生きた化身」であり、彼の言明する戦術は「狂人のたわ言」や「青天の霹靂」のごとくにみなされたのだった。レーニンは反論しているが、彼の出現が、未分化な「革命的民主主義派」内部に「内乱」をもちこんだことは、比喩として当っていることにちがいない。

だがこのような「内乱の旗」は、ほかならぬレーニンの党＝ボリシェヴィキの内にも、もち込まれないわけにはいかなかった。レーニンの戦術は彼の同志——「旧ボリシェヴィキ・レーニン主義者」——の反対すら呼び起し、これにたいする闘争——党内闘争を避けることができなかった。実際、ペトグラードの駅頭からまっすぐに党の会議にのり込んで以来、レーニンは、その戦術を彼の党の戦術として定着させるのに、ほぼ一カ月の党内闘争を必要としたのだった。

この場合、「旧レーニン主義者」たちの反対は、まさに「革命的民主主義派」を「分裂させる」ことへの反対——「われわれは合体しなければならない」（スターリン）だったのであり、したがって文字どおり、「党の戦術」をめぐる論争をこれは意味していた。それゆえ、レーニン帰還以降の彼の党内闘争は、たんに「四月テーゼ」のスローガンを党に採用させるための闘争だったのではなく、それ以上に、およそ党にとって戦術とは何か——党的経験の固有性とは何か——を、党に知らしめる闘いを意味したのだった。

もちろん、こうした戦術としての党を、なにか具体的な組織実体のごとくにとらえてはならない。いまは、大衆の政治的経験に解消しえない、党的経験の独自性だけが追跡されているのである。もとよりこれに対比して、「大衆とともに」あり、大衆と「合体」している党——大衆の党——は、組織として日常的に存在することはいうまでもない。私はのちに（本章第五節）この大衆の党の問題にもどるけれども、この党が、党の独自性という観点からいえば、基本的に興味の外にあることをあらかじめことわっておかねばならない。

それに実際、あらゆる大衆の革命では、従来から大衆の「内」にあった党といえども、不可避的にそのうちに固有の党の経験を暴露せずにはすまないのだ。ロシアの革命でも、ソヴェトという人民の権力がその発端から成立することによって、ボリシェヴィキすら一時期、「革命的民主主義派」の一翼に合体するということが起った。けれども、このように美しい「大衆の党」の統一は、大衆権力の分化・対立を現実の契機として、どのみち崩れざるをえないのであり、このときには、「大衆の党」自体のうちから、ふたたび党がその固有の相貌をあらわにして現われてくるのである。

それゆえ、「大衆とともにあろう」としていたボリシェヴィキのうちに、まさに「青天の霹靂」として固有の党＝レーニンが帰ってき、大衆の党との相違をきわだたす一連の党内闘争が展開されたということは、ロシア革命のみならず、およそすべての大衆的な革命における党にとって、象徴的な出来事であった。

もちろん、ここであらかじめことわっておくけれども、「大衆とともにあろうとのぞむ」大衆政党の存在が虚妄だとか、革命に先だって、一つの党が大衆のうちで革命を準備することなどどうでもいいとか、およそこうした事実上の問題を私はあげつらっているのではない。もしも、革命が現に一つの党――「大衆の党」――によって用意され、この党の「日々の増強」が革命の勝利をもたらすのであれば、革命の「外」にある党とその戦術などは、もともとどうでもいいことにすぎない。事実、通常、まさに党はすべてこのように主張しているのだ。もしもこのとおりであれば、党と大衆集団や革命との区別も、たんに量的・連続的なものにすぎず、結局、私が扱っているような固有の党の宿命などはないのである。

おそらくこれは、政治にとって幸福なことにちがいない。だが実際には、大衆的革命の「雷撃」を喰らうやたちまちにして、このように美わしい人民の党は、いつも自分が度しがたく現状維持派であり、革命むきの党ではないことを証明するか、あるいはほとんどずたずたの内部分裂を経験するかしかないのが常であった。私がレーニンの党に注目する唯一の理由は、この党が、日常の「大衆政党」の自己欺瞞をひきはがし、革命の「外」にあって革命にかかわるという党の逆説を、党自身の経験を通じて告げているからなのだ。この逆説を党が身をもって知ることこそが、唯一「党の意識性」を意味することがやがて明らかになるであろう。
けれどもことわるまでもなく、固有の党の位置が「大衆的陶酔」の「外」にあるといっても、党にとってこれは、大衆集団との実践的相関を通じて、ふたたび大衆と「結合」するためにほかならない。ここで「結合」とは、党の戦術が、反乱の大衆的諸集団——あるいは一定の段階では大衆権力——のうちに実現されることであり、党は将来の「統合」をめざして、大衆から自らを戦術的に分離する。だから、「大衆的陶酔に抵抗する能力」を党に要求するレーニンも、同時に、党の未来の果実について、次のように予言しなければならなかった。

われわれは（われわれの戦術を）プロレタリアートに説明する活動をつづけよう。そうすれば、われわれがどんなに正しいかを、実生活の一歩一歩がしめしてくれるであろう。いまはわれわれは少数派である。大衆はいまのところわれわれを信頼していない。われわれは待つすべを心得ている。政府が大衆のまえに正体を暴露するときには、大衆はわれわれの側へ移ってくるであろう。政府の動揺はおそらく大衆を反撥させ、彼らはわれわれのがわに殺到してくるであろう。そのときには、われわれは勢力の相互関係を考慮しながら、つぎのように言うであろう。われわれの時代がやってきた、と。(14)

実際、レーニンが帰国した当の四月に、彼が提起した党の戦術は、その後の十月革命の歴史のなかで、きわめて強い印象をもって実現されていく。とりわけレーニンの著作からロシア革命をみる者にとっては、これは過度に強い印象を与えるのだ。ソヴェトは全国的にレーニンの戦術とスローガンを採用し、同時に、彼の党はソヴェトの多数派を獲得していくことになる。党の戦術は大衆権力のうちに実現されるのである。

けれども、レーニンのロシア革命が後世の人びとに与える過度の印象から、この革命を——そしてまたおよそ革命なるものを——逆にもっぱら党による革命とみなすような倒錯が、法外の力をもって人びとをとらえていく。私の本章全体の記述は、はかならぬ党＝レーニンの経験の側から、こうした抜きがたい倒錯を壊す努力となるであろう。

しかしひるがえってみれば、党に出会うにいたる私の長い政治的経験史こそは、ロシアの革命が与えた偏見を破壊し、この革命を私の側に奪還する努力を意味していたのだ。私はレーニンの成功を、党の戦術が「大衆権力のうちに実現された」ことだといま書いたけれども、逆にいえば、大衆集団の政治的経験の歩みが——つまりこの私が、党の戦術を実現するのである。というのも、反乱への大衆的決起から大衆の自己権力にいたる私の歩みは、実際上はその飛躍のためのあらゆるメルクマールで、党の提起する戦術に結着をつける過程でもあったのであり、ただ前章までの記述は、党の出現にふれる必要がなかっただけである。なぜなら、党がその戦術を実現すること自体は、なんら党的経験にとって独自のことではないのであり、逆に、それは大衆の権力が実現するものとして、まさしくこの私の政治的経験のレベルにこそ属するのである。私はこの実現のメルクマールを、一つずつ前章までに記述してきたのだった。

それゆえ、前章までの私の政治的経験史は、党を必要としないとか、党なしでやるべきだとかいった実際上の事柄を主張するものではないし、事実私は、そうした主張の片鱗も残してはこなかった。これにたいして本章では、大衆的集団自体の経験には解消することのできない、党的経験の独自性だけがとりあげられているのである。党の戦術が革命過程の一つ一つで実現されることは、じつはそのつど固有の党的経験が解消される瞬間を意味しているのであり、こうした瞬間の連鎖としての革命は、党に固有のレベルには属さないのだ。レーニン到着の冒頭から、もっぱら大衆にたいする党の戦術だけがとりあげられているのも、革命を実現する大衆自身の事業のうちにではなく、かえって革命過程から意識して自らを「分離」する戦術行使のうちにこそ、党的経験の固有性が、その一端をゆくりなくも露呈しているからにほかならない。

三　政治における客観的なものの宿命が戦術としての党に集中する

さて以上のように、反乱世界の矛盾が大衆の諸集団の分化・対立として展開されていくゆえに、この過程に戦術的に介入してくる党も、必然的に複数の党であるしかなかった。人民の「唯一の党」とその「指導する」大衆という、美しいイデオロギーを破砕するためにも、このことの強調は必要であった。それでは、こうした形で私に現象してくる党――この党自身にとって、戦術的実践とは何か。

ここで、ソヴェトの階級的矛盾を「あばきだし」これを階級的に「分裂」させるという、レーニンの戦術をもう一度想起しよう。いまや、私たちはレーニンのいう「階級的」という言葉を、たんなる形容詞以上のものとして受けとらねばならない。なぜなら、すでに前章（第二節）で、大衆集団の「階級的性格」は、大衆の共同性が析出し発見するところの「政治における客観的なもの」として経験されたのだった。

だからこの観点でいえば、ソヴェトの「大衆的陶酔」のうちにある各人には気づかれてはいないが、客観的にはまぎれもなく析出されている階級利害の対立にこそ、レーニンは目をつけ、ここに介入しようとしているのだといってよい。「大衆的陶酔に加わらない」ということの真の意味がここにあるのだ。レーニン自身は、「マルクス主義の科学的見地」にもとづくといっているが、むろん、マルクス主義は、この「客観的な階級利害の対立」から生れたのだといっても同じことである。

してみれば、党の戦術的介入とは、革命過程における客観的なものの相に、なによりも目をむけるのだと考えてよい。大衆諸集団の分裂に戦術が根拠をもつといっても、たんに各党がそれぞれの集団を「代表」したり「反映」したりするにすぎないのであれば、この対応は革命過程と同じ意味で「自然過程」でしかない。つまり、固有の党などはない。

ここに、プロレタリアートの「司令部」と称する党のことを、一つの極端としてちょっとでも考えてみるとよい。この「司令部」にたいして大衆の諸集団は当然「兵隊」であり、党の戦術とは「用兵」のことになる。かかる軍隊のモデルでいえば、大衆集団はまさに操作しうる客観的な物理力であり、司令部の仕事は、これを計量操作して目的に導くことだ。戦術は文字どおり軍隊用語と考えてよい。

もちろん、いまはこうした「司令部」や「戦術」は問題にならない。それらは、ここでいうレーニン的な戦術の頽落形態ではあっても、その根拠ではないからだ。しかし、本来的にいっても、戦術が、大衆諸集団の競合が生みだす客観的な諸力の関係を、なによりも与件とすることは明白である。戦術概念が生れてくる母胎ともいうべき、一つのプリミティブな場面をみてみよう。つまり古来、党というものが、大衆の革命を「自然力」――「突然の雷撃」――にたとえ、これにたいして自らを「自然力の制御者」になぞらえることを、いかに好んできたかを、ここにおもいだしてみるとよい。たとえば――

真の革命の人民とは、その途上においてすべてを破壊し、根絶する、つねに気ままに、無意識的に行動する嵐のような自然力（スチヒーヤ）である。

意識ある少数派はもっぱらそれに意味ある、理性的な性格を付与することに努力し、ある目的に向かっ

て導き、その粗野な感情的基礎を思想的原理に具象化するのである。(15)

レーニンがこの発言の系譜上に位置したことは、歴史的かつ思想的な事実だが、いまは、「無意識的行動」と「意識ある少数派」の対立のことは主題ではない。「自然力」にたいして「理性的な性格を付与し」これを「目的に導く」のだと、この発言はいっているが、これこそまさに「近代技術者」の主張であることに私は注目するのである。してみれば、この「意識ある少数派」が現実に自然力を「目的にむかって導く」ことができるためには、自然力自体が「ある客観的法則性」を開示することが、不可欠の前提とならねばならない。この法則性を「知りうる」ということが、彼の目的実現を媒介しなければ、彼は無力な夢想家として「裸の自然」のまえに立ちつくすしかないのだ。＊

＊私の「レーニン――玄人の読み方」(『現代の眼』一九七四年四月号) 参照

私は、別に比喩の濫費をしているのではない。史上党的集団が、いかに自らを「工作者」や「教師」になぞらえてきたかをくりかえし考えるとよい。こうしたことは根拠なき比喩ではない。私はさきに党の戦術を、私の政治的形成にたいする「対象的実践」だと書いたが、戦術は厳密な意味で「技術的実践」(武谷三男) なのである。

戦術をとおしてこの私に現象してくる党が、私と実践的関係を結びうるためには、「この私」とは誰か――、本節一と二はこうした問いを扱っていたが、いまや一転して、「この党」とは誰かと問われているのである。すなわち「工作者」、「革命の技術者」たる党の働きは、この私の政治的経験の弁証法が現実に展開され、理論的にも知りうるようになることを逆に前提とし根拠としているのだ。大衆の革命過程がある客観性や法則性を開示することがなければ、これを対象とする工作者の集団が可能となるはずがないからだ。両者の関係が対象的実践の関係となりうるためには、大衆反乱がたんに暴動の次元にとどまっていてはならないと、これまで再三いわれてきたのも、このためである。政治における客観的なものを一斉に噴出させるに到るまでたどられてきた、私の政治的経験史こそ、まさに期せずして、党集団の可能根拠を用意する。すでに大衆的諸集団のレベルで政治力学の地平の形成が経験され（第四章）、おもしろくもない言い方だが、トロツキーはこれを「革命は客観的法則性を持つ」と「定式化」したのだった。

こうして、政治の経験史がますます深いレベルで政治の客観性を析出する過程は、まさに党という客観性の工作者の射程が、革命にたいして深度を増すことに対応する。私の政治的経験が自ら生みだす客観的なものの宿命は、その極北で党という集団を発見するのだといってもよい。のちにふれるが、工作者としての党のスタイルは、この宿命をひきうけようとする者が強制される相貌なのである。

けれども、くりかえすまでもなく、革命過程は政治力学の展開に「つきる」ものではない。だからいいかえれば、ただ党の戦術だけが、この過程をあらわに力学として経験するのである。大衆諸集団の展開が析出する客観的なものを、党が意識的にひきうけるのだといってもよい。

革命過程における複数の党の存在ということにも、かくして、別な側面から光を当てられるようになる。すなわち、大衆諸集団の展開する政治力学のレベルは、いまや明瞭に、諸党間の文字どおりの政治力学のレベルに転移されるのである。本来各々の戦術の実現をめざしてしのぎをけずるはずの各党が、この政治力学のレベルで「他党派」に結着をつけようとするのだ。反対派の物理的・組織的抹殺のことはとりあげるまでもない。党の働きは、もっぱら諸党の力学的相関過程（力関係）の一要素として、位置づけられ、評価され、そして決済されるべきものとみなされるようになる。

このような政治力学の地平は、大衆の政治的経験史からの二重の疎外を意味している。革命内部の大衆諸集団相互の生きた――抗争あるいは連携の――関係は、一方ではまさに「党派間」の関係として「客観的」に表現される。いつの反乱でもくりかえされる「党派の主導権争い」という大衆の非難をおもいだすまでもないであろう。さらに他方、大衆の革命過程にたいする党の実践的関係も、党派間の力学的関係へと疎外される。これは、端的に、本来の戦術の否定である。

もともと、戦術としての党の定義には、この党の「力量」いかんは何も含まれていなかった。党の戦術がまっとうのものであり、したがって革命過程に実現されるかどうかは、この党組織が強大であるか一にぎりの勢力であるかには本来なんの関係もないのである。別に、私が勝手に戦術をそのように「定義」したせいではない。もし戦術の定義が党の力量に依存するのなら、一にぎりの勢力から出発するしかないレーニンのような過激な革命派が、どうして戦術を行使できよう。あるいは、もとをただせば、従来の巨大な権力をまえにして、私の集団がどうして勝利していくことができよう。

ところが、戦術の本性が諸党の力関係へ疎外されるとき、党の戦術は党自らが実現するものとなり、したがってまさにその党の力いかんに依存することとなる。「力あるもの」のみが、その「正当性」を主張しうるようになるのだ。こうなれば革命過程、とりわけ諸党間の政治力学の地平は独断的に正当化され、本来政治における客観的なものの宿命に促されてきた党の戦術は、かえって客観性の名による主観主義へ転落していく。

こうしたことは、いわゆる「現実政治」のシニシズムとして、よく知られていることだといってよいし、だから私の記述は、このレベルの政治を直接扱うことはしないと再三ことわってきたとおりである。しかし、ひるがえるまでもなく、政治力学も現実政治も、党というものの戦術行使の疎外態であって、それゆえに根拠のない作為なのではない。してみれば、逆に、レーニンのいう戦術は、見かけはど自明のものではまったくなく、まさに大衆の革命過程と同様に、一つの危うい運動なのだと得心される。だからまた、このような戦術の使い手としての党というものには、党が戦術の本性に欺瞞なく直面しているかぎり、革命過程の危うい力の衝迫がまともに集中することになる。

戦術を通じて現象してくるかぎりでの党の姿が、さしあたって経験されたいま、次には、この党そのものの内部に、革命の衝迫力が何をもたらしているかを、つぶさにみることに移ろう。

第三節　固有の党

一　党は形成されるものではなく私の反乱の以前にすでに存在する

さて以上のようにして、戦術を通じた大衆集団との出会いと相関のなかで、私にとって最初に党――革命過程での党――が経験された。そして、ペトログラード駅頭で両者が出会って以降、ロシアの一連の出来事が示したように、党は反乱大衆に出会い、これと関係を結ぶことによって、かえってこの両者が本来的に「別種のもの」であることを暴露するのであった。くりかえすけれども、これは、いつも「突然の雷撃」として革命を喰らう党が、事実上大衆的経験の外にあることを指すのではなく、後者に対比するかぎりでの党的経験の独自性を物語っているのである。

それゆえ、党＝レーニンにとっては、駅頭での革命との気まずい出会いは、けっして意外のことでも偶然のことでもなかっただろう――文字どおり「レーニンはこんなことの扱い方はすっかり心得ているように思われた」のだった。それというのも、この出会いに先だつ十年以上も前から、反乱大衆にたいする党組織の独自性をくりかえし強調し、そのようなものとして自分の党を形成しようと苦心してきたのは、ほかならぬレーニンだったからだ。彼の党組織論は、まさにあけすけに、党組織の独自性を内外に公表することをもってきわだっていた。すでにみたように、戦術の現実的場面での彼の同様な率直さも、彼の年来の組織思想の帰結にほかならなかったのだ。

けれども私は、反乱の経験のうちではじめて、党という政治形態を発見するにいたったのだから、むろんかような「党の歴史」は知るよしもない。なぜなら、私自身はあくまでいま・ここにおける経験の連鎖として、私の反乱と政治的私とを形成してきたにすぎないのであり、これにくらべるなら、党はつねに反乱にとってすでに在る存在だからだ。そこでいましばらくのあいだ、この私の経験とは本来関係のない党の「前史」をふりかえり、反乱現場での私にとっての――したがって党自身にとっての――党的経験の独自性を、より徹底して理解することにしよう。いいかえれば、戦術の場ですでにその一端が露呈された党と反乱の関係ではなく、党組織という集団内面での政治的経験をたどっていくことにしよう。(「党形成」を促す現場の一例は、第五章の自由党の運命にみられる。)

党、たとえばレーニンの党にとって、その「歴史」というべきものが始まるのは、今世紀の変り目の頃のことだった。その後ロシア革命で、「革命的民主主義派」と総称される者たちの大部分を包含したロシアの党――「社会民主労働党」――の創立されたのは一九九八年だが、実質的な創立大会といわれるのは、一九〇三年の第二回大会であった。しかし、この党の誰もが原則として容認していたマルクス主義の脈絡からいえば、レーニンの党の歴史も、マルクス以来の「プロレタリア党」の伝統の上にあったことはいうまでもない。近代では、いかなる党も、このような広い意味での党の歴史から自由であることはできないであろう。

もちろん、党といえども政治の集団であり、もとをただせば反乱の一集団として形成されたものだった。

私が前章までに記述した集団論は、すべて党的集団の形成についても成り立っている。けれども、一つの党組織の形成は、当然その時代と社会ごとに異なる具体的形態をとるとしても、この党は世界的にみれば、意識すると否とにかかわらず、一定の政治党派の伝統上に位置することが明らかとなるであろう。レーニンの党が「プロレタリア党」の伝統のうえに形成されたように、その後のいかなる「革命党」も、マルクス・レーニンの党の経験から完全に自由であることはできない。また、あらゆる革命にたいする保守的反動は、すべて「ブルジョアジー」の党や政権とみなされるというようにだ。あるいはまた、ある党がどのように普遍的な「国民政党」と自称しようと、ブルジョア革命、改良派社会主義あるいは民族主義的反革命のいずれであるかは別としても、ここにもまた他党派にたいして自らの政治性を陰蔽しようとする、ありふれた政治性が露呈されることになるのだ。

要するに、ある一つの党は、近代の政治的経験の全史を特定の仕方で蓄積したものとして存在する以外にはない。ちょうど前章では、私の政治的経験がその一定の段階で、私の集団の「階級的」性格をおもいもかけず発見したのだが、このような発見が歴史的に蓄積されることによって、いまでは政治世界はどこであろうと、「プロレタリア党」「ブルジョアジーの党」等々の大まかな（階級的）分類を、党に強制せずにはいないのである。私の集団の経験史が、とりわけその制度化のレベルで、諸党の介入と実際上は混淆して現われる以外にないのもこのためである。そしてまた、党が私の集団とは異なり、一つの反乱のうちで形成されるものではなく、事実上はいつも、その反乱がおもいもかけず出会い、発見すべきものとして、「すでに在る」のだといわれたのも、以上の事柄をさしている。

ところで、レーニンがはじめて党を組織する時期は、ロシアにおいて、労働者を中心とした新しい大衆運動が高揚しはじめる時期に重なっていた。この意味でも、社会民主労働党は、ロシアではじめての「プロレタリア党」であった。けれどもすでにこの時期に、レーニンは、高揚しつつある大衆運動にともないこのうちから党が形成されるものだとは考えない。西ヨーロッパの「プロレタリア党」の伝統と歴史にのっとって、党はときの大衆運動にとって「すでに在る」べき何かなのだ、とレーニンは主張する。新しい運動と新しい党の創世期に、「何からはじめるべきか」という問いへの答は、彼にとっては明瞭であった——

もしわれわれが強固な革命家の組織をしっかりと打ちたてることからはじめるなら、運動全体に確固さを保証し、社会民主主義的な目的をも、本来の組合主義的な目的をも、そのどちらをも実現することができるであろう。(16)

もちろん、これは、革命家がとりかかるべき手順を主張しているのではない。この党組織——革命家の組織は、まさに勃興しつつある広範な大衆的諸組織とは「別種のもの」たることが、同じくレーニンによって明白に強調されているのである。次のような彼の主張を、「経済闘争」という、その後紋切り型に理解されるようになった言葉にとらわれずに読むならば、ロシア革命における党的経験の独自性は、すでにここに充分に予感されていたことがわかるであろう。

革命的社会民主党の組織は、どうしても経済闘争のための労働者の組織とは別種のものでなければならない。(17)

レーニンのこの悪名高い組織思想――『何をなすべきか』（一九〇二年）――は、これまでに正当に読まれてきたであろうか。いつもひとは、これを反乱の経験史の文脈に置くことを忘れている。こうはいってもしかし、ときの「ロシア的現実」の産物としてこの組織論を理解せよ、というのではまったくない。レーニンの歴史的な相対化は、逆に、この組織思想を手引書として読む立場と同様に、党において何が経験されるのかという問いに役立たない。

もちろん、レーニンがその党組織論を、なによりも大衆的闘争と大衆的組織からの区別という文脈で論じたことを、ひとは知らないのではない。しかしこの対比は、例の「社会主義的意識性」にたいする大衆の「自然発生性」という対立構図のうちで、すっかりめちゃくちゃにされてしまったのが実情である。その結果、『何をなすべきか』のもう一つの柱である「社会主義的意識の外部注入論」のうちに、レーニンの組織思想そのものが解消されてしまうのだ。「外部注入論」などは――のちにふれることだが――実際はなにほどのこともない啓蒙主義的組織論・前衛党論にすぎない。

これにくらべるならば、党組織を革命過程での他の集団から、厳しく「分離」し「限定」しようとする努力こそが、レーニンの組織思想の核だと私は思う。この思想には、のちの「前衛党」にまつわるニュアンスとはまったく異なり、「地の民」にたいするかの「パリサイ人」の啓蒙主義や倫理主義の発想は本来何もないのだ。党が党であるゆえに、大衆組織とは「別種のもの」なのではない。ちょうど、私が「党」を嫌う「大衆主義者」だから、私の政治的経験史を展開してきたのではないのと同様である。

それゆえ、党が大衆組織とは「別種のもの」というのも、本当はこの私とは別種のものだという主張を意味している。逆に、政治的遍歴途上のこの私は、私にとって「別種のもの」としての党に出会うのだ。党は、「社会主義的意識性」をもつから独自なのではない。これまでに記述されてきた大衆集団の経験史こそ、これに対比したかぎりでの党の独自性を意味づけるのだ。

二　党とは私の政治的経験史にたいする「組織された不信」である

だがそれにしても、党は、私の政治的形成史に対比して自らをどのように「別種のもの」だと考えるのか。ふたたびレーニンの党にもどれば、『何をなすべきか』は要約して次のようにいっている。

そこで私はこう主張する。㈠確固たる、継承性をもった指導者の組織がないなら、どんな革命運動も恒久的なものとはなりえない。㈡自然発生的に闘争に引きいれられて、運動の土台を構成し、運動に参加してくる大衆が広範になればなるほど、こういう組織の必要はいよいよ緊急となり、またこの組織はいよいよ恒久的でなければならない（なぜなら、そのときにはあらゆる種類のデマーゴグが大衆の未熟な層をまどわすことがいよいよ容易になるからである）。㈢この組織は、職業的に革命活動にしたがう人々から主としてなりたたなければならない。㈣専制国では、職業的に革命活動にしたがい、政治警察と闘争する技術について職業的訓練をうけた人々だけを参加させるようにして、この組織の範囲を狭くすればするほど、この組織を「とらえつくす」ことは、ますます困難になり、また、㈤労働者階級の出身であると、その他の社会階級の出身であるとを問わず、運動に参加し、そのなかで積極的に活動できる人々の範囲が、ますます広くなるであろう。(18)

「自然発生的に闘争に引きいれられる」広範な大衆に対比して、そのかぎりで、党組織の「必要性」が強調されていることは、一見して明らかである。自然発生的に「政治に突入してくる」大衆の存在は、すでにこの段階で、党にとっての与件とみなされている。彼らの運動が驚嘆すべきエネルギーと破壊力を発揮することは、ロシアの党の伝統にとっても自明であった。しかし同時に、この大衆は、「あらゆる種類のデマゴーグが大衆の未熟な層をまどわす」ような大衆として、党に特有な不信の目でみつめられてもいるのである。

それゆえ、まずなによりこのような大衆（運動）への不信感が、「確固たる、継承性をもった指導者の組織」の必要性を党に主張させる。「二度と革命など起さぬがよい」と、かつてブランキは大衆を呪ったけれども、同じ政治主義者の系譜が、ここレーニンの党にもはっきりと顔をだしている。その後、いわゆる「自然発生性と目的意識性」の対比として、人口に膾炙するようになったのがこれである。（「俗衆」の自然発生性にたいする不信については、私の『結社と技術』を参照）

たしかに、こうした大衆観は、レーニンにあっても、たんにけっして「もっとも小ブルジョア的な国」ロシアに特有のことではなく、もっと一般的な観点だったということができる。だが、紋切り型の「自然発生性と目的意識性」の区別などから党の独自性をとらえることは、いまはまったく問題にならない。なぜなら、「俗衆」たる私が反乱の「政治に突入して」きたのは、この私にとって、政治的経験へのたんに出発点にすぎなかったのだ。いまや私は、ソヴェト（大衆権力）の形をとって激しく自らを展開しつつある集団なのだ。

それでは、大衆の政治的形成史を前提にしたとき、大衆の「自然発生性」は消え、したがって党の意識性も解消されるのか。しかし実はまったく逆に、大衆の政治的形成を与件として、これに戦術を行使するものとしての党こそが、その固有の組織性格を必要とされる。もう一度、レーニンの主張にもどってみよう。——「この組織」は、訓練をうけた職業的革命家からなり、そのメンバーの範囲をできるだけ「狭く」しなければならないという、悪名高いレーニンの「職業革命家集団」である。

もとより、このような党組織の「必要性」は、直接には政治警察がこれを「とらえつくす」ことにたいする自己防衛として強調されている。だが、「防衛」の必要性はたんに警察にたいしてあるのではない。まさに、広範な大衆の決起を背景にした「非プロレタリア的分子の大量の党への流入」をも、党組織は防止せねばならない。組織成員の範囲を「狭くすればするほど」よいというのも、この意味での党の「純化」の主張だといってよい。それゆえ、これは党組織を労働者階級で構成せよなどということではなく、まさに——どの階級の出身であろうと——「職業革命家」に門戸を限定しようとするのだ。実際、一九〇三年の党大会では、論争の勢いもあって、党組織の狭さということは、極端な一般的命題にまで定式化された。すなわち、「どのストライ参加者」にまでも党員資格を拡大しようとする反対派にたいして、レーニンは次のようにさえ主張したのだった——

労働者階級全体（もしくはほとんど全体）は、党組織の「統制と指導のもとに」活動しこそすれ、その全体が「党」に所属するのではなく、また所属してもならない。(19)

原理的には「労働者階級全体」の所属をめざす（「党勢拡大」！）、今日の日常的な「労働者階級の党」と対比するとき、このようなレーニンの党が、根本的に発想を異にしていることは明らかである。のちのレーニンの戦術——「大衆とともにあろうとしてはならない」という彼の呼びかけが、すでにこの断定のうちに聞きとれる。

大衆の「自然発生性」ということも、後世誤解されたように、大衆の闘争が党の意識性にたいして「遅れている」とか、経済主義・改良主義にすぎないとかいうことではまったくない。事実、「科学的社会主義の意識性」をもとうがもつまいが、大衆の自然発生的行動が党を「乗り越えて」さきに進むことなどは、むしろ革命運動そのものの常道だといってよい。まして、いま私の政治集団がまさに革命の内的矛盾に駆動されているのであれば、次の瞬間に、私はそれこそ「極左主義的盲動」に走るかもしれないのだ。これは、私が逆に、改良主義に乗り移って革命過程から脱落する可能性と、まったく等価なことなのである。「あらゆる種類のデマゴーグが大衆の未熟な層をまどわす」とレーニンがいうのも、改良主義とは反対に、大衆が「暴発する」危険のほうをむしろ指しているのだと了解すべきなのだ。だから、もしもこのような「左右」に逸脱する私が、党の一員でもあったとしたら、私は端的に党の分裂――警察によるのではない党の解体の危機をもたらす。あるいは私が党員ではないとしても、大衆たる私の志向を党（員）が直接に「反映」したならば、事態は同様だ。＊

＊レーニンとローザ・ルクセンブルクの間で交わされた党組織論の論争は、この点でまったく象徴的な事件だった。私の『結社と技術』を参照のこと。

こうして結局、永続する革命過程を駆けぬけていく大衆の諸集団にたいして、それこそ「別種のもの」としてかかわる党には、この過程が展開する矛盾がまさに集中して反映されることになる。だから、革命自体の弁証法の全過程と相関しつつ、この過程に「何かをおしえこみ」「われわれの刻印をおす」べき党は、大衆集団のごとく、自らを発見的に形成していくものであっては断じてならない。でなければ、党は大衆の渦のうちに「埋没」したり、大衆集団の一つとして動転をくりかえすしかないのであり、要するに党は党でなくなってしまう。

もしもたんに、自然発生的大衆の政治的雑多性にたいして党を「純化」することが必要なのであれば、それは「政治的意識性」や「高度の理論性」によっても可能である。ひとがレーニンの「外部注入論」によると称して、党の「意識性」を強調するように、だ。だがいまは、党が大衆を「代表」したり、大衆に「啓蒙・宣伝」をくりかえしてすませるようなときではない。とりわけ、反乱における大衆的諸集団の政治的分解・対立は、いまや固有の諸党間の死闘として表現されているのであり、革命過程は、反革命の党をも含めたこれらの諸党間の死闘に結着をつけずにはおかないであろう。反乱内面の矛盾は、ソヴェトにおいてそうだったように、「敵の弾圧」のみならず、当の「革命的民主主義派」に属する諸党の対立・抗争として端的に外化されるのである。それゆえ、党という存在が、この激烈な純政治的対立に耐えぬき、戦術の一貫性を貫徹すべきものならば、党は大衆集団の遍歴の終った地点から、逆に反乱へと出かけていかねばならない。党が階級的政党として歴史的に「すでに在る」ものだとさきにいわれたことが、ここにも想起されるであろう。

従来党が、理論的にも実践的にもその内面を「純化」することにあれほど腐心してきたのも、大衆集団の——したがって革命の——「過程的」(形成史的) 性格と対比して、はじめてその意味がみえてくる。党の「純化」は、「高度の理論的一致」だとか「宗派的団結」だとか——要するに党自体の志向としてもたらされるものではけっしてないのである。幾度もいうように、「大衆の革命」——大衆が自らを革命する過程——にたいするものとしてしか、およそ党などはありえない。

それゆえ、党の「純化」とは、まさに党が大衆とは本来「別種のもの」だというレーニンの組織思想の端的な表現なのである。革命の過程が広範かつ激烈なものであればあるほど、党組織はより「狭い」ものでなければならぬとされ、また党員が「職業革命家」として限定されるのも、こうした意味をもっている。十九世紀の永続革命で、「プロレタリア党」はつねに「少数者」とされたけれども、これをたんなる人数（量）のことでなく解釈すれば、党はその組織性格上、「労働者階級全体」にたいして少数者の共同性だといいうるであろう。

すでにふれたように、一九〇三年のレーニンの党組織論は、党が「さまざまな不満分子の避難所」となることを防止する必要を強調している。党規約第一条をめぐる第二回大会の論争でも、トロツキーに対してこう主張された――

肝心なことは、〔規約の〕条項の助けによって、日和見主義に対抗する多少とも鋭い武器をきたえあげる点にある。日和見主義の原因が深ければ深いほど、この武器はいっそう鋭くなければならない。(20)

レーニンの党規約は、まさにこの組織をできるだけ「狭く」するものだったのであり、彼はこうして党を、文字どおり「遅れた部隊にたいする先進部隊の〝組織された不信〟」としてつくりあげようとした。したがって、一九〇二年にレーニンが「何からはじめるべきか」と問い、党の骨格の組織化からはじめるべきだと答えたとき、まず大衆運動（の組織）からはじめるべきだと主張する反対派の、「党組織の自然発生論」にたいする、明瞭な拒否が表明されていたのである。

三　党内闘争——「組織された不信」は党の中心部にもむけられる

　さて、以上のように、党創立期のレーニンの組織思想は、時の専制ロシアの事情にたいする対応策にとどまらず、はるかに遠く大衆の革命過程の本性を直観していたのだと了解することができる。ここで「大衆」とは、意識の低い遅れた俗衆の自然発生性ということだけではなかった。むしろ本当に重要なことは、大衆の革命過程——つまり革命が、本来ジグザグな試行錯誤による自己形成であり、それこそ「火傷してとびのくことで火の扱い方を学ぶ」ものでしかないという認識である。だからこそ、歴史的にいえば、革命の終った地点から新たな革命にでかけていき、これに戦術の一貫性を刻印しようとする党は、革命の大衆集団とははじめから「別種のもの」でなければならないのだと、レーニンは直観する。だから、そこには「当為」や「知的エリート主義」は本来何もない。逆に強く感じられるのは、大衆の革命という「自然の猛威」をかぶることにたいする恐威の念であり、自己防衛の発想である。革命が実際にはジグザグな自己形成でしかありえないという現実認識が、革命への「不信」を党に組織させるのだといってもよいが、しかしこの「不信」には、道徳的あるいは知的な——すなわち「人間的な」——不信感というニュアンスは、本来何もないのである。

　こうした事情を端的に暴露するものこそ、逆説的にも、革命に出くわした党の内部に発生する党内闘争である。大衆の革命過程から幾重にも自己を区別し、「少数者」たることをいとわず「純化」された党が、革命に先だって意識的に用意されたにもかかわらず、かかる党ですら、「革命の党」であるかぎり、その心臓部で幾度も分裂と党内闘争がくりかえされるのを避けることができない。これこそ、党の「純化」が、本来自らの志向に由来するのではなく、根本的にこの私の革命から強制されるものであることを物語っているのである。

事実、レーニンがその党を組織する過程が、そもそも党内闘争を意味していた。「党派闘争こそが、党に力と生命を与える。党があいまい模糊としており、はっきりした相違点がぼやけていることは、その党の弱さの最大の証拠である。党は、自身を純化することによってつよくなる。」――レーニンは『何をなすべきか』の扉に、このラッサールの言葉（マルクスあての手紙、一八五二年）を引いているけれども、彼が生涯解放されることのなかった党内闘争は、この時期、まだほんの始まったばかりであった。

いま話を十月革命の八カ月間に限ってみても、革命の重要な転換点ごとに、ボリシェヴィキ党の中心部は、かならずといっていいほど党内闘争を経験している。臨時政府にたいする態度（四月）、コルニコフ反乱後の「民主主義会議」あるいは「予備議会」にたいする態度（九月）、武装蜂起の決定をめぐって（九〜十月）、他党派との連立政権問題（十一月）、などがめぼしいものだが、いずれも党あるいは革命の死活問題に関して党内闘争が発生している。

これら党内闘争が、すべて「敵権力」との対立を直接的契機とするのではなく、当の「革命的民主主義派」＝ソヴェト内部の対立をめぐって生起したことは、いまあげた諸事件を一見しただけで明らかであろう（「武装蜂起」問題についてはやや特殊だが、これについては後述する）。ここにも、大衆諸集団の対立と、その外化としての味方の諸党派の抗争こそが党にとって与件であり、党内闘争は端的に、味方の分裂の再内面化を意味していることがはっきりと読みとれるのである。

革命の数カ月に発生したボリシェヴィキ党の党内闘争の構図が、ほとんどいつも、レーニン対カーメネフ－ジノヴィエフの対立としてくりかえされた事実は、特徴的なことであった。まるでそう定まっているみたいに、いつもこの二人がレーニンに反対して登場し、よく知られているように、十月蜂起の大詰では二人は党外に反対論を公開し、レーニンは彼らの即時除名を提案するというところまでいった。こうした事実をみるとき、ボリシェヴィキ党の「純化」された中央部の二人、カーメネフとジノヴィエフのキャラクターは注目に値する。ことに二人は最初からのレーニン派であり、党内になにか「カーメネフ－ジノヴィエフ派」のごとき反対派フラクがこの時期にあったとはみえないのだから、この二人の個性にくりかえし宿る革命の負の力は、象徴的に思えるのだ。

卓越した宣伝家であり、雄弁家であり、ジャーナリストであり、才気煥発ではなかったが慎重であったカーメネフは、他党との交渉とか、他の社会の偵察とかには、とくに貴重な人物であった――もっともこうした他所行きをするごとに、彼はいつも党とは無縁なる雰囲気を多少ともちかえったことは事実である。(21)

ジノヴィエフは煽動家であり、レーニンの言葉を引用すれば「煽動家以外の何者でもなかった。」内的訓練を欠いている彼の精神は、理論的活動は完全に不可能であり、彼の思想は煽動家の混沌たる直観に堕してしまう。異常に鋭敏な嗅覚のおかげで、一般の空気から彼に必要などんな公式をも――すなわち、大衆にたいしてもっとも有効な影響を与えられるものを――嗅ぎつける。ジノヴィエフは、煽動にかけては、他のいかなるボルシェヴィキよりもはるかに大胆放恣であるが、革命的イニシアチブにたいしては、カーメネフ以上に無力である。フラクション的論議の領域から直接大衆闘争の領域に移ったジノヴィ

エフは、ほとんど無意識的に彼の師から分離したのである。(22)

私がここに二人のキャラクターのことに注意したのも、いうまでもなく、党内闘争を人格的な権力争いに還元するためではない。まったく逆に、いつも人格的表現をとってあらわれるしかない党内闘争が、まさに革命内部の政治的・組織的抗争の端的な内面化であることを示すためにほかならない。いまあげたカーメネフ－ジノヴィエフの性格描写には、明らかに多少の悪意がこめられている。けれども、この「二人」が、党外の諸力が党に強いる緊張にことに鋭敏に反応するキャラクター——だからまた党に不可欠の人材——であったことははっきりしている。「他党派」との折衝役としてのカーメネフ、大衆の直接的闘争の気分に誰よりも鋭敏なアジテーター——「ボリシェヴィキ最大のデマゴーグ」——ジノヴィエフ。したがってこの「二人」こそ、いつも、「党とは無縁な他所の雰囲気」「大衆闘争の領域の空気」を、党の「フラクション的論議の領域」にもちこんできた。このようにして、彼らは「無意識的に彼の師——すなわち党というもの——から分離した」のだった。

レーニンも「党の人」たる二人が革命の現場にでかけるたびに、あたかも「党」の顔を忘れてきたみたいに、今度は「革命」の顔つきをしてもどってくるのに気づいたであろう。だからこそ、彼ら党内反対派は、人格的または理論的相違として、どうでもいい存在どころではなかったのだ。そのつどレーニンが全力を傾けて対決せざるをえなかったのも、まさに彼らの顔にはりついてもどってきた「革命」というものだったのだから。

こうして、革命にとってすでに与えられたものとして「純化」された党、この党についてすら、「革命」はその息子を喰いつくして前進する」ということが起るのだ。だからこそ、固有の党の「組織された不信」

は、ほかならぬ党それ自体にたいしてもむけられねばならないものとなる。レーニンは党内の決定的反対派を次のように呪っているけれども、たしかに、将来の反対派が最初から「別の党」をつくってくれるものなら、どんなにか気のおけないことであろう！

ジノヴィエフ、カーメネフの諸君は、何十人かの途方にくれた連中やら、憲法制定議会の議員候補者たちといっしょに、自分たちの党をつくるがよい。(23)

のちになって、ひとはレーニンの党に「党内民主主義」が保証されていた証拠として、気軽にボリシェヴィキの党内闘争をひきあいにだす。たしかに今様にいえば、「分派の自由」を公然と掲げているか否かが、党の称する「党内民主主義」が本当かどうかを判断する基準だといってよい。だが、革命渦中のレーニンの党は、まだ「一枚岩の党」の内的荒廃を本当のところ知らなかった。だから恐らく、「党内民主主義」が保証されていたがゆえにボリシェヴィキの党内闘争がくりかえされたのではない。党の内部がどうあろうと、革命過程の動揺を「反映」するというただ一点で、党内の動揺もまた、革命そのものに根拠をもっていた。できることなら、こんな「党内民主主義」など一刀両断したいおもいに、レーニンはかられたにちがいない。だが逆説的ながら、革命の動揺を戦術を通じて「反映」しないような党が、そもそも党といえないことも、彼にはよくわかっていたであろう。

さて以上のような意味で、固有の党は自らの組織性格を――「敵」の諸集団は別として――、大衆の反乱諸集団にたいして三重に区別し限定する。すなわち、第一に反乱する大衆（「俗衆」）から、第二に大衆集団の政治的経験史から、そして最後に、革命過程での集団力学の内面化として生起する党内闘争から、党は自己の組織を区別し防衛しようとするのである。そして、くりかえし注意するように、この「別種なもの」の組織性格の独自性は、なにか先験的な「党の立場」――党それ自体――にもとづくのではない。いやまったく逆に、党が大衆の革命過程へ意識的戦術としてかかわるとき、そのかぎりで、革命過程が――歴史的に――党に強制する経験の独自性なのだ。

一見するところでは、荒だつ大衆が登場する革命の場面でこそ、こうした党組織の自己限定は捨てられるべきであり、まさに私の記述は、大衆が反乱へ登場して以降の事実に終始かかわっているのであれば、党経験の独自性はむしろ大衆蜂起を欠く時期の独自性にすぎない、といわれるかも知れない。けれども、レーニンの党を素材とした以上の記述は、党組織の独自の位置を、ただ革命過程のうちでだけ確保しようとしてきた。ルカーチがレーニンの党について述べた次の言葉もまた、「狭い」党の逆説を革命過程においてのみ承認している。「もし、メンシェヴィキがその歴史的見通しにおいて正しく、われわれが繁栄と民主主義の漸次的な拡大と安定した時代を迎えるのだとしたら、職業革命家の集団は必然的にセクト的なものにこり固まるか、あるいはたんに宣伝サークルにならざるをえなかったであろう。」（『レーニン』）

また、ここで次の事実、すなわち、レーニンとローザ・ルクセンブルクとの対立のことを想起するのも、事態の把握に役立つであろう。同じく「革命の切迫性」という時代認識を共有し、党への「非プロレタリア的諸分子の大量の流入」という現象を、この時期のメルクマールとしてともに確認しながら、しかも党の組織性格の把握は両者で極端に二分したのだった。一方では、党が「さまざまの不満分子の避難所となり、現実に、支配ブルジョアジーの極少数者に対立する人民の党になる」（ローザ・ルクセンブルク）ことが、むしろ積極的に評価された。だが、他方でレーニンは、党への「さまざまな不満分子」の流入を防ぐ手だてを強調するだけでなく、はるかに、かかる「人民の党」の原理的否認にまでいきついたのだった。こうした対立が、論争の場の奥底で何を意味していたかは、やがて全面的に露呈されることになるであろう（本章第五節）。

四　私党――「ここに革命はない」からこそ党は革命へと促される

しかしそれでは、このように幾重にも大衆の政治的経験から身を引き離そうとする党――この「パリサイ人」の集団とはそもそも何者なのか。

党という集団の共同性が、大衆の共同体にたいして幾重にも自己を閉ざすものであってみれば、当然のことながら、この集団の内的生活は「外部」の生活から切りはなされていく。とりわけ革命過程では、大衆集団はますます深く革命の「新しい生活」を組織化していき、また集団内外のコミュニケーションもますます強く公的で開かれた性格を帯びていくのだった。それゆえ、大衆権力のこうした公的な力と対比するとき、党組織それ自体は逆に、一層「私的」で「主観的」な存在性格をあらわにするのだといわねばならない。この意味で、党は本来的に私党なのである。

レーニンが鉛筆の先を噛み、四角にけいの引いてある子供の雑記帳からさいた一枚の紙切れに書いた決議文は、構文的におそろしく均斉を欠いたものであったが、それにもかかわらず反乱へのコースに確固たる支持を与えた。(24)

　これは、ボリシェヴィキ党中央委員会が、国家権力奪取の武装蜂起を決議した、有名な会議――露歴十月十日――のひとこまである。ただ、私がこの一場面で注目するのは、武装蜂起のことではなくもっとささいな事柄である。この会議は、その日だけ借りた一私人のアパートの一室でおこなわれたのだが、レーニンは、ロシア革命の文字どおり死活を制する決議文を、たまたま部屋の片隅にあった子供の雑記帳の切れはしに鉛筆で書いたのだった。「会議の合間には、援兵として茶とパンとソーセージがでた。援兵は必要であった――かつてのツァーの帝国における権力奪取が問題だったからである」と、この場面の筆者は書いているが、まさに臨界点に達しつつあるロシアの革命を背景として、この日の会議は開かれたのだった。

　けれども、この日の党会議が革命にとって重大なものであれば、それだけに、鉛筆を噛むレーニンの姿は、どうにも子供じみて非現実の幻のように思えるのだ。もしも背景を消し去ってしまえば、この場面は、暗い室内で一人の老人（？）が、気狂いじみた言葉をただちょっと紙切れに書いたというにすぎないであろう。「気狂いじみた」というのは比喩ではない――党の内外を問わず、レーニンの決議が文字どおりにこう受けとられたことは周知の事実である。

　要するにこの場面の出来事は、革命の大衆的叫喚から遠い、室内の私事のように思われるのだが、党の存在は、それ自体ではこの場面が象徴するようなものではないか。一口に極言すれば、革命はここにはないのである。したがって、党の根拠が革命だとすれば、党はそれ自体のうちに存在の根拠をもってはいない――レーニンは、党組織を大衆にたいして「狭く」することに腐心してきたのだったが、しかしこの努力は、党の核心を私的なものとし、党の根拠を党内から追放する結果をもたらしたのだ！

　当時、レーニンの党組織論にあびせられたさまざまの非難――閉鎖性、反民主主義、陰謀家組織、そして家父長制等々――は、だからこの党にとって本来けっしていわれのない中傷ではなかったのである。レーニンは、こうした非難の一つ（党内民主主義の欠如）に反論していっている——

もっとも厳格な秘密活動、もっとも厳格な成員の選択、職業革命家の訓練……、これらの特質がそなわっているなら、「民主主義以上」のあるものが、すなわち革命家たちのあいだの完全な同志的信頼が、保証される。そして、この、より以上のあるものが、われわれにとって絶対に必要なものである。(25)

この有名なレーニンの言葉は、実際上は、「わがロシア」の専制から党を防衛するという文脈のうちでいわれている。しかし結局のところ、党の「反民主主義」的私性を正当化する根拠は、「同志的信頼——民主主義以上のあるもの」というように、一種苦しまぎれの「説明」が与えられているにすぎないのである。たしかに閉じた職業革命家の集団が「絶対に必要なもの」であることは、「わがロシア」の現実から帰納することはできよう。だが、この結果としての閉じた党内部の「同志的信頼」が、革命にとって美わしきもの——かの「将来社会の萌芽形態」——を意味するのかどうか、いまも昔もひとは誰も知らないのである。この美わしきものの存在を保証する根拠は、党集団内部の「あるもの」「同志的信頼」のうちにはなにもない。あると称する数多くの「前衛党論」は同義反復をしているにすぎない。

レーニンがいう党内の「完全な同志的信頼の保証」にしても、本当は、党の謳い文句とはわけがちがう。党は一つの革命にとって「すでに在る」存在だと、私はすでにくりかえしてきたが、同じことは「党の人間」についてもまったく同様にあてはまる。つまり、彼らはすでに歴史的に——体験としても知識としても——革命を経験してきたものたちであり、そのなかで党なるものの独自性を骨身にしみて知った人たちである。この体験が、かつて彼らに自分の党を形成させたのだといってもいい。だから、党がすでに在るということは、党的経験の共有を経て、自分たち相互に政治的作風の同一性と排他性を確認しえている者たちが、現に存在していることを意味している。逆にいえば、ただかかる者たちだけを一つの党に組織しようとするところに、レーニンのいう「完全な同志的信頼の保証」が成り立つのだ。「職業革命家」とはまさに彼らのことであって、政治でメシを食っているかどうかは、どうでもいいことなのである。――もっとも、「他所」で禄を得ていれば、この「下部構造」に規定されて、もはや「作風の同一性」が保証されなくなるということが起るけれども。

党組織のいう「同志的信頼」とは、以上のように、家族や伝統的共同体内部の人間的信頼関係とはわけがちがっている。「本当の意味の人間の信頼と繋りという夢」（三島由紀夫――次章参照）が、ここに実現されているかどうか、誰も知りはしない。信頼はただ各人の政治的スタイル（作風）への信頼であり、これこそ党の戦術の一貫性として、現に発動しているところのものなのだ。

したがって逆にいえば、党内の信頼関係などは、その戦術の一貫性としてしか、この私には見えてこない。党の人間――彼――が本当は誰なのかすら、私にはわからない。いま公的に自己を形成している私に、戦術を通じて同じく公的に現われてくる彼以外は、すべて党内の私事に属することなのである。

強くレーニンの名に結びつく「前術党」の存在を含めて、およそ党なるものがそれ自体の根拠を欠き、本来的に「私党」であり「主観的なもの」だとことさらに強調することは、ひどく奇異のものに思えるかも知れない。しかしこの指摘は、もちろんのこと、党が革命過程と関係ない私的サークルや宗派的セクトであるといいたいのではない。むしろまったく逆だ。党組織の私性は、この集団の存在が本来的に他者に依存している対他存在であり、他者をおいてはおよそ党なるものは存在しないことを示すものなのである。

ここで他者とは、いうまでもなく革命過程における大衆の政治的経験のことである。すでに戦術を通じた両者のかかわりが暴露していたように、党はこの他者に出会い、このうちに自己を実現する以外に、その私性を否定することができない。党が私党だということは、革命過程の大衆的ヘゲモニーへとこの私性が転質されてはじめて、党が客観的に実現されうるということを意味している。

逆にいえば、革命過程が党に強制した党の私性こそが、じつはこの党を大衆への能動的働きかけへと促すのだ。党が本来的に「主観的」存在であることによってかえって、自らを公的・客観的力として実現する実践がまさに主体的・意志的な努力としてしかありえなくなる。自己（私性）の否定として他者のうちにしか自己を実現しえぬという党の本性こそが、あらゆる「寝て待て」式の客観主識をこの党から剝奪し、文字どおりこの党を、革命の全過程を疾駆するものへとかりたてるのだ。

私はこれまで、党が私の政治的経験とかかわる場面をひとまず離れ、党という集団そのものの経験に視点をしぼってきた。しかし党組織の独自の経験を経たいま、かえって、党はこの私の政治的経験へとふたたびさしむけられることになった。

ひるがえってみれば、党組織がその私性のゆえに革命過程へと自己を投企するという、以上の構造は、まさに党の戦術的実践の重要性を、再度明るみにだすものにほかならない。党とこの私との戦術を通じた関係には、もともと両者が「別種のもの」であることが前提となっていると、さきにはいわれたのだが、どのように「別種」なのかをたずねる経験が、ふたたび両者の本来的な関係を露呈する。

これは別にどうどうめぐりではない。党組織からみたとき、党の戦術行使は、革命にとって私的な党が革命に自己を実現するさいの基本的な媒介である。レーニンは、党の戦術行使にあたって、「大衆とともにあろうと」望んではならないといったのだったが、大衆の「外」にある党のこの位置は、偶然のことでも事実上のことでもない、まさに党組織（戦術の主体）自体が、すでにこのような性格のものとして存在していたのだ。文字どおり「労働者階級の全体」が「所属してはならない」ような党は、逆にいえば、本来「外」から——すなわち戦術として——革命過程にかかわる以外にないのである。革命渦中のこの私は、党とのこうした戦術的関係の一端を前節で経験したのだったが、次節では再度この関係にもどっていくことになるであろう。

しかしそれにしてもなお、ひとは奇異に思うかもしれない。私の記述は、とくにレーニンの党に限定していないとはいえ、やはり党という集団を内的に根拠づけるのは、その政治思想や目的ではないのか、と。けれども、党の政治思想やその掲げる目的——広い意味での「党綱領」——の性格についても、さきに党組織の「歴史」について指摘した事柄があてはまる。つまり、党組織が反乱の現場で形成されるものではなかったように、党の集団意志（綱領）も反乱にとっては「すでに在る」性格のものなのである。

くりかえすまでもなく、前章までの経験史の展開は、なによりも私たちの共同観念が集団意志に形成されていく過程だった。そこで私は、集団意志を媒介として、そのつどあたかも「新たなもののごとく」に私自身を発見するのである。たしかに党的集団といえども、かつて形成されたものである以上、集団形成にとっての共同意志の位置は、反乱の集団の場合と変るところはないであろう。大衆の集団が綱領をもつ——明文化されるか否かは別として——のと形式的にはまったく同様に、党には党の綱領があり、党員はこのもとに結集するのだといってもよい。

けれども、さきに党組織について述べたことにすでに含まれていたように、党綱領は反乱の現場で形成され発見される性質のものではない。反乱以前に、党はそれこそ「高度の意識性」をもって綱領を練りあげているというだけではなく、党の政治思想には、それまでの政治の全歴史が一定の仕方で蓄積され総括されているのである。史上、射程の長いすべての革命が展開し蓄積してきた、大衆の政治経験と新しい生活の試み——洋の東西を問わず、こうした政治思想の歴史——から党綱領は自由ではありえない。党はもともと私党だといわれたように、たしかに党とは根本的に一つの仮構なのだから、私たちはいままでは、革命史がどのように奇想天外な形の党的集団を出現させても、すこしおどろくことはないであろう。しかし、どのような党であろうと、その政治思想が、根本的に政治世界の歴史の「外」にあることは、もはや——この「近代」では——ありえようもない。

このような意味で、党の政治思想は一つの反乱にとってすでに形成されたものとして存在する。それゆえ、大衆の形成する政治思想との相違点は、もともと思想内容の精粗の差にあるのではない。普通、党綱領は、大衆集団のそれより——いわんや大衆の「生活思想」よりは——知的水準が高いことをもって定義されているのだが、政治の経験史における両者の相違はそんなところにあるのではない。反乱のうちで大衆が懐胎する思想の射程が、党綱領を超えることは事実としていくらもあることであり、いわゆる「意識性」のレベルの差で党を大衆から区別するのは、いつもくだらない啓蒙主義によるのである。

けれども、党綱領の性格が、このように反乱にとって「別種のもの」として「すでにある」のであれば、この綱領もまた、本来党の私事に属するといわねばならないであろう。早い話が、党綱領は大衆のうちで実現されてはじめて政治的意味をもつのだ。レーニンではないが、思想は大衆をとらえたときに力となる。これにくらべるならば、反乱集団の政治思想は、まさに政治的経験の現場で形成されるのだから、形成された政治思想は文字どおりに政治的なものの範疇に属するのであり、集団としてすでに一つの力である。だが党綱領は、この意味では、もともと政治的経験の範疇には属さないのだ。この相違は、みかけほど小さなものではない。

レーニンの党の戦術は、いうまでもなく革命に「われわれの刻印をおす」こと——すなわち、党綱領の実現のために行使されたことだった。そして、ソヴェトにこの戦術を「もちこむ」やり方として、「ブランキ主義」ではなく「忍耐づよく、系統的に、根気よく、とくに大衆の実践的必要に適応したやり方で……説明すること」を、四月に彼は採用したのだった。一見するところでは、これは党の思想の宣伝・啓蒙のごとくにも思われよう。けれども、革命に「なにかを教えこむ」ことは、すでに幾度かふれたように、党の啓蒙活動とは根本的にちがう仕事である。「四月テーゼ」のいうところでは、「これは宣伝活動に『すぎない』ようにみえる。が、実際には、これはもっとも実践的な革命的活動である」、と。

この指摘が、彼の党の戦術行使に関していわれたことは特徴的なことだ。これは、たんに党にとっての「実践」の重要性を教訓しているのではない。党を実現へと媒介する戦術の位置が、ここにはっきりと発言されているのである。いいかえれば、党活動の独自性にとっては、党綱領も戦術の言葉とスタイルに具体化されてはじめて、たんに理論に「すぎない」ものではなくなるのだ。党の理論は、レーンのいう「戦術思想」として革命の場に投入されてはじめて、政治的経験の範疇に属するものとなる。ここで「戦術思想」とは、綱領が革命における敵対的闘争の時間に投入され、「時間の命令」にしたがって具体化されることを指すのである。

党の政治理論の実現についてはのちにふたたびふれることになるけれども、逆にこの実現の場からみたときに、党の綱領は――政治にではなく――本来私事に属するというのである。日常的な党活動で、いつも「党綱領」が棚ざらしにされている有様はとりあげるまでもないが、党の政治思想が実際に試される革命の場でも、事態はそんなに変るわけではない。成文化された党綱領と革命における党の言葉とのズレは、いつもある種の悲喜劇の様相を呈してきたのである。レーニンの党はその綱領をメンシェヴィキと共有していたのであり、プレハノフの起草したこの綱領を破棄しえたのは、ようやく党が、プレハノフやメンシェヴィキの反対をおしきって、革命に勝利したのちのことだった。

ここにも、同じ綱領をもつ一つの集団が、革命にたいして正反対の態度をとる事例がある。一つの党集団をとってみても、革命過程で不可避的にこの党を襲う党内闘争という事実があるのであり、このように、党綱領と党の「戦術思想」とは、一義的な結合を本来欠いているものなのだ。革命の具体的進行過程など前もってわかりっこないといったことではない。党綱領は性格上革命過程の具体的規定ではないのであり、いわんや革命過程の予想などではない。反乱にとって「すでに在る」ものとしての党綱領が、党の戦術の実際を規定しえないとしても、なんら理論的能力の低さのせいなどではない。革命過程が集団的(階級的)分裂を展開する事実を、綱領が経験していないからにすぎない。この集団的分裂過程に応ずるものこそは党の戦術であり、党綱領が前もって戦術対応を規定しえぬことは当然だといわねばならない。逆にいえば、ここにこそ、対象的実践としての戦術の独自性があるのである。

かつてローザ・ルクセンブルクが、ドイツ社会民主党内の綱領的論戦(「社会改良か革命か」)に長い努力を傾けたとき、この理論的差異は、むろん実際の革命にたいしても異なる結果をもたらしたのだが、しかし党の戦術――したがって固有の党組織――への配慮の欠如こそが、現実に彼女に悲劇をもたらしたのだった。もしも、綱領が戦術(思想)として具体化されてはじめて、政治的なものとなるという事情が存在しなければ、党は本質的に宣伝・啓蒙の集団にとどまるであろう。とどまりえないというところに、固有の党の党たるゆえんが存するのだ。

ところで、党の政治思想(綱領)をめぐる以上の記述は、党綱領を「戦術思想」へ限定することを通じて、ここでも党を戦術の場へさしもどすことになった。党の組織といい理論といい、大衆の革命過程からこれらを切り離して追跡する試みが、かえって再び党なるものを革命過程へと促してしまう。してみればこれは、党を大衆的集団の経験へ解消することではないか——すくなくとも、ある種のどうどうめぐりにおちいっているのではないだろうか。

しかし実は、党という集団の存在が、まったくのところ一つの矛盾であることが以上の経験のうちで物語られているのである。党は革命にかかわるために大衆集団から「分離」し、しかも分離することがかえって党を革命へと駆りたてる。昔、レーニンについて芥川龍之介がこういった——「誰よりも民衆を愛した君は、誰よりも民衆を軽蔑した君だ」、と。この芥川流にいえば、党は誰よりも大衆に「近く」、また誰よりも大衆から「遠い」存在なのである。「遠方から」レーニンが帰還した象徴的場面が、ここでも想起されるであろう。

五　ここに革命はないという場所に耐えることが党の意識性である

さて、ひるがえってみれば、反乱の政治的経験史のうちではじめて党に出会う一人の私にとっては知るよしもない「党の歴史」が、この節では描かれてきた。ということは、ほとんどもっぱら党の人間が発言しているということである。党が自分とは誰なのかと問うているのである。それゆえ党の存在が結局のところ一つの矛盾であることを知ること——これ自体が党に固有の経験的知に属するのである。いいかえれば、この知こそが党に固有の意識性を意味している。

たしかに通常の党形態になじんだ目からすれば、党がここに描く自分の肖像はひどく奇異におもえるかも知れない。レーニンの「社会主義的意識性」をとりあげるまでもなく、党の意識性とは、普通、大衆との理論的道徳的レベルの差のことだと受けとられている。だがこの差異は、すでにふれたようにたんに連続的なものにすぎず、両者を前後で区別するメルクマールなどはない。もしこの区別が本当だとすれば、大衆が党に入り党員と成る以外に革命などはありえないであろう。この場合は、党が革命をするのである。

だがこれまでの党の証言は、これとまったく逆に、「ここに革命はない」と発言しつづけてきたのだ。党を大衆組織とは「別種のもの」として単独で扱うかぎり、党について党が語るべき最後の言葉は、「ここに革命はない」ということなのだ。「ない」と断言するところに、くりかえすが党の意識性がある。この意識性は、あらゆる意味で大衆とのレベルの差などではなく、ただ党だけがたじろがずに直視せねばならない党の本性なのだ。まして、通常の党が、「意識性」の厚化粧で大衆の前に立つのであれば、党が自分自身を知ることはつねに一つの困難としてあるのである。だが、すくなくとも党が――この党に寄せる「大衆」の思いいれにまどわされずに――自己欺瞞から醒めることができなければ、このような党がどうして「スターリン的党」や「ブルジョアの党」などの論理を撃つことができよう。

党の存在が結局のところ一つの矛盾であること――この事実に党の意識が醒めていることが困難なものであればこそ、通常、党はこの矛盾から逃れたいと願うようになる。党を大衆集団（革命過程）へ解消する試みについてはいうまでもないが、その対極で、自分の存在根拠を党がそれ自体で正当化しようとするのももっともありふれた党の自己欺瞞となっている。

実際、自分の党を先験的に正当化し、あるいは内在的に根拠づけようとする誘惑に、党の理論が屈しなかったためしはほとんどないのだ。レーニンの死後すぐに、「党はプロレタリアートの階級的諸組織の最高形態だ」という主張が現われたのだった（スターリン『レーニン主義の諸問題』一九二四年）。こうした理論への誘惑がいかに断ちがたいものであるかは、スターリン的と反スターリン的とをまったく問わず、通常の党経験が雄弁に物語ってきたところである。たとえば――

前衛としての自覚、革命への献身、忍耐、自己犠牲などの資質をかねそなえた、共産主義的人間への自己革命をなしとげた、プロレタリア的人間を構成実体とする強固な「共同体」――これは革命的人間への変革の場であるとともに、実現されるべき将来社会の萌芽形態であり、共産主義的人間にとっては〝永遠の今〟として意義をもつ――としての前衛組織こそは、プロレタリア的目的を革命的実践へ適用し、プロレタリアートを一階級として組織しつつ革命をなしとげるために不可欠な手段である。(26)

また――

私が党へはいったとき、まず驚ろき、つぎには苦しみ、そして最後には陰熱のように深い底に沈んだ暗い問いかけとなってその後の私のなかに長く棲みついてしまった二つの事柄があった。その一つは、階級廃絶の革命をすでになしとげたつもりではいっていった私に、すぐ容易には理解しがたかったところの巨大な、根強い、決定的な差別感であった。あえて極端化していえば、そこではすべての非党員はすべての党員から人間扱いされていなかったのである。(27)

第一の引例は、たんに党についての哲学的講釈ではなく、党の人間による党の組織思想として主張されている。レーニンの党の「革命技術主義的なかたより」に反対し、党は戦術レベルで規定されるだけの「たんなる政治組織につきる」のではなく、労働者が「プロレタリア的人間」へ自己形成をなしとげていく「場」

なのだと、この党の理論はいうのである。それゆえ、現実の革命過程やまた他の「革命的諸党」と対比してではなく、「プロレタリア的人間の共同体」「将来社会の萌芽形態」だとして、この理論が党の内部を正当化しようと欲しているのは明らかである。なぜなら、すくなくとも「プロレタリア革命」をめざす党派の領域では、「プロレタリア的人間の共同体」云々の言葉は本来相対的な意味づけを許さないものとしてあるからだ。もしもこの言葉に「解釈の差」がありうることを一たび認めてしまえば、「プロレタリア的人間」や「将来社会」のいわば判定基準をめぐって、一つの党の内在的正当化の根拠はただちに相対化されてしまうほかない。共産主義的綱領をもつ党が、すべてその成員を「自己犠牲」云々の共産主義的人間だと主張するのは自然であり、こうした「他党派」にたいしてなお自分の党自体の「優位性」を求めるならば、党の自分自身についての理論はどのみち先験的あるいは科学的な唯一性を僭称せざるをえないであろう。そしてかのスターリン主義的党は、組織論のみならずおよそ理論一般の絶対性に仮託して自らの党の存在をも絶対化したのだった。

こうした通常の党経験の諸事実に欺瞞なく直面しようとするならば、ひとは次のことを認めねばならないであろう。すなわち、党あるいはその党員が「プロレタリア的人間形成」のためにどのように苦労してきたとしても、また、この党の内部がどのように立派な「将来社会の萌芽形態」だとしても、その事実は、大衆（運動）との政治的関係からみるときに、あくまで「私事」であり「党内事情」にすぎないのである。党存在そのものは、大衆にとって善でも悪でもないのであり、「共産主義的人間の集団」等々によってあえて自らを「善」と主張する党組織は、すべてスターリン的党のレベルに属するのだ。党の「正しさ」に大衆が従うか裏切るかは、まったくのところ大衆の自由な権利に属するのであり、この大衆の自由以外に党を根拠づけるものは存在しない。

たしかにスターリン党が自分の内面を問おうとしないのは事実なのだが、これに反対する「反スタ」の理論が、党の「組織本質論」を経由しながらやはり再度党の絶対化に到達する光景は、なんともうっとうしい限りだ。革命過程への「革命技術主義的かたより」を排除して、もし欺瞞なく党そのものを追跡するならば、そこには「無」しかないのだから、この光景は当然のこととはいえ、党が党にとって悪戦の場であるという宿命はこのように根深いのだ。レーニン以降、この悪戦の事実はすでに充分に重ねられているのに、なおチャラチャラした言葉で飾られて、党について本当に大切な事柄は語られない。

さきにあげた第二の報告は、党のこの暗い内面の一点に光のスポットを合わせている。じつのところ、党組織内での「巨大な、根づよい、決定的な差別感」は、それこそ「あえて極端化していえば」、「革命」も「人間」もここにはないという想いなのだが、しかし通常はこの証言がいうように、「人間」も――いわんや「革命」も――ただここだけにしかなく、党の外には存在しないとみなされるのだ。「プロレタリア的人間」や「将来社会の萌芽形態」を党の「共同体」内部に独占する第一の例が、ここでも再度浮び上ってくる。本当はまったく逆に、「プロレタリア的人間」云々を形成する「場」は、反乱から大衆権力への政治的経験の場であり、この形成の課題は大衆集団における大衆自身の仕事であり、党はこの事業を援けるものにすぎないにもかかわらず、だ。

なるほど、スターリンの党から反スタの党にいたるまで、自分は革命の「手段」「道具」だといい言いつづけてきた。さきの反スタ党組織論も党は手段であることを傍点つきで強調しているが、おそらく党道具説を最初に露骨にいいだしたのはスターリンその人だったろう（『レーニン主義の基礎』）。だがいずれにしても、党は革命の「道具」だとすれば、当然「ここには革命はない」という事実に、党は欺瞞なく直面しなければならないはずだ。しかし他方で党は「将来社会の萌芽形態」だというのであれば、この党が力を増大することが「将来社会」に近づく道となるのは当然の帰結である。にもかかわらず自分を「手段」だといいはるのは、笑止というほかないのである。

ここにも、党の意識性が本来いかに耐えがたいものであるかが暴露されている。党は「プロレタリアートの立場」等々からするさまざまな自己倫理化の誘惑に屈するのである。「共産主義者の共同体」から「プロレタリアートの戦闘司令部」にいたるまで、党の自己規定はいつも政治的というよりはるかに倫理的な性格のものなのだ。しかしもしも、党がこうした倫理的自己欺瞞を破りうるとしたら、党は文字どおりに革命の手段という宿命に耐えねばならない。これは党に課せられた唯一の――逆説的な――「倫理」であり、大衆の革命的放埒沙汰にたいする、いわば「禁欲の倫理」なのだ。だから、かつて私は、こうした党を「大衆にたいしてストイックな党」と呼んだのである。

以上のような「禁欲的」な党のありかたは、革命過程で自己形成する大衆集団の性格とすこしでも対比するとき、その特異性がめだってくるであろう。たとえば反乱の共同観念――神話――が、いつも倫理的に羽目をはずす事実を想起するとよい。大衆にとって政治は一つの具体的要求と戦闘にとどまらずに、はるかに新しい自分と新しい生活とを正当化するものとして受けとられる。いつも大衆のこうした「全人格的」要求が、激しく政治を呼ぶのである。党が自らを倫理的に正当化するのも、むろんこのような大衆の要求に屈するからなのだが、しかも固有の党の意識性は大衆的要求に反して、一つの目的集団たることに強く自分を限定しようとするのだ。

まえに私は、大衆の政治的組織は形式的にいえば目的集団だが、その共同性の構造は強く目的集団の性格をはみでるのだと書いた。この組織は、たしかに卑近な具体的目的（「七項目要求」）のために形成される。だが、その共同観念は、目的の卑近さとまさに対照的に、世界観にまで肥大化するものであった（「反大学」、「反権力」）。こうした大衆集団と対極的なことが、党集団の内部では生起する。党はたとえば「世界革命」の目的を綱領として結成されるのだが、この目的観念の気宇広大さとはまさに裏腹に、集団成員の結集軸は狭く具体的な戦術的目的実現に意識的にきびしく限定される。共同性自体に価値はおかれず、組織とは集団の目的実現のための抽象的な媒介というにすぎない。革命にとってだけでなく、党は党にとって手段である。内的にみれば党組織はザハリッヒに目的集団であり、各人の「能力」と「役割」に従った分業関係でしかなく、ある場合には端的に命令―服従の関係にすぎなくなる。史上、党が自らに軍隊組織の比喩を与えることをあのように好んだのも、理由のないことではない。

さきにみたように（本章第二節）、党の戦術的実践は、なによりも、革命過程が客観的なもの――政治的なもの――を析出する事実に根拠づけられていた。だからこそ逆に、党には政治における客観的なものの宿命が集中するのだった。それゆえ、党派闘争や政治力学がこの宿命の外在化だとすれば、ザハリッヒな目的集団という党組織の内部は、まさにこの内面化を意味している。

したがって、「党とは何か」と問うとき、もしも党をその本来的対象から切断して扱うならば、そこには宿命としての政治以外に何も見えてはこないであろう。日常の政治世界が日々生産し、政治家が手をかえ品をかえて、とらえようとしてきたものがこれだ。また、「革命党」のさまざまの「疎外現象」と呼ばれるものを想起するまでもないであろう。一つの目的にたいする盲目的服従、集団のスタイルの画一化等々、というようにだ。こうした政治形態は、要するに革命が実現すべき事柄の否定である。

だが、党の政治の頽廃を防ごうとする当然の努力は、党の負う客観的なものの宿命まで消し去ることはできない。革命への生成が根拠づけ、革命の成就が端的に廃絶しなければならぬものこそが党だからだ。「ここには革命はない」という党の矛盾をいいくるめようとする努力が、通常はかえって、革命そのものを否定する政治形態を生みだしているのだ。

もとより、革命における党組織は気宇広大な目的などどうでもいいなどというのではない。通常の「政治屋」の集団にすぎないのであれば、党は沸騰する反乱大衆の共同観念と交通しうるはずもなく、だからまた、戦術的実践も根源的力を欠くものとなろう。だがそれにもかかわらず、革命過程における党組織は、その固有の共同性を「職業政治家」の「職業倫理」に限定せねばならない。大衆的集団の政治的経験をこのように疎外することは、党的集団独自の宿命である。

もちろん、目的集団としての党の性格は、党の私的な本性からする一つの機能的な帰結というにすぎない。もしも、「職業革命家」の目的集団——「革命のテクニシャンの集団」——という党規定から出発するならば、ここでもまた、一つの目的への組織成員の盲目的自己犠牲とか、この目的による集団行為の聖化とか、要するにふたたび党を自体的に正当化しようとする悪循環がはじまってしまうのだ。くりかえすが大切なことは、党を目的集団等々として機能させるこの党の本性を知ることなのである。そして党自体がそうであったように、この党内部のさまざまの頽廃——「党生活」の荒廃——を根絶しうる基準も、いかなる党であろうとそれ自体のうちにはないのだということを、党自らが意識化しなければならない。党はその根拠なき私性に耐えねばならないが、しかし党生活の美しさも荒廃も、ともに戦術的実践を通じて党に逆流してくる大衆権力の力に根本的に依存していることを党は知らねばならない。

さて、党の領域にもぐりこんでなされた以上の経験は、いずれの場合にも党をふたたび大衆的革命過程との戦術的相関のレベルへさしもどすことになった。しかし今度は、党はたんに事実上大衆集団とは「別種のもの」なのではなく、党を党として革命過程へと促す、独自の「歴史」を経て登場するのである。私の記述もまた、両者の関係のレベルへもどっていくことにしよう。

第四節　党の実現

一　党は私たちを指導するのではなく私と対象的実践の関係を結ぶ

すでに本章第二節で、党と革命過程との戦術的関係の諸相が、この私の経験に現象してくるかぎりで記載されたのだった。ここで党の戦術とは、党がその目的を反乱の大衆権力のうちに実現するためにこれに働きかける実践だと、一口にいっていいであろう。たしかにこの用語法は、レーニンの「四月テーゼ」にならって、主として反乱内部の党の戦術に限定されており、「敵」にたいする戦争用語としての戦術の定義からすれば、やや奇異な感を与えるであろう。けれどもくりかえしいうように、私の政治記述は政治力学の直接的分析ではないのであり、党にしても、革命渦中のこの私に経験される政治としてのみ関心をもたれているのである。だからこの点からすれば、「四月テーゼ」のような戦術の定義は、革命史のうえで別に特異なことではない。

実際、反乱にたいする諸党の戦術的介入は——その方向がどうであれ、また戦術が成功するにしろ失敗するにしろ——近代の反乱における著しい経験的事実となっている。とりわけ、革命の自己形成にまさに密着してこの私が自分を発見し形成しつつあるとき、私の集団とは「別種」の党が、私につけ入ってくる戦術は——それが私と革命の飛躍を助けるものであれ妨害するものであれ——、いつももっともめざましく政治というものをこの私に感じさせるのだ。

反乱の大衆的権力が団結して「敵」との二元的闘争を闘いつづけ、ついには自ら「新社会」を形成するという反政治派の夢に反して、革命の歴史は、どの場合にも、党の——しかも諸党の戦術で「汚染」されたものとしてしか見出しえない。くりかえすが、反乱を出発点として新たな自己形成に熱中しているこの私にとって、党はなによりも戦術行使として現象してくるのだ。それはある種の「敵」が不意に出現してくるのに似ている！

もちろん、党の戦術的介入といっても、それがたんに外的で暴力的な私への強制であれば、なんら戦術などというに値しない。「人民」内外の「敵」の集団にたいする私の闘争として、こうした介入・敵対ならすでに私はくりかえして経験してきているからである。それゆえ、党の戦術の著しさは、党という「別種の」集団が私の「外」に存在し、この集団が私を対象に介入してくるそのこと自体にあるのではないのだ。むしろ、政治的に分化・転成をとげつつある反乱が、その内部に党的集団との対象的実践の関係を生みだすという事実こそ、私にとって党経験の著しさを意味している。私は、あたかも内心の呼び声のごとくに一つの党の呼びかけを聞きとり、この党と呼応の関係を結ぶ。あるいは、他の私にとっては、この党の呼びかけはたんに雑音や無責任なデマゴギーとして反発されることとなるかも知れない。こうしたプロセスは、党の呼びかけを介して、私たちの集団が自己を知り、あるいは内的分岐をはじめていくことを意味しているのだが、いずれにしても、この私に党が経験されるとは、党との戦術的関係が経験されるということである。党の存在それ自体や、あるいはこの私が党組織に加盟するとかいうことは、くりかえすが革命にとっては私事に属することだからだ。逆に党の側からいえば、党は大衆の革命過程が産みだすものではないのだから、大衆の「外」に「すでに在る」党が、革命過程で経験されうるとしたら、ただ大衆集団との実践的関係をつくりだす努力としてしかありえないのだ。私にとっては党の戦術が党の現象形態となるのだが、党の側からすれば、私は戦術行使の対象を意味しているのである。

党と大衆集団の戦術的関係だけが、ここでことさらに強調されるのはほかでもない。通常の党現象が、一方では大衆を党に「投票」あるいは「加入」させることをもって大衆との結合を証明し、他方では、大衆の「上」に立つ「指導部」や「司令部」として大衆に外在的に関係する――このような政治形態で党をみる考えを拒否したいからだ。こうした現象は、党が力をつけたということであって、大衆とその革命が強力となった証左にはならないのだ。のちに私は、大衆の「加入」や「指導」をこととする別の党――大衆の党――の姿をとりあげるけれども、いまはただ固有の党――私党――の現象形態だけが記述されているのである。

このような党は、すでに前節で十分に明らかとなったように、ただ自分を大衆の権力に外化することによって、対象的に自己を実現＝否定する以外にない存在だ。それゆえ、私党の客観的な「実現」とは、本来自己の「同心円的」拡大――「党勢拡大」――によってはなしうるものではない。党の組織拡大は私党の拡大にすぎないのであって、それが党の私性を否定しえないのは当然である。この党がその私性ゆえに自己の「否定」へと駆りたてられるのだと、前節でいわれたことを、ここに想起しよう。

それゆえまた、この党は、本来大衆の指導者や指導機関たりえないのである。党はその成り立ちからして、大衆的諸組織の指導者たちの集団でもなければ、大衆組織のいかなるヒエラルキーをも占めるものではないからだ。指導とは私党としての党の本性の否定であり、たしかに党は結果的には、指導という形態で大衆と合体することを望むものではあるけれども、しかしそのときには、指導もまた大衆内部の大衆自らによる仕事へと転化されているのである。

以前、秩父自由党における政治的指導の位置が経験されたことをふたたび想起しよう。秩父の困民にとって、政治指導とは、「中央」あるいは既成の自由党によるヒエラルキーの構造ではなく、かえってこうしたものの否定を通じた実現によって、大衆集団自らのうちに再生する何かであったのだ。「大衆の指導」については、いまもかつて自由党の場合に記されたこと以上にいうべきことは何もない。政治的な常識のみせかけに反して、党とはもともと大衆を指導するものではないのだから。

このように考えれば、革命過程における党と大衆の関係というのは、まったくのところ危ういものといわねばならないだろう。ロシア革命の十ヵ月ほどを、レーニンの党がペトログラードの大衆とともに疾駆していった道筋は、ほとんど綱渡りのように思えるのだ。この党の経験は、大衆の革命における党なるものに人びとをひきつける源泉となったのだが、その後、人びとが党にとらわれた長い歴史は、この源泉以上の実例をつくりだしえただろうか。こうした長い歴史を思えばこそ、党の危うさは、わざわざ党をそのようなものに確定して把握したからなのではなく、まったく大衆の革命そのものの危うさに由来するのだといっていいであろう。党の私性やこの党と大衆との戦術的関係を、ことさらにとりだして記述するのも、ここを回避しては革命の歴史の絶望に回答することができないからなのだ。

しかしもちろん、党の戦術行使が大衆集団と結ぶ関係が危ういものであるといっても、この関係を結びうる客観的な根拠がないのではない。党の戦術的働きかけが、たんに恣意的暴力的介入にすぎず大衆の革命過程にその内在的根拠をもたないのであれば、反乱史上著しい党の戦術的介入の事実からして了解不可能となるであろう。けれども私はすでに本章第二節で、革命の大衆集団がどのような意味で党の呼びかけを聞きとり、また党の介入を呼ぶのかについて、くわしく記述したのだった。革命の大衆的形成史は、政治的にみればいわばつけ入られるスキだらけであり、スキをみせるたびごとに諸党の介入をまねくのである。とりわけ、反乱が諸集団へとその政治的性格の差異を分化していくとき、このような反乱の「階級的」分裂こそは、すでにその階級的性格を自覚して存在する諸党のそれぞれの介入を呼ぶのである。

この分裂を——レーニンのように——促進するにしろ阻止するにしろ、党の戦術行使が大衆諸集団の運動と現実的に相関しうる地平が、こうして確保されるのである。それとともに、党の戦術（政治）が全面展開しうるかどうかも、反乱がその内部矛盾を駆動力として永続する全過程に、直接的に制約されている。大衆の反乱とあいまみえる「幸運」あるいは「不幸」に恵まれずに、それこそ私党が私党のままで滅びていく例は、実際にはいくらでもあるのだから。いまにいたるも、このような無数の党的組織が、内部ではそれなりの悲喜劇を経験しながらも、反乱の歴史や大衆の記憶に残ることなく、私党のままに絶えていくのである。

二　党は戦術的経験の蓄積を戦略として客観化し党の作風をつくる

だがそれにしても、ある一つの党の特定の戦術が「成功する」――つまり、時の反乱集団と政治的関係を結び、しかもこの集団の権力として戦術内容を実現する――とはどのようなことだろうか。特定の戦術は、「成功」するための客観的あるいは必然的な根拠までももっているものだろうか。明らかにそのような根拠は――どの党のどのような戦術であろうと――先験的には何もないのだ。党の戦術は、戦術経験を呼ぶ大衆権力の本性から、もともと諸党の相競う戦術としてしか現実にはありえないのだから、或る特定の党だけが大衆との結合を先験的に保証されているはずもない。どの戦術も、すべて実現のためには、大衆権力、つまり革命の現実的力を必要とする。

いいかえれば、真の対象的実践と同じように、戦術は本来的に党の賭けである。すでにレーニンの「四月テーゼ」は、その実現を「実生活の一歩一歩」に委ねていたことを想起しよう。

ひとは通常、党の振舞いを――党の存在そのものと同様――なんとか「科学的」ないし「倫理的」に根拠づけたいという欲求を見慣れている。「唯一の党」や党の「無謬」神話をおもいだすまでもないであろう。だが、歴史上止み難いこのような党の欲求こそ、逆に、戦術的実践が本来賭けであることを雄弁に物語っているのであり、これは賭けの不安が党に強いる意識なのである。

もちろん、特定の状況における「より有効な」戦術を定形化しようとする努力は成り立ちうる。いわゆる「客観情勢に合致した戦術」がこれである。党の戦術が、まさに時の大衆権力の矛盾を与件とするものであるかぎり、戦術が賭けであるといっても、この与件に規定された形態をとるのは当然である。くりかえすまでもなく、戦術という「主観的」行為の客観性のレベルがここに確保されるのだ。しかしにもかかわらず、「情勢の客観的・科学的認識」が、一義的に戦術形態を特定しうるものではない。この戦術を選び実行することはあくまで賭けであり、これが実現されるか否かは――党にとってよかれあしかれ——大衆の定めることである。だから大衆は、つねに党を裏切る可能性も権利ももっている。そして、戦術の実現の保証の欠如こそが、逆に党の政治をして、まさに能動的な行為たらしめるのである。

戦術行使のこの本来的性格を陰蔽するのであれば、党の行為は文字どおり「戦術の客観主義」ということになろうし、これに比べれば、悪名高い「情勢分析の客観主義、戦術の主観主義」という命題のほうが、はるかに戦術の本性をいい当てている。くりかえすけれども、戦術が「どんなに正しいかは、実生活の一歩一歩が示してくれる」以外にない。

しかしもちろん、戦術が根本的に賭けだといっても、党の戦術行使が、場当り的なそのつどの「直観」に委ねられるのだという意味ではない。実際上、党が戦術の「主観性」をいくぶんでも克服し、戦術行使の一貫性を保証しようとするのは当然である。もとより、一貫した革命の戦術もあれば反革命の戦術もあるように、一つの党の政治的性格は、その党の戦術の基本的なパターンを規定する。だが、ここでいう戦術の一貫性とは、そのように別種の党との比較上のことではない。ある革命過程で、一つの党が、その戦術行使をいくぶんでも「客観的」なものとするための努力を、私は問題にしているのである。これこそ、従来党の戦略という形で意識化されてきたものにほかならない。

党の戦略は、戦略プログラムといわれるように、いつもある客観性を主張して政治に登場する。実際は革命過程のたんなる観念的な図式にすぎないものから、それこそ「科学的必然性」を主張する戦略にいたるまで、戦略の「客観的」という自己主張は変らない。いいかえれば、戦略のこの「客観性」こそは、逆に、これが戦術の主観的性格を克服する努力の一つであることを証明している。だがいうまでもなく、どのように「客観的に正しい」戦略といえども、党の実践がもつ本来的な主観性までも消しさることはできない。この事実を忘れたとき、党の理論はその根拠の危うさを離れて、あたかも自体的に存在しうるかのような「戦略体系」などをでっちあげることになるのだ。

実際、革命理論――戦略理論――がその客観性の衣裳とはまったく裏腹に、そのじつ、天下り的な恣意とデマゴギーの体系にすぎない場合を、私たちはすでにあまりに多く経験してきた。政治的事象における、知の客観性のきわどさがここにも露呈されているのであり、私たちはついには、政治的言語体系のデマゴギーを嗅ぎ分け、これに対抗しうる知をもつ可能性に絶望せざるをえないほどに思うのである。

それゆえ、もしも戦略理論ということが、なにほどか政治的経験の範疇に属するべきものだとしたら、それは世界についての合理的知識からの演繹などではないとしなければならない。逆に、党の戦略理論は、一連の戦術経験から帰納される――すなわち、ただ戦術の性格から規定されるものと考えねばならない。戦術行使の経験が、一つの革命過程で――あるいは広く歴史的に――党のうちで蓄積されるとき、党は将来の戦術的投企をもこの蓄積にもとづいて整えるようになる。

こうして、戦術の対象（敵や大衆の諸集団）と戦術の使い手たる諸党（自らの党をも含めて）の位置や性格を、客観的歴史的に見定め、ここから党の戦術を定形化する努力が戦略である。党は、一連の戦術上の経験を、戦略的形態として意識化（言語化）してはじめて、戦術対象と諸党の位置は構造的に見えるものとなり、したがってまた、将来の戦術行使の一貫性（目的意識性）をも予定しうるようになる。社会の階級関係や支配構造の分析（情勢分析）、すなわち、世界についての知識が採用されうるのも、この戦略理論のレベルにおいてである。

しかし、ここでとりわけ強調されるべきは、戦略の定義ではない。戦略理論の客観性が、ただ戦術的経験から根拠づけられるということであり、およそ党の戦略なるものが、たんに党の恣意にもとづくものではない理由もここにある。戦術が対象とする諸集団と党との実践的関係であるからこそ、反乱をめぐる諸集団の構造的位置と矛盾とは、一連の戦術的経験を通じて知りうるものとなり、逆にここから、将来の戦術的投企を戦略的に整えることも可能となってくる。党の戦略理論が「何々理論」にもとづくなどということは、定義上馬鹿げたことであって、諸科学やマルクス主義に「もとづく」と称する場合といえども、この例外ではありえない。

だからまた、党の戦略理論は、定義上戦術的経験に先だって与えられているものではない。反乱の一定段階で、戦術上の諸問題が戦略問題となる、ということがあるのだ。たとえば毛沢東は、抗日戦のさなかに、次のように問題を提出する。「抗日戦争では、正規の戦争が主であり、遊撃戦は補助的である。……それならば、遊撃戦には、戦術の問題しかないはずであるのに、どうして戦略問題をとりあげるのか？」そして、抗日戦における敵味方の客観的特徴を数えあげたうえで、彼はこの設問にこう解答する――

抗日遊撃戦争は、主として、内線で正規軍の戦役的作戦に協力するのではなく、外線での単独作戦である。そのうえ、共産党の指導する強い軍隊と広範な人民大衆とが存在することによって、抗日遊撃戦争は小規模なものではなくて、大規模なものである。そこで、戦略的防禦や戦略的進攻などという一連の問題がおきてくる。戦争の長期性、したがってまた、その苛烈性によって、遊撃戦が普通とはちがった多くのことをしなければならないことになり、ここに、根拠地の問題や運動戦への発展の問題などもおこってくる。そこで、中国の抗日遊撃戦争は、戦術の範囲からでて、戦略の

門をたたくことになり、遊撃戦の問題を戦略の見地から考えるよう要求されてくる。(28)

遊撃戦とは、とりわけ個別的で特殊的な戦術であり、それ自体としては孤立したばらばらの戦闘以上のものではない。だが毛沢東は、この戦術形態が、党の指導のもとに多数かつ広範に行使されていることをもって、遊撃戦の戦術を抗日戦（すなわち革命過程）の戦略問題にまで意識化しようとしている。だから逆に、戦略問題として位置づけられた個々の遊撃戦は、それ自体どのように孤立したものであろうとも、たんに特殊な集団同士の戦い（私戦）ではなくなってくる。この戦術の一つ一つが、いまや、中国という国土での敵集団と味方との構造的関係——すなわち抗日戦争の全体——を、客観的に開示するものとみなしうるようになる。個々の戦術的経験が重ねられたとき、そのときにのみ、戦術的経験は「戦略の見地」を「要求」してくるのだ。

ことわるまでもなく、毛沢東のいう「戦術」とは、ここではもっぱら敵軍にたいする革命戦争の戦術であり、彼の党も厳密な意味では私のいう党の範疇には入らない。だが、いまは戦術と戦略の関連が形式的に問われているのであり、戦術対象の異同の問題にこだわらないことが許されるであろう。

ところで、もし戦略を以上のようにとらえるとすれば、党の戦術形態の蓄積——戦略——もまた、革命過程おける政治的経験の射程に根本的に依存することになるだろう。つまり、大衆の諸集団が一連の闘争を積み重ねていき、この闘争がなにほどか一般的で客観的な性格を呈していく——谷あいの一つの戦闘が同時に全国的ゲリラ戦の一環となる——とき、この客観性が党の戦略としてとらえられるのである。

たしかにひとは、レーニンの戦術行使が荒唐無稽な代行や介入ではなく、実際まさに「当った」という事実から、逆に、この戦術形態を客観的「戦略」として絶対化するようになる。ロシア革命のレーニンの戦術が与える過度の印象が、逆に戦術の本性をくらましてしまったのだ。「四月テーゼ」が「当った」ことは、むろん客観的根拠をもっとしても、この特定の根拠は一回かぎりのものとしてロシア革命の事実的過程にもとづいてしか説明しえないのであり、一口にいって歴史学の仕事なのだ。歴史学的説明や、あるいは、「勝てば官軍」式の政治世界の強いバイアスをとりのぞいて、戦術という経験的事象そのものへ接近するとき、ここにも党の私性と、この私性を他において否定しようとする党の実践の本性がみえてくるであろう。

三　私の経験が党を実現しそのつど党は私の経験史へと解消される

しかしそれでは、逆に考えて、党の戦術が「当る」こと——つまり、戦術行使を介して党が実現されるというのはどういうことか。すでにこれまでにも、私は党の実現という言葉をつかってきたのだが、党と革命との実践的関係が十分に知られたいま、このやや奇異な概念にも全面的に接近することができるであろう。たとえば、ソヴェトへの戦術提起以降のレーニンの党をみてみよう。

なぜ、この自由の時代に、どこからかこの黒い手がのびてきて、ロシア民主主義のロボットをつき動かすのであろうか？　レーニンだ！　……だが、彼は無数にいる。どの十字路でも、レーニンが飛びだしてくる。そして、ここでは力はレーニン自身のうちにあるのではなくて、土壌が無政府と

狂気との種子を受けいれやすくなっていることにある。(29)

また――

兵士たちはブルジョア新聞を読んだあとで、ボリシェヴィキと称するある未知の生物に罵倒をあびせ、それからただちに戦争停止、地主からの土地没収等々の必要に関する討論にうつることがしばしばあった。(30)

「全権力をソヴェトへ」を中心スローガンとするレーニンの戦術は、四月一ぱいかけて党内に定着し、革命の現実的諸条件とまさに実践的に相関を結びつつ、各地のソヴェトが党のスローガンを採用するという形で、大衆の集団意志に転化していく。この時期にレーニンの反対派が述べた証言が、右の第一の例である。レーニンの戦術が、その「土壌」と確かな関係を結びはじめた事実が、ここによく示されている。そしていまや、「土壌」――大衆の集団意志――自体が、「無数のレーニン」として語りはじめたのである。

「党の実現」とは、このように大衆の集団意志が党の目的を表現し、大衆の行動が党の意図を実行する事態をさすのだと考えてよいであろう。通常、党の方針が大衆に貫徹する形として、いわゆる指導―被指導や命令―服従の関係の確立がとりあげられるけれども、ここに掲げるレーニンの例は、こうした関係とはおよそ異なっている。とりわけ第二の例は、党の実現の逆説的なあり方を典型的に示している。反対党の戦術によってボリシェヴィキを自分たちの敵とみなしている兵士たちが、事実は、この党の戦術（「戦争停止」の要求など）を実現しているのである。戦争停止等のスローガンは、すっかりその名義人の手を放れてしまったが、にもかかわらず、どの党のものとも知れぬこのスローガンが、嵐のように全国に伝播し定着していくのである。

ここには、もはや通常の意味での指導の貫徹などはない――いわんや、党員を増やす（「多数派」を形成する）ことをもって党が大衆のものとなるというスタイルなどなにも見出しえないのだ。前節で、私党の実現について書かれたことをくりかえせば、大衆（の革命）こそが党を文字どおり実現するのである。また、政治結社自由党の実現の仕方を想起しよう。

それゆえ、党の実現とは、結局、大衆の革命過程、すなわち私の政治的経験史の展開にほかならない。私の経験史は、その節ごとに一つの党の戦術を実現し、あるいは他の党を挫折させつつ展開されていくのだと、いまや了解することができる。おそらくさきの兵士たちの例のように、私は新たな自己形成のつど党という「未知の生物」を生かしたり殺したりしていることなど、気づきすらしないだろう。私はつねに新たなもののごとくに自分を生みだすからだ。しかし、党の実現にとっては、まさにこれでいいのだ。せんじつめていえば、党の実現とは、私の政治的経験史そのもののことである。

党の目的や思想が大衆のものとなること、すなわち党の思想の実現という観点からみても、事態はまったく同様である。すでに第四章で集中して経験されたように、私の政治的経験史の展開は、そのつど私の集団がその政治的意識の飛躍をとげることを意味した。そしてさきには、この集団意識の飛躍は、「革命になにかを数えこむ」党の仕事から慎重に区別して取扱われたのだった。しかしいまとなってみれば、私の意識変化の背後で、沈黙の事件――党の思想の実現と挫折の劇――が同時進行していたのだといってもよい。もちろんかつて私は、このことに気づきもしなかったし、ひょっとしてこんな事件はまるで起らなかったのかもしれぬ。しかし、くりかえすが党にとってはこれでいいのだ。党の思想は、戦術を介してまさに大衆の集団意志となるのである。党の思想の実現とは大衆の集団意志の飛躍のことだといっても、いまや同じことなのである。

どだい、党が革命に「なにかを教えこむ」こと自体、啓蒙や宣伝とはまるでちがう仕事なのであった。ひとはいつも、レーニンの「外部注入論」をまったくのところ啓蒙主義的に解釈したうえで、これをあげつらっている。「教養あるブルジョア・インテリゲンツィアによって仕上げられた社会主義イデオロギー」は、労働者が自ら獲得しうるものではなく、党が外から教え込まねばならない、というふうにだ。こうして労働者は、党の教義（知識）を身につけて党に入る。

だが、「外部注入論」がいまなお注目しうる唯一の点は、党と大衆のあいだにある政治的意識の断絶の強調などではまったくなく、もともと党というものが、大衆と革命にたいして「外部」からかかわるものだという主張なのだ。だいたい、レーニンの「外部注入論」の公式は、『何をなすべきか』ではカウツキーの文章の文字どおりのひき写しであり、今日それがそっくりレーニンの言葉として通用しているのは奇怪な話ではないだろうか。戦術を通じた党の実現が、一つの危うい運動だといわれたことは、党の政治思想の実現についても一層あてはまるであろう。すでに前節でふれたように、党がそれ自体で根拠をもつといいはる党は、同じくその政治思想をも、党が実現すると主張する。啓蒙や宣伝のサークルは別としても、かのスターリンの党が、およそ政治思想というものを大衆の革命から剥奪してしまったことを想起するとよい。またこのような党に反対する党も、大衆が共産主義的思想を実現することに絶望して、この思想がただ党の内部（党に入ること）でだけ実現する（している）のだという、まったくの倒錯におちいるのだった。この党は、党の政治思想を「戦術思想」に限定していくレーニンの「革命技術主義的かたより」を排し、広く政治思想を尊重すると称しながら、実のところこのていたらくであった。

問題は、党の思想などどうでもいいか否かなどということにあるのではない。問題はただ一点、この思想を大衆が実現することにかかっている。もちろん、「労働者階級の歴史的使命」等々、党は自己の思想と大衆意識との径庭を理屈で埋めることはできる。だが、党の思想の実現が、この理屈を解説することでなく、終始実践的問題だとしたらどうなるのか。まさに、大衆の長い政治的形成の道程を、同時に党の実現過程として、党が独自にたどるしかないのである。党の経験は、ここでもくりかえしくりかえし、この私の経験史へとさしもどされるのだ。

もう一つ、別の例をあげよう――党の政治思想など、どうでもよいと公言する党のことだ。

われわれの綱領はたいそう簡単である。つまり、われわれはイタリアを統治したいのである。人びとはいつもわれわれにわれわれの綱領のことをたずねる。われわれはもう綱領をたくさんもちすぎている。イタリアを救済するために必要なものは、綱領ではなくて、むしろ人間と意志力である。
(31)

これは一ファシストの演説である。もしも、ファシストの党が政治を政治力学に疎外するものとすれば、党の実現もここではまったくのところ、党の権力の実現と考えられているのは明らかである。党は文字どおり国を「統治したい」のである。

しかし、「革命とは国家権力の問題だ」というレーニンの言葉をとりちがえたスターリンの亜流たちも、じつは別のことをいってはいない。党による「国家権力の奪取」に革命の全問題があり、権力を取りさえすればあとはどうにでもなるというのが、この者たちの暗黙の前提である。ひいきめにいっても、彼らは大衆が自らを変えること（階級形成）に絶望して、とりあえず党の代行によって「奪取」した権力を大衆に「つきつけ」ようとするのだが、こんな権力など、大衆にとっては、それこそ有難迷惑だとは思いいたらないのである。

党の実現を党の権力の実現に疎外するファシスト党の例は、この種の党が本来的に大衆の革命――正確にいえば、大衆の革命的諸集団――を欠いていることにもとづいている。ヒトラーの「指導者原理」ではないが、すべてを「群集」（衆愚）にたいする「指導者」（党）の、大衆心理学的・政治力学的関係に解消するのだ。また、この党の政治が、政治集団（階級）の解体状況という現実をそのまま物質的基盤としたものであったことは、著しい歴史的事実である。綱領などどうにでもなるという、この党の理論ニヒリズムこそは、党の戦術を没思想的に実効へと疎外するのだが、このように端的なニヒリズムが現実に可能だったのも、戦術の本性を実現する大衆的諸集団の欠如のゆえだったのである。ここに、党の綱領は戦術を介して大衆の集団意志としてしか実現しえぬという事実とともに、逆に、大衆集団（論）の欠落は、大衆の生活との交通基盤を党から奪い、党の実践を力学的操作主義に疎外することがはっきりと露呈されるのだ。

かくしてたとえばヒトラーも、こう語ることになる――

大集会では、思考は排除される。私がこの状態を必要とするために、この状態が私の演説の最大の効果を保証してくれるために、私は、皆をこの集会に送りこむ。ここでは、皆が好むと好まざるとにかかわらず大衆になる。〃インテリ〃も市民も、労働者と同様、大衆になる。私は国民を混ぜ合せる。私は大衆としての国民に語りかける。いいかね諸君、大衆が大きくなればなるほど、一層、操縦しやすくなるのだ。そして、農民・労働者・官吏など、人間が混じれば混じるほど、大衆の典型的な性格が現われてくる。インテリの会合や、利益団体などとかかわりあってもだめだ。(32)

もう一つ対極的な事例をとりあげれば、事態は一層はっきりする。それはアナキスト党の例である。アナキストのその教義にたいする奇怪なまでの固執は、しばしば喫緊な政治的任務をもあえて放棄させるほどに著しい。教義の命令にそむき、内乱の政府を組織したスペイン・アナキストにたいしては、「戦争のために彼らはすべてを犠牲に供した」という非難が投ぜられたのだった。ファシスト党のごとき理論ニヒリズムの、いわば対極（「理論崇拝」）がここにある。アナキストは、教義を実現するに際して、党の政治による代行を厳しく非難するだけでなく、アナキストの思想は、およそ政治という媒介を原理的に拒否している。ここでも、党の戦術の本性が欠落していることは明らかである。

もとをただせば、ファシスト党と同様に、アナキストもまた反乱の集団論を欠いている。これでは結局「衆愚」――「指導者」という二元論が支配する。もちろんファシスト党とは対照的に、アナキストは衆の側にのみ依拠せんとするわけであり、ファシストの「指導者原理」の対極に、アナキスト党の「大衆崇拝」が存するのである。彼らといえども、いうまでもなく、政治的経験を拒否することは事実上まれでありそうでなければおよそ大衆の運動は生れない――、しかし、にもかかわらず、党の政治の行使は理論的にも現実的にも拒むのである。党の政治思想は、いわばそのままで政治の現場に現象し、かつ実現されるべきことを彼らは主張する。

さて、党の実現ということを以上のようにとらえるならば、まさに実現とは否定——すなわち党の独自性の解消——と同じことを意味するのだ。党が実現される形態は、ほかならぬ大衆の政治的経験の展開として経験し記述することが可能だからだ。すでに第二節の末尾でこのことは示唆されていた。しかし固有の党の本性——これこそが党を実現へと促したのだが——を知ったうえで展開された本節の経験によって、いわゆる「党と大衆の関係」の諸前提はいまや十分に明らかにされたのである。

そこで、一つの大衆集団（権力）が党の特定の戦術を実現することを、あらためて、この集団にたいする党のヘゲモニーの形成と名づけよう。通常のヘゲモニー、つまり指導とか主導権とかのニュアンスとちがい、ここで党のヘゲモニーの形成とは、かえって党を大衆によるヘゲモニーへと解消することである。党の戦術がヘゲモニーに解消された時点では、政治は党においても大衆権力においても、本質的には同質の経験となるからだ。

たしかに、私党としての党は、この自己否定を願って戦術的に自己を投企してきたのだから、これは党にとって幸福な瞬間にはちがいない。けれども党はまたただちに、この現段階での大衆的ヘゲモニーから身をひきはがし、大衆の革命過程から「分離」する権利（義務）——すなわち新たな戦術の行使へと促されていく。

実際、盆地の「外」から浸透してきた自由党が困民党に根づいたとき、これも一つのプリミティブな党の実現であった。大衆の幹部と大衆の神話のうちに党の「外部」性は解消したのである。だが、こうして実現された大衆の蜂起は、おもいもかけず——だが政治的経験史のもっと先のレベルで——ふたたび党の独自の領分を発見させるのだった。「板垣の自由党」から「幻の自由党」への秩父困民党の歩みがこれだ。

だから党にとっては、反乱からコミューンにいたる革命の物語はその変曲点ごとに党を実現し、かつ突きはなす、はてしないプロセスのように思えるのだ。党に値する党の経験は、いつも——革命の党であろうと反動の党であろうと——、大衆の革命過程との乗るかそるかのかけ合いなのである。そして、たえまなくこうしたかけ合いへと党を促すものこそ、固有の党の本性であり、この本性そのものは、いかに党の戦術の実現がくりかえされても解消しうるものではない。固有の党の本性がなければ党の戦術もまたないからだ。

さて、党という政治形態をまって、いまや私たちは、革命過程と革命の物語のトータルなイメージをつくりあげることができるようになっている。革命における私の政治的経験史は、いまや随所で党を発見する。そして発見された党を媒介として、私がさらに新しい自分を発見し、形成するという両者の関係が展開する。だから、本書第一章からのアジテーターの遍歴史も、党の戦術的介入を随所で許すものとしてふりかえることができるであろう。

また党の側からすれば、革命とは、党が大衆のもとへ出ていき、この大衆を獲得するために——大衆が自己権力へ接近することを助けるにしろ妨害するにしろ——、諸党と抗争・競合する過程として了解することができる。反乱の最初の集団形成から自己権力へと、長い道筋をたどってきた私の政治的経験の全史も、党にとっては、戦術的対象（与件）であり、かつ自己実現の場だとして、いまや再把握することができるであろう。

第五節　大衆の党

一　大衆の党は革命にさいしかえって固有の党の宿命を露呈させる

そうだ、ボリシェヴィキはたしかに熱狂的に、不断に活動していた。彼らはくる日もくる日も、つねに大衆の間に、工場の中にいた。彼らはつねに大衆の間にあって、大事についても小事についても、工場や兵営の全生活を指導しつつあった。だから、大衆の党となったのである。大衆はボリシェヴィキとともに生き、ボリシェヴィキとともに呼吸していた。(33)

これは、レーニンの党がソヴェトの大衆と「ともに生き」、大衆を「指導」し、要するに「大衆の党となった」時期の党の描写である。これこそまさに大衆のうちで党が実現された姿だが、私は前節で、固有の党がどのような意味で「実現」されるのかを記述したのだった。党は、その戦術が大衆集団のヘゲモニーとして実現するたびに、いわばそのつど「大衆の党」となるのだった。そしてこうした事実が歴史的に蓄積されたとき、党は大衆政党という存在様式をとるようになる。

けれども、大衆政党としての党の定在は、これも前節で扱ったように、固有の党が革命の経験史へと否定・解消されることを意味するのだから、この政党を記述することは本書の興味の外にある。だが、「党とは何か」という問いのレベルを、スコラ的な思考が踏みはずすことを可能なかぎり防ぐために、党からみた大衆政党の位置をはっきりさせておくことにしよう。これは、固有の党とその戦術を抽象した本章の記述が、そのみかけに反して、理論が党というものの「リアリティー」に接近しうる、ぎりぎりの道であることを証明する助けになるであろう。

大衆政党の歴史的な位置は、いわゆる永続革命論の脈絡のうちで明瞭に把握することができる。問題は「革命政党」の領分に限定されるけれども、通常近代民主制の成立などから議論される政党論とは別種の真実を、「永続革命論」の歴史は明るみにだすはずである。ざっとでもこの歴史をふりかえってみよう。

プロレタリアートは、ますます、革命的社会主義、すなわち、ブルジョア自身が、それにたいしてブランキなる名称を考えだした共産主義の周囲に結集しつつある。この革命的社会主義の主張するところは、革命の永続の宣言であり、……(34)

十九世紀ヨーロッパの革命に起源をもつ「永続革命論」は、このように、若いマルクスとエンゲルスが、なによりオーギュスト・ブランキの名に結びつけて自らのものとした立場であった。けれども、この革命論のもつ問題性は、当のエンゲルスがこれを否定したときにはじめて、全面的に露呈されたということができるだろう。いまではよく知られていることだが、一八四八〜五〇年当時の彼らの革命論が、「革命の永続宣言」の立場であったことを明瞭に認めた、老エンゲルスの有名な「序文」（『フランスにおける階級闘争』序文、一八九五年）は、同時にこの立場を自己批判的に破棄することの表明ともなった。この老エンゲルスの「自己批判的総括」にしたがえば、永続革命論の定式は大略以下のようなものとなる。――「革命の最初の大きな成功ののち、勝利した少数者は分裂するのがつね」であり、これは、それまでの獲得物に満足する部分と、「もっと前進しようと欲して新しい要求を掲げる」部分との分裂である。ここに、『人民』のなかに隠されている対立的要素のあいだの長期の闘争」が開始され、革命を「前へ前へとおしすすめる少数者」によって、「多数者の本来の利益のための革命」、すなわち「プロレタリアートの究極の勝利」が達成される。この究極の勝利を達成する「少数者」が、かつては「プロレタリア党」と呼ばれたものにほかならない。

このような「プロレタリア党」の運命が、「ブランキズム」として否定されていくとき、その反対に前にせりだしてきたのが、まさに労働者階級の「大衆政党」という党のあり方であった。マルクスとエンゲルスの育てた、ドイツ社会民主党の成長がこれである。エンゲルスの観点では、若きプロレタリア党の夢がこの党の否定を通じて、ここドイツの「階級政党」に実現したのだといってよいであろう。いや、それはたんに一階級の政党ではない。彼はさきにふれた「序文」のなかで、ドイツ社会民主党の得票数の増加を評価してこう述べている――

この勢いですすめば、われわれは、今世紀のおわりまでに社会の中間層、小ブルジョア小農民の大多数を獲得して、国内の決定的な勢力に成長し、他のすべての勢力は、欲すると欲しないとにかかわらず、これに屈しなければならなくなる。この成長を不断に進行させて、ついにはおのずから今日の統治制度の手におえないまでにすること、この日々増強する強力部隊を前哨戦で消耗しないで決戦の日まで無傷のまま保っておくこと、これがわれわれの主要任務である。(35)

このような「人民の党」が、「日々増強する国内の決定的勢力」に、現実的根拠を確保しえていることは明らかである。この党は、その「指導し」「代表する」勢力の名において自らを正当化し、また党組織の内部をも、これに見合った形で整えることができる。党組織の拡大が得票数などで客観化しうるとともに、内部構造としても選挙制等の公開の「党内民主主義」を採用することができるであろう。また、こうした「人民の党」の成長こそ「科学的社会主義」の実現過程だとして、党はイデオロギー的にもその唯一性を正当づけることになる。

かくして、まさに「この勢いですすめば」、党は国民の「大多数を獲得」し、「国内の決定的な勢力に成長」するものと期待された。これこそ、ブランキと若きマルクス－エンゲルス時代の、少数派としての「プロレタリア党」の否定を意味することはことわるまでもない。しかし同時に、私のこれまでの文脈でいえば、老エンゲルスの楽観は、たんに「時代遅れ」の党の否定ではなく、およそ「固有の党」の宿命までも解消しうるのだという期待を意味していたであろう。実際、このような「人民の党」の存在が、今日では日常的に親しい政治形態となっていることは、ひとも知るとおりである。そしてこれが固有の党の私性を否定し、この否定を定形化する努力となっていることも明らかである。

だが悲劇的にも、エンゲルスの死後まもなくのこと、ほかならぬ彼のドイツ社会民主党において、「大衆政党」はけっして固有の党経験に代位しえぬことが、全面的に暴露されたのだった。

世紀の変り目から第一次大戦にかけて、ヨーロッパ左翼のほとんどすべてをまきこんだ論戦のことはここではふれない。だが実際、一九一八年のドイツ革命に出くわしたとき、当の社会民主党が経験せずにはすまなかった混乱と組織の分解は、大衆政党の「日々増強する強力部隊」を「決戦の日まで無傷のまま保っておくこと」などが、そもそも「決戦の日」に対処しえぬことを暴露したのである。どだい、革命に際してドイツの大衆が見出した集団は、党の指導する労働者組織などではなく、ソヴィエトと同様のレーテ（評議会）だったのだ。

この革命までは、大衆政党としてのドイツ社会民主党の成功は、この党の現状維持派のみならず、ローザ・ルクセンブルクのような革命派をも幻惑してきたのだった。「社会民主党は、労働者階級の組織と結合されているのではなく、労働者階級それ自身の運動なのだ」とまで主張する彼女は、まさにこのような大衆政党の名のもとに、「ブランキズム」を論難してやまなかった。だが、実際にドイツ革命に出くわし、社会民主党の分裂を経験するや、このローザ・ルクセンブルク自身が、当の「ブランキズム」の妖怪を呼びよせざるをえなかったことは、真に逆説的なことであった。

彼女が、革命渦中のドイツ共産党創立大会でおこなった演説（「綱領について」）を聴こう。彼女は、エンゲルス晩年の立場を名ざしで「誤謬」ときめつけ、「かってマルクスとエンゲルスが一八四八年に立っていた地盤の上に、ふたたびわれわれの綱領を据える」と宣言したのだった。くりかえすまでもなく、「一八四八年の地盤」とは、なによりもブランキの名に結びつけられた「革命の永続宣言」の立場であった。事実、彼女のこの演説は、勝利したドイツ革命の段階的な究極の発展へむけて、彼女の党の戦術をととのえることに集中している。十月革命のレーニンへの接近は明らかである。「ドイツについでいかなる国にプロレタリア革命が突発しようとも、革命の最初の動きは、労働者・兵士評議会の形成だろう」と、「われわれは確信をもって言い切ることができる」――このようにまで、彼女は同じ演説で断言している。

それではドイツ社会民主党——かっての「大衆政党」——は、革命に出会ってどうなってしまったのか。レーニンではないが、革命では労働者が「たんなる普通の組織ではない、まったく別の組織」を発見するということが、ここドイツでも起ったのだ。かっての「労働者階級それ自身の運動」は、まさに革命過程へと政治的に溶解したのである。その結果発見された「まったく別の組織」——「レーテ（ソヴェト）という大衆権力機関が、旧社民党となおどのようにつながっていようと、革命の政治的経験史を歩む大衆の新たな自己形成を、ここレーテに明瞭に読みとることができるであろう。だから、この大衆集団の自己形成と実践的に相関する固有の党もまた、あたかも新たなもののごとくに経験の場に登場してくるのである。旧大衆政党が革命の大衆権力へと溶解することによって——組織的にこの党が分解しつくすかどうかは別にしても——、この大衆政党がかえって固有の、戦術としての党を露骨に明るみにだすのだ。実際、「革命を蛇蝎のごとく憎」んだ「エーベルト－シャイデマン一派」から、永続革命論に復帰した「スパルタクス団」にいたる諸党へと、エンゲルスの大衆政党は分裂したのだった。大衆政党はしたがって、革命へと政治的に分解することによって、そのうちにかえって大衆権力から自らを区別する固有の諸党の経験をきわだたすのだといっていいであろう。前節までに、大衆政党との組織形態の差異ではなく経験の独自性として、ことさら「固有の党」が扱われたのも、こうした事実経過を背後にもってのことであった。

一九一七年十月のレーニンの党も、まったくのところ以上のような歴史的脈絡のうえで、その党の独自性を展開したのだった。それゆえにまた、レーニンの十月は死にぎわのローザ・ルクセンブルクと同様に、永続革命論のある意味の復権をもたらしたということができる。

ひるがえってみれば、ブランキの時代の永続革命論は、雑多で広範な革命的「人民」によって「自然力」のように展開される、十九世紀の革命事情に明らかに規定されていた。大衆の政治的諸集団の客観的な力学過程としてではなく、たんに「自然発生的」な破壊力として進行する十九世紀の革命にだ。今日のように、「人民」一般などは存在せず、革命の前も後も、大衆がさまざまの性格で組織化されている（される）のとは、大きく事情を異にしていたであろう。そうであればこそ、旧権力を一挙的に転覆した革命的「人民」と少数の「プロレタリア党」とのあいだが、大衆の政治的諸組織に媒介されることはなく、したがって「プロレタリア党」はまさに戦術行使の根拠を欠き、「人民」にいわば直接的に訴える以外にはなかったであろう。したがって、党による革命の永続化は、戦術を媒介にするのではなく、端的に思想上、行動上「人民」を代行する形をとった。ブランキの秘密結社による武装蜂起と「プロレタリア独裁」は、こうした事情の直接的表現だったと考えられる。

ただブランキ以降も同じような事情のもとで、人民への「警鐘の乱打」や「前段階蜂起」等々の悪名高い少数派「ブランキスト」の行動が、跡を断つことはなかったのだから、ブランキ的永続革命論が歴史上過去のものだとするわけにはけっしていかない。それはいまも変らず、反乱初期に固有の理論と行動の形だといってよい。それゆえ、以上は、「ブランキの（時代の）永続革命論」ではなく、いわば永続革命論の「ブランキ的形態」とでも名づけるべきものであろう。

ブランキ的永続革命論がこのような客観的事情にもとづいていたとすれば、老エンゲルス以降の社会民主党が、なによりも「大衆政党を欠く」というかどでブランキズムを論難するのは当然であった。けれども、こうした大衆政党は、すでにみたように、永続革命そのものを廃絶し、革命をこの政党の「日々増強」に閉じこめることはできなかったのだから、ここにかえって、新たな永続革命論と固有の党思想とが発見されることになったのである。

しかしくりかえすまでもなく、この場合は、ブランキ的形態のごとく、革命を駆動させる内部の力が「人民」の「諸傾向」や「対立的要素」のように抽象的な対立ではなく、明確な諸集団の政治的ヘゲモニーの闘争として表現されるのである。だから、レーニンが革命の渦中で、自らの党の戦術をくりかえし「ブランキズム」から区別したとしても、これを文字どおりに受けとってはならない。レーニンは、いわば永続革命論のブランキ的形態とレーニン的形態との差異を明るみにだしたにすぎないのだ。

こうしていま、永続革命論のレーニン的形態から、党をめぐる歴史的事情をふりかえってみるとき、大衆政党という党の形が「プロレタリア党」の否定として形成されながら、およそ革命を問題とするかぎり、固有の党的経験にとって代り、その宿命までも「克服」することなどできないことがはっきりする。革命に臨んで、人民の強大な大衆政党が、身のうちからかえって固有の党の宿命を露呈することは、この二つの党が、「時代遅れ」と「歴史的進歩」として区別されるべきものではなく、まさに政治のカテゴリー的な区別であることを意味している。レーニンの組織思想の形成期に、ローザ・ルクセンブルクがボリシェヴィキ党を次のように非難するのを聞くとき、時の歴史的事情を超えて、この異なるカテゴリーの対立こそがすでに二人をとらえているのだと、私は思いいたるのだ。すなわち——

ブランキズムは、労働者大衆の直接的階級行動を考慮におかず、従ってまた、それは大衆政党を必要としない。それどころか、広汎な人民大衆は革命の瞬間になってはじめて戦闘場裡に登場するものとされ、しかも事前の行動といえば、ごく少数者による革命的奇襲攻撃の準備というに尽きた。それゆえ、この一定の任務を託された人々を人民大衆から鋭く分離することが、彼らの任務達成のために、まず要求された。しかし、そうした行動が可能であり、実行されたのは、ブランキスト的組織の陰謀的活動と人民大衆の日常生活とのあいだに、まったく何一つ内的連関が存在しなかったためである。(36)

「大衆政党」ではなく「ごく少数者」であり、「人民大衆から鋭く分離」され、また「人民大衆の日常生活との内的連関」を欠く組織！　――組織形態としてではなく、経験の独自性としてこれを読むならば、まさにこれこそ固有の党の性格にほかならない。

だがローザ・ルクセンブルクの場合、なぜこの組織が「ブランキスト的組織」であり、大衆政党を「必要とせず」、たんに「革命的奇襲攻撃の準備」に尽きるのだといわれるのか。明らかに、この組織が戦術的媒介を欠いているからなのであって、人民大衆から「鋭く分離」された組織のゆえではないのだ。彼女がここでいうブランキスト的組織とは、もちろんレーニンの党を指しているのであり、結果的にいえば、大衆権力にたいするレーニンの戦術の本質を、まさに彼女は見落していたのである。次節に述べるように、「革命的奇襲攻撃の準備」は、レーニンの党にとっては戦術の実現の帰結である。しかも戦術の本性の疎外態（国家権力奪取の「クーデタの技術」）にすぎないのである。戦術的媒介を欠いた「革命的奇襲攻撃」は、ブランキの二度の武装蜂起がそうであったように、いわば私的な組織の私性のままの登場である。しかしこれとても――成功するにしろ失敗するにしろ――党的集団の私性を露呈するとともに、能動的な実践という党の政治の本質を開示しているのである。

二　大衆の党は固有の党を否定するが党の宿命までは解消しえない

さてそれでは、いま私のまえに存在する大衆政党とは何か。私は、固有の党を否定する努力が大衆政党の形成を促したとさきに書いたけれども、いまではどこから見ても、固有の党の宿命などをこの政党からうかがうことはできないかもしれない。「少数者の党」を否定する大衆政党の歴史的経験の蓄積が、それを私の目からすっかり見えなくしているのである。

けれども実のところ、大衆政党とは、固有の党の経験がその実現の形態の一つとして形成したものなのである。前節で、「党の実現」の形とは、まさに私の政治的経験史の展開そのものだといわれたことを、ここにおもいだしてほしい。だから同じことを組織的にいい直せば、党が実現される組織形態こそまさに私の集団とそのヘゲモニーなのである。通常革命の大衆諸集団が、「党の大衆組織」とか「党がヘゲモニーを握る組織」とか、党の観点で意義づけられる事実は、このことをよく示している。だからこの意味で大衆政党は、党がそのうちに自らを実現する大衆組織の、いわば「最高形態」だといってよい。したがって当然、この政治形態は私の政治的経験のカテゴリーに属するのだ。

いま、党の戦術に対応する組織的媒介の形成を党の組織戦術と呼ぶならば、党はこの組織戦術の最高の成果として大衆政党を意義づける。してみれば、大衆政党が歴史的に党の否定の努力として形成された事実も、同時に、カテゴリー的な意味をもっていたというべきである。なぜなら、党の実現とは、すでにみたように固有の党的経験の否定・解消にほかならないからだ。だからまた、党の戦術の実現がどのように重ねられても、党の本性までも解消することはできないように、大衆政党の実現も、固有の党的経験を廃絶することなどできないのである。

もともと、なにか「固有の党」なるもの（組織）があり、これがそのまで反乱の戦術として機能すると考えるのは、現実問題として馬鹿げているだけでなく、党的経験の定義にも反することだ。党は組織としてではなく固有の経験としてのみ扱われているのであり、組織としては、党は大衆諸組織のヘゲモニーとしてしか見えてはこないのである。「党の大衆組織」から大衆政党にいたる、党の組織的実現形態がこれである。

したがって、党の戦術一般についてと同様、その組織戦術の具体的形態に関しても、私の記述はふれる必要はない。大衆政党の形成をも含めて、こうしたことは固有の党的経験には属さないからだ。それは、革命の大衆集団の経験として経験することができることであり、したがって、必要なことはすでにこれまでのこの私の長い政治的経験史のうちに、すべて書きこまれているのである。

ただ、大衆の党と党とのカテゴリー的な区別の問題を簡単に総括するために、一つだけ例をあげよう。ふたたびレーニンのことだ。ひとは、『何をなすべきか』を書いた人が、その舌の根も乾かぬうちに、一九〇五年の革命に際会して、まるで正反対のことをいうのを聞いてびっくりするであろうか。すなわち――

労働者党の新しい組織形態、より正しくは、その基本的な組織上の細胞の新しい形態は、旧サークルと比較すれば、絶対にいっそう広範なものでなければならない。さらに、おそらく、新しい細胞

はあまり厳重な定形をもたない、いっそう「自由な」、「ルーズな」組織でなければならないであろう。(37)

「いっそう広く」て「ルーズな」党組織（細胞）というのは、文字どおりに受けとるならば、まさに一九〇三年の党組織論の正反対である。実際、レーニンのこの「変節」は反対派の嘲笑をまねいたばかりでなく、かつての組織思想に忠実な党員をもすくなからず困惑させたのだった。一九〇五年のロシアの革命が、はじめてソヴェトという大衆権力を生みだしたとき、彼らボリシェヴィキはかつての師の言葉を墨守して、「党かソヴェトか」という二者択一的な選択を大衆に迫ったのである。党とその実現形態とのカテゴリー的区別が、彼らにもできていなかったのだと、今様にいうこともできよう。外国にいるレーニンが、遠方から手さぐりするようにこうつぶやくのも、まさに同じ時期のことである。

〔ロシア在住の同志たちが〕労働者代表ソヴェトか、党かという問題を出しているのは、私には正しくないようにおもわれる。解答は無条件に労働者代表ソヴェトも、党も、というのでなければならない……。(38)

たしかに、ここでのレーニンの発言は、革命が実際に「結社の自由」を実現した時期のものであり、これに反し『何をなすべきか』は、なによりも専制ロシアでの非合法党の結成を念頭においたものだった。だから、大衆的革命のただなかでも「狭い党」組織に固執するのは、実際問題として馬鹿げたことであり、「現実家」レーニンが「党の再組織」を提起するのはあたりまえだといわれるかもしれない。だがそれでは、一九一七年の革命が起きたとき、今度はソヴェトと合体することを選んだボリシェヴィキにたいして、レーニンはどうして困難な党内闘争をいどまねばならなかったのか。くりかえすまでもなく、このレーニンの闘争は、まさに固有の党的経験を明るみにだす努力を意味していたのだった。

だから、もしも『何をなすべきか』の党組織論と、一九〇五年——そして一九一七年——の党の「再組織」の提起とを、同じく党の組織戦術のレベルでしかみないのであれば、レーニンは明らかに、その場その場で一貫性を欠いた屁理屈をこねていることになる。あるいは情況に応じた組織形態をという政治家のプラグマチズムしか、レーニンからはでてこないであろう。このようなレーニン批判もレーニン教条主義も、ともに、固有の党と大衆的ヘゲモニーとしての党とを、政治的経験のカテゴリーとして区別することをしていないのだ。固有の党の経験からすれば、職業革命家の非合法党も「広範でルーズな」党も、ともに、党というものの現象形態を意味していたのである。

たしかに、現実の党活動にとっては、党の組織戦術を実際にどう展開するかは、常に最重要の戦術課題である。というよりは、注目に値する党派間（内）の論戦は、昔もいまも、いつもこのような「組織問題」をめぐって起るのだといってよい。「改良か革命か」の綱領問題のレベルを抜けだしえなかったところに、ローザ・ルクセンブルクの悲劇もあった。

しかし、くりかえすがこうした問題は私の記述の範囲外にある。これは、ただ特定の党集団の具体的な政策問題として、事実的ないし歴史的にしか議論してはならないからだ。ここで強調すべきは、ただ、解消しえない党的経験の宿命だけである。党が「いっそう広範な」組織や大衆政党として実現されても、この宿命までも解消されるものではない。党はその場合、大衆的集団の政治的ヘゲモニーとしてしか見えてはこない、というだけのことである。

それが証拠に、党の長い歴史は、いわゆるフラクション組織論を生みだしてきたのである。党の組織戦術というものの本性をもっともよくあらわしているのがこれである。私はここでもその実際にふれることはできないが、大衆組織も大衆政党も、ただそのうちのフラクション組織の形成としてのみ、党に固有の組織問題に属するのだといってよいと思う。

第六節　エピローグ――国家へ

一　党はその実現のはてに党による国家権力奪取の課題に直面する

ボリシェヴィキは国家権力を掌握せねばならぬ。(39)

ロシア革命の九月十二日、突然、レーニンは彼の党にこう呼びかけはじめる。四月に遠方から帰還して以降、ここにいたるまでの党の歩みは、政治的経験のレベルで象徴的にいえば、反乱以来の私の政治的経験史を、党の独自の観点が再度たどりなおすことを意味していた。そして、「国家権力を掌握せよ」というレーニンの呼びかけとともに、総体としての革命過程――党とこの私の政治的経験史――も、いまやまさに終局に近づいている。

四月には、ソヴェトを階級的に「分裂させる」ことであったレーニンの戦術は、いま九月には、当のソヴェトの「ボリシェヴィキ化」として、端的な実現をみることになった。そしてボリシェヴィキ化した「革命派ソヴェト」が、片や「協調派ソヴェト」に支持された「連立政権」と対峙するという二重権力状況が、いまやこの状況の決定的解決を要求している。私の政治的経験史をひるがえってみれば、私は、自己を形成することによって「他者」——ある場合には「敵」——を挑発的に定立するという、「二重権力」のからみ合いを不断に展開してきたのであり、これはいまや、時の政治世界を截然と二分する二つの権力の対決を生みおとしたのだ。しかも、ここで二つの権力の対立は、同時に、それぞれ大衆権力に根をもつ二つの党の対立として表現されているのである。

実際、ソヴェトという大衆権力の「ボリシェヴィキ化」とは、ソヴェトがこの党のスローガンを採用するとともに、党がソヴェト代議員の多数派を獲得した事実をさしていた。いいかえれば、ソヴェトという大衆の「独裁」が、ここでは同時に、ボリシェヴィキ党の独裁に転化したのである。党の戦術が、「大衆権力＝大衆の党」という独裁へと、最終的に実現したのだといってもよい。

ひるがえってみれば、党は、まさにこのような党の実現を願って戦術を行使してきたのである。革命は大衆自身の事業であり、党はただこれを援助するにすぎないという命題を、このように実践してきたのだ。だが、大衆権力＝党という独裁の実現は、逆説的にも固有の党の最終的解消を意味するのだから、いまここに響いてくる冒頭のレーニンの呼び声は、なにかひどく唐突のものに思えよう。なぜいまさらふたたび「党が——」なのか。

「全権力をソヴェトへ」というボリシェヴィキのスローガンは、当然、「全権力」、つまり国家権力の掌握の問題を論理的には含んでいた。また、このスローガンはボリシェヴィキの党派的スローガンだったのだから、この実現が、ソヴェト＝党による「全権力」の獲得を結果することもまた、論理的には自明にみえる。だがそうであればこそ、この独裁が実現したいま、なぜことさらに党が国家権力を掌握すべきだといわれるのか。

事実、九月にいたるまでは、党による奪権の主張はあらわれていない（全ロシア労兵ソヴェト第一回大会における有名な演説があるが、これは「決意表明」であり、なお党の政策とされているのではない）。レーニンは、国家権力の掌握をソヴェトに勧めているのであり、その意味はかならずしも明らかではないが、ソヴェト多数派が自ら政府を組織すること――ドイッチャーのいう「ソヴェト立憲主義」の路線――であったろう。したがってこの段階では、国家権力の掌握は、ソヴェト権力自らの課題として提起されていたということができる。最初から、ソヴェト権力を「新しい国家の型」といいつづけてきたレーニンの、自然の帰結であったろう。だから、「全権力をソヴェトへ」というスローガンは、ソヴェトにたいする党の戦術の問題と考えられていたのである。いいかえれば、この課題を、党が代ってソヴェト自体の政策として実現されるべき事柄であり、国家権力の掌握の問題は、なおソヴェトにたいする党の戦術の範疇を超えた問題は、いまだ経験の領野に登場してはいなかったのだ。

けれども、党の最終的な実現が、逆に、かえってふたたび固有の党経験を生起させるのだと、レーニンの呼びかけはいっている。これこそは、国家権力獲得のための党の武装蜂起といわれる経験である。九月に「国家権力を掌握する」ことは、レーニンにとって、もっぱら党が武装蜂起を準備することとして提起される。党はすでにソヴェトの「大多数の意志」を体現している。けれども、国家権力の獲得のためにはそれだけでは「不十分」だと彼は主張する。

革命では敵階級を打ちやぶらなければならず、この階級を擁護している国家権力をたおさなければならないが、それには、「人民の大多数の意志」だけでは不十分であり、戦う意志と能力をもって

いる革命的諸階級の力が、しかも決定的な瞬間に決定的な場所で敵の勢力を粉砕できる力が必要である。(40)

ここで、敵国家権力を打倒しうる「革命的諸階級の力」が、「人民の大多数」ではなく、事実上、党をさしていることは明白である。革命で国家権力を倒すためには、大衆権力＝党独裁を国家独裁に転化しなければならないのであり、しかも「決定的な瞬間に決定的な場所で」、この仕事(武装蜂起)を決行するのはただ党によるしかない——このようにレーニンは主張している。

たしかにいまは、党とはいっても事実上は大衆権力を代表しているのだから、党は、その武装蜂起にソヴェトの武装蜂起という格好をつけることができよう。だが、このような実際上のこととしてではなく、大衆の政治的ヘゲモニーからふたたびしいて身を離す点で、武装蜂起の経験は党にとって新しい。「ソヴェト立憲主義」が、多数派代表として、ボリシェヴィキの政権を選ぶという過程——それが可能だとして——と対比するとき、この過程になお武装蜂起として介入しようとする、党の決意性は著しいのだ。だから、ここでふたたび、大衆の革命過程にたいする党的実践の独自性が強調される。

「あらゆる革命で、労働者と農民の大多数の意志は民主主義に味方していたにもかかわらず、圧倒的多数の革命は民主主義派の敗北におわった」のであり、これに反して、いま党は、「全国での投票のきっちり半数プラス一票を獲得するという保証」などを無視して、武装蜂起を決行しなければならないのだ。(41)

一見するところでは、武装蜂起もまた、大衆に国家権力をとらせるという意味で、党の戦術の範疇に属するようにも思えよう。事実、トロツキーなどの現場の党は、このようにとらえていただろうし、事実の経過は「とる」といっても「とらせる」といっても、大きな差は生じなかったにちがいない。だが、党的経験の独自性を追ってきた記述の文脈でいえば、党の戦術はこの党の最終的実現のうちに解消しているのだから、ふたたび見出された独自の党の機能は、すでに戦術ですらないのだ。端的にいって党はここではじめて「直接の権力」として発動し、大衆権力に代って、国家権力奪取の仕事をひきうけ、これを党の蜂起として実行する。これまで党の実践――戦術――は、まさに大衆にやらせるという点で、大衆を「代表する」とか「代行する」とかから遠かったのだが、このような戦術の性格と対比するとき、党が自ら武装蜂起を実行するという経験は、党自体にとって新しいのである。

「蜂起を戦闘術として扱わねばならない」と、この場所で、レーニンはくりかえし強調する。この発言は、党の武装蜂起が、四月以来の戦術的実践の連鎖から、いかに離れたものであるかを物語っている。あらゆる「革命」や「大衆」の名辞を離れて、党の実践はここで「戦闘術」、すなわち、ザハリッヒに「戦争の技術」という形をとるのだから。

ボリシエヴイキ党の心臓部で、やっかいな党内闘争が再燃するのも、まさしく、この国家権力の掌握・党の武装蜂起をめぐってであった。かつて四月には、党の戦術の採用にかんして、レーニンの党内闘争がおこなわれたのだがこんどは、戦術という固有の党経験からの逸脱をめぐって、また分派が発生する！

党の蜂起と戦術との相違は、クーデタか民主主義的手段かとか、武装か非武装とかいう、形態上のちがいにあるのではない。ただ大衆権力にたいする党の位置が、二つの行為ではちがうのである。それゆえ、党の戦術の実現がこれまでに著しければ著しいほど、このように「大衆的な」党にとってこそ、国家権力の掌握行為を代行するという決意が、新たな事件を意味するものとなるのだ。この不安の決意性において、四月のときに倍加して党内闘争が再現されたのは、ボリシエヴィキにとって当然といえば当然であったろう。

一般的にいえば、党の武装蜂起は、もちろん、国家権力の奪取をいつも現実的課題とするわけではない。地方的な権力の奪取や、あるいは潰えた荒唐無稽の蜂起の例は、党を主体とする場合に限定したとしてもたくさんある。だがロシアの例は、国家権力の掌握——全国的な二重権力状態の解決——として、党の武装蜂起があっただけでなく、党の大衆的権力への実現を前提にして、はじめてこれが提起されたところに、きわだった特色をもっている。大衆的経験の半ばで、なにか武装反革命などが発生し、外部から、党が蜂起へと強制されたのでなく、ソヴェト自体の展開のなかで、この問題が発生したのだと考えていいであろう。ここから私は、戦術的実践の代りに決行される「ブランキズム的」行為ではなく、まさに戦術の実現によってはじめて現実化する党の経験として、党の武装蜂起を抽象したのである。

二　国家権力を奪取した党と私はあらためて国家へさしむけられる

党の武装蜂起は、以上のような意味で、党の戦術的実践の本性を逆に照射している。しかし、それだけではない。いやむしろ、ここにはじめて、国家という政治形態の問題が全面的に登場することを、党の武装蜂起は告げているのである。戦術を通じた党の実現が、最終的に、「大衆権力=党」という「人民内部」の独裁をもたらすことは、すでに戦術の定義のうちに含まれていたといってよい。だがこの独裁を、さらに国家独裁へと転化することは、戦術の定義を超える問題であり、実際上はともかく、理論上はすこしも自明の問題ではないのである。この理由は、まさに党の武装蜂起が課題とする、「国家」という政治形態の特異性にもとづいている。

たしかに、大衆の自己権力の組織化にいたる長い闘争の過程は、そのつど、自らの共同性を「新しい生活」として組織する経験であった。ここで「新しい生活」とは、いうまでもなく、従来の政治的・社会的観念の否定として組織されるのであり、通常一国家のテリトリー内部に、この国家の観念を否定する共同性が息づきはじめることを意味している。それゆえ、この新しい共同性が、一つの大衆権力として、旧支配者と政治世界を二分する力にまで成長したとき、レーニンですら、この権力を、従来の「法律に基礎をおかない」、「新興階級」の「新しい型の国家」とみなしたのだった。

ここから、たとえばアナキストのように、人民の「新しい生活」の闘いが、旧秩序の全面的で長期にわたる混乱をつくりだすことによって、旧国家をも無化しうるという幻想が生れてくる。このように革命的混乱を通じてにせよ、あるいは漸進的秩序を保ちつつにせよ、新しい生活の生産が、いわば国家の内から国家を解消するのだという政治思想は、いまにいたるもたえず再生産されていることはいうまでもない。だが、これまでの私の政治的経験史は、私による新しい生活の生産をも、つねに政治的事件として展開してきたのであり、くりかえすまでもなくこの過程は、同時に、政治的な敵の挑発的な形成史を、その裏面史として生みだすものであった。私の、この政治的双生児の形成史が、私の経験史となにか根本的に異なる性格をもつ——一方の生成史は他力の衰亡史だというように——と主張する根拠は、じつは政治的には何もないのである。

たしかに、近代のブルジョア革命では、数百年を生きてきた旧国家権力の打倒は——この機会が遅れれば遅れるほど、たとえばドイツ革命のように——革命というよりはむしろ「崩壊」ともいうべき現象を呈した。「革命の一撃」が、すでに国家権力を解消してしまったのだとも、うけとられるかもしれない。しかしじつは、政治革命に値する革命の問題は、まさにこの旧国家権力の解消の瞬間から、スタートするのである。そして、たとえばこの瞬間から始動する私の政治的経験史は、ついには国家を端的な政治集団＝近代の政治権力として挑発的に再発見させるのだと、これまでもいわれてきたのである。

こうして、いまや私の政治集団が端的に政治権力であることに対応して、私が敵対する国家もまたそうである。厳密な意味での二重権力状態が、私の経験史のこのような産物（成果）をさすことはいうまでもない。国家権力の奪取をめざす党の武装蜂起の問題が、こうした背景のうえで、ある必然性をもって登場する。「一つの国家に二つの権力は存在しない。そのうち一方は消滅しなければならない」とレーニンがいうとき、まさに自己を権力として形成してきた二つの政治集団の対立が、その解決を要求しているのであって、旧国家と「新しい型の国家」との対立などではないのだ。国家はここでは権力——もっといえば端的にゲバルト——とみなされ、これに対応して、武装蜂起の主体もまた軍隊のごときものへと疎外される。そして、蜂起はまさにこの二つのゲバルト間の戦争という結着を意味するようになる。レーニンの命題ではないが、「蜂起は技術として扱わねばならない。」

たしかに、これまでの私と党の政治的経験史に対比するとき、党の武装蜂起による二重権力の結着は、政治をゲバルトへと疎外することにほかならない。だからそのかぎり、党の蜂起は、政治力学として自明の結果であり、それゆえに、党の戦術的働きに比べればとるに足りない出来だということもできる。革命とは「国家権力を奪取する」ことだとする政治的思考によって、ひとは党の武装蜂起という事件を過大に考えるけれども、武装蜂起そのものは、アナキスト的幻想にたいして、政治力学的に自明だというにすぎないのだ。むしろ、これが、彼我の政治的形成史の決定的な帰結だという点に、武装蜂起の重大な意味がある。反乱からいまにいたる私の歩みは、政治における客観的なものを析出し、これを身にこうむる過程だったのだが、二つの権力の対立状況は、この過程の、あるぎりぎりの成果なのだ。だから、この意味からすれば、蜂起という端的に客観的な事態の結着には、じつは、ここにいたる政治の形成史——政治における客観的なものの全形成史がこめられていると了解しなければならない。

ひとは、レーニンの「国家論」が、きわめて一面的な国家ゲバルト論だといって非難する。だが、四月の戦術提起以降、いまや党の武装蜂起を目前にひかえて、彼の『国家と革命』（八月）にとってほかにどのような国家論がありえたろうか。くりかえしいうように、革命にあっては、私が自らを権力に形成するように、国家もまた自己を国家権力へと再形成するものだからだ。私も国家も、その常の存在とはそれこそわけがちがうのである。たしかに、『国家と革命』の国家観は一面的なものだけれども、この一面性は、レーニンのせいなどというより、はるかに政治的形成というものの一面性ではないか。

とはいってももちろん、革命過程では、国家や権力がたんにゲバルトなのだというのではない。これまで、あらゆる政治集団の形成が、「たんなるゲバルト」などの対極で経験されてきたことを想起するまでもないであろう。どだい、いつの世でも、革命に値する革命は、およそあらゆる分野の事柄にとってなにかであった。しかし、この革命を、もっぱら政治的出来事として経験するところに、私の政治的遍歴史ははじまったのだから、政治は、あらゆる「なにか」としての革命に対比するとき、やはり一面性をまぬがれることができないのである。

反乱の共同性が「新しい生活」の生産として、しばしば政治的枠組をあふれ出るように、反乱や革命の全体性にたいして、政治的形成はすでに出発点からして一つの自己限定であった。まして一国家の領分内で、この国家観念を否認する――「法律に基礎をおかない」――共同性が根づいていくとき、ここでの国家や反国家の観念に比べれば、武装蜂起が掌握しようとする「国家権力」などは、政治的に「狭い」概念なのである。国家権力とは、それゆえ国家そのものにとっても一面的な存在なのだ。

こうして、党の武装蜂起による国家権力の掌握は、国家の問題にけりをつけるのでもなければ、ここから国家が「解消」にむかうことを意味しているのでもない。むしろ、国家の問題がこの瞬間からはじまる。掌握した国家権力を運営せねばならない、という実際上のことではなく、政治は、国家権力にまで自己疎外した、政治的形成の一面性を破壊する仕事に、いまからとりくまねばならないのだ。かつて、この一面性を容認することを拒否した反政治の主張をしりぞけて、私は政治的なものの宿命の生成を追ってきたのだから、この一面性を破壊する仕事は、もはやたんに政治的な経験ではありえないであろう。国家権力の掌握は、党を――そして私を――国家というはるかに途方もないものへと、いまやさしむけるのだ。その結果、私や党に今度は何が起るのか――

しかし、私たちの歴史は、これが本当に何であるかを、なお明示することに成功してはいない。「共産主義国家」とか「無階級社会」とかのあらゆるふれこみに反して、私はいまも、くりかえし、私の政治的遍歴の歩みへとさしもどされることになるであろう。

【付記】本書に収録できなかったが、レーニンの「党」をその「言語」の面から論じた「言語の永久革命――レーニンにおける政治言語の構造」（『現代の眼』、一九七六年六月号）を本章の補論として参照されたい。

終章　回帰——政治と倫理

第一節　倫理的なものの反乱

一　政治の技術化のはてかえって倫理的なものの反乱が経験される

結論として、述べておきたいことはただ一つ、君主は民衆を味方につけなければならないことである。(1)

このように、政治はいつもその「客体」――「民衆」――との関係でしか自らを認証することができない。これは、政治がその正当性の根拠を、自らのうちにはもたないことを暴露するとともに、だからこそまた、自己の根拠づけを求めて、政治が「他者」へと促されるものであることを告げている。

前章までの私の政治的経験史では、こうした意味での典型的な政治形態は、ただ党であった。ただ党だけが、自らの根拠を本来的に剥奪された場所で経験されたのである。そして、あらためてくりかえすまでもなく、党の戦術こそは、党が他者＝大衆へと促されていく根本的な媒介形態であり、また党は、他者へと自己を否定（実現）することによってしか自分を認証しえないものであることを、この戦術が露呈させたのだった。

しかし、ひとはここであらためて奇異に思うかもしれない。なぜなら、政治が自己正当化の根拠を求めて自分の外へ出ていく努力は、通常はなによりも倫理的な衣裳のもとに経験されているからだ。たとえば党にしても、「共産主義的人間の共同体」であり、「将来社会の萌芽形態」だと自己主張される。これが、「無責任な大衆」に対比した、一種マゾヒスティクな自己確認につきるのでないとしたら、端的に倫理的な自己正当化となることは明らかである。これに反し、党の戦術的実践には、本来倫理的な性格は何もなかった。倫理といえば、まさに自らの「革命技術主義的かたより」に耐える、一種逆説的な倫理しかそこにはなかったのだ。

それでは、政治における倫理的なものとは、通常なにか。それは、政治権力において次のようにして経験されると考えてよい。

政治は、古来さまざまの独裁制でみられたように、あくまで、「権力の論理」のあくなき追求を本性とするものだとされる。けれども、この欲求をなんらか倫理的に合理化することなしには、政治はいわゆる裸の「権力欲」をさらすほかはなく、これは結局、権力の無際限の追求自体を事実上挫折させてしまうであろう。政治は、裸の論理としては力の恣意の解放の欲求だが、かえってこの欲求が、権力の恣意を制限せずにはすまないのである。これは、権力追求の論理が同時に政治の論理であるかぎり、こうむらねばならない矛盾である。もちろんここから、たんに恣意にすぎない権力意志を「普遍的意志」としていいくるめる、周知の政治的欺瞞もまた発生する。けれども、政治の私性とその倫理的合理化との矛盾は、このような実際上の政治の知恵（政治技術）を超えて、深い根をもっている。政治の倫理化は政治のあり方を引き裂かずにはいない、本質的な衝迫力である。

それゆえ、政治的形成には、たとえ制度化された政治であっても、実際にはつねに、倫理的なものが混淆している。民主制や大衆政党のような政治制度も、たんに技術的に合理的な存在につきるのではなく、同時に、倫理的に合理化された権力形態だったことはいうまでもない。民主制は、たんに、かのイチジクの葉なのではない。

世にいう「政治技術」も、本来、操作的合理主義から直接に生れたものではない。権力の恣意――人間の権力欲――が倫理的な自己合理化を不可欠の媒介としてこれを制度として形づけようとする、政治史の長い歩みのなかで、政治の技術も析出されてきた。そしてまさにこの結果、ひとは、政治が完全に「脱主観化」され、たんに生活に必要な技術と化することを願うようになる。「近代政治」のあり方とされるモデルを、ちょっとでも思いだしてみるとよい。ひとはこのようにして、人間の生の奥深い危険な情念などから、政治世界をあとくされなく離陸させようとする。「政治の技術」を、さらに「政治の技術化」にまで普遍化しようとする。

しかしそれでは、「政治の技術化」は、その出生の秘密まで忘れさることができるであろうか。もしそうなら、政治がまさに技術の節度を逸脱して、人の生そのものにまで暴力的に介入するようなことが、どうしていまもなおくりかえされるのか。政治の技術の進歩が事実であるように、この逸脱もまた、人の政治史におけるいまも変らぬ著しい事実である。「政治の幅はつねに生活の幅より狭い。本来生活に支えられているところの政治が、しばしば、生活を支配しているとひとびとから錯覚される」（埴谷雄高『幻視のなかの政治』）ということが起るのだ。

人の生そのものへの政治の介入と支配は、しかし、政治の技術的合理化が、ときに失敗することを意味するのではけっしてない。なぜなら、技術の失敗ならば結果として露呈されるのは、かのイチジクの葉で隠されたもの――私的な権力の「裸の論理」――のはずである。だがじつはまったく逆に、技術の失効の時期に一斉に噴出するのは、裸の権力ではなく、かえってこれを合理化すべき政治の倫理的意志なのだ。この倫理の名においてこそ、政治は人の生までもわしづかみにするのである。たとえば、この時は、特殊な権力主義者や政治好きだけが党に入るのではない。党の仮構する「歴史の必然性」や「将来社会の萌芽形態」が、反乱大衆を党に吸引する。また、「祖国の危機」と称する時期に、私の倫理的領域——私の生と死——にまで侵攻してくる、圧倒的な政治の形、つまり国家のことを想起するとよい。

こうしてふたたび倫理——政治における倫理的なもの——の反乱だ。政治は自らの私性の否定を着実な技術化の道ではなく、逆説的にも政治の「人間化」によって果たそうと錯誤するのである。

二　大衆の登場が倫理的なものを政治化し政治を倫理と混淆させる

ヒトラーこそ——数百万の国民にとって救いの言葉である。なぜなら、国民は今や絶望しており、ただヒトラーという名前にこそ、新しい生活と新しい創造への道を認めているからである。ヒトラーこそ——ドイツ青年の激しい意志である。青年は、疲れた人々の中にあって、新しい情勢を求めて奮闘をつづけ、よりよい未来、ドイツの確信を棄てようとしない。それ故に、ヒトラーこそ、ドイツの未来を望む者すべての明るい灯台である。(2)

ことわるまでもなく、これはナチス党の自己主張だが、前章で経験されたレーニンの党の発言と較べるとき、両者のニュアンスのちがいにひとはすぐ気づくであろう。もとより、これは「大衆政党」としてのナチスの発言であり、ボリシェヴィキもまた「大衆のなか」では、これに似たような宣伝をおこなっていたのだと考えてもよい。だが、ここで「似たような」というのは、ただ、倫理的な主張の共通性ということなのである。

ボリシェヴィキのことはさておき、ナチの政治的発言の倫理的な性格に注意してみよう。「ヒトラー」という権威主義的個人に象徴された権力意志が、にもかかわらず、ここでは「ドイツの未来を望むものすべて」、「ドイツ青年の激しい意志」に仮託して自己を倫理化している。「ヒトラー」は、自らの私性を倫理的に否定することによって、かえって万人の私性をも政治的に獲《とら》えようとするのだ。くりかえすが、こうした政治の倫理化は、権力の迷彩をほどこした衣裳という以上に深いのであり、政治の技術化への道が阻まれるのは、いつもこの点においてである。

なぜなら、この発言では、特定の個人の権力意志が、「数百万国民の救いの言葉」をたんに僭称しているのではない。「最大多数の最大幸福」を実現するという政治の主張ではない。「ヒトラー」は、国民にとって絶望の反転であり、「激しい意志」の象徴だ。だから、こういう発言でアジテートされた大衆の反乱が、ただちに政治の技術化の道に回収されるどころでないことは、まったく明らかである。

あるいは次のようにいってもいい。かくまで激しい希望をかきたて、したがって、かくまで多大な希望を背負いこむ政治は、反乱の敗北とともに敗退したときは、まさに希望に匹敵する激甚な絶望を政治というものに刻印することになるのだ。たとえ反乱が革命の勝利に終ったとしても、政治は遅滞なく、希望を制度や技術に変えていかねばならぬ。政治のこの制度や技術が、一場の夢に浮かれでた民衆にたいして何であったか——私たちは現に、うんざりするほど、この結末を経験してきているのだ。

それゆえ、結果として、人びとがふたたび政治のあとくされない技術化を願ったとしても、それはもはや政治の改善の要求などではない。いまでははるかに政治そのものの拒否というトーンを帯びてくるのだ。本来生活の一領域にすぎないはずの政治が、ひとをまるごと獲えてしまう一時期ののちに、その厖大な人間的犠牲に苛だって、ひとはそもそも政治というものを、我身からひきはがし、払い落してしまいたいと願うのだ——

政治は、私達の衣食住の管理化に関する実務と技術との道に立還るべきだと思います。(3)

これは、「私には政治というものは虫が好かない」という言明で始まる、一文学者の講演の最後の一節である。ひとは、政治的運営の合理化や技術化なら、その不断の改善と進歩とを期待することもできよう。この一節も、一見政治に節度を求めるものにみえながら——そしてこの点では古来まったくありふれた希望の表明なのだが、しかしじつのところ、一種パセティクな拒否の身ぶりで、政治を「実務と技術」の道へ追いやろうとする苛だちが、この平凡な言明をとらえている。

いままでは、政治を実務化する要求は、政治運営の合理化にむけた、職業政治家の正当な努力とは別のところでおこなわれているのであり、この政治家の努力につなげられるものでもない。なぜなら、「実務化」の道を踏みはずすところに、むしろ政治の著しさが経験されてきたのであれば、この政治に「衣食住の管理」の道に「立還る」べしと要請することは、およそ、政治というものの死滅を求めているに等しいことだからだ。「実務と技術との道に立還るべきだ」という希望は、だから一見するところとは逆に、政治の「実務化」(死滅)の挫折の著しさを表白しているものなのである。政治、とりわけ権力の死滅という命題にしても、政治の著しい自己倫理化のなかで、今日まさに政治的な問題として立てられるほかないのであれば、こうした悪循環のにがさは、ただ拒否の身ぶりが振りはらう以外にはないであろう――「私には政治というものは虫が好かない」というように、だ。

しかしそれでは、政治が、私の生と死の領域にまで越境し、踏み込んでくるのは、たんに政治権力自体の意志によるものだろうか。いや、この越境の根拠となっている政治の論理化は、デマゴギーや政治技術の見かけとは異なり、根本的にはけっして政治の論理に由来するものではない。政治の論理化がたんに政治権力自体からくるものならば、それがどのようにむきだしの暴力に裏打ちされていようが、ひとは「私人の領域」を、かえって政治の外に防衛することはできる。かつてあらゆる専制のもとで、リベラリズムの伝統がそうであったようにだ。そこには、私的領域の抑圧はあっても、この領域を守ることに苛だちはなかったであろう。

けれども、ほかならぬ近代のリベラリズムや個人主義の敗北の歴史こそ、今日の「大衆政治」のかくも著しい倫理的独裁の裏面史となってきた。してみれば、倫理的な政治の跋扈は、今日の個人――私の生――のあり方そのものに由来しているのではないか。実際いま大衆が激しく政治に獲えられるとき、政治の「実務」における改善の希望という動機は、ますます政治現象の背後にみえなくなっている。これに代ってなによりも新しい「モラル」――「新しい生活、新しい創造」――の希望を求めて、大衆は政治の磁場に殺到する。しかもこのモラルは、本来的に共同のモラルなのだ。新しいモラル創造への大衆の希望は、政治的な共同の幻想である。共同的であることとモラル的であることは、むしろ大衆の本来的な存在様式なのだ、といってもよいであろう。

それゆえ、国家や党が、こうした大衆を与件とも客体ともする度合が深ければ深いほど、共同のモラルを求める大衆の衝迫を、政治がまともに受けることは当然のこととなる。だから、政治が権力の論理を倫理的に合理化しなければならないのも、本来権力の意志などにもとづくのではなく、かえって、政治の「客体」の、政治への「倫理的」な登場によって促されるのである。政治が自己倫理化の衝迫に醒めていることがいつも困難なのも、自らの倫理化（正当性の根拠づけ）の拠点が自己のうちにはなく、ただ大衆の政治への登場のうちにしかないからだ。政治の倫理化はまた倫理の政治化である。

しかしそれにしてもなぜ、政治に登場する大衆は、政治の「実務」の改善ではなく、端的に倫理としての政治を呼ぶのか。求められた政治への参加をはるかに超えて、ひとが自己自身を政治の共同性へ投与するのはなぜか。あるいは、本来ならば個人の倫理的領域に属すべき、各人の政治への決意性自体が、なぜ政治的意味をもつようになるのだろう。いくつかの例をあげよう――

吾人が本日に生き更に明日に生きんとするところの大欲望、これ以外に革命の本体はない。生きる？　どう生きるか？　人間は人間らしく生きることである。人間は人間として生きるほか道はない。人間が人間として生きるということは絶対の大道である。(4)

あるいはまた――

私にとってこの闘争は右も左もない、大悪を懲らしめる為の闘争である。政治的なもの、イデオロギー的なものを悉く超越した人間の根本理念、正義の為の闘争である。悪は断固絶つべしである。私が自分自身の誇りをもっと高らかに謳いあげんと欲する正義の前に立ちはだかるものは、悉く粉砕し撲滅しなければならない。(5)

明らかに、ここでは、私が生きるというそのことが政治を呼び起している。あるいは、端的に政治的現象としての闘争や革命が、個の生の問題それ自身を獲えている。そして、個人の生と政治との、このような直接的呼応の関係を生みだしているものこそ、私的意志の不断の否定として仮構されたはずの、政治の倫理なのだ。

いまあげた第一の発言は昭和ゼロ年代の一テロリストのものであり、第二は、最近の学園闘争での一学生の手記である。いずれも新しく生きることこそが、彼らの行動を動機づけ、彼らの意識のうちでは、行為は「政治的なものを悉く超越した」ものと意識されている。「大悪を懲らしめる為の闘争」として、これはまさに倫理的行為である。しかしもちろん、昭和の超国家主義の行動も一九六八年の学生の決起も、ともにそれぞれの時代の端的な政治的行為であり、政治的なものを形成したのである。政治的行為へのこうした倫理的決意性は、これまで伝統的マルクス主義者などによって、政治以前の個人的問題のごとくに考えられた（「主体性」論争など）。けれども、しかしじつは、政治現象の基底に厖大に生起する事実として、これは政治にとって与件であり、したがって政治的なものに属することなのだ。

たしかに個人の政治への投企がもつこうした性格を、よくいわれるように、彼の属する社会階層のせいにすることはできよう。「生半可なインテリ」にすぎないとか、「組織労働者」に属していないからとかいうようにだ。けれども、この指摘が客観的な真実だとしても、それは、この者たちの形成する政治の客観性までも否定することはできない。彼の政治投企の構造は、くりかえすが、一人の「生半可なインテリ」の「個人的問題」ではないからだ。

三　失われた自己をもとめて私は政治へと促され政治を倫理化する

それでは、政治形成の基底における、政治と倫理との公然たる、あるいは密通の関係をつくりだすのは、政治の与件としてのこの私がどのような性格のものだからか。ふたたび例をあげよう――

最後ニ予ノ盟友ニ遺ス、卿ラ予ガ平素ノ主義ヲ体シ語ラズ騒ガズ表ワサズ、黙々ノ裡ニタダ刺セ、タダ衝ケ、タダ切レ、タダ放テ、シカシテ同志ノ間往来ノ要ナク結束ノ要ナシ、タダ一名ヲ葬レ、コレスナワチ自己一名ノ手段ト方法トヲ尽セヨ、シカラバスナワチ革命ノ機運ハ熟シ随所ニ烽火揚リ同志ハタチドコロニ雲集セン。(6)

あるいは――

《革命》はわたしの外にあるのではない。もしも《革命》がそういうものだとすれば、外にあるものの《必然性》がどうやってわたしの自由、わたしの選択にかかわってくるというのか。《革命》は必然的だからパルタイにはいるのではなく、わたしは、《革命》を選びたいからはいるのだ。そしてわたしは自分自身の自由を拘束することによって、いっそう自由になることを選ぶのだ。わたしの参加が革命を必然的なものとする。(7)

ここでもまた一人の私が政治を――《革命》を呼んでいる構図は著しい。そしてこのように革命を呼びよせる私は、一見するところでは、確固とした人格として、一種傲岸な構えをとっているようにみえよう。黙々とした「自己一名」の行為が革命の機運をつくり、同志たちをも雲集させるのだと、第一の例は宣言している。第二の証言もまたいう――「わたしの参加」こそが「革命を必然的なものとする」のだし、わたしがパルタイに入るのは、「わたしの外にある」必然性に従うからではなく、わたしがそれを選びとるのだ、と。国家であれ党であれ、政治に私が参加する、という構図は端的に逆倒されている。政治への参加を求められる際に、知識人たちが示してきた陰湿な孤疑は、ここでは払拭されているようにみえる。

だが実のところ、こうした個人の政治への決意性には、近代の個人主義や主意主義の確実な根などはなにもないのである。「わたしの自由」について、第二の証言がいうところをみるとよい。伝統的な「個人の自由」の主張と、まさに逆の表白がここにはある。わたしは自分の拡散する自己を捨て、人為的にわたしをパルタイの共同性へと拘束しようとする。このような決意性こそが、わたしを政治へと促しているのであり、だから政治へと投与される私は、「私」としてはまさにもろく貧しい個であることが告白されている。かの「自由からの逃走」や、実存主義的な「脱自的投企」の、やや類型的な表現をここにみることは容易だが、しかしいずれにしても、「党と個人」との伝統的なベクトルが転倒された意味は、政治的に大きい。一九六〇年に発表された、この作品のいわば状況的な位置が、ここに集約されている。

そして、革命を選ぼうとするこの「わたし」と、第一の証言――昭和のテロリズムの先駆となった一テロリスト――の「自己一名」との間には、わが国における国家と革命のほとんど全経験がはめこまれているのである。このテロリストは、「同志ノ結束」を拒否し、政治における個をほとんど極限的に「自己一名」に純化し、しかもなお、この極限からはるかに革命や同志の雲集を呼んでいる。自己を捨てる自己の決意性が、政治的形成を促すというこのような構造は、ことわるまでもなく、この期間、圧倒的な国家と党との形成を、ひとが自らのうちで無化しえなかった基底的根拠にほかならない。してみれば、政治が個人の「生き方」に密通する著しさは、市民社会的「人格」の崩壊過程における、個人の社会的存在様式に深く根ざしたものというべきであろう。見失ったこの私を私が探索する努力が、端的に政治的意味をもつ。

それゆえ、逆に政治は、いまや、その与件・客体がもつこうした性格からの衝迫を、まさにまともに受けるなかでしか形成されえない——その政治の個々の形がどのようなものであろうとも、大衆の政治への登場が、個別の利益や「実務」の改善ではなく、政治的共同性への「脱自的投企」を心的な契機としておこなわれるのであれば、大衆の政治や革命の選択基準は、ますます「合理性」や「科学的必然性」を離れていくであろう。共同性への自己投与がそれ自体として価値を帯びてくる。ひとは失われた自己の発見と形成——それが、どのような形のものであれ——を政治に求める。「わたしは、革命を選びたいから、パルタイにはいるのだ。」

したがって、たとえば民主主義が、大衆政治の唯一合理的な解決形態だとは主張しえない。また、マルクス主義の革命が、唯一歴史の必然性をとなえることもできなくなる。わたしは「《革命》が必然的だからパルタイにはいるのではない」。あらゆる政治的共同体の「デマゴギー」が、多少とも大衆を吸引する機会に恵まれるのはこのときだ。政治に自己を投与する大衆「わたし」の心的契機からみるかぎり、いくつかの政治形態は、こうして互いに等価な位置を占めるようになる。

実際、かつて、天皇の国家のために死んだ青年たちの心情は、歴史的必然の党に吸引された者たちの決意性と、そんなに離れたものであったかどうか。また今世紀に入って、革命は、ボリシェヴィズム・ナチズム・アナキズムを三つの頂点とするトリアーデのうちで、典型的に生起してきたのである。もちろん、それぞれの政治（思想）の形が異なるように、大衆の政治参加の形も、美わしく道義的であったり、権威主義的なものであったり、あるいは「庶民」の御都合主義まるだしのもの等々、事例ごとに区別をもちながらも、大衆を政治の共同幻想へ駆りたてる心的な契機は、ますます等価なものとなっていくのだ。くりかえすが、政治の基底からのこうした衝迫が、政治形成の実際に与える力は大きい。

註　以上にとりあげられた「私」やその政治の性格が、実際上は、近代市民社会崩壊期以降の歴史的・社会的状況を前提としていることはいうまでもない。市民社会の理想とした「個人」の全面的な敗退過程を経て、根底でもろい「個」として、人はいまや「大衆」なのである。しかしこうした歴史的事情については、私はここでも深入りすることはできない。ファシズム論や大衆社会論等々、大衆や大衆政治の史的分析の仕事を参照せよ。それに、本書の記述は、こうした歴史的事情を事実上の前提としつつも、歴史は、終始大衆が自己の政治的形成史のうちで発見すべきものとしてきたのである。前章までの経験史が、反乱のうちへと清算された私が、この私とは「どのような人々であろうか？」と自問する道筋であったことを想起しよう。思えば、この自問は、たんに私の政治的階級的性格の探索ではなく、まさに「私自身とは誰か」という問いを根底にして、たてられたのだ。だからこそまた逆に、「私自身」を探索するこの私の政治参加＝集団の形成そのものが、たんに個人の倫理的決意性の領域にではなく、端的に政治的な現象に属するものとなる。（第四章第三節、参照）

なお、超国家主義的テロリストの性格については、橋川文三「昭和国家主義の諸相」（『現代日本思想大系』第三一巻、解説）を、一九六〇年代の大衆と政治の性格については、私の『結社と技術』を、それぞれ参照のこと。

第二節　政治的なものの倫理

一　政治的経験の一面性に耐えるところに政治の固有な倫理がある

さて以上のように、大衆の大衆による政治的形成という基底からして、政治は本来的に倫理と密通する。逆に、大衆の個的形成が政治と密通する。

だがひるがえってみれば、大衆反乱を出発点とする本書での私の政治的経験史は、そもそもが私による共同観念の形成史を意味していた。だからそこでは、政治的なものの形成は、大衆が自分の共同的実践を意義づける行為として、同時に、本来的に倫理的なものであったのだ。最初の共同観念の爆発のなかで、私の闘争が、「つい昨日まで悪魔に支配され」ていた世界に訣別して「生きる」ことだと意味づけられた例を想起しよう。政治的経験は、終始、大衆の羽目をはずした倫理の放埒沙汰のうちで、自己を形成してきたのである。

そして、このことを対照的に明示するものこそは、党という経験の場所であった。党が、革命の大衆的過程から自己を分離するのは、大衆の倫理的放埒からのストイックな自衛を意味している。もとよりこれは、党が反倫理的で私的な組織としてあるという意味ではない。党という政治が、本来その正当化の根拠を欠くものであるにもかかわらず、まさにそれゆえに、大衆に促されて自己を倫理的に正当化せざるをえない——このように矛盾した自己の本性に醒めている場所として党が指定されたのだ。倫理的自己正当化の誘惑が、政治技術的なマヌーバーを超えて深いことを知ると同時に、この倫理化を拒否することが、党に固有の政治的意識性——一種逆説的な党の倫理——である。私は、倫理的な大衆の登場の衝迫力に政治はさらされるのだとくりかえしてきた。党とは、実際上はこの衝迫力にたいする政治の自己防衛の場所だが、しかし同時に、党は大衆にたいして、政治のケジメをつけるべきものなのである。

それゆえ、こうした党の場所からふりかえってみるとき、大衆反乱以降の革命の道程が、政治的経験としてたどられた意味も見えてくる。つまり、大衆の政治的経験史といえども、それが政治的であるかぎり、本来的に倫理と密通しながらも、しかし決して倫理的な自己形成史ではありえなかったのだ。政治的経験の歩みが、政治における客観的なものの析出——制度化——の過程であったことを想起しよう。あるいは逆にいえば、本来倫理的ケジメを欠いている反乱の集団形成を、ただもっぱら政治的に経験するものとして、政治の経験史がたどられたのである。だから、この経験史の背後には、最初からつねに、党の場所からの視線があったのだと、いまになっていうこともできよう。

それゆえ、反乱する大衆からみれば、党はいうにおよばず、およそ政治的な形成そのものが、本来的な一面性を随所で露呈することになる。たしかに制度的なものの形成も、大衆の倫理的欲求の形づけとして、倫理と別のものでないことはいうまでもない。だが、政治力学や現実政治をとりあげるまでもなく大衆の政治的形成は、彼が新しく「生きる」こと——「新しい生活」を生産すること——に対比するとき、本来的に大衆の自己形成の一面であるにすぎないのだ。

大衆の自己投与の心的な構造が著しいほど、政治的形成の一面性は強く感じられる。通常、党や国家権力が、この一面性の相貌で外から大衆の倫理的沸騰に介入してくるとはいえ、この一面性はたんに決して外からのものではない。党が自らの私性に耐えるその一面性も、「私の生」にたいする私の政治的形成の一面性を、極限的に経験することにほかならない。前章のエピローグで、国家権力を掌握した党が、逆にそこから国家へとさしむけられねばならなかったのもこのためであった。

「私の生」にたいする政治的共同性の「狭さ」は、政治に自己を投与した私のうちで、たえず微妙な「孤独」の影として意識される。

人間は同時に個人であり大衆であるのではないか。個人と大衆との間の戦いは社会の中でのみ演じられるのではなく、人間の内面ででも行われているのではないか。個人としては正しいと認めた道徳的理念に従って行動する。例え世界が没落しようとそれにつかえようと欲する。大衆としては社会的衝動にかりたてられ、例え道徳的理念を断念しなくてはならなくとも目標を達成しようとする。私はこの矛盾を行動を通じて体験しただけに、この矛盾はときがたいものであるようにみえる。(8)

政治のうちで行動する私の、内面の分裂がここに告白されている。私はまるごとの我身を政治に投与したのだが、しかもなお、政治的な私＝「大衆」には包摂しえない「個人」が目を醒まし、「個人と大衆との間の内面の戦い」を凝視している。政治的形成の一面性ということが、ここでは、行動渦中のこの私内部での私の二重性として経験されている。私一人の内面にも生起するこの「矛盾」は、「行動を通じて体験されただけに」、私には「ときがたい」ものに思えるのだ。私たちは、ここに「アジテーター（政治的私）の形成」における、私の二重性の現象（第一章）を、はるかに想起しなければならない。もちろんこの証言には、「社会的衝動にかりたてられ」て行動する大衆の群れのなかで、一知識人が感じる隔絶感や道徳的な潔癖ぶりが表白されている。この点では、いまの証言はまったくありふれたものの一つにすぎない。だが、政治に投与された自己から、政治的な私——「大衆」——が剥離する現象は、知識人と否とを問わず、政治の深いところで生起する事柄である。知識人の場合には、自らの「道徳的理念」の護持と、心理的衝動にもとづく行動との間の葛藤のような形で、この矛盾が意識されているのである。

　けれども、「一般大衆」の場合には、この同じことが、ほとんど自在な政治からの逃亡という形で解決されている。大衆とは、政治を選ぶ「自由」と同様にそれを棄てる「自由」をつねに留保する者たちのことをいうのである。彼はなによりも「生きんがため」に自己を政治に投企したのだから、逆に、政治がその一面性を発揮し、自我の解放を満足させなくなる時点で、彼は政治から自在に逃亡する。この大衆の自由は、政治の側からみればほとんどエゴイストの御都合主義のごとくに思われるのだが、この逃亡は、彼の政治参加の動機が、倫理的欲求にもとづく度合が深いほど、逆に著しいものとなるであろう。「わたし」はわたしが「選びたいから」革命を選ぶ、とさきにはいわれたのだが、この「わたし」の決意性からみれば、政治的形成はつねに本来的に一面的なものなのだから、政治参加の動機は、同時に、政治からの逃亡の動機ともなるのだ。自らの「道徳的理念」の実現をめざして政治に参加した一知識人が、この動機に矛盾する「大衆」を自分のうちに発見して悩むという構図が、いまの証言には示されていた。しかしこれとても、政治の形成と頽落の基底で、大衆のうちに生起する「生活→政治→生活」という循環の、知識人的な表現というにすぎないのである。

二　徹底的に政治的であることに耐えるところに政治の倫理がある

大衆としての「わたし」の政治参加の性格は、このように同時に「わたし」の政治からの逃亡の構造をも規定する。大衆的な革命が、ある利益集団の権力増強の結果としてではなく、アモルフな大衆の熱狂的な反乱のうちからしか形成されえないという現実の事情も、革命を選び、革命から逃亡するこの「わたし」の性格に根拠づけられている。

してみれば、党という政治は、その「客体」のもつこうした運動のなかでこそ、政治の「一面性」を貫徹していかねばならない。自らをこのような客体のうちでしか根拠づけえないことを知りながら、それにたいして、政治の一面性に固執しようとする場所で、党の意識性が指定されたのも、もともとこのためであった。

前章で経験されたように、党の戦術には、大衆にたいする倫理的働きかけという性格は本来何もなかった。党の戦術的実践が、政治的形成の狭い尾根道で、大衆とのつばぜり合いをくりひろげるものであったことを想起しよう。逆にいえば、客体とのもっぱら政治的な「たわむれ」の成果として、大衆のうちに形成される政治の狭い尾根道こそが、大衆——この私——の政治的経験史の道筋であった。党はただこの政治的経験史が、同時に、大衆を政治へと動機づけた倫理的欲求の実現のために、不可欠の条件をつくるのだと確言しうるだけである。

革命は革命の諸問題をこそ解決しなければならないのであって、われわれの問題を解決する義務をもっているわけではない。われわれの問題はもっぱらわれわれ次第なのだ。どんな状態、どんな社会構造でも、性格の高貴さとか精神の資質を創り出すことはない。われわれが期待できるのは、せいぜい、そういうものを創り出すのに好都合な条件だけなのだ。(9)

さらにまた――

道徳的完成とか高貴さとかは個人の問題であって、革命はそこに直接かかわるどころではない。君にとって、その二つを結ぶ唯一の橋は、残念ながら君自身の犠牲という観念でしかないのだ。(10)

いまや私たちは、このような言明を、「革命の諸問題」と「個人の問題」とを分断する、現実政治のシニシズムの居直りと誤読することはないであろう。「倫理的個人」の問題――「人の生き方」――にたいする厳しい断念を、政治自らが自覚することにおいて、この政治は逆説的にも倫理的である。政治のこの「禁欲の倫理」こそは、おそらく政治の唯一の倫理的な決断を意味するであろう。

ひるがえってみれば、すでに政治的遍歴史の主人公の性格が指摘された時点(第四章)で、「政治的個人」が「ひと」からいわば分離して定立されたのだった。それ以降、私の記述は、終始この「ひと」へのかかわりを断念してきたのだ。しかしくりかえすまでもなく、この断念が、政治における私を、「個人の問題」とはかかわりのない世界――かの「衣食住の管理化に関する実務と技術」の仕事――へ立ち還らせうるものではない。むしろこの断念の決意性において、私は倫理的個体からくる不断の強迫観念にさらされることになる。

とりわけ、私の強迫観念は、倫理的個体の端的な事実としての死──政治のなかの死からやってくる。さきの証言でも、「道徳的完成とか高貴さ」とかの「個人の問題」を革命へ架橋する道が、ただ政治における私自身の犠牲──死という観念──にしかないことが告げられている。実際政治ほど死を濫費するものはないのだが、この死もまたいつも政治的に観念される。たとえば、「革命とモラル」の合体を信じたアナキストは、しかし政治との悪戦の末に、自分の死こそがこの合体の唯一の証しだと得心するのだった。政治とモラルとを「結ぶ唯一の橋」は文字どおり「君自身の犠牲という観念」しかないのだ、と。政治における死の観念こそは、政治が倫理と密通する極端な場所である。

死はどこでも本来的に個的で一回限りのものであり、それゆえにいわば反政治的なものの極に位する。しかしにもかかわらず、それは政治のなかの死──共同的死──として政治の場面で意味づけられ、一つのスローガンにまで仕立てあげられる。倫理的個体と政治的共同性の極端におけるこの一体化は、ただ死者が文字どおり不在であることによってのみ、彼（死者）にとって耐えうるにすぎない。

それゆえ、「個人の問題」を断念せんと決意する政治（家）にとって、死ほど危険なものはない。政治のなかの死に出くわすことは彼にとって宿命とまでなっているが、しかし、彼は死の淵に立ちながら死そのものをのぞき見てはならない。死が身近なものであればあるほど、たじろぐことなく彼は瞼を閉じねばならない。政治のなかのどんな無名の死も、倫理を断念すべき政治の姿勢を、一瞬深い動揺におとしいれずにはおかないからだ。

だからまた逆にいえば、政治のなかの死を倫理化する誘惑を根底とするからこそ、政治が倫理的思考から免れることがかくも困難なのだ。

ひとはいかにして、激しい大衆的観念の沸騰のなかにあって、なお徹底的に政治的であることが可能か。

政治家として技能的手練れとなるということではなく、また逆に、面前の大衆から身を引くということでもなく、大衆的次元との密着と距離をともに了解し、政治的なものの幅と領域に徹底的に醒めていることが可能かどうか。マキャベリからレーニンまで、徹底した政治主義者たちが政治の歴史に占める独特の位置は、権謀術数や現実政治としてのみとらえられているが、じつは政治の論理がどの程度まで倫理的思考を免れうるかという、もっともやっかいな問題にたいする、彼らの把握の深さによるのである。政治を明確に限定して把握することによって、同時に、政治の無際限の倫理化から政治の固有の領域を防衛しようとする努力——これこそは、たとえばレーニンの党の意識性であった。

革命は厳しいビジョンと現実との争ひであるが、その争ひの過程に身を投じた人間は、ほんたうの意味の人間の信頼と繋りといふものの夢からは、覚めてゐなければならない。どこかに覚めてゐる者がゐなければ、人間の最も陶酔に充ちた行動、人間の最も盲目的行動も行なはれない。[11]

こうして、「大衆政治家」の実際とは反対に、ひとは徹底的に政治的であるとき、かえって大衆の生の世界——倫理の世界——を去らねばならない。「ひとの生き方」に口だししてはならないとか、口だしすることがないとかいうことではない。また同様に、「ひとの生き方」への関与をやめて、実務の道へ政治が立ち還ることが可能となるわけでもない。政治は、決意して、ひとの生き方も実務の道をも断念しなければならない。これはちょうど、個的決意の極限で、ひとが大衆の生き方の世界を去らねばならぬことに対応するのであり、政治と個は、このようにその極北で、はるかに拮抗しあう以外にない。もとよりこのダイポール（二極）が、現実の政治や大衆の生活世界を「否定」することなどできはしない。いつも、政治や生活は現実のうちで生起するしかないが、その著しさを自らのうちで無化しようとする努力が、政治をも個をも、それぞれの極北へと追いやるのだ。

引用文献について

本書では、文献の引用はすべて政治的経験――とりわけ革命――の現場からの証言という意味をもっている。このため引用は政治の「当事者」の発言に限られている。ただしここで「当事者」とは「政治家」という狭い意味ではなく、小説などに登場する「架空の当事者」をもまた含んでいる。けれども、その発言が引用されたこれら「当事者」の身元――つまり、どのような状況で誰が発言しているのか――は、本文中では原則として、故意に、ふせてある。節（あるいは章）全体が特定の政治的出来事を「例解」として扱う場合――第三章第四節などはこの限りではないが、しかしこの場合でも、発言の主人公と歴史的状況に特別の重要性は何もおかれていない。

引用文献のこのような扱い方は、本書の記述の方法から要求されている。つまり、本書は政治の経験史の（形式的）構成を意図したものであり、実際の政治や革命の歴史記述や評価ではない。「政治」あるいは「政治のなかの私」を主人公とした自己形成史――遍歴史――として本書が読まれることを私は予想しているのである。それゆえ、この形成史の一こま一こまで顔をだす現実の政治史からの発言も、本来まったくの架空のフィクションであってかまわないのである。引用された発言の身元が本書の記述からわざとはずされたのはこのためである。

もとよりそうはいっても、主として実際の政治的発言を資料として使っている以上、その身元を完全に消し去ることは不可能であり、事実、引用された証言からすけてみえるその身元の具体性に、私の記述が助けられている――あるいは妨げられている――ことを、私は否定するものではない。けれどもこれは本書の方法的意図にとって本意ではないのであり、身元の明らかな発言――たとえばレーニンの言葉――でも、それは本書の一貫した主人公である匿名の「政治のなかの私」の発言として読まれることを、私は期待している。

だからそのために、政治の経験史の各段階で、それにふさわしい歴史的状況での発言を引用するように、文献を選んだつもりである。つまり、本書の記述の各段階に都合のいい引用を、たんに字面の一致からところかまわず選んだのではなく、一つの引用はその身元の歴史的状況を評価したうえで、この状況に矛盾しない引用の仕方をするようにした。

次に、本書に引用された証言の「身元」を記載しておこう。この身元を具体的に調べ、それが引用された本書の場所と照合していただければ、逆に本書の記述が各証言の歴史的性格を評価する仕方をも了解してもらえるであろう。

以下、冒頭の番号は章ごとに本文中の引用文献末尾の番号に対応する。原著者による傍点その他の強調符は一切省略した。傍点はすべて引用者のものである。また引用するさいに中途を省略した場合があるが、いちいちことわることはしていない。ただし、別々の主人公の発言や異なる状況での発言をつなぎあわせる等、原資料の改竄はしていない。

第一章

(1)アンドレ・マルロー『希望』（一九三七年）、岩崎力訳、新潮文庫（上）五七ページ。この小説は一九三七年以降のスペイン革命を題材とするもの。

(2)秩父暴動事件概略『秩父事件資料』（埼玉新聞社）第二巻、五九一ページ。秩父事件は明治十七年十一月である。なおこの事件については本書第五章を参照。

(3)『叛逆のバリケード・日大闘争の記録』（三一書房、一九六九年）、二二五ページ。

(4)秩父暴動雑録『秩父事件資料』第二巻、五五八ページ。

(5)エンツェンスベルガー『スペインの短い夏』（野村修訳、晶文社）三七九ページ。スペイン革命のアナキスト指導者ドゥルティの短い闘争の生涯を、伝記資料をつなぎ合せて「ロマン」に編成しようとしたものである。

(6)トロツキー『ロシア革命史』（山西英一訳、角川文庫）(一)一七〇—一ページ。一九一七年のロシア二月革命に決起した首都の労働者にたいして軍隊が同調して反乱する瞬間の記述である。ロマノフ王朝とは二月革命によって打倒されたツァーの権力をさす。

(7)トロツキー「一九〇五年」（原暉之訳、現代思潮社 第二期トロツキー選集2）一一八—一二三ページ。

(8)カール・リープクネヒトの演説（一九一八年）（ドキュメント現代史2『ドイツ革命』（野村修編、平凡社）六二ページ。これは労働者・兵士レーテ全国大会での演説の一こまである。

(9)秩父暴動事件概略『秩父事件資料』第二巻、五九一ページ。

(10)レーニン「わが国におけるプロレタリアートの任務」（一九一七年四月）。全集第四版（大月書店版）第二四巻、四四—五〇ページ。

第二章

(1)トロツキー『わが生涯』（栗田勇他訳、現代思潮社）（中）二三九—二四一ページ。引用場面はロシア十月革命の日々の記録である。

(2)ヒトラーの演説。ロジェ・カイヨア『聖なるものの社会学』（内藤亮爾訳、弘文堂）七七および八六ページより。

(3)「信達騒動実記」（日本思想大系「民衆運動の思想」岩波書店）四八七ページより。この一揆は慶応二年（一八六六年）六月に東北の信夫・伊達両郡に起ったもの。引用は代官の取調べに際して百姓春吉が述べたセリフである。

(4)『叛逆のバリケード』(前出)。
(5)ジョルジュ・ソレル『暴力論』(木下半治訳、岩波文庫)(上)六二―三ページ。
(6)トロツキー『ロシア革命史』(一)六三ページ。
(7)「鴨の騒立」(3)に同じ、二五〇ページ。天保七年の参河・加茂郡の一揆で百姓たちが代官にむかっていう言葉である。なおこの一揆については本書第三章第四節、参照。
(8)エルンスト・ブロッホ「革命神学者トマス・ミュンツァー」(今泉彩・樋口大介訳、『情況』一九七二年十一月号)より引用。トマス・ミュンツァーの説教の一節である。
(9)「トロツキー『ロシア革命史』(一)一一六ページ。
(10)ブランキ「ブールジュの裁判陳述」(一八四八年)。モリニエ『ブランキ――コミューンの炬火』(栗田勇訳、現代思潮社)三二ページより。

第三章

(1)ブランキ「社会批判」。『革命論集』(加藤晴康訳、現代思潮社)(上)一四三ページ。
(2)エンツェンスベルガー『スペインの短い夏』(前出)三二八ページ。
(3)ジョン・リード『世界をゆるがした十日間』(原光雄訳、岩波文庫)(上)二七ページより。
(4)秩父事件での農民幹部(大野苗吉)の言葉として記録されている。井上幸治『秩父事件』(一九六八年、中公新書)八二ページより。
(5)エンツェンスベルガー(2)に同じ、二二八ページ。
(6)岡本雅美・村尾行一編『大学ゲリラの唄　落書東大闘争』(一九七〇年、三省堂新書)一一〇ページ。
(7)『叛逆のバリケード』(前出)六六ページ。日大全共闘の六八年六月十一日付のビラ。
(8)ハインリッヒ・ハイネの手紙(一八三〇年)。ジェフロア『幽閉者』(野沢協・加藤節子訳、現代思想社)四八ページより。
(9)ブランキ「祖国は危機に瀕す」(一八七〇年)。『革命論集』(下)五三ページ。プロシヤ軍に包囲されたパリで発刊されたブランキの新聞――その創刊号(九月七日)巻頭の声明。
(10)ブランキ「四季協会の入会式」(一八三九年)。同右(上)五二ページ。ブランキの秘密結社「四季協会」の入会式でとりおこなわれる新入者の誓言。
(11)フランス革命の公安委員会会報。カール・シュミット『政治的なものの概念』(田中浩・原田武雄訳、未来社)五一ページより。
(12)マルクス「パリからの通信」(一八四八年六月)。『マルクス＝エンゲルス選集』第三巻(上)二〇八ページ。一八四八年、パリのいわゆる「六月事件」を報じたもので、マルクスはここでなにより「第三身分の分裂」――つまり、ブルジョアジーとプロレタリアートの分裂――という事実を強調している。
(13) トロツキー『わが生涯』（前出）（中）二四〇ページ。
(14)『秩父事件資料』第一巻。困民党総理田代栄助の供述書。
(15) レーニン「遠方からの手紙」（一九一七年三月）。全集第二三巻、三五六ページ。ここでいう「まったく別の組織」とはロシア革命でのソヴェトをさす。
(16) スターリン『レーニン主義の基礎』（一九二四年）。真理社版八九ページ。

第四章

(1)「トロツキー『ロシア革命史』(二)二六ページ。
(2) 茨木のり子「あるとしの六月に」。詩集『鎮魂歌』（思潮社、一九六五年）。
(3) ブランキ「『人民に告ぐ』に対する非難について」（一八五一年）『革命論集』（前出）（上）八三―四ページ。
(4) ベラ・クンの発言（一九一九年八月一日）。『ルカーチ初期著作集』（池田浩士訳編、合同出版）三四一ページより。ベラ・クンはハンガリー・ソヴェト共和国の人民委員だった。
(5) レーニン「民主主義革命における社会民主党の二つの戦術」（一九〇五年）。全集第九巻、六ページ。
(6) トロツキー『ロシア革命史』(二)二八一ページ。
(7) 同右(三)七ページ。
(8) レーニン「われわれの任務と労働者代表ソヴェト」（一九〇五年）全集第一〇巻、七ページ。
(9) ローザ・ルクセンブルク「綱領について」（一九一九年）『選集』（野村修訳、現代思潮社）第四巻、一五八―九ページ。
(10) エンゲルス『フランスにおける階級闘争』序文（一八九八年）。（中原稔生訳、国民文庫版）七ページ。
(11) 総評のビラ、一九六〇年安保闘争の六・四ストに際して撒かれたもの。日高六郎編『一九六〇年五月十九日』（岩波新書）一三一ページより。
(12) 共産主義者同盟「全世界を獲得するために」（一九五九年）『共産主義』創刊号。
(13) トロツキー『ロシア革命史』(五)一五四ページ。
(14) ルカーチ「戦術と倫理」（一九一九年）『初期著作集』（前出）一九ページ。
(15) ジョン・リード『世界をゆるがした十日間』（前出）四九―五〇ページ。
(16) レーニン「一歩前進、二歩後退」（一九〇四年）全集第七巻、二六四ページ。
(17) ドイッチャー『武装せる予言者・トロッキー』（田中西二郎他訳、新潮社）三三三ページ。

第六章

(1)ジョン・リード『世界をゆるがした十日間』(前出)二五七ページより。
(2)クレンペラー『第三帝国の言語』(羽田洋他訳、法政大学出版)二一ページ。
(3)五木寛之「日本近代と天皇制」『情況』一九七三年十二月号。
(4)トロツキー「一九〇五年」(前出)二六三ページ。
(5)レーニン「革命の教訓」(一九一七年)全集第二五巻、二四六ページ。
(6)マルクス「哲学の貧困」『マルクス＝エンゲルス選集』第一巻、四四九ページ。
(7)マルクス「フランスの内乱」同『選集』第一二巻、三三二ページ。
(8)トロツキー『ロシア革命史』(前出)(二)二五八ページ。
(9)ライスナー「スヴィヤジスク」(野村修訳『現代文学の発見』1所収)。
(10)バクーニン。マンハイム『イデオロギーとユートピア』(鈴木一郎訳、未来社)二二六ページより。
(11)マルロー『希望』(前出)(上)二八三―四ページ。
(12)レーニン「崩壊とそれにたいするプロレタリアの闘争」(一九一七年)全集第二五巻、三四ページ。
(13)ロシアソヴェト中央執行委員会機関紙「イズヴェスチャ」(一九一七年十月十日)。ジョン・リード『世界をゆるがした十日間』(上)二七六ページより。
(14)マルロー『希望』(上)二八五ページ。
(15)ジュール・ヴァレス『パリ・コミューン』(谷長茂訳、中央公論社)四六ページ。
(16)ブランキ「市民ブランキの回答」(一八四八年)。ジェフロワ『幽閉者』(前出)一三七ページより。
(17)ルィーズ・ミシェル『パリ・コミューン』(天羽均・西川長夫訳、人文書院)(上)一九六―七ページ。
(18)アウグスティン・ズシー、アラルド・プラッツ「アラゴンの農業集産体」(一九三七年)ドキュメント現代史7『スペイン革命』(山内明編、平凡社)一九七ページ。
(19)カタロニア民兵中央委員会の宣言(一九三六年)註(18)に同じ、一六五―六ページより。
(20)レーニン「二重権力について」(一九一七年)全集第二四巻、二一―二ページ。
(21)レーニン「ロシア社会民主労働党ペトログラード全市協議会」(一九一七年)全集第二四巻、一四一ページ。
(22)リサガレー『パリ・コミューン』(喜安朗・長部重康訳、現代思潮社)一七七、一八一、二六一ページより。
(23)レーニン「わが国の革命におけるプロレタリアートの任務」(一九一七年)全集第二四巻、四四ページ。

第七章

(1) スハノフ「革命の日記」。トロツキー『ロシア革命史』(二) 一〇五―六ページ。

(2) レーニン「わが国の革命におけるプロレタリアートの任務」(一九一七年四月)。全集第二四巻、四五ページ。この文書はいわゆる「四月テーゼ」をくわしく敷衍したものとして重要である。

(3) レーニン「現在の革命におけるプロレタリアートの任務について」(いわゆる「四月テーゼ」)。全集第二四巻、四ページ。

(4) レーニン「共産主義内の『左翼主義』小児病」(一九二〇年)全集三一巻、八四ページ。

(5) 北一輝の発言。二・二六事件の決起将校磯部浅一の「行動記」に記録されている。河野司編『二・二六事件獄中手記・遺書』(河出書房新社)二四九ページ。

(6) レーニン「ロシア社会民主労働党ペトログラード全市協議会」(四月)全集第二四巻、一四〇ページ。

(7) レーニン「戦術にかんする手紙」(四月)。全集第二四巻、二八ページ。

(8) トロツキー『ロシア革命史』(一)二二〇―二二一ページ。文中のスハノフの言葉は「革命の日記」より。

(9) レーニン 労兵ソヴェト第一回全ロシア大会での演説(六月)。全集第二五巻、三ページ。

(10) レーニン 註(6)に同じ、全集第二四巻、三九ページ。

(11) レーニン「ロシア社会民主労働党第七回(四月)全国協議会」全集第二四巻、二一ページ。この会議をもって「四月テーゼ」の戦術は最終的にレーニンの党内に定着する。

(12)『エヂンストヴォ』(プレハーノフ派の機関紙)第五号。レーニン全集第二四巻、七ページより。これはレーニン帰国直後のもので四月テーゼの文中に引用されている。

(13) カリーニンのペトログラード全市協議会(四月)での演説。トロツキー『ロシア革命史』(二)四三ページより。

(14) レーニン 註(10)に同じ、二三二ページ。

(15) トカチョフ「ロシアにおける革命的宣伝の諸任務」(一八七四年)和田春樹「レーニン―未完の革命の象徴」(『歴史と人物』一九七四年一月号)より。なお、このパンフレットは松田道雄編『ロシア革命』(ドキュメント現代史1、平凡社)に抄訳されている。

(16) レーニン「何をなすべきか」(一九〇二年)全集第五巻、四九四ページ。

(17) レーニン 同右 四八六ページ。

(18) レーニン 同右 四九九ページ。

(19) レーニン ロシア社会民主労働党第二回大会(一九〇三年)での演説。全集第六巻、五一七ページ。

(20) レーニン「一歩前進、二歩後退」(一九〇四年)全集第七巻、二八三ページ。

(21) トロツキー『ロシア革命史』(二)九五―六頁。
(22) トロツキー 同右 一一二頁。
(23) レーニン「ボリシェヴィキ党員への手紙」(一七年十月)。全集第二六巻、二二一ページ。カーメネフとジノヴィエフが党外に武装蜂起反対論を公表したのにたいして書かれたもの。
(24) トロツキー『ロシア革命史』(五)一九八ページ。この会議に私室を――それと知らずに――提供したのはスハノフであった。
(25) レーニン「何をなすべきか」全集第五巻、五一八ページ。
(26) 黒田寛一『組織論序説』(こぶし書房)一三六ページ、反スターリン主義を標榜する革命的共産主義者同盟(革マル派)の組織思想である。
(27) 埴谷雄高『幻視のなかの政治』(未来社、一九六三年)八六ページ。
(28) 毛沢東『抗日遊撃戦争の戦略問題』(一九三九年)『毛沢東選集』(三一書房版)第三巻、九八―九ページ。
(29) 『ノーヴォエ・ヴレーミャ』(一九一七年六四号)これは「反動的貴族および官僚社会の」日刊新聞である。レーニン全集第五巻、五一ページより。
(30) 一地方工場事務員の報告。これは一七年六月頃のことである。トロツキー『ロシア革命史』(二)二二六―九ページより。
(31) ムッソリーニの演説。カール・マンハイム『イデオロギーとユートピア』(未来社)二九九ページより。
(32) ヘルマン・ラウシュニング『永遠なるヒトラー』(船戸満之訳、天声出版)二六一ページ。これはヒトラーとの内輪の会話を記録したものである。ヒトラーの周知の「大衆操作論」も、実際には独得の集団(解体)論を基礎としていたことに注意すべきである。
(33) スハノフ「革命の日記」トロツキー『ロシア革命史』(四)一一一ページ。
(34) マルクス『フランスにおける階級闘争』(一八五〇年)(中原稔生訳、国民文庫版)一四三ページ。
(35) エンゲルス 同右、序文。同右二五六ページ。
(36) ローザ・ルクセンブルク「ロシア社会民主党の組織問題」(一九〇四年)『選集』(片岡啓治訳、現代思潮社版)第一巻、二五二―三ページ。
(37) レーニン「党の再組織について」(一九〇五年)全集第十巻、一八ページ。
(38) レーニン「われわれの任務と労働者代表ソヴェト」(一九〇五年)全集第十巻、三ページ。
(39) レーニン「ボリシェヴィキは権力を掌握しなければならない」全集第二六巻、三ページ。
(40) レーニン「政論家の日記から」(九月)全集第二五巻、三一七ページ。
(41) レーニン (40)に同じ。三一六ページ。

終章

(1)マキャベリ『君主論』第九節（永井三明訳、中央公論社『世界の名著』16）。
(2)ナチ党の選挙用宣伝文（一九三一年）ワルター・ホーファー『ナチス・ドキュメント』（救仁郷繁訳、論争社）三四～五ページ。
(3)小林秀雄「政治と文学」（一九五一年）『現代文学の発見』4、四四七ページ。
(4)小沼正『上申書』（一九三二年）。『現代史資料』5・国家主義運動(1)（みすず書房）。
(5)『叛逆のバリケード・日大闘争の記録』二五八ページ。
(6)朝日平吾「死の叫び声」（一九二一年）橋川文三編『現代日本思想大系』31（筑摩書房）所収、六六ページ。
(7)倉橋由美子「パルタイ」（一九六〇年）。『現代文学の発見』4所収、二六九ページ。
(8)エルンスト・トラー「ドイツの青春」、船戸満之訳『現代文学の発見』1所収、二四一ページ。著者はドイツ革命（一九一九年）ミュンヘン・レーテの指導者。引用部分は、この革命に敗れて捕えられた獄中での述懐。
(9)マルロー『希望』（下）一七九ページ。
(10)同右（上）二八五ページ。
(11)三島由紀夫「北一輝論」新潮社版全集第三一巻、一〇六ページ。

旧版へのあとがき

本書は、私がこの十五年ほど、「政治」について考えてきたこと、書いてきたことの総決算のつもりである。とはいえ、この間の政治的経験の具体性には、直接はとらわれないスタイルで、本書は構成されている。私自身の決算報告が、どうしてこのような独立した政治論の形をとったかは、ここでは何もふれられていない。私の政治論の経験的動機ともいうべき点については、本書のための準備作業でもあった私の前著―『叛乱論』(一九六九年)と『結社と技術』(一九七一年)の参照を求めたい。したがって、本書は、経験の具体性にとらわれた読み方以外に、独立の一書として、さまざまな読み方をされるものと、私は予想している。

たとえば、「政治」を主人公とした自己形成の遍歴物語として、これが読まれることである。というのも、個々の政治的概念の吟味とは別に、政治の主人公「アジテーター」の遍歴史というスタイルで、一つの政治論を構成しようと、私はかねてから思っていたからである。ただ本書では、形成途上の政治的概念を一つ一つ吟味し確定する仕事を並行してしなければならず、このため、遍歴史の「創作」というスタイルを徹底することが、しばしばさまたげられている。それにもかかわらず、この本が終始一つの「物語」として読まれることを、私は願っている。

もう一つは、いますこし政治的な関心で本書が読まれることも、当然私は予想している。つまり、一定の方法にもとづいた「革命の歴史」のアンソロジー、あるいは「革命の社会学」ないしある種の「革命理論」（階級形成論）という関心である。「政治論」である以上、本書が政治的な関心に耐えうることを願うのは、あたりまえであろう。

けれども、政治理論が本当の意味で「政治的関心に耐えうる」というのは、どういうことか。とりわけ、「革命」のような形成途上の政治的現象について、私が「書く」ということは――どのみち「主観的」な行為たるをまぬがれえないことだが――しかし、どのような方法上の根拠にもとづいているのか。私は本書で、こうした方法の問題をも、あわせて主張したいと思っている。

ともあれ、本書がどのような読まれ方をしようとも、そのさい、私の政治論の構成とそのもとになる方法論とが、ひとを納得させうるかどうか、読者の判断をまつ以外にない。

* * *

それにしても、結局のところ私は気づくのだが、政治について終始私をとらえてきた思考のむかうところは、政治の「リアリズム」はどこに拠点をもつのか、ということだったと思う。「リアリズム」などという手垢のついた言葉をつかったけれども、いわゆるリアル・ポリティクス（現実政治）のことではない。むしろ、裏返していえば、政治の「イデアリズム」はどの点でリアリティをもつのか、という問いと等価のものとして、私はこの言葉を使う。リアリズムといいイデアリズムといい、こんなどうしようもなく紋切型の言葉を、さしあたって使わざるをえないところに、むしろ、政治というものの「歴史」のどうしようもなさがあらわれている。

政治的現象は、いつも当事者の「主観主義」と、政治技術や制度の「客観性」という両極端で人目をひいてきた。けれども、この両端は、いずれも私の共同行為のうちから析出・形成される一つの疎外態――「結果としての屍」――にすぎない。当事者の主観性と政治的形成の客観性とが、それを形成する私のうちで織りなす相関のダイナミックスにこそ、むしろ政治に固有の経験がある。政治のリアリティとは、この弁証法のリアリティなのであって、形成された主観性や制度自体の現実性にあるのではない。こうした弁証法は、肉体をもった人間の行為になべてそなわる構造だともいえようが、とりわけ政治的行為の場合に著しい。政治的形成は本来的に受動的なものであり、政治のダイナミックスは私にとっては「蒙られた弁証法」であるしかないが、しかしこのことは、政治的経験におけるこの私の主観性を否定するものではない。共同の行為による自己形成の営みを通じてこそ、政治力学の弁証法は各人の行為に帰ってくる。せんじつめていえば、政治的行為とは、自らが形成した諸形態との闘争――自らの成果とのたわむれである。

過日この国でも、各人の政治的形成への熱狂が、政治における「理想主義」を爆発的に開花させた。「政治の季節」の比喩でいえば、これはまさに「五月の革命」であった。古来、あらゆる民衆の革命は、政治的形成へむけた人びとの理想（主観）主義――「革命のロマンチシズム」というなつかしい言葉（！）――を全面的に解禁する。けれども、この饒舌な季節のうちでも、政治的形成の受動性、「政治のリアリズム」は死にたえるどころではない。美しい「五月の革命」のなかで、その「客観性」を問うべき政治的言語の立場もまた、かえってまざれもなく成立する。

この意味では政治の「リアリズム」は、ただ民衆の「イデアリズム」の主観性のうちにのみ、その逆説的な根拠をもっている。そして、政治のリアリズムの立場は、民衆のイデアリズムの饒舌がもつ政治的リアリティを読みとることによって、逆に、自らの政治的立場の主観性をも自覚していくのである。

人びとの行為の主観性と、政治的形成の客観性とのこうした関係は、それ自体が不断に自らを変え、自らを再形成していくものとしてしかありようもない。そうでなければ、関係はスタティークでどうどうめぐりの循環におちいるほかないからだ。政治に根源的につきまとう二元論は、このようにして自らを展開していくのであり、革命という危うい尾根道に沿ってこの展開過程を記述することを、私は仮に「政治の現象学」と名づけたのである。

＊　＊　＊

政治がいまも主要な人間的事象の一つである以上、そのあらゆる領域に言葉がつきまとう。とりわけ大衆的叛乱の一時期には、政治の地平にあたかも突如として「言葉の領域」が出現するのをみる。かつて私自身も、この領域で政治について「書く」ことをしてきた者の一人だけれども、そのさい、さまざまなレベルでの政治的発言のなかで、私の「書くこと」はどのような位置にあるのか、当然のこと意識せざるをえなかった。

といっても、これは党派的立場やいわゆる「政治的立場」のことではない。政治的立場を否定すると称するありふれた政治的立場も含めて、政治における発言は、おしなべて「敵」と「味方」を二極とする強い磁場のなかに立たされるのだが、けれども、ある政治の言葉はどのような「客観的根拠」

から形成され、他の言葉と分岐し対立するようになったものか。この「客観的根拠」とは、卑俗な「下部構造」などではなく、私たちの形成する政治的共同観念の客観性を意味するはずであり、政治的発言につきまとう倫理性を一枚一枚はぎとっていく先には、この客観性の故郷が姿をみせるにちがいない。

私という個人が、一つの政治的立場に別のそれを対置するというのではなく、しかも、まさに形成途上の政治について「書く」という場合、その方法的な拠点はただこのような客観性に据えるしかない。言葉をはじめとした私の政治的観念の諸形態を、その形成の根拠にまでわたって記述することを、くりかえすが、私は「政治の現象学」と名づけたのである。

かつて人びとは、叛乱の圏内で、無際限な言葉の励起に身をまかせていた。そんな事実はなかった、とはいわせない。「政治の季節」ののちになって、ひとはただ忘れたふりをしているだけなのだ。またいつか、なんの方法上のケジメもなしに言葉が散乱するにちがいない。

* * *

さきに私は、「革命の歴史」のアンソロジーとして本書が読まれるかもしれない、と書いた。もとよりアンソロジーの仕方にもいろいろあるけれども、本書の編成は、期せずして、「マルクス‐レーニン主義」のエッセンスを抽出した形になったと、私は感じている。政治の「リアリズム」を「イデアリズム」と等価のところで扱うとも、さきに私は書いたが、「リアリズム＝イデアリズム」という政治の見果てぬ夢は、かつてマルクスやレーニンの名と結びついて描かれたものであった。本書に記述した内容は、この夢の「最後のチャンス」だと、私は思っている。こんないい方をしても、倣岸な気持など私にはすこしもない。政治の現実はなおどのようにもなりうるだろうが、理論のうえでは今後とも、私の記述を崩すような政治的経験は現われないにちがいない。

＊　＊　＊

もともと本書の題名と構想だけは、『叛乱論』の直後から頭のなかにあった。原稿は、一九七四年の末にできあがっていたけれども、出版事情が悪く、二年以上、原稿は陽の目をみることができなかった。今回、田畑書店の石田明氏のおかげで、ようやく出版にこぎつけることができた。

出版にさいして、二年ぶりで旧稿を読み返し、最小限表現上の補正をほどこしたけれども、根本から削除したりつけ加えたりすべきことは、なにもみつからなかった。ただこの間、私にとっての「他者たち」は確実に遠ざかり、抽象化していった。私はこの事態を歓迎しないわけではない。著作にたいする「読者の反応」などという関係は、まるで想定することもできず、私はいま、一人よがりの加害の矢のように、本書を射かけるだけだ。ただ私の思念の凝りのなかで、他者たちという抽象に本書がつきささる。

私は、この本で文字どおり終始、人びとの共同性だけに注意をはらっているけれども、これを書きながら、私自身はあらゆる共同性の夢からは遠いところにいた。私の自閉によって不義理をかけた人びとに、本書を捧げたい。

また最後に、本書の執筆を助けていただいた中央公論社の中井毬栄氏、出版の労をとっていただいた石田明氏に、感謝したい。

一九七七年一月

長崎　浩

新版へのあとがき

振り返れば本書は私が最も気合を入れて書いたものであり、久々に復刊できて嬉しい。誤植を直した以外は旧版のままとしたが、現代の読者のために、今回は市田良彦さんから推薦文を頂戴した。心からお礼を申し上げたい。

本書はかの一九六八年の世界革命をぐぐるなかで書かれた。もっぱら政治の遍歴を追いながら、いつもその裏で倫理のことにこだわっている。この一事を見ても、当事者には明瞭なことと受け取られるだろう。あの頃はまだ、マルクス＝レーニン主義に関してこんな議論が必要だったのかと、振り返ることもできるだろう。

ところが、本書の記述には六八年は全く姿を見せていない。これには本書の方法的意図が表れており、大衆反乱からの政治の形成を形式的に記述するものとされている。政治の記述理論は、とりあえずはマルクス主義的革命論の失効の後に、いわば強制された。歴史の必然性から労働者階級が革命に立ち上がり、プロレタリア独裁国家に至るという階級革命論の枠組みを捨てる。となれば、反乱の主体、革命過程のイデオロギー、党というものの性格などを初めから指定することはできない。政治がその遍歴史の途上でそれぞれに（再）発見することであり、発見のイデオロギー的性格をあらかじめ特定することなどはしない。では、右であれ左であれ、アジテーターの遍歴史には政治的規範性はありえないのか。いや、アジテーターが党というものに遭遇するに至るまでその遍歴史を歩み切ること、これだけが本書の政治的規範になっている。

こんなわけで、人びとは何故反乱に立ち上がるのか、次いで、自己権力、国家権力を確立してさて何をするのかという倫理上の問いを本書は圏外に放逐している。本書が68年の叛乱から距離を置いた所以がこの点にも表れているが、こちらの方は同じ77年に刊行した『超国家主義の政治倫理』を見ていただければ幸いだ。

以上のような方法的制約を活かすために、本書が背景にしているのは当時の構造主義である。その言説分析、言語論、フォルマリズム、あるいは構造決定論などを記述の背後に伺うことができるだろう。直接に六八年叛乱論ではないこと、むしろその現代思想の背景が、今となれば若い読者が本書に近づくことをかえって容易にしているだろう。それから、本書では党論（第七章）がとりわけ長大になっているが、今になれば党なるものにどんなリアリティーも見いだせないかもしれない。しかしもともと、本書における党とは私の「作品」なのだと思ってきた。68年のことなどお構いなしに読んでいただけたらと願っている。

それにしても、本書はマルクス主義その他の革命論を俎上に載せながら展開するという理論書の体裁も取っていない。革命史その他から当事者の「証言」を連ねて、アジテーターの遍歴の「物語」を構成しようとしている。かつて吉本隆明の『言語にとって美とはなにか』（一九六五年）が出た時、若くて生意気な私たちは「本論より引用文の方が面白い」などと憎まれ口をたたいたものである。私もまたいつか、引用の方が面白い本を書いてみたい。そんなきっかけが本書のスタイルを選ばせたのかもしれない。

本書が復刊されるにあたっては、情況出版の横山茂彦氏に一方ならぬお世話になった。記して感謝したい。

最後になるが、田畑書店の故石田明さんの思い出に、本書をささげたい。

二〇一九年五月

長崎　浩

解　説

市田良彦

本書の初版が刊行されたのは一九七七年。「あとがき」はこうはじまっている。「本書は、私がこの十五年ほど、『政治』について考えてきたこと、書いてきたことの総決算のつもりである」。一五年まえといえば一九六二年。いわゆる安保闘争が終わり、その当事者たちのあいだの様々な分岐が見えてきたころである。六二年と七七年のあいだには、言うまでもなく〈１９６８〉がある。その渦中に練り上げられた思考の結晶である二つの自著――『叛乱論』（一九六九）と『結社と技術』（一九七一）――について、長崎は「あとがき」で「本書のための準備作業でもあった」と振り返っている。一つの叛乱が終わることではじまった思考が、もう一つの叛乱をくぐり抜けることで「総決算」を得る。本書において「理論」になる。

「理論」になった思考は、自らの出自たる「経験」から自由になった。長崎の近著を見られたい。二〇一六年『乱世の政治論――愚管抄を読む』、二〇一八年『摂政九条兼実の乱世――「玉葉」をよむ』（いずれも平凡社）。安保闘争も全共闘も越えて、日本の中世だ。その間に発表された多数の論文と単行本を少しでもひもとけば、「理論」はもっと自由に時代と国境を飛び越えてきた、とよくわかる。キリスト教の成立史から、地球／世界の「いまのいま」にいたるまでを、本書のあとの長崎「政治理論」は射程に収めてきた。私がこの文章を綴ることを引き受けたのは、ひとえに、『政治の現象学あるいはアジテーターの遍歴史』の「理論」にもっと自由になってもらいたいからである。

本書は二〇一九年に再刊される。〈1968〉からほぼ五〇年という節目に、この固有名詞により名指される歴史過程ないし出来事のなかに、「理論」を埋め戻すべく。けれども私は本書に歴史の「証言」になってほしくない。当時はこうであった、こんなふうにものごとが捉えられ、こんな言葉で一般化された、と教えてくれる史料文献として本書を読むことは、本書の意義を殺すことになると思っている。本書の再刊はあくまで、すでに自由になっている「理論」の理解を深めるため、そしてあらたな読者が別の時空にそれを運ぶためであってほしい、と。一九七〇年代の終わりに本書を受け取った私がしたのと同じことをしてくれる読者があらわれるよう願って、私はこの「解説」を書いている。自分の「経験」を振り返って自分を納得させたり、渦中には見えなかったことを発見したり、自分が直接には知らない「経験」を分析させてくれるのが、「経験」から抽出された「理論」であるだろう。私にとってはそうであった。いまだにそうである。かつて本書に触れる機会のなかった読者にこそ、六〇年安保も全共闘も関係なく、本書を手に取ってほしい。たとえある世代経験への興味が手に取る動機であっても、それは入り口となったあと、後ろに退いていくはずだ。ここにあるのは一般「理論」であるとすぐに気づくはずだ。政治が現象してくるという事態についての「理論」。政治とはなにかについて、その発生過程を追うことで答えようとする「理論」。

けれども、まったく逆の思いにも私はとらわれている。現代の読者に本書を（再）発見することはできるのだろうか。これはほかならぬ本書の「理論」が私に突き付けている問いである。それが古くなったか否かということとはまったく関係がない。初版「あとがき」で長崎はこう書いている。「かつて人びとは、叛乱の圏内で、無際限な言葉の励起に身をまかせていた。そんな事実はなかった、とはいわせない。『政治の季節』ののちになって、ひとはただ忘れたふりをしているだけなのだ。またいつか、なんの方法上のケジメもなしに言葉が散乱するにちがいない」。喉元すぎればなんとやら、政治は必ず忘れられる。そして必ず思い出される。この反復が本書の「理論」を言わば支えていよう。政治はそのように反復されるがゆえに、長崎が本書において行い、本書のあとにも続けてきたように、時代や国を跨ぐ数多の「経験」から「理論」が抽出可能になる。時代や国を越えて「理論」が適用可能になる。等しく「反乱」の経験からはじまる本書の「政治」（以下の記述では長崎の用法にしたがい、「反乱」は「政治の現象学」におけるカテゴリーを、「叛乱」は歴史的・現実的な事象を指すことにする――「政治」とカッコなしの政治についても同様である）は、忘れられることを含み、それ自体で自立／自律した過程なのである。「経済」などからは決定されていない。

その過程を、長崎が同じ「あとがき」で使用している表現を用いれば「記述する」ことで、本書の「理論」は成り立っている。「理論」はあくまで「記述」の仕方――フレーム／視点／スタイルなどとして――として存在している。そして、「記述」するのであるから、この「理論」はあくまで、それが「記述」する当の過程、描き出された展開過程そのもののなかにある。どの時代の政治、どの国の政治のなかにも入っていくことができる――なにしろ「記述」すればよいのだ――かわりに、過程のそとに出ることができず、過程の歴運に身を任せるほかない。いわゆる政治学――政治学者の言説――とは異なるありかたをしていよう。長崎「政治理論」は本性的に「忘れたふり」をされるべき／されてしまう「知」なのである。

「政治の季節」には、この「理論」とはほど遠い「ケジメ」を欠いた言葉が溢れかえり、その「季節」が去ったときには、この「理論」は文字通り書棚にしまい込まれる。

その「記述」について、長崎は「尾根道に沿う」と語る。「人びとの行為の主観性と、政治的形成の客観性との」あいだの「尾根道」である。私が本書から突き付けられる問いのかたちでいま見ているのは、同じ「記述」が「経験」と「理論」のあいだの「尾根道」をなす、という事態である。この「理論」はどこまで「経験」を離れて理解可能なのだろうか。「経験」は主観的であり、「理論」は客観的である「べき／はず」であるから、私の見ている「尾根道」は長崎のそれのヴァリエーションではあるだろう。けれども「経験」と「理論」のあいだの「尾根道」は、両者を分割―離接させる以上にどうやら交通―直結させてしまうようだ。「記述」を通路として「理論」は「経験」につながり、「記述」された「経験」が人々の記憶から遠のくにつれて、「理論」は理論であったことが忘れられる。「政治」は「反乱」からこのように――本書の全体が描くように――はじまると「記述」し、主張する本書の「理論」は、そっくりそのまま政治過程のなかに投げ返されるのである。著者自身の政治経験とまじりあうと言ってもいいし、もう少し一般化して、政治過程のなかで政治的に機能し、効果をもち、あげく忘れられる、という翻弄を蒙ると言ってもいい。

実際、本書を忘れてきた〈ポスト68年〉の歴史は、本書の主張をむしろ実証していないだろうか。〈1968〉は政治ではなかった、若者たちのローカルな、すなわち一部の大学の一部の学生に限定された「社会現象」であった、とする現代の言説とまさに政治的に対立する〈1968〉像を本書は提出している。この対立そのものが本書の主題をなすとさえ言っていい。非政治的／社会的なものと政治的なものの関係、前者からの後者の分離である。その現代の言説は、数量的―客観的に公平に見て、〈1968〉

は政治になりえずに終わった、政治におけるなにかを本質的には変えなかったと社会学的に結論し、あれが「革命」だなどと言い募るのは主観的で偏った言説であると主張する。たしかに社会学もまた「現象」を正しく「記述」してはいるだろう。けれども、こちらの「記述」は、「尾根道」を歩むつもりが最初からない。「私」は「客観」の側にいると「記述」をはじめるまえから思っている。けれども「政治の現象学」からこの立場を眺めてみると、その「私」がやっていることは、「尾根道」の存在を否定するという点で「主観的」である。それを「見ない」と自分で決断しているのであるから、彼の方法はまさに「主観」に支えられている。〈1968〉の政治性を断固否定するという政治性を、言説空間のなかで「客観的」に形成しようと――主観的に！――している。自分がもつ構図を、「忘れたふり」をしているのである。なにしろ社会学者であるから、職業倫理的にそうしなければならないと思っている。

それに対し、〈1968〉を政治的にくぐり抜ける――長崎は当事者の一人であった――ことにより「理論」となった「政治の現象学」は、〈1968〉を過去の叛乱事象に投げ返すことにより、あれは客観的に、したがってある意味凡庸に、「政治」であったと当然のように、すなわち事実をただ事実認定するという態度で、主張する。「人びとの行為」と自分の方法を見つめる長崎のまなざしは、客観的で公平であるはずの社会学者よりよほど冷めている。いったいどうしたことか、このコントラストは。出来事の政治性を否定する者のほうが自らの言説に主観的な熱を帯びさせ、その政治性を主張する者のほうが出来事から一歩も二歩も身を引いている。

このコントラスト、言い換えれば、ことをめぐる現在の分裂が長崎「理論」を実証しているのである。この「理論」において、「政治」がそこからはじまる「反乱」はそれ自体が分裂である。「社会」からの反乱者たちの自覚的分離という分裂であるが、それは同時に「社会的主体」（学生、サラリーマン、労働組合員、等々）である「私」と、「反乱」のなかでただ行動している〈私〉、誰とも知れぬ他人と肩を組み声をあげている〈私〉、その他人から見れば同じように誰とも知れぬ人である〈私〉、つまるところ誰でもない誰かである〈私〉への〝私〟の分裂である。この分裂はまた、そのように分裂した〝私〟と、〝我々〟との分裂でもあるだろう。〈私〉の無名性、非社会性、抽象性は、〝我々〟集団のありかたを表現／代表していると同時に、それによって表現／代表されてもいるからである。「社会」における役割によっては規定されず、「社会」のなかに日常的には存在せず、もっぱら「ともに立ち上がっている」ことによって結ばれている〝我々〟、というありかたである。表現／代表という関係が反乱集団のなかにすでに分裂を持ち込んでいる。それはやがて「アジテーター」と「大衆」への集団の分化を招来せずにはいない。

この分化はさらにやがて、闘いの方針／路線をめぐる反乱集団の分裂をも招かずにはいないだろう。しかし同時に、初発においてただ「〜への反対」にすぎなかった「反乱」は、敵を敵として発見し、名指し、そのことで反乱集団に凝集性を与えていくことにもなるだろう。〝我々〟は名前をもつようになり（「〜一派」、「〜の一党」）、〝私〟はその一員というステータスをもつようになる。「社会的主体」としての「私」とも、ただの人であるにすぎない〈私〉とも異なる位格（ペルソナ）を。分裂の深化と「団結」の進化はコインの裏表なのである。両者が並行する過程が「政治」の「現象」にほかならない。「政治」とはなにか——〝私〟と〝我々〟のあいだの緊張関係が〝我々〟のうちとそとに「内転—外転」／「内展—外展」するプロセスである。

プロセスはその終局において敵を「権力」として発現させる。敵の名は「理論」的につねに／最終的に「国家権力」だ。「国家」については様々な国家論、すなわちその本質規定がありえる。哲学的、社会学的、歴史的に、「国家」は様々な程度にその成立と存続を正当化されたり否定されたりする。だが「政治の現象学」的プロセスにおける「国家」は、自立／自律した成長過程をたどる「政治」そのものを潰す「力＝権力」の名前である。「政治」において敵を「国家権力」と名指すにはいかなる国家論も不要であり、停滞や後退を含む成長過程から政治を見るのではない政治論は、それだけですでに「国家権力」の側に立つ理論なのである。

対する〝我々〟のほうの最終的な名前は、ない。歴史的にはそれが「コミューン」、「自治」、「自己権力」、「ソヴィエト」、さらに「共産主義」等々と呼ばれてきたわけだが、なぜそれらすべてが味方の最終名になりえなかった、また原理的になりえないかと言えば、その「政治の現象学」的理由ははっきりしている。まさにそこをめぐって反乱集団の分裂が生起するからである。闘いの方針／路線にかかわるからである。安保闘争は安保に反対する闘争であり、〈1968〉はこの年号以外の固有名をもたない。「全学連」と「全共闘」は〝我々〟の名前であったけれども、名前の過渡性は、〝我々〟が最初から呉越同舟であったことの自覚とともに、当事者にとって言わずもがなのことであったはずだ。実際、歴史的に振り返ってみれば、安保闘争後も〈1968〉後も、〝我々〟の次の名前をめぐって分裂は繰り広げられた。方針／路線の違いは〝我々〟の名前の違いとして「現象」するほかない。

けれども、長崎の「理論」は〝我々〟に最終名が不在である理由をもっと奥深いところに見定めている。「倫理」だ。本書の終章は「回帰——政治と倫理」と題されている。その一節のタイトルはさらに「失われた自己を求めて私は政治へと促され政治を倫理化する」というテーゼである。どういうことだろうか——

「国家権力」の打倒に向かう「政治」は、その打倒としての「革命」にいたるまでは負け続けるほかない。おまけに「革命」に成功し新しい「国家」を打ち立てるところまでいっても、すぐに次の「反乱」に怯えはじめる。それは現実にすぐにはじまり、新「国家」の最初の仕事はほとんど反革命叛乱の鎮圧であったろう。そしてさらに……。この反復が「政治の現象学」に「理論」的根拠を与えているわけだが、そもそも、反乱渦中における「私」と〈私〉への分裂は〝私〟にとって心地よいものだろうか。政治過程における敗北の苦は言うにおよばず、党派闘争の不快はなお言うにおよばず、そもそもの〝私〟の二重化はあってしかるべきもの、心地よいものだろうか。「反乱」のなかで他者を「仲間」として発見できる喜びはあったとしても、それ以前に、誰が好き好んで「反乱」へと決起する？〝私〟の分裂を喜んで受け容れる？「政治」のはじまりは「自己」を失う「経験」なのである。終わりに「失われた自己」との再会が待っているのでなければ、誰がそれをはじめる？「政治」は、「およそ政治というものの死滅を求めているに等しい」。「国家権力」の「打倒」の向こうに、「政治の死滅」を求めない「政治」はない。「政治」は自己否定して「倫理」を目指す。

しかし「倫理」とはなんだろう。「国家」に本質規定を授けるのが国家論であるように、「倫理」とはなにかに答えるのは倫理学であるかもしれない。だとすれば、「政治の現象学」は可能的国家論すべてから決別することで成立したのであるから、この「現象学」は倫理学が答えるようには「倫理」とはなにかについて語りえないはずである。それを語っては、「政治の現象学」は倫理学に吸収されてしまう。国家論は、人間のよき共同のありかたを定める一種の倫理学であるから、そのときこの「現象学」は国家論にまた吸収されて、「知」としての自立性を失ってしまう。だから積極的に語る必要もないはずである。「政治の現象学」にとって、「倫理」は「政治」に内包される「政治の自己否定」以上でも以下でもないのだ。それは「国家権力」がたえず「政治」を否定し、潰そうとする事態の裏側に貼りついた、「政治」の他者―分身であり続けるだろう。「国家」の正当化としての国家論がつねに倫理的に定立されるのと同じように、「政治」の自己主張にも「倫理」は付きまとう。「将来社会の萌芽形態」としての「党」（黒田寛一）という定義にその典型が見て取れるように、あるいは反乱集団がしばしば自らを「ユートピア」と呼ぶように、〝我々〟のありかたを規定する「知」としての倫理学を、「政治」は様々に生み出しさえする。「国家権力」と「反乱集団」の対決は、深いところで「倫理」をめぐる対立なのである。どのような「倫理」かを、敵と〝我々〟は争っている。

「倫理」は、「国家」を正当化することはできても、いや、「国家」を正当化する論理でありえるから、自立した「政治」の正当化には使えない。「政治」は「倫理」と対決しながら自らを形成する。終章第二節すなわち最終節は言う。「政治的経験は、終始、大衆の羽目をはずした倫理の放埒沙汰のうちで、自己を形成してきたのである」。「政治」は「大衆の倫理的放埒からのストイックな自衛」でなければならない。〝みなのためを思って〟などという弁明ほど政治的に見苦しいものはない。ゆえに「政治」は、「本来その正当化の根拠を欠く」のだ。これが〝我々〟に最終名のない所以となる。

いや、長崎は本書においてこの最終名を一つだけ与えていると言うべきかもしれない。「党」だ。ただし「～党」といった名前をけっしてもつことのない「党」である。それはけっして、将来社会の／国家が死滅したあとの／国家を超える、「社会」ないし「集団」の名前ではない。「国家」にとって代わる〝我々〟の名前ではない。それは、正当化の根拠なしに「国家」から分離した「政治」そのものの名前、その「分離」の別名であり、したがって政治過程の進展のなかにすら居場所を見つけることのできない「我々」の固有名である。長崎はそれを「固有の党」と名づける。「反乱」のなかの誰でもない「私」に照応する、

に、「反乱」が「党」を発見してはじまったと見るべきである。「連合赤軍」と「内ゲバ」は、発見した「党」の絶頂有の党」を考えはじめた。対する一九六八年後の政治史は、六九年一月一九日という〈1968〉トゥルギーが姿を現す。長崎は一九六二年ごろ、つまり〈ポスト60年安保〉と言うべき歴史のフェーズで「固すら坂を下るかに見える第二幕の展開のなかに、ただ上るいっぽうであった第一幕では隠れていたドラマは噴出する。一九六九年一月一九日、安田砦が陥落したあとに、全共闘の「政治」は真にはじまる。ひたのものよりも、〈ポスト68年〉のほうが政治的には重要なのだ。そこでこそ〈1968〉に固有の「政治」

だから――と本書が再刊される二〇一九年のことも念頭に置きつつ最後に述べたい――〈1968〉そ有の党」――「党」としての「党」、「政治の現象」過程における「党」――を説明することはできない。

「社会」と「国家」からは、「党」もその視点もけっして生まれず、したがって社会学にも国家論にも「固乱」がはじまらなければ「党」に出番はなく、その視点から政治の「記述」をはじめることさえできない。「反前でもある。レーニンは「封印列車」に乗って「遠方から」、革命に沸き立つロシアに帰ってくるのだ。

名前は人が生まれたあとに与えられる。「党」とはしたがって「政治」の現場に遅れてきた者たちの名らのみ「記述」されえたと分かる。それを読者に発見させて、書物としての『政治の現象学』は閉じられる。だから過程――のサイクル――が――ひとたび――終わってみれば、「政治の現象学」は「党」の視点かを実現させる影のヒーローとして。つまるところ、「党」とはあの「尾根道」の名前にほかならないだろう。乱」に技術を与え、ことによっては「団結」を可能にし、さらにことによっては「勝利」を導き「革命」「大衆」を分裂させ、党派闘争を引き起こし、ことによっては殺人を命じる論理として。しかし逆に、「反と「倫理」を分かつなにものかとして、「政治家」に「倫理」の不在を耐えさせる悪魔のごとき存在として。「政治」どこにもいない「我々」。だから逆説的に、「党」は「反乱」のはじまりからそこにいたとも言える。

をめぐる失敗――空虚な「尾根道」を実体と勘違いした錯誤――でなければなんであろう。砦の上に「党」を発見したからこそ、失敗／錯誤はありえたはずだ。七七年に本書へと結実した「政治の現象」過程は、この失敗／錯誤についても、「政治」的な理解を事後的に――事後だからこそ――可能にしてくれる。すなわち、「反乱」に勝ちと負けがあるかぎり、その分岐点は発見される。そこに「党」の名前を与えようとする者は登場する。自分たちが分岐の現場にいれば勝てた、と夢想する者たちは必ず現れる。ここにはありふれた真実しかない。発見そのものまでなかったことにするのは、できない相談と言うべきであろう。

〈ポスト68年〉の「政治」は続いている。〈1968〉はあったのかなかったのか、あったとすればなにとしてあったのか、それを議論の俎上にのせるとき、人はたとえ「なかった」と言いたいとしても、「政治」を「忘れたふり」をしているにすぎない。実際、彼（ら）は言っているではないか。あれは「ベトナム反戦運動」であった。放埒な叛乱ではなく、善意の連帯運動であった、と。あのときの〝我々〟は「全共闘」ではなく、「市民」であった、と。名前の争奪戦は続いているのであり、彼（ら）は「国家の一党」として非政治の偽装のもと、「政治」を実行している。「国家」を「市民」の概念によって拡張することで、「反乱」をなかったことにしようとしている。拡張された「国家」なら、縁の剥離も妨げられる？「党」の発見をなかったことにできないなら、「反乱」そのものをなかったことにしてしまえ!?「国家」にとって「反乱」は鎮圧すればおしまいであるけれども、事後の生と政治を生きる者に、それは終わらない。彼（ら）の発見した「党」におかしな名前が与えられないうちに、『政治の現象学』が読まれるべきである。

索　　引

これは，主として，本書で位われている政治的な
概念に関するものであって，用語索引ではない。

サ

タ

本書は一九七七年に田畑書店から刊行されたものを、最小限の改変・校正で復刻したものです。

長崎 浩（ながさき・ひろし）
評論家。『叛乱論』（彩流社）『結社と技術』（情況出版）など60年代の政治論で一世を風靡する。その批評は歴史的な政治論におよび、近著に『乱世の政治論 愚管抄を読む』（平凡社新書）、『摂政九条兼実の乱世「玉葉」をよむ』（平凡社）、『幕末未完の革命　水戸藩の叛乱と内戦』（作品社）など。

政治の現象学
あるいはアジテーターの遍歴史

二〇一九年八月三十一日　第一刷発行

著　者　長崎 浩
発行人　中澤教輔
発行所　世界書院
〒一三六-〇〇七一　東京都江東区亀戸八-二五-一二
電話　〇三-五八七五-四一一六
印刷・製本　中央精版印刷

ISBN978-4-7927-9580-1